Joseph Stiglitz

Reich und Arm

DIE WACHSENDE UNGLEICHHEIT
IN UNSERER GESELLSCHAFT

Aus dem amerikanischen Englisch
von Thorsten Schmidt

Pantheon

Die Originalausgabe erschien 2015 unter dem Titel
The Great Divide. Unequal Societies and What We Can Do About Them
bei W. W. Norton & Company, New York.

Der Verlag weist ausdrücklich darauf hin, dass im Text enthaltene externe Links vom Verlag nur bis zum Zeitpunkt der Buchveröffentlichung eingesehen werden konnten. Auf spätere Veränderungen hat der Verlag keinerlei Einfluss. Eine Haftung des Verlags ist daher ausgeschlossen.

Verlagsgruppe Random House FSC® N001967

Der Pantheon Verlag ist ein Unternehmen der Verlagsgruppe Random House GmbH.

Erste Auflage
Pantheon-Ausgabe April 2017

Copyright © 2015 by Joseph E. Stiglitz
Copyright © der deutschsprachigen Ausgabe 2015 by
Siedler Verlag, München, in der Verlagsgruppe Random House GmbH,
Neumarkter Str. 28, 81673 München

Umschlaggestaltung: Büro Jorge Schmidt, München,
unter Verwendung einer Vorlage von Rothfos + Gabler, Hamburg
Lektorat: Nico Schröder, Hamburg
Satz: Ditta Ahmadi, Berlin
Druck und Bindung: CPI, Clausen & Bosse, Leck
Printed in Germany
ISBN 978-3-570-55348-0

www.pantheon-verlag.de

Dieses Buch ist auch als E-Book erhältlich.

Meinen vielen Lesern, die meine Schriften zum Thema Ungleichheit und Chancengerechtigkeit so begeistert aufgenommen haben.

Meinen Kindern, Siobhan, Michael, Jed und Julia, und meiner Frau Anya, die alle auf ihre Weise danach streben, eine gerechtere und bessere Welt zu schaffen.

Und den Wissenschaftlern und Aktivisten auf der ganzen Welt, die sich so nachdrücklich für soziale Gerechtigkeit engagieren.

Danke für die Inspiration und Ermutigung.

Inhalt

9 EINLEITUNG

21 AUFTAKT
Erste Risse
49 Die wirtschaftlichen Folgen von Mr. Bush
63 Narren des Kapitalismus
74 Die Anatomie eines Mordes: Wer hat die amerikanische Wirtschaft auf dem Gewissen?
88 Ein Weg aus der Finanzkrise

99 TEIL I
Stand der Dinge
120 Des 1 Prozents, durch das 1 Prozent und für das 1 Prozent
128 Das Problem des 1 Prozents
140 Eine Politik gegen Wachstumsschwäche und Ungleichheit
150 Ungleichheit wird zum globalen Thema
154 Ungleichheit ist eine Wahl
160 Demokratie im 21. Jahrhundert
164 Scheinkapitalismus

171 TEIL II
Persönliche Betrachtungen
176 Wie Dr. King mein wirtschaftswissenschaftliches Werk prägte
182 Der Mythos von Amerikas Goldenem Zeitalter

191 TEIL III
Dimensionen der Ungleichheit
200 Chancengleichheit, unser nationaler Mythos
205 Studienschulden und die Zerstörung des amerikanischen Traums
213 Gerechtigkeit für manche Menschen
217 Die einzige verbliebene Lösung für die Immobilienkrise: massenhafte Umschuldung von Hypotheken
221 Ungleichheit und das amerikanische Kind
225 Ebola und Ungleichheit

229 TEIL IV
Ursachen der zunehmenden Ungleichheit in den USA
237 Amerikas Sozialismus für die Reichen
241 Ein Steuersystem zum Nachteil der 99 Prozent
250 Bei der Globalisierung geht es nicht nur um Profite, sondern auch um Steuern
255 Die Denkfehler von Mitt Romney

259 TEIL V
Folgen der Ungleichheit
264 Die falsche Lehre aus dem Bankrott Detroits
272 Niemandem vertrauen wir

281 TEIL VI
Politik
298 Wie die Politik zur ökonomischen Spaltung beigetragen hat
303 Warum nicht Larry Summers, sondern Janet Yellen die Fed führen sollte
310 Der Wahnsinn unserer Lebensmittelpolitik
318 Auf der falschen Seite der Globalisierung
326 Die Freihandelsfarce
330 Wie geistiges Eigentum die Ungleichheit verstärkt
338 Indiens kluge Patententscheidung
343 Die Beseitigung extremer Armut: ein nachhaltiges Entwicklungsziel, 2015–2030

354 Die Krisen nach der Krise
358 Ungleichheit ist nicht unvermeidlich

365 TEIL VII
Regionale Perspektiven
378 Das Wunder von Mauritius
382 Was wir von Singapur über die Ungleichheit in den USA lernen können
390 Japan sollte auf der Hut sein
395 Japan ist ein Vorbild, kein abschreckendes Beispiel
404 Chinas Fahrplan
408 Die Reform des Gleichgewichts zwischen Staat und Markt in China
412 Medellín: Ein Lichtblick unter den Städten
416 Amerikanische Illusionen in Down Under
420 Die Unabhängigkeit Schottlands
423 Die spanische Depression

437 TEIL VIII
Die Arbeitslosigkeit in den USA bekämpfen
446 Wie wir den Amerikanern wieder Arbeit geben können
453 Ungleichheit bremst die Erholung
460 Das Buch der Jobs
473 Knappheit in einer Zeit des Überflusses
477 Zum Wachstum links abbiegen
481 Das Rätsel der Innovation

485 NACHWORT
487 Fragen und Antworten:
Joseph Stiglitz über die unsinnige Behauptung, das oberste 1 Prozent treibe die Innovation voran, und über die Frage, warum die Regierung Reagan die Wende zur Ungleichheit vollzog
495 Dank
501 Quellennachweis
503 Anmerkungen

Einleitung

NIEMAND KANN BESTREITEN, dass es heute in den USA einen tiefen Graben gibt, der die Superreichen – die auch das »1 Prozent« genannt werden – vom Rest trennt. Ihr Leben sieht ganz anders aus: Sie haben andere Sorgen, andere Ziele und andere Lebensstile.

Der Durchschnittsamerikaner fragt sich besorgt, wie er das Studium seiner Kinder finanzieren soll, was geschieht, wenn ein Mitglied seiner Familie ernsthaft erkrankt, und wie er im Alter über die Runden kommen wird. Und auf dem Höhepunkt der Großen Rezession fragten sich zig Millionen Amerikaner voller Sorge, ob sie wohl ihr Eigenheim weiterhin halten können – viele von ihnen konnten es nicht.

Diejenigen, die dem obersten 1 Prozent angehören – und mehr noch diejenigen des obersten 0,1 Prozent –, haben andere Sorgen: Was für einen Privatjet sollen sie kaufen? Wie entziehen sie ihr Vermögen am besten dem Zugriff des Fiskus? (Und was geschieht, wenn die Vereinigten Staaten das Ende des Bankgeheimnisses in der Schweiz erzwingen – sind als Nächstes die Cayman Islands an der Reihe? Ist Andorra weiterhin sicher?) An den Stränden von Southampton auf Long Island beklagen sie sich über den Lärm, den ihre Nachbarn machen, wenn sie mit dem Hubschrauber aus New York City anreisen. Auch sie machen sich Sorgen darüber, was wohl geschehen würde, wenn sie von ihrem hohen Ross herunterfielen – es ist ein tiefer Sturz, und hin und wieder geschieht es tatsächlich.

Vor kurzem nahm ich an einer Abendgesellschaft teil, deren Gastgeber ein intelligentes und besorgtes Mitglied des »1 Prozents« war. Er war sich des tiefen gesellschaftlichen Grabens wohl bewusst und hatte führende Milliardäre, Wissenschaftler und andere Persönlichkeiten zusammengebracht, denen die Ungleichheit Sorgen zu bereiten schien. Während die abendliche Unterhaltung dahinplätscherte, hörte ich zufällig, wie ein Milliardär – der mit geerbtem Vermögen den Grundstock zu seinem Reichtum gelegt hatte – mit einem anderen Gast über »faule« Amerikaner sprach, die sich auf Kosten der anderen einen schönen Lenz machen wollten. Wenig später wechselten die beiden nahtlos zu dem Thema »Steueroasen«, wobei sie anscheinend die Ironie nicht bemerkten. Mehrmals an diesem Abend beschworen die versammelten Plutokraten das Schicksal von Marie Antoinette und die Guillotine herauf, um sich gegenseitig an die Risiken zu erinnern, die mit übermäßiger Ungleichheit verbunden sind: »Denkt an die Guillotine« wurde gewissermaßen zum Leitmotto des Abends. Und mit diesem Refrain bestätigten sie eine zentrale Botschaft dieses Buches: Das Ausmaß der Ungleichheit in den USA ist nicht unabänderlich, es ist nicht das Ergebnis unerbittlicher ökonomischer Gesetze. Es ist vielmehr eine Frage politischer Entscheidungen und Prozesse. Diese mächtigen Männer schienen zu sagen, dass sie etwas gegen die Ungleichheit unternehmen können.

Dies ist nur einer der Gründe dafür, weshalb die soziale Ungleichheit selbst unter dem 1 Prozent zu einem Anlass zur Sorge geworden ist: Immer mehr Superreiche erkennen, dass anhaltendes Wirtschaftswachstum, von dem ihr Wohlstand abhängt, unmöglich ist, wenn die Einkommen der großen Mehrheit der Bürger stagnieren.

Oxfam hat das Ausmaß der zunehmenden Ungleichheit in der Welt auf dem Jahrestreffen der politischen und wirtschaftlichen Elite in Davos im Jahr 2014 besonders eindrücklich veranschaulicht: Die Organisation wies darauf hin, dass die 85 reichsten Milliardäre der Welt zusammen genauso viel Vermögen besitzen wie die einkommensschwächsten 50 Prozent der Weltbevölkerung, etwa drei Milliarden Menschen.[1] Ein Jahr später ist die Zahl auf nur noch 80 gesunken. Genauso dramatisch war eine weitere Erkenntnis der Oxfam-Studie: Dem reichsten Prozent der Welt gehört mittlerweile fast die Hälfte des weltweiten Vermögens – und schon 2016 könnte es genauso viel Vermögen besitzen wie die restlichen 99 Prozent zusammen.

Die tiefe Kluft hat sich über einen längeren Zeitraum entwickelt. In den Jahrzehnten nach dem Zweiten Weltkrieg wuchs die amerikanische Wirtschaft in einem historisch beispiellosen Tempo. Alle Bevölkerungsgruppen verzeichneten einen Einkommenszuwachs – der Wohlstand kam also allen zugute. Die Einkommen der Geringverdiener wuchsen schneller als die Einkommen der Spitzenverdiener.

Es war ein Goldenes Zeitalter in den USA, aber meine jungen Augen sahen auch dunkle Stellen. Ich wuchs am Südufer des Michigansees auf, in einer der archetypischen Industriestädte des Landes: Gary im Bundesstaat Indiana. Dort sah ich mit eigenen Augen Armut, Ungleichheit, Rassendiskriminierung und immer wieder Arbeitslosigkeit, wenn das Land von einer Rezession nach der anderen gebeutelt wurde. Arbeitskämpfe waren an der Tagesordnung, da Arbeiter einen fairen Anteil an dem zu Recht gelobten Wohlstand der USA einforderten. Ich hörte rhetorische Floskeln über die »amerikanische Mittelschichtgesellschaft«, aber die Menschen, die ich sah, besetzten zumeist die unteren Ränge, und ihre Stimmen gehörten nicht zu denen, die das Land prägten.

Wir waren nicht reich, aber meine Eltern hatten ihren Lebensstil an ihr Einkommen angepasst – und damit ist schon viel erreicht. Ich trug gebrauchte Kleidungsstücke meines Bruders, die meine Mutter immer zu reduzierten Preisen gekauft hatte, wobei sie stärker auf Haltbarkeit als auf kurzfristiges Sparen achtete: sparsam im Kleinen, doch im Großen verschwenderisch, wie sie zu sagen pflegte. Während meiner Kindheit half meine Mutter, die mitten in der Großen Depression einen Abschluss an der University of Chicago gemacht hatte, meinem Vater in seiner Versicherungsagentur. Wenn sie arbeitete, sah unsere »Hausangestellte«, Minnie Fae Ellis, nach uns, eine liebevolle, hart arbeitende und intelligente Frau. Noch als zehnjähriger Junge fragte ich mich verwundert, weshalb sie die Schule nur bis zur sechsten Klasse besucht hatte, in einem Land, das angeblich so reich war und angeblich jedem seine Chance bot. Weshalb sah sie nach mir statt nach ihren eigenen Kindern?

Nach meinem Highschool-Abschluss verfolgte meine Mutter ihren Lebenstraum weiter – sie setzte ihr Studium fort, um die Lehrerprüfung abzulegen und in der Grundschule zu unterrichten. Sie lehrte an öffentlichen Schulen in Gary; als die weißen Einwohner allmählich wegzogen, wurde sie eine der wenigen weißen Lehrkräfte in einer Schule, in der es de facto zu einer Rassentrennung gekommen war. Nachdem sie mit 67 Jahren in Pension gehen musste, begann sie am Northwest Indiana Campus der Purdue University zu unterrichten und sich darum zu bemühen, möglichst vielen einen Zugang zum Studium zu ermöglichen. In ihren Achtzigern trat sich schließlich in den Ruhestand.

Wie so viele meiner Zeitgenossen wünschte ich mir Veränderungen. Man sagte uns, es sei schwer und brauche Zeit, die Gesellschaft zu verändern. Auch wenn ich in Gary nicht unter denselben Entbehrungen litt wie meine gleichaltrigen Kameraden (abgesehen von einer leichten Diskriminierung), identifizierte ich mich mit ihnen. Erst Jahrzehnte später sollte ich die Einkommensstatistiken eingehend analysieren, aber ich hatte schon damals das Gefühl, dass Amerika nicht jenes Land der unbegrenzten Möglichkeiten war, das es zu sein behauptete: Einigen boten sich außerordentliche Chancen, anderen dagegen nur wenige. Durch harte Arbeit vom Tellerwäscher zum Millionär zu werden – das war zumindest in mancher Hinsicht ein Mythos, denn für viele hart arbeitende Amerikaner wurde dieser Traum nie wahr. Ich gehörte zu den Glücklichen, denen das Land Chancen bot, und ging mit einem Stipendium des National Merit Scholarship Program ans Amherst College. Mehr als alles andere eröffnete mir *diese* Chance im Lauf der Zeit eine Welt weiterer Chancen.

Wie ich in »Der Mythos von Amerikas Goldenem Zeitalter« berichte, sattelte ich in meinem ersten Studienjahr in Amherst von Physik auf Volkswirtschaftslehre um. Ich wollte herausfinden, warum unsere Gesellschaft so funktionierte, wie sie es tat. Ich studierte nicht nur deshalb Volkswirtschaftslehre, um Ungleichheit,

EINLEITUNG 13

Diskriminierung und Arbeitslosigkeit zu verstehen, sondern auch, weil ich etwas gegen die Probleme unternehmen wollte, die unser Land plagten. Das wichtigste Kapitel meiner Doktorarbeit am MIT, die ich unter der Aufsicht von Robert Solow und Paul Samuelson schrieb (beide wurden später mit dem Nobelpreis ausgezeichnet), befasste sich hauptsächlich mit den Bestimmungsfaktoren der Einkommens- und Vermögensverteilung. Dieser Teil meiner Dissertation, den ich im Jahr 1966 auf einer Tagung der Econometric Society (der internationalen Vereinigung von Volkswirten, die sich auf Mathematik und statistische Anwendungen in der Volkswirtschaftslehre spezialisiert haben) vorstellte und der 1969 in der von dieser Vereinigung herausgegebenen Zeitschrift *Econometrica* veröffentlicht wurde, dient auch nach fünfzig Jahren noch vielfach als Bezugsrahmen für die Analyse dieser Phänomene.

Sowohl unter Laien als auch unter Ökonomen fand diese Abhandlung über die Ungleichheit allerdings nur eine begrenzte Leserschaft. Die Menschen interessierten sich schlichtweg nicht für dieses Thema. Seitens anderer Volkswirte schlugen mir gelegentlich regelrechte Anfeindungen entgegen. Daran änderte sich auch dann nichts, als die Ungleichheit in den USA deutlich zunahm – etwa zu der Zeit, als Ronald Reagan Präsident wurde. Ein bekannter Ökonom, der Nobelpreisträger Robert Lucas von der University of Chicago, formulierte es unmissverständlich: »Der verlockendste und ... verderblichste aller Ansätze, die einer soliden wirtschaftswissenschaftlichen Forschung schaden, besteht darin, sich auf Verteilungsfragen zu konzentrieren.«[2]

Wie viele konservative Ökonomen behauptete auch er, den Armen könne man am besten dadurch helfen, dass man den volkswirtschaftlichen Kuchen insgesamt vergrößere. Wenn man sich allzu sehr auf das schmale Stück Kuchen, das den Armen gegeben wird, konzentriere, lenke dies nur von der viel wichtigeren Frage ab, wie man den Kuchen insgesamt vergrößern könne. Tatsächlich gibt es eine traditionsreiche volkswirtschaftliche Lehrmeinung, wonach sich die beiden Fragen (der Effizienz und der Distribution, der Größe des Kuchens und seiner Aufteilung) nicht voneinander trennen ließen und Ökonomen eine eng umschriebene, wichtige, aber schwierige Aufgabe hätten: nämlich Mittel und Wege zu ersinnen, um die Größe des Kuchens zu maximieren. Demnach war die Aufteilung des Kuchens eine politische Frage, aus der sich die Volkswirte heraushalten sollten.

Da Lucas' Standpunkt von vielen in der Zunft der Ökonomen geteilt wurde, war es nicht weiter verwunderlich, dass Wirtschaftswissenschaftler der wachsenden Ungleichheit in den USA so gut wie keine Beachtung schenkten. Sie nahmen kaum Notiz von der Tatsache, dass die Einkommen der meisten US-Amerikaner trotz steigenden Bruttoinlandsprodukts (BIP) stagnierten. Diese Vernachlässigung hatte zur Folge, dass sie die ökonomischen Veränderungen nicht befriedigend erklären, die Konsequenzen einer wachsenden Ungleichheit nicht verstehen und keine politischen Handlungsempfehlungen erarbeiten konnten, die dieser Entwicklung vielleicht Einhalt geboten hätten. Aus diesem Grund habe ich im Jahr 2011 das Angebot der Zeitschrift *Vanity Fair* gern angenommen, diese Fragen einem größeren Publikum nahezubringen. Der daraus hervorgegangene Artikel »Des 1 Prozents, durch das 1 Prozent und für das 1 Prozent« fand weit mehr Leser als mein *Econometrica*-Artikel Jahrzehnte davor. Die neue soziale Realität, die ich in meinem Artikel in der *Vanity Fair* diskutierte – die 99 Prozent der Amerikaner, die im selben Boot stagnierender Einkommen sitzen –, wurde zum Slogan der Protestbewegung Occupy Wall Street: »Wir sind die 99 Prozent.« In diesem Beitrag stellte ich die Grundthese vor, die sich wie ein roter Faden durch die dortigen Artikel und meine späteren Publikationen zieht: Fast alle – darunter auch viele im 1 Prozent – stünden besser da, wenn es weniger Ungleichheit gäbe. Es liegt im aufgeklärten Selbstinteresse des 1 Prozents, die sozioökonomische Spaltung der Gesellschaft zu verringern. Ich will keinen neuen Klassenkampf anzetteln, sondern vielmehr den sozialen Zusammenhalt stärken, der in dem Maße geschwunden ist, in dem die Spaltung unserer Gesellschaft zugenommen hat.

Im Mittelpunkt des Artikels stand die Frage, weshalb uns die starke Zunahme der Ungleichheit Sorgen bereiten sollte. Es ging dabei nicht nur um Wertvorstellungen und Moral, sondern auch um ökonomische Zusammenhänge, die Natur unserer Gesellschaft und unsere nationale Identität. Auch allgemeine strategische Interessen kamen ins Spiel. Wenngleich die Vereinigten Staaten weiterhin die stärkste militärische Macht sind – das US-Verteidigungsbudget allein hat einen Anteil von fast 50 Prozent an den weltweiten Militärausgaben –, haben die langen Kriege im Irak und in Afghanistan die Grenzen dieser Macht enthüllt: In Ländern, die den Vereinigten Staaten militärisch haushoch unterlegen waren, konnten wir nicht einmal kleine Gebiete dauerhaft unter unsere Kontrolle bringen. Die Stärke der Vereinigten Staaten war immer ihre »Soft Power« und insbesondere ihr moralischer und ökonomischer Einfluss, das Beispiel, das sie anderen geben, und die Anziehungskraft ihrer Ideen, einschließlich ihrer ökonomischen und politischen Ordnung.

Aufgrund der wachsenden Ungleichheit hat das amerikanische Wirtschaftsmodell leider für weite Teile der Bevölkerung seine Versprechungen nicht eingelöst – der typischen amerikanischen Familie geht es heute, unter Berücksichtigung der Inflation, materiell schlechter als vor 25 Jahren. Selbst der Prozentsatz der in Armut lebenden Bevölkerung hat zugenommen. Auch wenn das aufstrebende China durch hohe Ungleichheit und Demokratiedefizite gekennzeichnet ist, hat die chinesische Wirtschaft die Erwartungen der meisten Bürger übertroffen – in dem gleichen Zeitraum, in dem das Einkommen der amerikanischen Mittelschicht stagnierte, hat sie etwa 500 Millionen Menschen aus der Armut herausgeholt. Ein Wirtschaftsmodell, das der Mehrheit der Menschen keinen wachsenden Wohlstand bringt, wird für andere Länder kaum zu einem nachahmenswerten Vorbild.

Aus dem Artikel in der *Vanity Fair* ging mein Buch *Der Preis der Ungleichheit* hervor, in dem ich viele der dort nur angeschnittenen Themen vertiefte, und dies wiederum führte dazu, dass mich die *New York Times* im Jahr 2013 einlud, eine Reihe von Artikeln über Ungleichheit zu betreuen, die wir »The Great Divide« (»Die große Kluft«) nannten. Ich hoffte, die Öffentlichkeit durch diese Serie noch stärker für das Problem zu sensibilisieren, vor dem wir standen: Die USA waren nicht das Land der unbegrenzten Möglichkeiten, das sie zu sein glaubten – und für das sie auch viele andere hielten. Wir waren zu dem Industrieland mit der höchsten Ungleichheit geworden, und wir gehörten zu den Ländern mit der niedrigsten Chancengleichheit. Unsere Ungleichheiten verdeutlichten sich in vielfältiger Weise. Aber sie waren nicht unvermeidlich und das zwangsläufige Resultat ökonomischer Gesetzmäßigkeiten; sie waren vielmehr das Ergebnis politischer Entscheidungen und Prozesse. Verschiedene Strategien konnten zu jeweils ganz anderen Ergebnissen führen: zu besserer wirtschaftlicher Leistungsfähigkeit (wie auch immer diese gemessen wird) und zu geringerer Ungleichheit.

Der ursprüngliche Artikel in der *Vanity Fair* und die Serie von Artikeln, die ich für die *New York Times* schrieb, bilden den Kern dieses Buches. Außerdem verfasste ich in den letzten fünfzehn Jahren eine monatliche Kolumne für *Project Syndicate*, die in mehreren Zeitungen erschien. Das ursprüngliche Anliegen von *Project Syndicate* war es, Ländern, die nach dem Fall des Eisernen Vorhangs auf ein marktwirtschaftliches System umstellten, moderne ökonomische Theorien nahezubringen. Im Lauf der Zeit wurde es so erfolgreich, dass die dort veröffentlichten Artikel mittlerweile in Zeitungen auf der ganzen Welt erscheinen. Viele der Artikel, die ich dafür geschrieben habe, befassten sich mit dem einen oder anderen Aspekt der Ungleichheit, und einige davon – sowie Beiträge, die in verschiedenen anderen Zeitungen und Zeitschriften veröffentlicht wurden – habe ich in dieses Buch aufgenommen.

Obwohl die Ungleichheit im Mittelpunkt dieser Aufsätze steht, habe ich beschlossen, auch einige über die Große Rezession mit aufzunehmen – Artikel, die ich im Vorfeld der Finanzkrise in den Jahren 2007 und 2008 sowie danach geschrieben habe, als die USA und die ganze Welt in die große Malaise schlitterten. Diese Beiträge verdienen einen Platz in diesem Band, weil die Finanzkrise und die Ungleichheit sehr eng miteinander zusammenhängen: Ungleichheit führte mit zu der Krise, die Krise verschlimmerte bereits bestehende Ungleichheiten, und die Verschlimmerung dieser Ungleichheiten hat eine starke konjunkturelle Abwärtsdynamik geschaffen, die eine *stabile* Erholung umso schwieriger macht. Wie die Ungleichheit selbst, so hatten weder die Tiefe noch die Dauer der Krise etwas Unabwendbares. Tatsächlich war die Krise kein unvorhersehbares Ereignis höherer Gewalt, wie eine einmal in hundert Jahren auftretende Flut oder ein Erdbeben. Sie war etwas, für das wir selbst gesorgt haben; wie übermäßige Ungleichheit war auch sie das Ergebnis politischer Weichenstellungen.

In diesem Buch geht es vor allem um die *ökonomischen Faktoren* der Ungleichheit. Aber wie gerade dargelegt, kann man Politik und Ökonomie nicht präzise voneinander trennen. In verschiedenen Aufsätzen in diesem Band und in meinem Buch *Der Preis der Ungleichheit* beschreibe ich die Wechselwirkungen zwischen Politik und Ökonomie: den Teufelskreis, der mehr ökonomische Ungleichheit in politische Ungleichheit übersetzt, insbesondere in dem politischen System der USA, in dem Geld eine so ungezügelte Macht besitzt. Politische Ungleichheit steigert ihrerseits ökonomische Ungleichheit. Aber dieser Prozess hat sich noch verstärkt, seitdem viele Durchschnittsbürger von dem politischen Prozess enttäuscht sind: Im Zuge der Krise von 2008 flossen Hunderte von Milliarden Dollar in die Bankenrettung, während die Eigenheimbesitzer weitgehend leer ausgingen. Unter dem Einfluss des Finanzministers Timothy Geithner und des Vorsitzenden des Nationalen Wirtschaftsrats Larry Summers – beide gehörten zu den Architekten der Deregulierungspolitik, die die Krise erst anfachte – hat die Regierung Obama Bemühungen zur Umstrukturierung von Hypotheken, die darauf abzielten, Millionen von Amerikanern, die unter den ausbeuterischen und diskriminierenden Kreditpraktiken der Banken gelitten hatten, zu entlasten, nicht unterstützt beziehungsweise offen abgelehnt. Da ist es nicht weiter verwunderlich, dass so viele Menschen nichts mehr von der Politik erwarten.

Ich habe der Versuchung widerstanden, die hier zusammengestellten Artikel zu überarbeiten oder gar zu aktualisieren. Und ich habe auch nicht die vielen »Kürzungen« in den ursprünglichen Aufsätzen rückgängig gemacht – wichtige Ideen, die ich weglassen musste, da ich die vorgegebene Anzahl der Wörter einhalten wollte.[3] Das journalistische Format hat vieles für sich: Die Beiträge sind kurz und prägnant und greifen aktuelle Probleme auf, ohne all die Einschränkungen und Vorbehalte, die so viele wissenschaftliche Publikationen kennzeichnen. Als ich diese Artikel schrieb, mit denen ich mich an den oftmals hitzigen aktuellen Debatten beteiligte, behielt ich immer die tieferen Botschaften im Auge, um die es mir ging. Ich hoffe, dass diese grundlegenden Anliegen in diesem Buch deutlich werden.

Als Vorsitzender des wirtschaftswissenschaftlichen Beirats und als Chefökonom der Weltbank schrieb ich gelegentlich Kommentare, tat es aber erst regelmäßig, als mir *Project Syndicate* im Jahr 2000 anbot, eine monatliche Kolumne zu verfassen. Diese Herausforderung hat meinen Respekt für all jene enorm erhöht, die ein- oder zweimal pro Woche eine Kolumne schreiben müssen. Aber eine der größten Herausforderungen beim Schreiben einer monatlichen Kolumne ist die richtige Auswahl: Welche der zahllosen ökonomischen Fragestellungen, die in jedem Monat weltweit auftauchen, wird auf das größte Interesse stoßen und sich als Aufhänger für die Übermittlung einer Botschaft von größerer Tragweite eignen?

Im vergangenen Jahrzehnt waren vier unserer zentralen gesellschaftlichen Probleme die »große Kluft« (zwischen Arm und Reich) – die enorme Ungleichheit, die in den Vereinigten Staaten und vielen anderen Industrieländern immer deutlicher zutage tritt –, wirtschaftliches Missmanagement, Globalisierung und die jeweilige Rolle von Staat und Markt. Dieses Buch zeigt, dass die vier Themen miteinander zusammenhängen. Die wachsende Ungleichheit war sowohl Ursache als auch Folge unserer makroökonomischen Probleme, der Krise von 2008 und der sich daran anschließenden langen Stagnation. Trotz der Tatsache, dass die Globalisierung das Wachstum angekurbelt haben mag, hat sie höchstwahrscheinlich auch die Ungleichheit erhöht – und zwar vor allem deshalb, weil wir die Globalisierung nicht so gestaltet haben, wie es notwendig gewesen wäre. Die Fehlsteuerung unserer

Wirtschaft und das Missmanagement der Globalisierung hängen ihrerseits mit den Interessen unserer Politik zusammen – einer Politik, die in zunehmendem Maße die Interessen des 1 Prozents repräsentiert. Aber wenngleich die Politik unsere gegenwärtigen Probleme mitverursacht hat, können wir nur mit ihr gemeinsam Lösungen finden: Der Markt wird das von sich aus nicht leisten. Völlig unregulierte Märkte führen zu mehr Monopolmacht, mehr unlauteren Praktiken im Finanzsektor und mehr unausgewogenen Handelsbeziehungen. Allein eine Reform unserer Demokratie – dadurch, dass wir die Rechenschaftspflicht der Regierung gegenüber *allen* Bürgern stärken und erreichen, dass sie ihre Politik stärker am Gemeinwohl ausrichtet – wird es uns ermöglichen, die große Kluft zu überbrücken und den Wohlstand unseres Landes wieder gleichmäßiger zu verteilen.

Die in diesem Buch versammelten Aufsätze habe ich acht Themenbereichen zugeordnet. Jeder Teil beginnt mit einer kurzen Einleitung, die den Kontext erklärt, in dem die Artikel geschrieben wurden, oder die einige der Themen streift, auf die ich in den engen Grenzen der hier wieder abgedruckten Artikel nicht eingehen konnte.

Ich beginne mit »Auftakt: Erste Risse«. In den Jahren vor der Krise konnten unsere Wirtschaftsführer einschließlich des Chefs der Notenbank, Alan Greenspan, mit einer New Economy prahlen, in der wir ökonomische Schwankungen, diese Geißel der Vergangenheit, hinter uns lassen würden. Die sogenannte »Great Moderation« (große Mäßigung) brachte eine neue Ära niedriger Inflation und scheinbar hohen Wachstums mit sich. Aber wer auch nur ein bisschen genauer hinsah, erkannte sofort, dass all dies bloß eine Fassade war, hinter der sich ökonomisches Missmanagement und politische Korruption großen Stils verbargen (ein Teil davon war durch den Enron-Skandal ans Tageslicht gekommen). Schlimmer noch: Das Wachstum, das sich einstellte, kam *den meisten Amerikanern* nicht zugute. Die große Kluft wurde immer breiter. Die Kapitel beschreiben die Vorgeschichte der Krise und ihre Auswirkungen.

Während ich in Teil I einen Überblick über einige Schlüsselprobleme der Ungleichheit gebe (unter anderem mit meinem Artikel aus der *Vanity Fair* »Des 1 Prozents, durch das 1 Prozent und für das 1 Prozent« und meinem einleitenden Beitrag zur Serie »The Great Divide« in der *New York Times*), geht es in Teil II um zwei Artikel, die meine persönlichen Erinnerungen aufgreifen und das frühe Erwachen meines Interesses an dem Thema zeigen. Die Teile III, IV und V befassen sich mit den Dimensionen, Ursachen und Folgen der Ungleichheit; Teil VI präsentiert eine Reihe von Diskussionen politischer Schlüsselkonzepte. Teil VII befasst sich mit Ungleichheit und den politischen Maßnahmen anderer Länder, um sie zu bekämpfen. In Kapitel VIII befasse ich mich schließlich mit einer der wesentlichen Ursachen der heutigen Ungleichheit in den USA – mit der anhaltenden Schwäche unseres Arbeitsmarktes. Ich stelle die Frage, wie wir die Amerikaner wieder in Arbeit bringen und anständige Jobs mit auskömmlichen Löhnen schaffen können. Als Nachwort gibt es ein kurzes Interview mit Cullen Murphy, dem Herausgeber der *Vanity Fair,* in dem es um einige der Fragen geht, die bei Diskussionen über Ungleichheit immer wieder gestellt werden: Wann schlug Amerika die falsche Richtung ein? Sind die 1 Prozent nicht diejenigen, die die Arbeitsplätze schaffen, sodass mehr soziale Gleichheit zu guter Letzt auch den 99 Prozent schaden wird?

AUFTAKT
Erste Risse

DER AUSGANGSPUNKT DIESES BUCHES ist die Große Rezession – die mehrere Jahre, bevor ich meine Kolumne über die immer tiefer werdende Kluft zwischen Arm und Reich (»The Great Divide«) zu schreiben begann, einsetzte. Die ersten Aufsätze erschienen im Dezember 2007 in der *Vanity Fair* – im selben Monat, in dem die US-Wirtschaft in eine Abschwungphase eintrat, die sich als die schlimmste seit der Großen Depression erweisen sollte. In den drei Jahren davor hatte ich zusammen mit einer kleinen Gruppe anderer Ökonomen vor der drohenden Implosion gewarnt. Tatsächlich waren die Warnzeichen unübersehbar – aber allzu viele Leute verdienten zu viel Geld. Es war eine Party im Gange, zu der allerdings nur ein paar der oberen Zehntausend eingeladen waren, während wir Übrigen die Rechnung serviert bekamen. Doch leider waren jene, die eigentlich für den wohlgeordneten Ablauf des Wirtschaftsgeschehens sorgen sollten, etwas zu eng mit denjenigen verbandelt, die die Party schmissen und den ganzen Spaß hatten (und den ganzen Reibach machten). Da diese Kapitel die Vorgeschichte der Krise beleuchten, habe ich sie mit in dieses Buch aufgenommen. Die sich immer breiter öffnende Schere zwischen Arm und Reich hat maßgeblich zur Entstehung der Großen Rezession in Amerika beigetragen.

Stecken wir zunächst einmal den Rahmen ab: Angeheizt durch ein Spekulationsfieber bei Technologie-Aktien, deren Kurse steil anstiegen, kam es in den Neunzigerjahren zu einer ausgeprägten Boomphase. Nachdem die Blase geplatzt war, schlitterte die Wirtschaft im Jahr 2001 in eine Rezession. Das Allheilmittel der Regierung George W. Bush für jedes Problem waren Steuersenkungen – und insbesondere Steuersenkungen für die Vermögenden.

Für alle, die während der Regierung Clinton hart daran gearbeitet hatten, das Haushaltsdefizit abzubauen, war diese Strategie aus mehreren Gründen beunruhigend. Sie brachte die Defizite zurück – und machte damit all die Bemühungen der zurückliegenden acht Jahre zunichte. Nur um das Defizit zu verringern, hatte die Regierung Clinton Investitionen in die Infrastruktur, in das Bildungswesen und in Hilfsprogramme für sozial Schwache hinausgeschoben. Mit einigen dieser Maßnahmen war ich nicht einverstanden gewesen – meines Erachtens waren kreditfinanzierte Investitionen in die Zukunft unseres Landes ökonomisch durchaus sinnvoll, und ich befürchtete, eine zukünftige Regierung könnte diese hart erkämpften Erfolge für weniger edle Ziele vergeuden.

Als die US-Wirtschaft im Jahr 2001 in eine Rezession rutschte, waren die politischen Entscheidungsträger einhellig der Meinung, ein Konjunkturprogramm sei sinnvoll und notwendig. Doch hätte sich die Konjunktur mithilfe der Investitionen, die wir auf die lange Bank geschoben hatten, weitaus besser ankurbeln lassen als mit den von der Regierung Bush beschlossenen Steuersenkungen für die Reichen.[4] Die wachsende Ungleichheit in den USA gab bereits damals Anlass zur Sorge, und diese ungerechten Steuersenkungen machten alles nur noch schlimmer. Ich begann meinen Artikel »Bushs Steuerplan – die Gefahren« in der *New York Review of Books* vom 13. März 2003 mit diesen Worten: »Selten haben so wenige von so vielen so viel bekommen.«

Schlimmer noch, ich hielt die Steuersenkungen für *relativ* wirkungslos. Und dies stellte sich als richtig heraus – ein Punkt, auf den ich in diesem Buch immer wieder zurückkomme. *Ungleichheit schwächt alles in allem die Gesamtnachfrage und die gesamtwirtschaftliche Leistungskraft.* Die zunehmende Ungleichheit in den USA bewirkte eine Geldumverteilung von der Basis zur Spitze der Pyramide, und da die Wohlhabendsten einen geringeren Prozentsatz ihres Geldes ausgeben als die Einkommensschwächsten, dämpfte dies die Gesamtnachfrage. In den Neunzigerjahren verschleierten wir diesen Missstand, indem wir die Technologieblase schufen – und für einen Investitionsboom sorgten. Doch als die Technologieblase platzte, fiel die Wirtschaft in eine Rezession. Bush reagierte mit einer Steuersenkung für die Reichen. Doch da die Verbraucher nur negative Zukunftserwartungen hatten, blieb der erhoffte Effekt der Steuersenkungen zur Ankurbelung der Wirtschaft weitgehend aus. Die weitere Absenkung der Kapitalertragsteuer – zusätzlich zu jener, die ein paar Jahre zuvor von Präsident Clinton durchgeführt worden war – förderte nur die Spekulation. Da hauptsächlich die Spitzenverdiener von dieser Steuersenkung profitierten, war sie besonders ineffektiv und führte dazu, dass die Ungleichheit stark anstieg.

Die wirksamsten Instrumente zur Stärkung der Nachfrage und zur Förderung der Gleichheit sind fiskalpolitische – steuer- und ausgabenpolitische – Maßnahmen, über die in den USA der Kongress entscheidet. Eine mangelhafte Fiskalpolitik setzt die Geldpolitik, die der US-Notenbank (Federal Reserve System, kurz: Fed) obliegt, extrem unter Druck. Die Fed kann die Konjunktur (manchmal) dadurch ankurbeln, dass sie die Zinsen senkt und die Regulierung lockert. Aber diese geldpolitischen Maßnahmen sind gefährlich und sollten mit einem großen Warnhinweis versehen werden: »Sehr behutsam einsetzen und dies auch nur unter der strengen Aufsicht jener, die alle Risiken umfassend verstehen.« Leider hatten die geldpolitischen Entscheidungsträger diesen Warnhinweis nicht gelesen; außerdem waren sie naive Marktfundamentalisten, die glaubten, Märkte seien immer effizient und stabil. Während sie die Risiken ihrer Maßnahmen für die Wirtschaft – und auch für den Staatshaushalt – unterschätzten, schien sie die Tag für Tag zunehmende Ungleichheit nicht weiter zu stören. Das Ergebnis ist mittlerweile bekannt: Sie erzeugten eine Blase, und ihre Politik führte dazu, dass die Einkommens- und Vermögensungleichheit beispiellos zunahm. Die Fed hielt den Motor der Wirtschaft mit einer Niedrigzinspolitik und laxer Regulierung am Laufen. Aber der Preis dafür war eine Immobilienpreisblase. Jeder hätte erkennen können, dass die Immobilienpreisblase und der Konsumboom, den sie hervorbrachte, lediglich eine zeitlich befristet wirksame Symptombehandlung sein konnten. Blasen platzen immer. Unser Konsumrausch bedeutete, dass (die unteren) 80 Prozent der Amerikaner *durchschnittlich* 110 Prozent ihres Einkommens ausgaben. Im Jahr 2005 liehen wir uns als Nation über 2 Milliarden

Dollar täglich im Ausland. Das ließ sich langfristig nicht durchhalten, und in meinen Reden und Schriften habe ich immer wieder davor gewarnt – wobei ich einen meiner Vorgänger als Vorsitzenden des wirtschaftswissenschaftlichen Beirats (des US-Präsidenten) zitierte –, dass das, was langfristig nicht tragfähig ist, auch keinen Bestand haben wird.

Als die Fed in den Jahren 2004 und 2005 die Leitzinsen anzuheben begann, rechnete ich damit, dass die Immobilienpreisblase platzen würde. Das geschah nicht, auch deshalb, weil wir eine Art Gnadenfrist erhielten: Die langfristigen Zinssätze stiegen nicht gleichzeitig an. Am 1. Januar 2006 sagte ich voraus, dass dies nicht so weitergehen könne.[5] Bald darauf platzte die Blase, aber es sollte noch gut zwei Jahre dauern, ehe sich die Wirkungen voll entfalteten. So schrieb ich wenig später: »Genauso vorhersehbar wie das Platzen der Immobilienblase sind die Konsequenzen, die sich daraus ergeben ...«[6] In Anbetracht der Tatsache, dass »nach manchen Berechnungen über zwei Drittel der Zunahme der gesamtwirtschaftlichen Produktion und der Beschäftigung in den [zurückliegenden] sechs Jahren ... mit der Entwicklung des Immobiliensektors zusammenhängen – worin sich sowohl eine erhöhte Neubautätigkeit als auch eine Zunahme des Bestandes der Hypothekendarlehen widerspiegeln, die beide einen Konsumrausch stützen«, hätte es niemanden überraschen dürfen, dass die anschließende Rezession tief und lange war.[7]

Die Artikel in diesem ersten Abschnitt beschreiben die politischen Maßnahmen, die die Grundlagen für die Große Rezession legten: Was haben wir falsch gemacht? Wer trägt die Schuld? Während die maßgeblichen Akteure und Entscheidungsträger auf den Finanzmärkten, bei der US-Notenbank und im US-Finanzministerium gern so tun, als wäre dies einfach so passiert – als handele es sich um ein unvermeidbares Ereignis, um eine Sintflut, die alle hundert Jahre über uns hereinbreche –, war ich schon damals anderer Ansicht: Die Krise wurde von Menschen verursacht. Heute bin ich sogar noch entschiedener dieser Meinung. Es war etwas, dass das oberste 1 Prozent (tatsächlich ein Bruchteil dieses 1 Prozents) dem Rest der Gesellschaft angetan hat. Die Tatsache, dass es überhaupt geschehen konnte, war schon an sich ein Beleg für die große Spaltung.

Wie es zur Krise kam

DASS DIE GROSSE REZESSION OPFER FORDERTE, ist unbestritten. Aber wer waren die Täter dieses »Verbrechens«? Wenn wir dem Justizministerium, das keinen der Chefs der Großbanken anklagte, die in diesem Drama eine zentrale Rolle spielten, Glauben schenken würden, war dies ein Verbrechen *ohne* Täter. Ich bin nicht dieser Meinung – wie übrigens auch die meisten Amerikaner. In drei der hier wieder abgedruckten Artikel will ich herausfinden, wer die US-Wirtschaft auf dem Gewissen hat, und den historischen Bogen nachzeichnen, der uns in diese Krise führte.[8] Ich wollte weiter ausholen und detaillierter in die Vergangenheit zurückgehen. Der schlecht geplante und ausgeführte Krieg im Irak, der uns letztlich Billionen von Dollar kosten wird, war das aufschlussreichste Beispiel.[9] Die Hauptschuld trägt meines Erachtens jedoch ideologische Voreingenommenheit, verbunden mit dem Druck von Interessengruppen – dieselbe Kombination, die zu der wachsenden Ungleichheit in den USA geführt hat. Ich möchte hier insbesondere auf die Überzeugung verweisen, freie, unbeschränkte Märkte seien notwendigerweise effizient und stabil. Wir sollten es besser wissen: Starke ökonomische Schwankungen haben den Kapitalismus von Anfang an begleitet. Einige haben behauptet, der Staat solle sich darauf beschränken, die Makrostabilität zu gewährleisten – als würde Marktversagen nur in großen »Makrodosen« auftreten. Ich behaupte das Gegenteil: Die Makrokrisen sind nur die Spitze des Eisbergs, viel unauffälliger sind die zahllosen Ineffizienzen. Die Krise selbst liefert dafür unzählige Beispiele: Der Zusammenbruch des Marktes war das Ergebnis zahlreicher Fehlentscheidungen bei der Absicherung von Risiken und der Kapitalzuteilung – Fehler, die von Hypothekenbanken,

Investmentbanken und Ratingagenturen, ja von Millionen von Beschäftigten im Finanzsektor und in anderen Branchen gemacht wurden.[10]

Aber ich behaupte auch, dass bei allen, die für freie Märkte eintreten, ziemlich viel Heuchelei im Spiel ist. Dies bewahrheitete sich einmal mehr in der Großen Rezession: Die *vermeintlichen* Befürworter einer freien Marktwirtschaft nahmen nur allzu bereitwillig staatliche Förderung an – einschließlich massiver Rettungspakete. Solche staatlichen Interventionen verzerren das Wirtschaftsgeschehen und mindern die Leistungsfähigkeit einer Volkswirtschaft. Aber sie haben auch Verteilungseffekte – da die Reichen dadurch noch reicher werden, während alle anderen die Rechnung bezahlen müssen, womit wir beim Thema dieses Buches wären.

Als ich darüber nachdachte, *wer die amerikanische Volkswirtschaft zugrunde richtete*, stand für mich schnell fest, dass der damalige Präsident ganz oben auf der Liste der Verdächtigen zu finden ist. In dem Beitrag »Die wirtschaftlichen Folgen von Mr. Bush« werden *einige* der *wirtschaftlichen* Folgen des Präsidenten beziehungsweise seiner Politik ausführlich erläutert. Obwohl Konservative gegen Defizite wettern, scheinen sie ein besonderes Talent dafür zu besitzen, diese zu erzeugen. In der Amtszeit von Präsident Reagan kam es erstmals zu hohen Haushaltsdefiziten, und erst unter Präsident Clinton wurden aus den Defiziten wieder Überschüsse. Aber Bush hat diese Situation schnell wieder rückgängig gemacht – die größte Wende (in die falsche Richtung) in der Geschichte der Vereinigten Staaten. Dies war zum einen darauf zurückzuführen, dass er zwei Kriege mit der Kreditkarte bezahlte, zum zweiten eine Folge der Steuersenkungen für die Reichen und zum dritten ein Ergebnis seiner Großzügigkeit gegenüber Pharmakonzernen und der Ausweitung anderer Formen der »Konzern-Wohlfahrt«. Zu Letzterer zählt eine zunehmende staatliche Unterstützung für finanzstarke Konzerne aus einem breiten Spektrum unterschiedlichster Sektoren. Ein Teil dieser Beihilfen versteckt sich im Steuersystem beziehungsweise in staatlichen Bürgschaften, andere fließen in geradezu schamlos unverhohlener Weise. (Während wir gleichzeitig das soziale Sicherungsnetz für bedürftige Privatpersonen zurückstutzen, mit der Begründung, wir könnten es uns nicht leisten.)

Wie ich immer wieder geschrieben habe, sind Defizite nicht unbedingt ein Problem – nämlich dann nicht, wenn das Geld für Investitionen ausgegeben wird, und insbesondere dann nicht, wenn diese Ausgaben in einer konjunkturellen Abschwungphase getätigt werden.[11] Aber die Defizite, die Bush zu verantworten hatte, waren besonders problematisch: Sie fielen in eine Zeit scheinbarer Prosperität, auch wenn dieser Wohlstand nur einige wenige erreichte. Diese Ausgaben stärkten nicht die Volkswirtschaft insgesamt, sondern spülten lediglich Geld in die Kassen einiger weniger Konzerne sowie in die Brieftaschen der Superreichen. Am beunruhigendsten waren die Stürme, die ich heraufziehen sah: Würden wir das nötige Kleingeld haben, um den Stürmen standzuhalten? Würden die Konservativen zu diesem Zeitpunkt wieder strenge Haushaltsdisziplin verlangen und ausgerechnet dann eine Sparpolitik verordnen, wenn die Wirtschaft das genaue Gegenteil benötigte?

Besonders wichtig für das Thema dieses Buches ist jedoch die Tatsache, dass in den Bush-Jahren die Ungleichheit zunahm. Bush selbst hat es nie zugegeben, geschweige denn etwas dagegen unternommen – im Gegenteil, er hat alles noch schlimmer gemacht. Dies war ein kurzer Artikel, in dem ich nicht alle Fehler auflisten konnte, die gemacht wurden. Mir entging, dass die Ungleichheit in den Clinton-Jahren zwar leicht zurückging, das inflationsbereinigte Einkommen eines *typischen* Amerikaners (mittleres Einkommen) aber unter Bush fiel – und dies war auch schon der Fall, bevor die Rezession alles noch viel schlimmer machte. Die Zahl der nicht krankenversicherten Amerikaner nahm zu. Und auch die Arbeitsplatzunsicherheit wuchs – also das Risiko, seine Stelle zu verlieren.[12]

Aber sein vielleicht gravierendster Fehler war, dass er die Voraussetzungen für die Große Rezession schuf. Mit diesen Themen befasse ich mich ausführlicher in den folgenden beiden Kapiteln. Bushs Steuergeschenke an die Reichen, um die es weiter oben ging, spielen in dem Drama eine herausragende Rolle – während sie die Konjunktur nicht nennenswert ankurbelten, verschärften sie die ohnehin schon große Ungleichheit innerhalb der amerikanischen Gesellschaft. Sie veranschaulichen ein zweites Thema, auf das ich später zurückkommen werde und das mittlerweile vom Internationalen Währungsfonds (IWF) aufgegriffen wurde, einer Organisation, die nicht für »radikale« Positionen bekannt ist: Ungleichheit geht mit Instabilität einher.[13] Die Vorgeschichte der Krise von 2008 zeigt, wie dies geschieht: Zentralbanken erzeugen als Reaktion auf eine durch wachsende Ungleichheit geschwächte Wirtschaft Spekulationsblasen. Irgendwann platzt die Blase – mit verheerenden Folgen für die Wirtschaft. (Selbstverständlich hätte die Fed dieses Risiko kennen müssen. Aber deren Entscheidungsträger legten eine beinahe blinde Marktgläubigkeit an den Tag, und, wie Bush – der Alan Greenspan als Präsident der Notenbank bestätigte und später seinen ehemaligen obersten wirtschaftspolitischen Berater Ben Bernanke zum Fed-Chef ernannte –, so schien auch die Institution der Tag für Tag wachsenden Ungleichheit in den USA nur wenig Beachtung zu schenken.)

Gleichzeitig verdeutlicht dies ein drittes Thema: den Einfluss politischer Interessen. Es kommt ebenso sehr auf politische Inhalte wie auf politische Prozesse an. Die Vereinigten Staaten hätten mit Investitionen in die Zukunft des Landes oder mit einer die Ungleichheit bekämpfenden Politik auf die geschwächte Wirtschaft reagieren können. Beides hätte die Wirtschaft gestärkt und die Gesellschaft gerechter gemacht. Doch wirtschaftliche Ungleichheit führt zwangsläufig zu politischer Ungleichheit. Von einem Staat mit einer gespaltenen Gesellschaft ist genau das zu erwarten, was in Amerika geschah. Statt mehr Investitionen bekamen wir Steuersenkungen und »Konzern-Wohlfahrt« für die Reichen. Statt einer strengeren Regulierung, die die Wirtschaft stabilisiert und gewöhnliche Bürger geschützt hätte, erhielten wir eine Deregulierung, die zu Instabilität führte und viele Amerikaner zu einer leichten Beute der Banken machte.

Deregulierung

UM DIE VORGESCHICHTE der Großen Rezession zu verstehen, muss man zeitlich zurückgehen, nämlich zu der Deregulierungsbewegung, die durch Präsident Reagan starken Auftrieb erhielt. In »Narren des Kapitalismus« identifiziere ich fünf entscheidende »Fehler«, die allgemeine Trends in unserer Gesellschaft zeigen und die sich zugleich gegenseitig verstärkten – was in dem schlimmsten Wirtschaftsabschwung seit 75 Jahren gipfelte. Einige davon veranschaulichen die neue Macht des Finanzsektors – die Ernennung von Greenspan, weil er die Deregulierung unterstützte, die Deregulierung selbst, die unter Reagan begann und von Clinton fortgesetzt wurde, einschließlich des Niederreißens regulatorischer Mauern zwischen Investment- und Geschäftsbanken.[14]

Die Aufseher vernachlässigten ihre Pflichten, aber die Verbrechen selbst wurden vom Finanzsektor begangen. Als ich diese Artikel schrieb, hatten wir nur einen oberflächlichen Eindruck davon, wie schlecht die Lage wirklich war. Wir wussten, dass die Banken Risiken kaum abgesichert und Kapital fehlgeleitet hatten – während sie gleichzeitig ihren Spitzenmanagern gewaltige Boni dafür zahlten, dass sie so »hervorragende« Arbeit leisteten. Wir wussten, dass das Bonussystem selbst Anreize für überzogene Risikobereitschaft und kurzsichtiges Verhalten geschaffen hatte. Wir wussten, dass die Ratingagenturen bei ihrer Aufgabe der Risikobewertung jämmerlich versagt hatten. Wir wussten, dass die Verbriefung, die lange Zeit als wirksames Instrument der Risikoabsicherung gerühmt worden war, Anreize für Hypotheken-Anbieter geschaffen hatte, die Standards abzusenken (ein Beispiel für das Problem des »moralischen Risikos«). Und wir wussten, dass die Banken mit unlauterer Kreditvergabe begonnen hatten.

Aber wir kannten noch nicht das ganze Ausmaß der moralischen Verkommenheit der Banken, ihrer Bereitschaft, ausbeuterische Praktiken anzuwenden, oder ihrer Rücksichtslosigkeit. Wir wussten zum Beispiel nicht, wie sehr sie bei der Kreditvergabe bestimmte Bevölkerungsgruppen diskriminierten. Wir wussten nichts von ihrer Manipulation von Devisen- und anderen Märkten. Wir wussten nichts von ihrer schludrigen Buchführung, in dem Bestreben, immer mehr hochriskante Hypothekendarlehen auszugeben. Und wir kannten noch nicht das ganze Ausmaß betrügerischen Verhaltens, nicht nur seitens der Banken, sondern auch seitens der Ratingagenturen und anderer Marktteilnehmer. Der Wettbewerb unter den Ratingagenturen um eine hohe Bonitätsbewertung (sie wurden nur bezahlt, wenn die Investmentbanken ihre Ratings »verwendeten«, und sie verwendeten nur die günstigsten Ratings) hatte diese dazu bewogen, absichtlich relevante Informationen zu ignorieren, die vielleicht ein weniger günstiges Rating ergeben hätten.

Die hier veröffentlichten Aufsätze beschreiben die Fehlentwicklungen im Finanzsektor.

Finanzmärkte und die Zunahme der Ungleichheit

IN DIESEN ARTIKELN und an anderer Stelle dieses Buches befasse ich mich eingehend mit dem Finanzsektor, und dies aus gutem Grund. Wie Jamie Galbraith von der University of Texas überzeugend gezeigt hat, besteht ein eindeutiger Zusammenhang zwischen der zunehmenden Finanzialisierung der weltweiten Volkswirtschaften und der wachsenden Ungleichheit.[15] Der Finanzsektor steht beispielhaft für das, was in unserer Wirtschaft misslungen ist – er hat maßgeblichen Anteil an der Zunahme der Ungleichheit, er ist die Hauptquelle von Instabilität in unserer Wirtschaft und eine wichtige Ursache für ihre Leistungsschwäche in den letzten dreißig Jahren. Das war selbstverständlich nicht beabsichtigt. Die Liberalisierung der Finanzmärkte (»Deregulierung«) *sollte* Finanzexperten erlauben, knappes Kapital effizient zu verwenden und Risiken besser abzusichern; dies *sollte* zu höherem und stabilerem Wachstum führen. Die Befürworter eines starken Finanzsektors hatten in einem Punkt recht: Eine leistungsstarke Wirtschaft erfordert einen leistungsstarken Finanzsektor. Aber wie wir schon mehrfach gesehen haben, funktioniert der Finanzsektor von sich aus nicht besonders gut; er benötigt eine strenge Regulierung, die konsequent durchgesetzt werden muss – um Schaden von der übrigen Gesellschaft abzuwenden und auch um sicherzustellen, dass er die Aufgaben erfüllt, die er erfüllen soll. Leider konzentrierten sich die Diskussionen über eine Reform des Finanzsektors in jüngster Zeit nur auf die erste Hälfte dieser Aufgabe – auf die Frage, wie man verhindern kann, dass die Banken und andere Finanzinstitute der übrigen Gesellschaft schaden, indem sie diese einer überzogenen Risikobereitschaft oder einer anderen Form von Ausbeutung aussetzen –, während sie der zweiten nur wenig Beachtung schenkten. Die Krise, der sich die Vereinigten Staaten und die Welt im Jahr 2008 gegenübersahen, war, wie bereits erwähnt, eine von Menschen verschuldete Katastrophe. Ich hatte schon einmal erlebt, wie überzeugende (wenn auch falsche) Ideen zusammen mit mächtigen Interessen zu verheerenden Ergebnisse führen können. Als Chefökonom der Weltbank hatte ich beobachtet, dass es dem Westen nach dem Ende des Kolonialismus gelang, Entwicklungsländern seine marktfundamentalistischen Konzepte aufzudrängen – in denen sich vielfach die Sichtweisen und Interessen der Wall Street widerspiegelten. Selbstverständlich hatten die Entwicklungsländer keine große Wahl: Die Kolonialmächte hatten diese Länder verwüstet, sie skrupellos ausgebeutet und sich ihre Ressourcen angeeignet, aber kaum etwas getan, um ihre Volkswirtschaften zu entwickeln. Sie waren auf die Unterstützung der Industrieländer angewiesen, und als Bedingung dafür machten ihnen der IWF und andere Organisationen gewisse Auflagen: Die Entwicklungsländer sollten ihre Finanzmärkte liberalisieren und ihre inländischen Märkte für eine Flut von Gütern aus den fortgeschrittenen Ländern öffnen. Zugleich weigerten sich die Industrieländer, ihre Märkte für die landwirtschaftlichen Produkte des Südens zu öffnen.

Diese Politik scheiterte: In Afrika sank das Pro-Kopf-Einkommen, Lateinamerika erlebte eine Stagnation, und die Früchte des geringen Wachstums erntete eine kleine Gruppe von Superreichen.

Unterdessen schlug Ostasien einen anderen Weg ein, indem die Regierungen dort die Entwicklungsanstrengungen selbst in die Hand nahmen (man sprach in diesem Zusammenhang auch vom »Entwicklungsstaat«). Daraufhin verdoppelte, ja verdreifachte sich das Pro-Kopf-Einkommen sehr schnell – und langfristig kam es sogar zu einem Anstieg um bis zu 800 Prozent. In den gut dreißig Jahren, in denen das Einkommen der Amerikaner stagnierte, wurde China von einem verarmten Land mit weniger als 1 Prozent des Pro-Kopf-Einkommens der Vereinigten Staaten und weniger als 5 Prozent des US-Bruttoinlandsprodukts zur größten Volkswirtschaft der Welt (gemessen in dem, was Ökonomen Kaufkraftparitäten nennen). In 25 Jahren dürfte die chinesische Volkswirtschaft doppelt so groß wie die US-Wirtschaft sein.

Aber Ideologien sind oftmals einflussreicher als empirische Daten. Marktliberale Ökonomen nahmen kaum Notiz von den Erfolgen der gelenkten Marktwirtschaften Ostasiens. Sie sprachen lieber über die Misserfolge der Sowjetunion, die vollständig auf den Markt als zentralen ökonomischen Steuerungsmechanismus verzichtet hatte. Nach dem Fall der Berliner Mauer und dem Zusammenbruch der Sowjetunion *schien* die freie Marktwirtschaft triumphiert zu haben. Auch wenn diese Schlussfolgerung falsch war, nutzten die Vereinigten Staaten ihre Stärke als einzige verbliebene Supermacht, um ihre ökonomischen Interessen durchzusetzen – oder, genauer gesagt, um die Interessen ihrer mächtigen Großkonzerne durchzusetzen. Und von denen waren die US-Finanzunternehmen vielleicht die einflussreichsten. Die Vereinigten Staaten drängten Länder dazu, ihre Finanzmärkte zu liberalisieren. Das Ergebnis: In einem Land nach dem anderen kam es zu Krisen, auch in einigen der Länder, die *vor* der Öffnung ihrer Märkte sehr gut dagestanden hatten.

Doch in gewisser Hinsicht benahmen wir uns gegenüber diesen Ländern nicht schlimmer als gegenüber uns selbst. Sowohl unter Clinton als auch unter Bush verfolgten wir im In- wie im Ausland eine Politik, die der Finanzsektor verlangte. In »Die Anatomie eines Mordes: Wer hat die amerikanische Wirtschaft auf dem Gewissen?«

gehe ich kurz auf die Frage ein, wie diese Politik zu einer Krise führte. (In meinem Buch *Im freien Fall* erörtere ich diese Fragen eingehender.)

Hier möchte ich zeigen, wie der Finanzsektor zu der wachsenden Ungleichheit beiträgt. Die Finanzialisierung hat auf verschiedenen Wegen diese Wirkungen entfaltet. Der Finanzsektor kennt sich hervorragend mit dem sogenannten *Rent-Seeking* aus, der (leistungslosen) Aneignung von Vermögen. Es gibt zwei Wege, um reich zu werden: Man kann entweder den nationalen Kuchen vergrößern oder aber versuchen, sich ein größeres Stück vom vorhandenen Kuchen zu sichern – dabei kann der Kuchen insgesamt sogar schrumpfen. Die Einkommen in den Führungspositionen des Finanzsektors hängen mehr mit letzterem Weg als mit ersterem zusammen. Während ein Teil des Vermögens der Spitzenverdiener im Finanzsektor – darunter auch ein Großteil dessen, was sie sich durch Marktmanipulation verschaffen – von anderen begüterten Privatpersonen stammt, schöpfen sie auch eine Menge Geld an der Basis der ökonomischen Pyramide ab. Dies gilt etwa für die Milliarden von Dollar, die durch unlautere Praktiken mit Kreditkarten und durch ausbeuterische sowie diskriminierende Kreditvergabe erwirtschaftet wurden. Und es gilt auch für den Missbrauch ihrer Monopolmacht bei Kredit- und Debitkarten: Die überhöhten Gebühren, die sie Händlern auferlegen, wirken wie eine Steuer auf jede Transaktion – eine Steuer, die Geld in die Kassen der Banken spült, statt dem Gemeinwohl zu dienen. Auf Wettbewerbsmärkten – Märkten mit funktionierender Konkurrenz – werden diese Gebühren zwangsläufig in Form höherer Preise an die Verbraucher weitergeleitet. Zumindest vor der Krise rühmten sich die Akteure des Finanzsektors als Schrittmacher des Wirtschaftswachstums; sie behaupteten, die herausragende wirtschaftliche Leistungsbilanz der USA verdanke sich ihrer »Innovativität«.

Dabei ist das eigentliche Maß der Leistungsfähigkeit einer Volkswirtschaft das Wohlstandsniveau der Durchschnittsfamilie, und in dieser Hinsicht gab es in den letzten 25 Jahren gar keine Verbesserung. Aber selbst wenn man das BIP als Maßstab heranzieht, fiel das Wachstum sehr verhalten aus – es lag deutlich niedriger als in den Jahrzehnten vor der Liberalisierung der Finanzmärkte und der Finanzialisierung der Wirtschaft –, und selbst dieses kümmerliche Wachstum lässt sich kaum dem Finanzsektor zurechnen. Aber während sich ein positiver Effekt auf das Wachstum nur schwer nachweisen lässt, kann man leicht einen Zusammenhang zwischen den Machenschaften des Finanzsektors und der Instabilität unserer Wirtschaft herstellen. Insbesondere die Krise von 2008 hat dies deutlich vor Augen geführt.

Daten über die Entwicklung des BIP und der Unternehmensgewinne sagen uns eine Menge darüber, wie der Finanzsektor die Volkswirtschaft auf einen Irrweg geführt hat. In den Jahren vor der Krise erhöhte sich der Anteil des Finanzsektors an der Gesamtwirtschaft: Auf ihn entfielen 8 Prozent des BIP und 40 Prozent aller Unternehmensgewinne – ohne dass er dafür einen entsprechenden Gegenwert schuf. Es gab tatsächlich eine Kreditblase, aber diese führte nicht etwa zu höheren *realen* Investitionen, die ihrerseits zu höheren Löhnen und nachhaltigem Wachstum geführt hätten. Vielmehr floss dieses Geld in Spekulationsgeschäfte und sorgte für einen Anstieg der Immobilienpreise. Ein höherer Preis für Immobilien an der Côte d'Azur oder für Apartments für Milliardäre in Manhattan sorgt aber noch lange nicht für eine produktivere Wirtschaft. Und dies erklärt auch, weshalb, ungeachtet der gewaltigen Zunahme des Vermögen-Einkommen-Verhältnisses, die Durchschnittslöhne stagnierten und die realen Kapitalrenditen nicht zurückgingen. (Gemäß dem Standardgesetz der Volkswirtschaftslehre – dem Gesetz vom abnehmenden Ertragszuwachs – hätten die Kapitalrendite fallen und die Löhne steigen müssen. Technologische Verbesserungen hätten die Schlussfolgerung untermauert, dass die *Durchschnittslöhne* steigen sollten, auch wenn die Löhne für einige Gruppen von Arbeitskräften gesunken wären.)

Die überhöhte Risikobereitschaft im Finanzsektor führte, in Verbindung mit seinen erfolgreichen Bemühungen, die Regulierung einzudämmen, in vorhersagbarer Weise zu der schwersten Krise seit 75 Jahren. Wie immer sind es die Geringverdiener, die unter einer solchen Krise am stärksten leiden, weil sie ihre Beschäftigung verlieren und mit Langzeitarbeitslosigkeit konfrontiert sind. In diesem Fall waren die Folgen für Durchschnittsamerikaner besonders schwerwiegend, wenn man bedenkt, dass zwischen 2007 und 2013 14 Millionen Häuser zwangsversteigert wurden und in welchem Ausmaß es zu Kürzungen der Staatsausgaben einschließlich der Bildungsausgaben kam. Eine aggressive Geldpolitik (die sogenannte Quantitative Lockerung) konzentrierte sich stärker darauf, die Aktienkurse zu stützen, als die Kreditvergabe an die mittelständische Wirtschaft wiederherzustellen. Folglich diente sie vor allem der Vermögenssicherung der Reichen, während der Durchschnittsamerikaner nichts davon hatte, da keine neuen Arbeitsplätze geschaffen wurden. Deshalb flossen in den ersten drei Jahren der sogenannten Erholung 95 Prozent der Einkommenszuwächse dem obersten 1 Prozent zu, was auch der Grund dafür ist, weshalb sechs Jahre nach Ausbruch der Krise das mittlere Vermögen 40 Prozent niedriger lag als vor der Krise.

Der Finanzsektor wirkt sich zudem noch auf eine andere Weise auf die wachsende Ungleichheit (und die ökonomische Leistungsschwäche) der USA und der übrigen Länder aus: Wie bereits erwähnt, ist die übermäßige Ungleichheit das Ergebnis einer bestimmten Politik. Der Finanzsektor hat sich für politische Entscheidungen, die die Ungleichheit erhöhen, eingesetzt und diese mit einer bestimmten Ideologie begründet. Es stimmt, dass sich einige Finanzmarktakteure dem entschieden widersetzt haben, und es gibt viele, die das »aufgeklärte Eigeninteresse« propagieren. Aber insgesamt hat der Finanzsektor die Auffassung vertreten, dass Märkte von sich aus zu effizienten und stabilen Ergebnissen führten, und sich, ausgehend von dieser Annahme, dafür eingesetzt, dass Regierungen liberalisieren und privatisieren sollten. Er hat dafür plädiert, die progressive Besteuerung wegen ihren negativen Anreizeffekte zu begrenzen, und gefordert, die Geldpolitik solle sich auf die Inflation und nicht auf die Schaffung von Arbeitsplätzen konzentrieren. Und nachdem all diese Maßnahmen die Große Rezession verursachten, führte die ausschließliche Konzentration auf Haushaltsdefizite dazu, dass die Staatsausgaben gekürzt wurden, was dem einfachen Bürger schadete. Diese Politik zog ihrerseits den wirtschaftlichen Abschwung in die Länge.

Transparenz

ES BESTEHT BREITES EINVERNEHMEN DARÜBER, dass eine Marktwirtschaft dann am besten funktioniert, wenn Transparenz gewährleistet ist – nur bei umfassender, guter Information können Ressourcen effizient zugeteilt und verwendet werden. Aber während Märkte – insbesondere Finanzmärkte – *für andere* Transparenz predigen mögen, tun sie alles, um diese für sich selbst zu begrenzen. Schließlich werden Gewinne auf transparenten Wettbewerbsmärkten auf null gedrückt. Man frage einen beliebigen Geschäftsmann, und er wird bestätigen, dass man sich auf solchen Märkten nur mit Mühe behaupten kann. Es gibt wenig Potenzial nach oben. Aus diesem Grund sind ihnen Geschäftsgeheimnisse und Vertraulichkeit so wichtig. All dies ist verständlich und allgemein bekannt. Aber der Staat sollte dem etwas entgegensetzen, diese Tendenzen kompensieren, um für mehr Wettbewerb und Transparenz auf den Märkten zu sorgen. Was das betrifft, war ich besonders enttäuscht von der Regierung Clinton. Man erwartet dies eher von konservativen Regierungen, aber nicht von einer, die behauptete, »den Menschen Vorrang zu geben«. In »Narren des Kapitalismus« erläutere ich, wie die Regierungen Clinton und Bush Anreize dafür schufen, »die Zahlen zu fälschen«. Leider hat die Regierung Obama die Krise von 2008 nicht dazu genutzt, mehr Transparenz zu erzwingen – vielmehr hat sie es erlaubt, dass der Handel mit undurchsichtigen, nicht zum offiziellen Börsenverkehr zugelassenen Derivaten, die eine der Hauptursachen für die verheerenden Folgen der Krise waren, fortgesetzt wurde, wenn auch mit gewissen Einschränkungen.

Die Aufgabe des Ökonomen

DIE LISTE DERJENIGEN, die an der »Ermordung« der US-Wirtschaft beteiligt waren, muss um eine weitere Kategorie ergänzt werden: Ökonomen. Darunter die vielen Ökonomen, die behaupteten, Märkte regulierten sich selbst, die das sogenannte intellektuelle Fundament für die Deregulierungsbewegung legten – trotz der langen Geschichte des Versagens unregulierter und unzureichend regulierter Finanzmärkte und ungeachtet bedeutender Fortschritte auf dem Gebiet der volkswirtschaftlichen Theorie, die nachgewiesen hatte, warum Finanzmärkte reguliert werden *müssen* und *sollen*. Diese Fortschritte bezogen sich vor allem auf die Bedeutung unvollständiger Information und unvollständiger Konkurrenz, die in allen Wirtschaftssektoren, aber vor allem im Finanzsystem, eine wichtige Rolle spielen. Wenn ein gewöhnliches Unternehmen insolvent ist, hat dies Folgen für seine Eigentümer und deren Familien, aber normalerweise nicht für die gesamte Volkswirtschaft. Wie unsere Regierung und die Banken selbst sagten, können wir es nicht zulassen, dass eine der Großbanken zusammenbricht. Aber wenn dies der Fall ist, dann *müssen* sie reguliert werden. Denn wenn sie so groß sind, dass man sie nicht zusammenbrechen lassen kann, und sie das wissen, ist übermäßige Risikobereitschaft für sie eine sichere Wette: Wenn sie gewinnen, behalten sie die Gewinne – und wenn sie verlieren, müssen Steuerzahler die Rechnung begleichen.

Der Dodd-Frank Act, das Gesetz zur Reform des Finanzsektors, hat dieses Problem der sogenannten Systemrelevanz gar nicht angegangen. Tatsächlich hat unser Umgang mit der Krise das Problem verschärft: Wir ermunterten Banken dazu, zu fusionieren – in einigen Fällen zwangen wir sie sogar dazu, sodass heute die Konzentration von Marktmacht sogar noch größer ist als vor der Krise. Diese Konzentration hat eine weitere Folge: Sie führt zu einer Ballung politischer Macht, die in dem gegenwärtigen Ringen um die Verabschiedung eines Gesetzes zur effektiven Bankenregulierung so offensichtlich ist. Ein Bereich, in dem der Dodd-Frank Act

Fortschritte gebracht hat, betrifft die Einschränkung des Rechts vom Bund versicherter Finanzinstitute, Derivate zu emittieren – jene riskanten Produkte, die zum Zusammenbruch des Versicherers AIG (American International Group) und dem größten Rettungspaket in der Geschichte des Planeten führten. Während man sich uneinig ist, ob diese Finanzprodukte Glücksspiel- oder Versicherungsinstrumente sind, gibt es keinen sachlich gerechtfertigten Grund dafür, dass sie von *Kredit*instituten angeboten werden sollten, insbesondere von solchen, die vom Staat versichert werden. Aber der Kongress hat, ohne Anhörung, selbst diese Vorschrift gekippt, wobei er Argumente der Citibank wortwörtlich übernahm.

Der viel beachtete Dokumentarfilm *Inside Job* warf ein Schlaglicht auf das, was innerhalb des Berufsstands der Ökonomen vor sich gegangen sein mochte. Volkswirte pflegen zu sagen, dass es auf die Anreize ankomme; tatsächlich ist dies der einzige Punkt, über den sich Ökonomen einig zu sein scheinen. Der Finanzsektor bietet denen, die ihre Meinung teilen, jede Menge Belohnungen: lukrative Beraterverträge, Forschungszuschüsse und Ähnliches. Der Dokumentarfilm wirft eine Frage auf: Könnte das die Urteile einiger Ökonomen beeinflusst haben?

Antworten auf die Krise

WIE DAS KAPITEL »WIE ES ZUR KRISE KAM«, so greifen auch die in den Jahren 2008 und 2009 von mir geschriebenen Artikel, die sich mit den Reaktionen auf die Krise befassen, einige der Leitthemen dieses Buches auf. Einen dieser Beiträge – »Ein Weg aus der Finanzkrise«, er wurde einen Monat nach dem Zusammenbruch von Lehman Brothers im Magazin *Time* veröffentlicht – habe ich in diese Aufsatzsammlung aufgenommen. Er verdeutlicht die große Diskrepanz zwischen den Maßnahmen, die vernünftigerweise hätte ergriffen werden müssen, und dem, was getan wurde.

Auch wenn sich diese Krise über einen längeren Zeitraum angebahnt hat, waren die Verantwortlichen bei der Fed und in der Regierung wohl nicht nur dem Anschein nach überrascht – ein bemerkenswerter Beleg für die Fähigkeit, solche Informationen auszublenden, die man als unangenehm empfindet oder die den eigenen vorgefassten Meinungen zuwiderlaufen. Schließlich war 2006 die Immobilienblase geplatzt, die Wirtschaft war 2007 in eine Rezession geschlittert, die Fed hatte die Banken in den Jahren 2007 und 2008 mit historisch beispiellosen Kapitalspritzen gestützt, und im März 2008 hatte es eine sehr kostspielige Rettungsaktion für die Investmentbank Bear Stearns gegeben. Praktisch alle Ökonomen, die nicht blind an die vermeintlichen Vorzüge freier, unregulierter Märkte glaubten, erkannten die Zeichen der Zeit. Dennoch behauptete Fed-Chef Ben Bernanke ungeniert, die Risiken seien »unter Kontrolle«.[16]

Der entscheidende Grund dafür, dass die US-Wirtschaft von einer Rezession, die im Dezember 2007 begann (und gegen die Bushs Politik – eine weitere Steuersenkung für die Reichen im Februar 2008 – praktisch nichts ausrichtete), in eine *tiefe* Rezession – die schlimmste seit der Weltwirtschaftskrise der 1930er-Jahre – abrutschte, war der Zusammenbruch von Lehman Brothers am 15. September 2008. Nachdem die Fed und das US-Finanzministerium zunächst vollmundig behauptet hatten, die gesamtwirtschaftlichen Folgen eines Zusammenbruchs des Versicherungskonzerns AIG seien beherrschbar – und außerdem wäre eine solche Pleite für die Banken eine wichtige Lektion –, vollführten sie plötzlich eine Wende um 180 Grad und retteten AIG. Es war die teuerste Rettungsaktion der Geschichte, und die Summe der Hilfsgelder, die im Zuge dieser Aktion an ein einzelnes Unternehmen flossen, übertraf die Summe, mit der über viele Jahre Millionen bedürftiger Amerikaner unterstützt wurden. Später sollten wir erfahren, was diesen Gesinnungswandel bewirkte – und weshalb sie sich größte Mühe gaben, alles, was sie taten, vor dem amerikanischen Volk zu verbergen: Das Geld wurde rasch von AIG an Goldman Sachs und andere Banken weitergeleitet. Als diese Banken gefährdet waren, wurden sie von der Fed und dem US-Finanzministerium gerettet.

In meinem *Time*-Artikel riet ich zu einem einfachen Vorgehen. Bedauerlicherweise spiegelten sich in den umgesetzten Maßnahmen vor allem die Interessen und Sichtweisen der Banken und der Superreichen wider, während meine Vorschläge weitgehend unbeachtet blieben. Entsprechend kraftlos fiel dann die wirtschaftliche Erholung aus. Die Regierung Obama mag auch behaupten, sie habe eine zweite Große Depression verhindert. Fest steht jedenfalls, dass sie keine robuste Erholung in die Wege leitete. Heute, sieben Jahre nach diesen Ereignissen, liegen die Einkommen der meisten Amerikaner noch immer unter dem Niveau vor der Krise. Das Durchschnittsvermögen der Mittelschicht befindet sich heute fast wieder auf dem Stand von 1992.[17] Die Erholung wurde daher von dem 1 Prozent für das 1 Prozent gestaltet. Präsident Obama erklärte in seiner Rede zur Lage der Nation am 20. Januar 2015, dass die Krise vorüber sei. Aber nicht einmal er würde behaupten, alles sei in Ordnung. Das BIP liegt 15 Prozent niedriger, als es ohne Krise wäre, und die Lücke schließt sich nicht. Durch die 1-Prozent-Agenda haben wir unnötigerweise Billionen von Dollar verloren.

Auf meiner Agenda standen fünf Punkte. Der erste war die Rekapitalisierung der Banken, damit sie wieder Kredite vergeben und den amerikanischen Steuerzahlern eine faire Gegenleistung für die Risiken bieten konnten, die sie übernommen hatten. Wir rekapitalisierten die Banken. Deren Rettung sollte jedoch nicht bedeuten, die Aktionäre, die Anleiheinhaber und die Bankiers selbst zu retten. Aber genau das haben wir getan.

Wenn der IWF, die Weltbank oder die US-Regierung Kredite an andere Länder vergeben, verbinden sie damit bestimmte Auflagen – um sicherzustellen, dass das Geld in der beabsichtigten Weise ausgegeben wird. Die Ironie besteht darin, dass das US-Finanzministerium besonders nachdrücklich auf dieser Konditionalität besteht. Doch als es darum ging, US-Banken Auflagen zu machen, zögerte das Finanzministerium.

Die Absicht war klar: Die Banken sollten gerettet werden, damit sie weiterhin Kredite bereitstellten, um unsere Wirtschaft am

Laufen zu halten. Aber weil wir keine Bedingungen daran knüpften, flossen die Gelder als große Bonuszahlungen an Banker, die diese zweifelsfrei nicht verdient hatten. Selbst Jahre nach der Krise wurden noch immer deutlich weniger Kredite an die mittelständische Wirtschaft vergeben als vor der Krise.

Die Regierung behauptet, die staatlichen Kredite seien zurückgezahlt worden, aber das war vor allem ein Hütchenspiel, bei dem die Schulden aus der einen Tasche mit Geld zurückgezahlt wurden, das die Regierung zuvor in eine andere gelegt hatte. Die US-Notenbank lieh den Banken zinsfrei Geld, das sie ihrerseits zu hohen Zinsen der Regierung und Großunternehmen zur Verfügung stellten. (Selbst ein Zwölfjähriger könnte auf diese Weise Geld verdienen, denn dazu muss man kein Finanzgenie sein – obwohl die Banker Boni erhielten, als wären sie welche.) Die Regierung sorgte klammheimlich dafür, dass die faulen Hypothekendarlehen aus den Büchern der Banken verschwanden und in die Bilanz des Staates übertragen wurden. Selbst dann erhielt die Regierung nur einen Bruchteil dessen, was Privatinvestoren wie Warren Buffett bekamen, die während der Krise Geld in Banken investiert hatten. Der Durchschnittsamerikaner wurde, offen gesagt, betrogen. Während den Banken ein riesiges Geschenk gemacht wurde, indem sie zu wesentlich günstigeren Bedingungen als andere Geld erhielten – und zu viel niedrigeren Zinsen, als andere den Banken gewähren wollten. Dadurch wurde Geld von gewöhnlichen Bürgern auf wohlhabende Banker umverteilt. Wäre das den Banken in Rechnung gestellt worden, was eigentlich angemessen gewesen wäre, dann lägen unsere Staatsschulden niedriger. Wir könnten dann mehr in Bildung, Technologie und Infrastruktur investieren – Investitionen, die unsere Wirtschaft gestärkt und den Wohlstand breiter verteilt hätten.

Wie so viele der wirtschaftspolitischen Maßnahmen, die von dem 1 Prozent und für das 1 Prozent konzipiert wurden, stützte sich auch diese auf die Trickle-Down-Theorie, wonach es der gesamten Gesellschaft zugutekommt, wenn man den Banken genug Geld nachwirft (der Wohlstand würde gewissermaßen bis zu den unteren Schichten hindurchsickern). Aber das hat nicht funktioniert –

und etwas anderes war auch nicht zu erwarten.[18] Ich dagegen hatte dafür plädiert, ein wenig Trickle-Up-Ökonomie zu betreiben: Die gesamte Wirtschaft profitiert, wenn man der Mittelschicht und den Unterprivilegierten hilft. Die Krise hatte im Immobiliensektor begonnen, weshalb die Behauptung verständlich war, eine robuste Erholung erfordere es, die Flut der Zwangsvollstreckungen einzudämmen. Noch bevor Obama Präsident wurde, warnte ich ihn, dass es nicht genüge, die Banken zu retten. Er müsse auch den amerikanischen Eigenheimbesitzern helfen. Aber sein Finanzminister, Timothy Geithner – er stand an der Spitze der New Yorker Fed, als die Banken mit ihrer unverantwortlichen Kreditvergabepraxis begannen –, dachte vor allem an die Banken. Was dazu führte, dass buchstäblich Abermillionen von Amerikanern ihre Häuser verloren. Während Hunderte von Milliarden Dollar an die Banken flossen, wurde für die Hauseigentümer nur ein Bruchteil davon bereitgestellt. Lediglich etwa 10 Milliarden Dollar davon wurden tatsächlich ausgegeben – in dem Bericht des Finanzministeriums an den Kongress wurde die Summe nicht genau beziffert –, während sich die Regierung mit einem schlecht konzipierten Programm nach dem anderen abmühte. Um die Wirtschaft zu retten, schien einem nichts anderes übrigzubleiben, als den Banken Geld nachzuwerfen. Eine Feinabstimmung der Programme zur Bankenrettung galt als ein Luxus, den wir uns nicht leisten konnten. Gegenüber Hausbesitzern und Durchschnittsbürgern wurde genau die entgegengesetzte Haltung eingenommen: Wir müssten sehr sorgfältig vorgehen, um keinerlei Fehler zu machen. Man warf schlagfertig mit Begriffen wie »moralisches Risiko« um sich – dem Risiko, dass ein Rettungsprogramm für Immobilienbesitzer der leichtfertigen Aufnahme von Krediten Vorschub leiste –, obwohl das eigentliche »moralische Risiko« die Banken betraf, die immer wieder gerettet worden waren.

Die ökonomische Standardtheorie – die in fast allen Lehrbüchern vertreten wird – empfiehlt in Phasen nachlassender Wirtschaftsleistung ein staatliches Konjunkturprogramm. Aber die von der Regierung Bush im Jahr 2008 durchgesetzte Steuersenkung für die Reichen hat gezeigt, dass ein schlecht konzipiertes Konjunkturprogramm relativ wirkungslos ist. Die Regierung Obama hingegen – der auch einige Personen angehörten, die eine erhebliche Mitverantwortung für die Entstehung der Krise hatten, sofern sie einerseits die Deregulierung aktiv unterstützten und andererseits keine effiziente Aufsicht über die Banken schufen – vertrat die Auffassung, ein zurückhaltender Eingriff sei ausreichend: Die Banken waren krank und benötigten eine zugegebenermaßen massive Geldspritze, würden sich aber nach einem kurzen Aufenthalt im Krankenhaus erholen, ebenso wie die Wirtschaft. Es bedürfe lediglich eines zeitlich befristeten Konjunkturprogramms, das nur so lange fortgeführt werden müsse, wie sich die Banken in einer akuten Notlage befänden. Da man eine rasche Erholung erwartete, spielten das finanzielle Volumen, die Konzeption und Dauer des Plans keine große Rolle.

Ganz im Gegenteil behauptete ich, die Wirtschaft sei schon vor der Krise krank gewesen – sie sei nur von einer künstlichen Blase aufrechterhalten worden, die Krise werde vermutlich lange dauern und tief sein, insbesondere wenn nicht die richtigen wirtschaftspolitischen Maßnahmen ergriffen würden. Außerdem bedeutete die starke parteipolitische Polarisierung, dass es gleich beim ersten Mal klappen musste. Wenn sich die Wirtschaft nicht erholte, würden die Konservativen behaupten, das Konjunkturprogramm sei wirkungslos, und es wäre schwer, ein zweites Paket durchzusetzen. Daher plädierte ich für ein umfangreiches Programm zu Ankurbelung der Wirtschaft[19] – das viel größer sein sollte als das von der Regierung geforderte und vom Kongress verabschiedete. Es sollte stringent konzipiert sein – nicht aus der Art von Steuersenkungen für die Reichen bestehen, wie das sogenannte Konjunkturpaket von Bush. Trotzdem bestand das Programm zu etwa einem Drittel aus Steuersenkungen. Zu allem Übel erkannte die Regierung nicht die Tiefe des Abschwungs und prognostizierte, dass die Arbeitslosigkeit unter dem Konjunkturprogramm einen Höchststand von 7 oder 8 Prozent erreichen würde. Als sie schließlich bei 10 Prozent gipfelte, erwies sich diese Behauptung als gefundenes Fressen für

Kritiker des Programms. Eher hätten sie sagen sollen, dass das Konjunkturprogramm die Arbeitslosigkeit um 2 bis 3 Prozent reduzieren werde – und genau das wurde auch erreicht.

Die letzten Punkte auf der *Time*-Agenda waren eine Reform des inländischen rechtlichen Ordnungsrahmens und die Schaffung einer multilateralen Organisation, um einzelstaatliche Regulierungsmaßnahmen zu koordinieren. Als ich diesen Artikel schrieb, war bereits unübersehbar, dass es sich um eine globale Krise handeln würde und dass fragwürdige Geschäftsmethoden von Banken (nicht nur in den Vereinigten Staaten, sondern auch in mehreren europäischen Ländern) weitreichende globale Folgen haben würden. Unsere sogenannten toxischen Hypothekenpapiere (die schließlich ausfielen und die globale Krise herbeiführten) hatten die internationalen Finanzmärkte vergiftet. Diese letzten beiden Punkte riefen die größte Enttäuschung hervor. Auch nachdem das Gesetz zur Reform der Finanzmarktregulierung (Dodd-Frank Act) im Jahr 2010 verabschiedet worden war, galt es bestenfalls als ein halbherziges Unterfangen. Aber kaum dass es verabschiedet worden war, begannen die Banken auch schon damit, es abzuschwächen. Sie hintertrieben Bemühungen, die Gesetzesbestimmungen durchzusetzen. Sie versuchten den Kongress dazu zu bewegen, zentrale Bestimmungen zu widerrufen – und im Dezember 2014 erreichten sie schließlich die Aufhebung einer Schlüsselvorschrift, die den Derivate-Handel regulierte und staatlich versicherten Banken untersagte, diese riskanten Finanzprodukte auszugeben.

Eine internationale Aufsichtsagentur wurde nicht gegründet. Allerdings wurde das internationale Financial Stability Board geschaffen (welches das Financial Stability Forum ersetzte, das im Gefolge der Asienkrise Ende der Neunzigerjahre ins Leben gerufen wurde und sich als ineffektiv erwies). Wie schon beim Dodd-Frank Act ist man auch hier auf halbem Weg stehen geblieben: In mancher Hinsicht ist die Situation besser als vor der Krise, aber nur wenige Personen außerhalb des Finanzsektors glauben, dass wir das große Risiko einer weiteren schweren Krise beseitigt haben.

Allerdings ist etwas anderes bemerkenswert: Alle Diskussionen drehten sich darum, wie man verhindern kann, dass die Allgemeinheit noch einmal für die Banken in die Bresche springen muss. Dagegen hat man sich kaum mit der Frage befasst, was getan werden muss, damit Banken die für das reibungslose Funktionieren unserer Wirtschaft erforderlichen Aufgaben erfüllen. Für das, was dieses Buch erreichen möchte, ist es aus mindestens zwei Gründen von Belang. Die Leidtragenden einer Krise sind immer die einfachen Bürger – Arbeitnehmer, die arbeitslos werden, Immobilienbesitzer, die ihr Eigenheim verlieren, Durchschnittsverdiener, deren Altersrücklagen sich in Luft auflösen, die ihre Kinder nicht aufs College schicken und ihre Träume nicht verwirklichen können. Mittelständische Firmen machen scharenweise Bankrott. Großunternehmen dagegen überleben nicht nur, einige machen sogar glänzende Geschäfte, weil Löhne gedrückt werden und sie ihren Auslandsumsatz aufrechterhalten. Und sogar die Banker, die die Krise verursachten, stehen dank des Steuerzahlers recht gut da. Vielleicht sind sie nicht ganz so wohlhabend, wie sie es wären, wenn die von ihnen angelegten Finanzblasen fortbestanden hätten. Vielleicht mussten sie ihr Chalet in den Schweizer Alpen zugunsten eines Chalets in Colorado oder ihre Villa an der Côte d'Azur zugunsten eines Landhauses in den Hamptons auf Long Island aufgeben.[20]

Der Regulierungsbedarf hätte klar auf der Hand liegen müssen, weil die Banken und andere Finanzdienstleister erwiesenermaßen dazu neigen, ihre Geschäftspartner auszubeuten und andere zu übervorteilen – ob nun durch Marktmanipulation, Insiderhandel, unlautere Kreditkartenpraktiken, monopolistische, wettbewerbswidrige Praktiken, diskriminierende und missbräuchliche Kreditvergabe … Die Liste ist endlos. Es scheint leichter zu sein, auf diese statt auf redliche Weise Geld zu verdienen, etwa dadurch, Kredite an die mittelständische Wirtschaft zu vergeben, was neue Arbeitsplätze schaffen würde. Wenn sich Banken auf Ausbeutung konzentrieren, erhöhen sie die Ungleichheit; wenn sie sich auf die Schaffung von Arbeitsplätzen konzentrieren, fördern sie die Gleichheit – denn dies verringert die Arbeitslosigkeit und führt gleichzeitig zu höheren Löhnen, die eine zwangsläufige Folge sinkender

Arbeitslosigkeit sind.

So können die Bankenregulierungen, die ihren unlauteren Geschäftspraktiken einen Riegel vorschieben, gleich doppelt helfen: Sie schränken ihren Spielraum für ausbeuterisches Verhalten ein und ermuntern sie dazu, das zu tun, was sie tun sollten – einfach dadurch, dass sie die möglichen Gewinne aus anderen Geschäften verringern.

Warum die wirtschaftspolitischen Gegenmaßnahmen von Obama und Bush scheiterten

DIE KRISE SELBST WAR DIE VORHERSEHBARE und vorhergesagte Konsequenz unserer Politik in den vorhergehenden Jahrzehnten. Ebenso war das, was in den Jahren nach der Krise geschah, die vorhersehbare und vorhergesagte Konsequenz der politischen Maßnahmen, die daraufhin ergriffen wurden.

Was können wir fast acht Jahre nach Beginn der Rezession und neun Jahre nach dem Platzen der Blase sagen? Wer hat recht behalten? Die Regierung und die Fed behaupten gern, sie hätten uns vor einer weiteren Großen Depression bewahrt. Dies mag zutreffen, aber es gelang ihnen nicht, die Wirtschaft wieder auf einen soliden Wachstumspfad zurückzubringen.

Das Bankensystem ist weitgehend gesundet. Die Rezession gilt offiziell als beendet – erstaunlich schnell. Aber die Wirtschaft selbst ist eindeutig noch nicht wieder gesund. Selbst wenn sie wieder auf einen nachhaltigen Wachstumspfad einschwenkt, wird es viele Jahre dauern, bevor die Einkommen der meisten Amerikaner auf dem Niveau sein werden, auf dem sie sich ohne die Krise befunden hätten. Tatsächlich scheint es sich um lang anhaltende Schäden zu handeln.

Die wirtschaftlichen Folgen von Mr. Bush

WENN WIR EINES TAGES auf die Katastrophe zurückblicken, die die Regierung Bush war, werden wir an vieles denken: an die Tragödie des Irakkriegs, die Schande von Guantánamo und Abu Ghraib sowie die Aushöhlung der bürgerlichen Freiheiten. Der Schaden, den die amerikanische Volkswirtschaft erlitt, macht nicht jeden Tag Schlagzeilen, aber die Auswirkungen werden noch weit bis in die nächste Generation hinein zu spüren sein. Ich höre schon wütende Gegenstimmen: Der Präsident habe in seinen mittlerweile fast sieben Amtsjahren die Vereinigten Staaten nicht in eine Rezession getrieben. Die Arbeitslosigkeit betrage respektable 4,6 Prozent. Schön. Aber die Kehrseite davon sind ein Steuergesetz, das in widerwärtiger Weise die Reichen begünstigt; eine Staatsverschuldung, die zu dem Zeitpunkt, an dem der Präsident Washington verlässt, wahrscheinlich um 70 Prozent gestiegen sein wird; eine anschwellende Kaskade fauler Hypothekenpapiere; ein rekordverdächtiges Handelsbilanzdefizit von fast 850 Milliarden Dollar; Ölpreise, die höher sind als je zuvor; und ein Dollar, der so schwach ist, dass der Kauf einer Tasse Kaffee in London oder Paris – oder auch im kanadischen Yukon – zu einem finanziellen Risikospiel wird.

Und es wird schlimmer. Nachdem dieser Präsident fast sieben Jahre im Amt ist, sind die Vereinigten Staaten schlechter denn je zuvor für die Zukunft gewappnet. Wir haben nicht genug Ingenieure und Naturwissenschaftler ausgebildet – Fachkräfte, die wir benötigen, um mit China und Indien konkurrieren zu können. Wir

Vanity Fair, Dezember 2007; Anya Schiffrin und Izzet Yildiz halfen mir bei den Recherchen zu diesem Artikel.

haben nicht ausreichend in die Grundlagenforschung investiert, die uns zum technologischen Kraftzentrum des späten 20. Jahrhunderts machte. Und obwohl der Präsident einsieht – oder dies zumindest behauptet –, dass wir damit anfangen müssen, uns von Öl und Kohle zu verabschieden, sind wir unter seiner Verantwortung noch abhängiger von beiden geworden.

Bis jetzt war man sich einig darüber, dass Herbert Hoover, dessen Politik die Große Depression verschlimmerte, klarer Favorit für den Titel »schlechtester Präsident« hinsichtlich der Wirtschaftspolitik ist. Kaum dass Franklin Roosevelt das Amt übernahm und die Politik Hoovers revidierte, begann sich die Wirtschaft zu erholen. Die wirtschaftlichen Folgen der Präsidentschaft Bushs sind jedoch heimtückischer als jene Hoovers, schwerer zu revidieren und vermutlich von längerer Dauer. Es besteht nicht die Gefahr, dass die USA von ihrer Position als reichste Volkswirtschaft der Welt verdrängt werden. Aber noch unsere Enkel werden mit den wirtschaftlichen Folgen von Mr. Bush leben und sich herumschlagen.

Erinnern Sie sich an den Überschuss?

DIE WELT STAND WIRTSCHAFTLICH völlig anders da, als George W. Bush im Januar 2001 sein Amt antrat. In den Neunzigern hatten viele geglaubt, das Internet würde alles von Grund auf verändern. Die Produktivitätszuwächse, die von den frühen Siebziger- bis zu den frühen Neunzigerjahren durchschnittlich 1,5 Prozent jährlich betragen hatten, näherten sich jetzt der 3-Prozent-Marke an. Während der zweiten Amtszeit von Präsident Clinton übertrafen die Produktivitätszuwächse im verarbeitenden Gewerbe sogar 6 Prozent. Der Vorsitzende der Fed, Alan Greenspan, sprach von einer New Economy, die durch anhaltende Fortschritte der Produktivität gekennzeichnet sei, da das Internet alte Geschäftspraktiken obsolet mache. Andere gingen so weit, ein Ende des Konjunkturzyklus vorherzusagen. Greenspan fragte sich laut, welche geldpolitischen Gestaltungsmöglichkeiten ihm wohl noch blieben, wenn die Staatsschulden erst einmal vollständig zurückgezahlt worden seien.

Dieser große Optimismus ließ den Dow-Jones-Index immer höher steigen. Den Reichen ging es gut, aber ebenso den weniger Reichen und selbst den Armen. Die Clinton-Jahre waren kein ökonomisches Nirwana; als Vorsitzender des wirtschaftswissenschaftlichen Beirats des Präsidenten während eines Teils dieser Zeit bin ich mir der Fehler und entgangenen Chancen nur allzu bewusst. Die Welthandelsabkommen, die wir durchsetzten, waren oftmals unfair gegenüber Entwicklungsländern. Wir hätten mehr in die Infrastruktur investieren, die Wertpapiermärkte strenger regulieren und zusätzliche Maßnahmen zur Förderung der Energieeinsparung ergreifen sollen. Wir haben dies aufgrund parteipolitischer Grabenkämpfe und Geldmangels nicht getan – und offen gestanden auch, weil Sonderinteressen die Agenda manchmal stärker bestimmten, als sie es hätten tun dürfen. Aber in diesen Boomjahren war das Defizit zum ersten Mal seit der Regierungszeit von Jimmy Carter unter Kontrolle. Und erstmals seit den Siebzigerjahren wuchsen die unteren Einkommen stärker als die oberen Einkommen – ein Vergleichsmaßstab, an dem man sich orientieren sollte.

Als George W. Bush vereidigt wurde, hatte sich dieses hell leuchtende Bild etwas eingetrübt. Der Hightech-Boom war vorüber. Der NASDAQ fiel allein im April 2000 um 15 Prozent, und niemand wusste mit Sicherheit, wie sich das Platzen der Internetblase auf die Realwirtschaft auswirken würde. Es war ein Augenblick, der förmlich nach Keynes' Wirtschaftspolitik rief, eine Zeit, um den Konjunkturmotor durch erhöhte Ausgaben für Bildung, Technologie und Infrastruktur anzukurbeln – all dies benötigte Amerika dringend und benötigt es noch immer, doch hatte es die Regierung Clinton in ihrem kompromisslosen Streben, das Haushaltsdefizit zu beseitigen, auf später verschoben. Bill Clinton hatte Präsident Bush in eine ideale Ausgangsposition für eine solche Politik gebracht. Erinnern wir uns an die Debatten zwischen den Präsidentschaftskandidaten Al Gore und George Bush im Jahr 2000 und daran, dass sich die beiden Männer darüber stritten, wie der erwartete US-Haushaltsüberschuss in Höhe von 2,2 Billionen Dollar verwendet werden sollte. Wir hätten es uns durchaus leisten können, die inländischen Investitionen in Schlüsselbereichen zu erhöhen. Tatsächlich hätte dies kurzfristig die Rezession abgewendet und zugleich langfristig das Wachstum angekurbelt.

Aber die Regierung Bush hatte ihre eigenen Ideen. Die erste größere wirtschaftspolitische Initiative des Präsidenten war eine massive Steuersenkung für Vermögende, die im Juni 2001 beschlossen wurde. Privatpersonen mit Einkommen von über einer Million zahlten 18 000 Dollar weniger – was mehr als dem Dreißigfachen dessen entsprach, was der Durchschnittsamerikaner an Steuerersparnis erhielt. Die Ungerechtigkeiten wurden durch eine zweite Steuersenkung im Jahr 2003 verschlimmert, die die Vermögenden noch weitaus stärker begünstigte. Wenn diese Steuersenkungen vollständig umgesetzt und dauerhaft beibehalten werden, folgt daraus, dass die durchschnittliche Steuerersparnis für einen Amerikaner in der Gruppe der 20 Prozent mit den niedrigsten Einkommen kaum 45 Dollar betragen wird, während Personen mit einem Einkommen von über 1 Million Dollar durchschnittlich 162 000 Dollar weniger an Steuern zahlen werden.

Die Regierung jubelt, die Wirtschaft sei in den ersten sechs Jahren ihrer Amtszeit um etwa 16 Prozent gewachsen, aber das Wachstum kam hauptsächlich jenen zugute, die keine Hilfe benötigten. Alle, die dringend darauf angewiesen waren, gingen leer aus. Die Flut werde alle Jachten flottmachen, sprich: das Wirtschaftswachstum werde allen zugutekommen – so hieß es. Dabei wächst die Ungleichheit in den USA heute in einem Tempo wie seit 75 Jahren nicht mehr. Ein junger Mann in seinen Dreißigern hat heute, inflationsbereinigt, ein Einkommen, das 12 Prozent unter dem liegt, was sein Vater vor dreißig Jahren verdient hat. Heute leben rund 5,3 Millionen Amerikaner mehr in Armut als zu jener Zeit, in der Bush Präsident wurde. Die sozialen Klassenunterschiede in den USA mögen noch nicht so groß sein wie in Brasilien oder Mexiko – aber sie entwickeln sich doch in diese Richtung.

Die Insolvenzwelle

IN DEUTLICHER MISSACHTUNG der elementarsten Regeln fiskalischer Korrektheit senkte die Regierung weiterhin die Steuern, während sie kostspielige neue Ausgabenprogramme auflegte und einen finanziell ruinösen »Krieg der Wahl« im Irak vom Zaun brach. Aus einem Haushaltsüberschuss in Höhe von 2,4 Prozent des Bruttoinlandsprodukts (BIP), das Bush bei seinem Amtsantritt vorfand, wurde in nur vier Jahren ein Defizit von 3,6 Prozent. Seit der globalen Krise des Zweiten Weltkriegs haben die Vereinigten Staaten keinen Umschwung dieser Größenordnung mehr erlebt.

Die Agrarsubventionen verdoppelten sich zwischen 2002 und 2005. Das gigantische System von Subventionen und Vergünstigungen, das sich im Steuerrecht verbirgt, hat um mehr als 25 Prozent zugenommen. Für seine Freunde in der Öl- und Gasindustrie setzte der Präsident Steuererleichterungen in Milliardenhöhe durch. In den fünf Jahren nach dem Terroranschlag vom 11. September 2001 stiegen die Verteidigungsausgaben (um etwa 70 Prozent), auch wenn ein Großteil davon gar nicht dem Krieg gegen den Terror zugutekam, sondern für gescheiterte Einsätze oder unnütze private militärische Dienstleister im Irak vergeudet wurde. Unterdessen wurden munter weitere Gelder für die üblichen zweifelhaften Hightechprodukte verpulvert – Waffen, die nicht funktionieren, gegen Feinde, die wir nicht haben. Kurzum, Geld wurde überall ausgegeben, nur nicht dort, wo es notwendig gewesen wäre. Während der vergangenen sieben Jahre ist der für Forschung und Entwicklung (außerhalb des Verteidigungs- und Gesundheitssektors) ausgegebene Prozentsatz des BIP rückläufig. Gegen unsere zerfallende Infrastruktur – ob Dämme in New Orleans oder Brücken in Minneapolis – wurde kaum etwas unternommen. Dem nächsten Bewohner des Weißen Hauses wird es obliegen, den größten Teil der Schäden zu beheben.

Obgleich die Regierung gegen Sozialprogramme für Bedürftige wetterte, setzte sie die größte Ausweitung sozialer Leistungen seit vierzig Jahren durch – die verfehlte Bezuschussung verschreibungspflichtiger Medikamente im Rahmen des Medicare-Programms, die sowohl als Wahlgeschenk als auch als Beschwichtigungspille für die Pharmaindustrie gedacht war. Wie interne Dokumente später enthüllten, wurden die tatsächlichen Kosten gegenüber dem Kongress verschleiert. Unterdessen erhielten die Pharmakonzerne besondere Geschenke. Älteren Patienten, die die neuen Leistungen nutzen wollten, war es nicht gestattet, benötigte Medikamente preiswerter in Kanada oder anderen Ländern zu kaufen. Das Gesetz untersagte der US-Regierung als größtem Einzelkäufer verschreibungspflichtiger Medikamente auch, mit Pharmaunternehmen Preisrabatte auszuhandeln, um so die Kosten zu senken. Daraus folgt, dass amerikanische Konsumenten mehr für Medikamente bezahlen als Bürger anderer Industriestaaten.

Dennoch behaupten einige – und am lautesten der Präsident selbst – noch immer, die Steuersenkungen der Regierung sollten die Wirtschaft ankurbeln, aber das stimmt nicht. Der Ankurbelungseffekt pro Dollar Defizit war erstaunlich niedrig. Daher musste die US-Notenbank einspringen und die Konjunktur stimulieren. Sie trat dafür in historisch beispielloser Weise ein und senkte die Leitzinsen auf 1 Prozent. Inflationsbereinigt fielen die Zinsen sogar auf minus 2 Prozent, was die Verbraucher vorhersagbar in einen regelrechten Kaufrausch versetzte. Anders gesagt: Die unverantwortliche Fiskalpolitik der Regierung Bush sorgte für verantwortungsloses Verhalten in der Bevölkerung. Kredite wurden leichtfertig in großer Zahl vergeben, und jeder, der noch Lebenszeichen von sich gab, bekam ein Hypothekendarlehen aufs Auge gedrückt. Die Kreditkartenschulden beliefen sich im Sommer 2007 auf sage und schreibe 900 Milliarden Dollar. »Kraft Geburt kreditwürdig« wurde in der Ära Bush zum Slogan des Konsumentenrauschs. Amerikanische Haushalte profitierten von den niedrigen Zinsen, sie nahmen neue Hypothekendarlehen mit »Lockzinsen« auf und gingen mit dem Geld auf Einkaufsbummel.

All diese Ausgaben schienen die Konjunktur eine Zeitlang anzuregen, während der Präsident mit den Wirtschaftsstatistiken prahlen konnte. Aber für viele Familien sollten sich innerhalb weniger Jahre die Konsequenzen zeigen, als sie bei steigenden Zinsen ihre Hypothekendarlehen nicht mehr bedienen konnten. Der Präsident hoffte zweifellos, die Rechnung würde erst irgendwann nach 2008 präsentiert. Aber sie kam achtzehn Monate zu früh. Es ist zu erwarten, dass in den kommenden Monaten nicht weniger als 1,7 Millionen Amerikaner ihr Eigenheim verlieren werden. Für viele wird es der Beginn einer Abwärtsspirale in die Armut sein.

Zwischen März 2006 und März 2007 nahm die Zahl der Privatinsolvenzen um über 60 Prozent zu. Immer mehr Familien leisteten einen Offenbarungseid und erkannten, wer die Gewinner und wer die Verlierer des Konkursgesetzes der Regierung Bush von 2005 waren, das es Privatpersonen erschwerte, ihre Schulden selbst zu tilgen. Die Kreditgeber, die auf eine »Reform« gedrängt hatten, waren die eindeutigen Gewinner: Sie erhielten mehr Einfluss, und ihre Interessen wurden besser geschützt. Hingegen gingen Menschen in einer finanziellen Notlage leer aus.

Und dann kam der Irak

DER KRIEG IM IRAK (und in geringerem Maß auch der Krieg in Afghanistan) ist uns teuer zu stehen gekommen – sowohl materiell als auch menschlich. Der Verlust an Menschenleben lässt sich niemals quantifizieren. Was den finanziellen Gesichtspunkt betrifft, sollte man sich daran erinnern, dass die Regierung vor dem Einmarsch in den Irak keine Angaben zu den voraussichtlichen Kriegskosten machen wollte (und einen Berater des Weißen Hauses öffentlich rügte, der behauptete, sie könnten sich auf bis zu 200 Milliarden Dollar belaufen). Als die Regierung eine Zahl nennen sollte, gab sie 50 Milliarden Dollar an – was der Summe entspricht, die die Vereinigten Staaten alle paar Monate ausgeben. Heute geht aus den amtlichen Zahlen der Regierung eindeutig hervor, dass die USA »im Einsatzgebiet« insgesamt mehr als 500 Milliarden Dollar ausgegeben haben. Tatsächlich könnten sich die Gesamtkosten des Konflikts auf das Vierfache dieses Betrags belaufen – wie aus einer

Studie hervorgeht, die ich gemeinsam mit Linda Bilmes von der Harvard University verfasste. Das Congressional Budget Office räumte hingegen mittlerweile ein, dass die Gesamtausgaben wahrscheinlich mehr als das Doppelte der Ausgaben für die militärischen Einsätze betragen werden. Die amtlichen Zahlen beinhalten beispielsweise keine anderen relevanten Ausgaben, die im Verteidigungshaushalt versteckt sind, wie etwa die sprunghaft ansteigenden Kosten für die Rekrutierung, mit Weiterverpflichtungsprämien von bis zu 100 000 Dollar. Darin enthalten sind auch nicht die lebenslangen Invalidenrenten und die medizinischen Leistungen für Zehntausende verwundeter Veteranen, von denen 20 Prozent schwerwiegende Hirn- oder Rückenmarksverletzungen erlitten haben. Erstaunlicherweise geht auch ein Großteil der Kosten für die Ausrüstungsgüter, die im Krieg verwendet wurden und die ersetzt werden müssen, nicht darin ein. Berücksichtigt man zudem die volkswirtschaftlichen Kosten durch höhere Ölpreise und die Folgen des Krieges – wie den dämpfenden Dominoeffekt der kriegsbedingten Unsicherheit auf die Investitionsbereitschaft und die Schwierigkeiten von US-Unternehmen im Ausland (weil die USA das unbeliebteste Land der Welt sind) –, dann belaufen sich die Gesamtkosten des Irakkriegs, vorsichtig geschätzt, bis jetzt auf mindestens 2 Billionen US-Dollar. Da drängt sich die Frage auf: Wofür hätten wir dieses Geld sonst ausgeben können? Die US-Entwicklungshilfe für Afrika liegt bei rund 5 Milliarden Dollar pro Jahr – das ist weniger als die Summe, die wir innerhalb von zwei Wochen direkt für den Irakkrieg ausgeben. Der Präsident machte viel Wind um die finanziellen Schwierigkeiten der staatlichen Rentenversicherung (Social Security), aber sie hätte mit den Geldern, die wir im Irak in den Sand gesetzt haben, für hundert Jahre repariert werden können. Hätte man auch nur einen kleinen Teil dieser 2 Billionen Dollar für Investitionen in Bildung und Technologie oder auch für die Verbesserung unserer Infrastruktur ausgegeben, wäre das Land wirtschaftlich viel besser gerüstet, um die zukünftigen Herausforderungen zu bewältigen – einschließlich der Bedrohungen aus dem Ausland. Für einen Bruchteil dieser 2 Billionen

Dollar hätten wir allen entsprechend qualifizierten Amerikanern ein Hochschulstudium ermöglichen können.

Dass der Ölpreis so stark angestiegen ist, hängt eindeutig mit dem Irakkrieg zusammen. Fraglich ist nicht, *ob* dies dem Krieg anzulasten ist, sondern lediglich, in welchem Ausmaß er dafür verantwortlich ist. Eines wirkt heute unglaublich: Vertreter der Regierung Bush behaupteten vor dem Einmarsch nicht nur, mit den irakischen Öleinnahmen ließen sich problemlos die gesamten Kriegskosten bezahlen – hatte uns der Golfkrieg von 1991 denn keinen ordentlichen Gewinn eingebracht? –, sondern auch, dass der Krieg der beste Weg sei, um niedrige Ölpreise zu gewährleisten. Im Rückblick zeigt sich, dass die Öl- und Rüstungskonzerne sowie Al-Qaida die größten Gewinner des Krieges waren. Vor dem Krieg erwarteten die Ölmärkte, dass sich der Preis auch in den nächsten drei Jahren zwischen 20 und 25 Dollar pro Barrel bewegen werde. Marktteilnehmer rechneten zwar mit einem Anstieg der Nachfrage aus China und Indien, aber sie gingen auch davon aus, dass diese höhere Nachfrage größtenteils durch eine Ausweitung der Produktion im Nahen Osten gedeckt werden würde. Der Krieg machte dieses Kalkül zunichte, nicht so sehr dadurch, dass er die Ölförderung im Irak drosselte, sondern weil sich als Folge das allgemeine Gefühl der Unsicherheit in der gesamten Region verstärkte und Zukunftsinvestitionen verhindert wurden.

Die weiterhin bestehende Abhängigkeit vom Erdöl verweist – auch unabhängig vom Preis – auf ein weiteres fragwürdiges Vermächtnis der Regierung: Sie hat es unterlassen, die Energieressourcen zu diversifizieren. Lassen wir einmal die ökologischen Gründe beiseite, die dafür sprechen, die weltweite Abhängigkeit von fossilen Energieträgern zu verringern – der Präsident hat sie sowieso nie wirklich ernst genommen. Allein die wirtschaftlichen Argumente und jene, die sich auf die nationale Sicherheit bezogen, hätten überzeugend genug sein sollen. Stattdessen verfolgte die Regierung eine Politik des »Drain America First« – um vorrangig US-Erdölquellen zu erschließen, damit schnellstens und ohne große Rücksicht auf die Umwelt so viel heimisches Öl wie möglich gefördert werden kann. Dadurch würden die USA in der Zukunft allerdings noch abhängiger von ausländischem Öl werden. Zugleich hegte die Regierung die unrealistische Hoffnung, die Kernfusion oder ein anderes technisches Wunder stünde rechtzeitig bereit, um den Energiebedarf zu decken. Der Präsident machte mit seinem Energiegesetz von 2003 der Ölindustrie so viele Geschenke, dass John McCain über den Gesetzentwurf sagte, er lasse »die Herzen aller Lobbyisten höher schlagen«.

Verachtung für die Welt

UNTER PRÄSIDENT BUSH haben die Haushalts- und Handelsbilanzdefizite der USA neue Rekordhöhen erreicht. Selbstverständlich schaden Defizite nicht unbedingt per se der Wirtschaft. Wenn ein Unternehmen einen Kredit aufnimmt, um eine Maschine zu kaufen, ist das eine gute Sache. In den vergangenen sechs Jahren haben sich die USA – die Regierung, die privaten Haushalte, das ganze Land – verschuldet, um ihren Konsum aufrechtzuerhalten. Unterdessen sind die Investitionen in Anlagevermögen – die Maschinen und maschinellen Anlagen, die dazu beitragen, unsere Wirtschaftsleistung zu steigern – rückläufig. Welche langfristigen Auswirkungen hat all dies? Der Lebensstandard in den USA wird höchstwahrscheinlich langsamer steigen und vielleicht sogar sinken. Die amerikanische Wirtschaft kann eine Menge Fehlentscheidungen verkraften, aber keine Wirtschaft ist unbesiegbar, und unsere Schwächen sind für alle klar ersichtlich. Mit dem Vertrauen in die amerikanische Wirtschaft ist auch der Wert des Dollars stark gesunken – seit 2001 gegenüber dem Euro um 40 Prozent.

Unsere inkohärente Wirtschaftspolitik im Innern hat Parallelen in unserer Außenwirtschaftspolitik. Präsident Bush gab den Chinesen die Schuld an unserem gigantischen Außenhandelsdefizit, aber eine von ihm geforderte Aufwertung des Yuan würde uns lediglich dazu veranlassen, mehr Textilien und Bekleidung aus Bangladesch und Kambodscha statt aus China zu kaufen. An unserem

Defizit würde das nichts ändern. Der Präsident, der sich als Anhänger des Freihandels aufspielte, leitete zugleich Maßnahmen ein, um die amerikanische Stahlindustrie vor ausländischer Konkurrenz zu schützen. Die Vereinigten Staaten drängten mit Nachdruck auf eine Reihe bilateraler Handelsabkommen und nötigten kleinere Länder dazu, diverse schmerzliche Bedingungen zu schlucken, wie etwa die Verlängerung des Patentschutzes für Medikamente, die dringend zur Bekämpfung von Aids benötigt wurden. Wir drängten weltweit auf die Öffnung von Märkten, aber verhinderten, dass China Unocal kauft, eine kleine amerikanische Ölfirma, deren Produktionsanlagen sich größtenteils außerhalb der Vereinigten Staaten befinden.

Es ist nicht weiter verwunderlich, dass es in Ländern wie Thailand und Marokko zu Protesten gegen US-Handelspraktiken kam. Aber die Vereinigten Staaten lehnten Kompromisse ab – so weigerte sich die US-Regierung beispielsweise, unsere gigantischen Agrarsubventionen, die die internationalen Märkte verzerren und armen Kleinbauern in Entwicklungsländern schaden, auch nur zu reduzieren. Diese Unnachgiebigkeit ließ Verhandlungen über die Öffnung internationaler Märkte scheitern. Wie auf so vielen anderen Feldern hat Präsident Bush auch hier darauf hingearbeitet, den Multilateralismus zu untergraben – also die Auffassung, dass Länder weltweit zusammenarbeiten müssen – und ihn durch ein von den USA beherrschten System zu ersetzen. Letztlich gelang es ihm jedoch nicht, den Vereinigten Staaten eine Vormachtstellung zu sichern – er schwächte nur die internationale Zusammenarbeit.

Dass die Regierung globale Institutionen nur wenig schätzte, wurde im Jahr 2005 besonders deutlich, als Bush den ehemaligen stellvertretenden Verteidigungsminister und Hauptarchitekten des Irakkriegs, Paul Wolfowitz, zum Präsidenten der Weltbank nominierte. Wolfowitz stieß von Anfang an auf breites Misstrauen und wurde schon bald in persönliche Auseinandersetzungen hineingezogen, weshalb er zu einer Belastung für die Institution und bereits nach weniger als zwei Jahren zum Rücktritt gezwungen wurde. Mit der Globalisierung kam es zu einer zunehmenden ökonomischen

Verflechtung zwischen Amerika und dem Rest der Welt. Betrachten wir die faulen amerikanischen Hypothekenpapiere: Wenn Privathaushalte zahlungsunfähig werden, haben die Gläubiger der Hypotheken nur noch ein wertloses Stück Papier. Diejenigen, die diese riskanten Hypothekendarlehen ursprünglich herausgegeben hatten, hatten die Forderungen längst an andere verkauft, die sie – in einer nicht transparenten Weise – mit anderen Wertpapieren bündelten und sie ihrerseits an unbekannte Dritte weiterreichten. Als die Probleme bekannt wurden, kam es zu schweren Erschütterungen auf den Weltfinanzmärkten: Es zeigte sich, dass dubiose Hypothekenpapiere im Wert von vielen Milliarden Dollar in europäischen, chinesischen und australischen Wertpapierdepots und sogar bei den obersten amerikanischen Investmentbanken wie Goldman Sachs und Bear Stearns versteckt waren. Indonesien und andere Entwicklungsländer – unbeteiligte Dritte – hatten auch darunter zu leiden, als globale Risikoprämien in die Höhe schnellten und Investoren auf der Suche nach sicheren Häfen Kapital aus diesen Schwellenländern abzogen. Es wird Jahre dauern, um dieses Chaos wieder in Ordnung zu bringen.

Was die Finanzierung unserer eigenen Schulden betrifft, sind wir inzwischen von anderen Staaten abhängig geworden. Heute hält allein China öffentliche und private amerikanische Schuldtitel im Wert von über 1 Billion Dollar. In der sechsjährigen Amtszeit der Regierung Bush haben wir im Ausland Kredite über insgesamt 5 Billionen Dollar aufgenommen. Sehr wahrscheinlich werden diese Gläubiger ihre Kredite nicht zur sofortigen Rückzahlung kündigen – täten sie es, käme es zu einer weltweiten Finanzkrise. Aber es ist merkwürdig und verstörend zugleich, dass das reichste Land der Erde nicht auch nur annähernd in der Lage ist, gemäß seinen Verhältnissen zu leben. So, wie Guantánamo und Abu Ghraib die moralische Autorität der USA untergraben haben, so hat die Haushaltspolitik der Regierung Bush unsere ökonomische Autorität untergraben.

Das weitere Vorgehen

WER AUCH IMMER IM JANUAR 2009 ins Weißen Haus zieht, wird eine Reihe wenig beneidenswerter ökonomischer Bedingungen vorfinden. Unsere Soldaten werden noch einen hohen Blutzoll entrichten müssen, ehe wir sie aus dem Irak abziehen können. Aber es wird Jahre dauern, das ökonomische Haus Amerikas wieder in Ordnung zu bringen, und es wird uns schmerzliche Opfer abverlangen. Die wichtigste Aufgabe besteht darin, den Metabolismus der Volkswirtschaft wieder in den normalen Bereich zu bringen. Wir müssen daher unsere Sparquote von gegenwärtig null (oder weniger) auf etwa 4 Prozent steigern, was sich dem langjährigen Durchschnitt annähert. Ein solcher Anstieg wäre zwar gut für die langfristige Gesundheit der amerikanischen Volkswirtschaft, die kurzfristigen Folgen aber wären schmerzlich. Geld, das man spart, gibt man nicht aus. Wenn die Verbraucher ihr Geld zusammenhalten, stockt der Wirtschaftsmotor. Wenn die Haushalte ihre Ausgaben schnell senken – wozu sie nach dem Zusammenbruch des Hypothekenmarkts womöglich gezwungen sind –, könnte dies eine Rezession zur Folge haben. Auch eine allmählichere Kürzung der Ausgaben würde wohl zu einer lang anhaltenden konjunkturellen Abschwächung führen. Die mit der Überschuldung der privaten Haushalte zusammenhängenden Probleme von Zwangsversteigerungen und Insolvenzen werden sich wahrscheinlich erst einmal verschlimmern, ehe sie besser werden. Und die US-Bundesregierung steckt in einem Dilemma, denn eine schnelle Haushaltssanierung wird beide Probleme nur vergrößern.

Jedenfalls ist es damit nicht getan. Was nötig ist, lässt sich in wenigen Worten beschreiben: Wir dürfen uns nicht länger so verhalten wie bisher, sondern müssen das genaue Gegenteil tun. Es bedeutet, dass wir nicht auf Pump konsumieren dürfen, dass wir die Steuern für die Reichen erhöhen, Subventionen und sonstige Vergünstigungen für Konzerne abbauen, das Sicherheitsnetz für die Bedürftigen stärken und mehr in Bildung, Technologie und Infrastruktur investieren müssen. Was die Steuern betrifft, so sollten sie nicht länger positive Aktivitäten wie Arbeiten und Sparen belasten, sondern unerwünschte Dinge wie Umweltverschmutzung. Hinsichtlich des sozialen Sicherungsnetzes müssen wir uns daran erinnern, dass US-Unternehmen in der Weltwirtschaft umso wettbewerbsfähiger werden, je mehr der Staat tut, um Arbeitnehmer zu qualifizieren und ihnen eine erschwingliche Krankenversicherung zu bieten. Schließlich werden wir viel besser dastehen, wenn wir mit anderen Ländern zusammenarbeiten, um faire sowie effiziente weltweite Handels- und Finanzsysteme zu schaffen. Wir werden andere eher dazu bringen, ihre Märkte zu öffnen, wenn wir uns selbst weniger heuchlerisch verhalten – also wenn wir unsere eigenen Märkte für ihre Güter öffnen und die amerikanische Landwirtschaft nicht länger subventionieren.

Einige Schäden, die die Regierung Bush angerichtet hat, könnten schnell behoben werden. Aber bei einem Großteil wird es Jahrzehnte dauern – und dies auch nur dann, wenn sowohl im Weißen Haus als auch im Kongress der politische Wille dazu vorhanden ist. Denken wir nur an die Zinsen, die wir Jahr für Jahr für den um fast 4 Billionen Dollar gewachsenen Schuldenberg bezahlen – bei einem Zinssatz von 5 Prozent kommt dabei jährlich eine Summe von 200 Milliarden Euro zusammen (was zwei Irakkriegen pro Jahr entspricht). Denken wir an die Steuern, die zukünftige Regierungen erheben müssen, um auch nur einen Bruchteil der von uns angehäuften Schulden zurückzuzahlen. Und denken wir an die wachsende Kluft zwischen Reich und Arm in Amerika, ein Phänomen, das über rein ökonomische Fragen hinausgeht und die Zukunft des amerikanischen Traums selbst betrifft. Es hat sich also eine Eigendynamik entwickelt, und sie wieder umzukehren wird eine ganze Generation dauern. Wir werden also erst in Jahrzehnten Bilanz ziehen können. Wird Herbert Hoover noch immer die Liste der Präsidenten mit der schlechtesten wirtschaftspolitischen Bilanz anführen? Ich vermute, dass ihn George W. Bush vom ersten Platz verdrängen wird.

Narren des Kapitalismus

DIE ZEIT WIRD KOMMEN, da die akutesten Bedrohungen durch die Kreditkrise nachgelassen haben und wir uns der größeren Aufgabe zuwenden müssen, nämlich eine wirtschaftspolitische Zukunftsagenda aufzustellen. Dies wird ein gefährlicher Augenblick sein. Der Debatte über die zukünftige Ausrichtung unserer Wirtschaftspolitik liegt ein historischer Diskurs zugrunde – eine Auseinandersetzung über die Ursachen unserer gegenwärtigen Lage. Die Debatte um die Vergangenheit wird die Debatte um die Gegenwart bestimmen. Daher ist es wichtig, sich mit den historischen Zusammenhängen auseinanderzusetzen.

Was waren die wichtigsten Entscheidungen, die zur Krise führten? Fehler wurden an jeder Gabelung des Wegs gemacht – wir hatten das, was Techniker ein »Systemversagen« nennen, bei dem nicht eine einzelne Entscheidung, sondern eine ganze Reihe von Entscheidungen zu einem tragischen Ergebnis führt. Lassen Sie uns fünf Schlüsselmomente genauer ansehen.

Erstens: Die Entlassung des Notenbankchefs

IM JAHR 1987 BESCHLOSS DIE REGIERUNG REAGAN, Paul Volcker als Präsident der US-Notenbank zu entlassen und ihn durch Alan Greenspan zu ersetzen. Dabei hatte Volcker nur seine Pflicht und Schuldigkeit als Notenbankchef getan. Er hatte die Inflationsrate in seiner Amtszeit von über 11 Prozent auf unter 4 Pro-

Vanity Fair, Januar 2009.

zent gesenkt. Dies hätte seine geldpolitische Kompetenz hinlänglich belegen und seine Wiederernennung eigentlich garantieren sollen. Aber Volcker wusste auch, dass Finanzmärkte reguliert werden müssen. Reagan wollte jemanden, der dies anders sah, und er fand ihn in einem Anhänger des »Objektivismus«, für die die Philosophin und radikale Marktliberale Ayn Rand stand.

Greenspan spielte eine Doppelrolle. Die Fed kontrolliert den Geldhahn, und in den ersten Jahren dieser Dekade drehte sie ihn bis zum Anschlag auf. Aber die Fed ist auch eine Regulierungsbehörde. Wenn man einen Regulierungsgegner an die Spitze einer solchen Behörde beruft, weiß man, was für eine Regulierung man bekommt. Die Liquiditätsflut erwies sich in Verbindung mit den eingerissenen Dämmen der Regulierung als verheerend.

In Greenspans Amtszeit gab es sogar zwei Finanzblasen. Nachdem die Hightech-Blase in den Jahren 2000 und 2001 geplatzt war, trug er dazu bei, die Blase am Immobilienmarkt aufzublähen. Die wichtigste Aufgabe einer jeden Zentralbank sollte darin bestehen, die Stabilität des Finanzsystems aufrechtzuerhalten. Wenn Banken auf der Basis künstlich aufgeblähter Vermögenspreise Kredite vergeben, kann dies zu einer Katastrophe führen – wie wir heute sehen und wie es Greenspan gewusst haben sollte. Er besaß viele der notwendigen Instrumente, um die Situation entschärfen zu können. Um der Hightech-Blase entgegenzuwirken, hätte er die sogenannten Mindesteinschusssätze (die Bargeldmenge, die Personen beim Aktienkauf als Eigenleistung aufbringen müssen) erhöhen können. Um die Luft aus der Immobilienpreisblase herauszulassen, hätte er die ausbeuterische Kreditvergabe an Haushalte mit niedrigem Einkommen eindämmen und andere unlautere Praktiken verbieten können (wie »überprüfungsfreie« Darlehen, Zinszahlungsdarlehen und so weiter). Das hätte uns schon sehr weitreichend geschützt. Falls er die erforderlichen Instrumente nicht besaß, hätte er den Kongress darum ersuchen können.

Die gegenwärtigen Probleme unseres Finanzsystems sind nicht nur das Ergebnis einer leichtfertigen Kreditgewährung. Die Banken haben mithilfe komplizierter Instrumente wie Derivaten, Kreditausfallversicherungen und so weiter kaum überschaubare Wetten miteinander abgeschlossen. Bei diesen zahlt eine Partei eine bestimmte Summe an eine andere, wenn gewisse Ereignisse eintreten – zum Beispiel wenn sich Bear Stearns für insolvent erklärt oder der Dollar stark aufwertet. Diese Instrumente wurden ursprünglich geschaffen, um Risiken abzusichern – aber man kann mit ihnen auch spekulieren. Wenn man also fest davon überzeugt wäre, dass der Dollarkurs sinkt, könnte man eine entsprechende Wette abschließen – und wenn der Dollar dann tatsächlich fallen würde, würde man einen satten Gewinn einstreichen. Das Problem besteht darin, dass bei dieser komplizierten Verflechtung von Wetten in großem Maßstab niemand sicher die Finanzlage aller anderen kennt – ebenso wenig wie seine eigene finanzielle Lage. Es ist also nicht weiter verwunderlich, dass die Kreditmärkte einfroren.

Auch hier spielte Greenspan eine Rolle. Unter Präsident Clinton war ich Vorsitzender des wirtschaftswissenschaftlichen Beirats (des US-Präsidenten) und damit auch Mitglied eines Ausschusses, in dem alle bedeutenden Finanzregulierer auf Bundesebene vertreten waren – eine Gruppe, der auch Greenspan und Finanzminister Robert Rubin angehörten. Schon damals war klar, dass Derivate eine Gefahr darstellten. Doch ungeachtet aller Risiken beschlossen die Deregulierer, die für das Finanzsystem zuständig waren – bei der Fed, bei der Börsenaufsichtsbehörde und anderswo –, nichts zu tun, denn sie befürchteten, dass jede Maßnahme die »Innovationskraft« des Finanzsystems beeinträchtigen könnte. Aber Innovation ist wie »Wandel« kein Wert an sich. Sie kann gut oder schlecht sein (die »überprüfungsfreien« Kredite sind dafür ein gutes Beispiel).

Zweitens: Die Wände niederreißen

DIE PHILOSOPHIE DER DEREGULIERUNG sollte jahrelang unerwünschte Dividenden abwerfen. Im November 1999 hob der Kongress den Glass-Steagall Act auf – der Höhepunkt einer 300 Millionen Dollar teuren Lobby-Kampagne der Banken- und Finanzdienstleistungsbranche, die im Kongress von Senator Phil Gramm angeführt wurde.

Der Glass-Steagall Act hatte lange Zeit Geschäftsbanken (die Kredite vergeben) und Investmentbanken (die die Emission von Anleihen und Aktien organisieren) getrennt. Das Gesetz war nach der Großen Depression verabschiedet worden und sollte die Exzesse dieser Ära – darunter auch schwerwiegende Interessenkonflikte – eindämmen. Wenn zum Beispiel ein Unternehmen, dessen Aktien von einer Investmentbank ausgegeben worden waren (mit deren starker Rückendeckung), in Schwierigkeiten geriete, würde dann deren Geschäftsbankensparte, sofern sie eine hätte, nicht den Druck spüren, diesem Unternehmen, vielleicht unklugerweise, einen Kredit zu gewähren? Eine anschließende Spirale von Fehlurteilen ist leicht vorherzusehen. Ich hatte mich dafür eingesetzt, die Aufhebung des Glass-Steagall Act zu verhindern. Deren Befürworter sagten tatsächlich: Vertraut uns, wir werden (zwischen den Sparten) eine unüberwindbare Mauer errichten, um sicherzustellen, dass sich die Probleme der Vergangenheit nicht wiederholen. Als Volkswirt besitze ich zweifellos ein gesundes Maß an Vertrauen: Vertrauen in die Macht ökonomischer Anreize, menschliches Verhalten stärker auf das Eigeninteresse auszurichten – und zwar auf das kurzfristige Eigeninteresse, nicht auf das »richtig verstandene Eigeninteresse« im Sinne Tocquevilles.

Die Aufhebung des Glass-Steagall Act hatte vor allem eine indirekte Folge – dadurch änderte sich nämlich eine ganze Kultur. Geschäftsbanken sollen eigentlich keine hochriskanten Transaktionen tätigen, sondern vielmehr die Gelder ihrer Kunden sehr vorsichtig verwalten. Unter dieser Bedingung ist der Staat bereit, einzugreifen, wenn sich eine Pleite ankündigen sollte. Investmentbanken dagegen haben traditionell die Gelder der Reichen verwaltet, die höhere Risiken eingehen können, um höhere Erträge zu erzielen. Als der Glass-Steagall Act aufgehoben wurde, was Investment- und Geschäftsbanken zusammenbrachte, setzte sich die Kultur der Investmentbanken durch. Es gab eine Nachfrage nach solchen besonders ertragreichen Anlagen, die sich jedoch nur mit großem Fremdkapitaleinsatz und hoher Risikobereitschaft erzielen lassen. Es gab weitere wichtige Schritte auf dem Pfad der Deregulierung. Einer davon war die Entscheidung, die die US-Börsenaufsichtsbehörde im April 2004 auf einer damals weitgehend unbeachtet gebliebenen Sitzung traf: Großen Investmentbanken sollte erlaubt werden, ihren sogenannten Verschuldungsgrad (Verhältnis von Fremdkapital zu Eigenkapital) von 12:1 auf 30:1 oder mehr zu erhöhen, woraufhin sie mehr hypothekarisch gesicherte Wertpapiere kaufen und dadurch die Immobilienpreisblase weiter aufblähen konnten. Mit dieser Maßnahme gab die Börsenaufsicht ein Bekenntnis zu den Kräften der Selbstregulierung ab – der eigentümlichen Vorstellung, die Banken könnten sich effektiv selbst kontrollieren. Selbstregulierung kann nicht funktionieren, wie selbst Alan Greenspan mittlerweile zugibt, und sie kann ganz gewiss keine systemischen Risiken identifizieren. Dazu zählen die Arten von Risiken, die zum Beispiel auftreten, wenn die Modelle, die alle Banken zur Verwaltung ihrer Wertpapierbestände benutzen, diesen zum selben Zeitpunkt empfehlen, ein bestimmtes Wertpapier zu verkaufen. Während wir die alten Regulierungen zurückstutzten, taten wir nichts, um den neuen Herausforderungen der Märkte des 21. Jahrhunderts zu begegnen. Die bedeutendste Herausforderung waren dabei die Derivate. Im Jahr 1998 hatte Brooksley Born, die Chefin der US-Aufsichtsbehörde Commodity Futures Trading Commission, eine Regulierung dieser Finanzinstrumente gefordert – ein besonders dringendes Anliegen, nachdem die Fed im selben Jahr die Rettung des Hedgefonds Long-Term Capital Management arrangiert hatte (der Derivate im Nennwert von über 1 Billion Dollar hielt), dessen Zusammenbruch die Weltfinanzmärkte bedrohte. Aber Finanzminister Robert Rubin, dessen Stellvertreter Larry Summers und Greenspan leisteten hartnäckig – und erfolgreich – Widerstand. Nichts geschah.

Drittens: Der Aderlass

DANN KAMEN DIE STEUERSENKUNGEN der Regierung Bush, die am 7. Juni 2001 in Kraft traten; ein Anschlussgesetz wurde zwei Jahre später verabschiedet. Der Präsident und seine Berater schienen zu glauben, dass Steuersenkungen, insbesondere für Spitzenverdiener und Großunternehmen, ein Allheilmittel für jede ökonomische Krankheit seien – das moderne Gegenstück zum Aderlass.

Die Steuersenkungen haben die Vorbedingungen der gegenwärtigen Krise maßgeblich beeinflusst. Da sie die Wirtschaft kaum belebten, wurde die eigentliche Ankurbelung der Fed überlassen, die sich mit beispiellos niedrigen Zinssätzen und einer massiven Liquiditätsspritze an diese Aufgabe machte. Der Irakkrieg verschlimmerte die Situation, da er zu einem sprunghaften Anstieg des Ölpreises führte. Weil die USA weitgehend von Ölimporten abhängig waren, mussten wir für die notwendigen Ölkäufe einige Hundert Milliarden Dollar mehr bezahlen – Geld, das ansonsten für amerikanische Güter ausgegeben worden wäre. Dies hätte normalerweise, wie in den 1970er-Jahren, zu einer konjunkturellen Flaute geführt. Aber die Notenbank löste das Problem auf die kurzsichtigste Weise, die man sich vorstellen kann. Die Liquiditätsflut führte dazu, dass auf den Hypothekenmärkten Gelder leicht verfügbar waren, sodass jetzt selbst Personen Kredite bekamen, die normalerweise nicht als kreditwürdig angesehen worden wären. Tatsächlich gelang es so, einen konjunkturellen Abschwung zu verhindern; die Sparquote der amerikanischen Haushalte fiel auf null. Aber es hätte jedem klar sein müssen, dass wir von geliehenem Geld lebten und uns nur eine Gnadenfrist erkauft hatten.

Die Kapitalertragsteuer zu senken trug noch auf eine andere Weise zu der Krise bei. Es war eine Entscheidung, die sich um Werte drehte: Wer spekulierte (direkt gesagt: zockte) und gewann, wurde geringer besteuert als hart arbeitende Lohnempfänger. Mehr noch: Die Maßnahme förderte die Verschuldung, weil Schuldzinsen steuerlich abzugsfähig waren. Wenn man zum Beispiel einen Kredit über eine Million Dollar aufnahm, um ein Haus zu kaufen, oder einen hypothekarisch gesicherten Konsumkredit in Höhe von 100 000 Dollar, um Aktien zu kaufen, waren die Schuldzinsen jedes Jahr in voller Höhe abzugsfähig. Veräußerungsgewinne wurden nur gering besteuert – und dies möglicherweise an einem Tag in der fernen Zukunft. Die Regierung Bush sprach eine offene Einladung zu übermäßiger Kreditaufnahme und leichtfertiger Kreditvergabe aus – und dies, obwohl die amerikanischen Verbraucher keine weitere Ermunterung benötigten.

Viertens: Die Zahlen fälschen

UNTERDESSEN VERABSCHIEDETE der Kongress am 30. Juli 2002 nach einer Serie größerer Skandale – dazu zählen vor allem die Zusammenbrüche von WorldCom und Enron – den Sarbanes-Oxley Act. Alle bedeutenden amerikanischen Wirtschaftsprüfungsgesellschaften, die meisten unserer Banken und einige unserer Topunternehmen waren in diese Skandale verwickelt, die deutlich machten, dass unser Buchführungssystem gravierende Mängel aufwies. Das Thema Buchführung entlockt den meisten Menschen nur ein Gähnen, aber wenn man den Zahlen eines Unternehmens nicht trauen kann, kann man ihm auch sonst keinerlei Vertrauen entgegenbringen. Leider wurde während der Verhandlungen über den späteren Sarbanes-Oxley Act die Entscheidung getroffen, das, was viele – darunter auch Arthur Levitt, der angesehene frühere Leiter der US-Börsenaufsicht – als ein grundlegendes Problem betrachteten: nämlich Aktienoptionen, in dem Gesetz nicht zu regeln. Die Vergabe von Aktienoptionen wurde damit begründet, dass sie solide Anreize für eine gute Unternehmensführung darstellten, tatsächlich aber sind sie nur dem Namen nach »Leistungslohn«. Wenn ein Unternehmen gut dasteht, erhält der Vorstandschef eine große Belohnung in Form von Aktienoptionen; wenn ein Unternehmen schlecht dasteht, ist seine Vergütung fast genauso hoch, nur dass sie ihm auf andere Weise zukommt. Das ist an sich schon schlimm genug. Aber ein zusätzliches Problem von Aktienoptionen besteht darin, dass sie Anreize für fehlerhafte Buchführung schaffen: Die Führungsspitze neigt dann dazu, verzerrte Informationen vorzulegen, um den Aktienkurs in die Höhe zu treiben. Die Anreizstruktur der Ratingagenturen erwies sich ebenfalls als gänzlich verfehlt. Agenturen wie Moody's und Standard & Poor's werden von denselben Personen bezahlt, die sie beurteilen sollen. Daher haben sie allen Grund dazu, Unternehmen gute Noten zu geben – ein Phänomen, das in der Finanzbranche in etwa dem entspricht, was College-Professoren »Noteninflation« nennen. Die Ratingagenturen glaubten – wie die Investmentbanken, die ihre Dienste bezahlten – an die Finanzalchemie: daran, dass toxische Hypothekenpapiere, die als hoch ausfallgefährdet eingestuft werden, in Produkte umgewandelt werden könnten, die so sicher wären, dass sie problemlos von Geschäftsbanken und Pensionsfonds gehalten werden könnten. Während der Asienkrise in den 1990er-Jahren haben wir das gleiche Versagen der Ratingagenturen erlebt: Gute Bonitätsbewertungen förderten den massiven Kapitalzufluss in die Region, eine plötzliche Umkehr der Ratings hatte dann verheerende Folgen. Aber die Finanzmarktkontrolleure schenkten dem keine Beachtung.

Fünftens: Lassen wir es bluten

DER ENDGÜLTIGE WENDEPUNKT kam mit der Verabschiedung eines Rettungspakets am 3. Oktober 2008 – also mit der Reaktion der Regierung auf die Krise selbst. Wir werden die Folgen noch jahrelang spüren. Sowohl die Regierung als auch die Fed waren lange Zeit von einem Wunschdenken getrieben: Sie hofften, die schlechten Nachrichten wären nur ein kurzzeitiges Phänomen und eine Rückkehr auf den Wachstumspfad stehe unmittelbar bevor. Als Amerikas Banken vor dem Zusammenbruch standen, schwenkte die Regierung von einer Strategie auf eine andere um. Einige Institute – Bear Stearns, AIG, Fannie Mae und Freddie Mac – wurden gerettet. Lehman Brothers dagegen nicht. Einige Aktionäre bekamen etwas zurück. Andere nicht.

Der ursprüngliche Vorschlag von Finanzminister Henry Paulson war ein Akt von außergewöhnlicher Arroganz: ein dreiseitiges Dokument, das dem Minister 700 Milliarden Dollar zur Verfügung gestellt hätte, die er nach eigenem Ermessen hätte ausgeben können. Er behauptete, das Programm sei notwendig, um das Vertrauen wiederherzustellen. Aber es ging nicht auf die tieferen Ursachen für den Vertrauensverlust ein. Die Banken waren leichtfertig und hatten zu viele Kredite vergeben, die problematisch geworden waren und riesige Löcher in ihre Bilanzen gerissen hatten. Niemand wusste, was Wahrheit und was Fiktion war. Das Rettungspaket war wie eine massive Transfusion an einen Patienten mit inneren Blutungen – und nichts wurde gegen die Ursache dafür getan, nämlich all die Zwangsvollstreckungen. Wertvolle Zeit wurde vergeudet, als Paulson seinen eigenen Plan propagierte, »Cash for Trash« (»Geld für Ramsch«), der den Kauf toxischer Wertpapiere vorsah und damit das Risiko auf den amerikanischen Steuerzahler abwälzen wollte. Als er den Plan schließlich aufgab und den Banken die benötigten Gelder bereitstellte, tat er dies auf eine Weise, die den amerikanischen Steuerzahler täuschte und obendrein nicht sicherstellte, dass die Banken die Gelder tatsächlich zum Ankurbeln der Kreditvergabe verwenden würden. Er erlaubte den Banken sogar, Dividenden an ihre Aktionäre auszuschütten, während sie selbst von den Steuerzahlern mit Geldspritzen am Leben gehalten wurden.

Das zweite nicht angegangene Problem waren die Schwachstellen der Wirtschaft, die immer deutlicher sichtbar wurden. Die Konjunktur war durch die übermäßige Kreditaufnahme künstlich gestützt worden. Dieses Spiel war jedoch vorüber. Bei insgesamt rückläufigem Konsum hielt der Export die Wirtschaft am Laufen, aber als der Dollarkurs anzog und die Konjunktur in Europa wie auch im Rest der Welt abkühlte, konnte er es nicht länger leisten. Gleichzeitig verzeichneten Bundesstaaten massive Einnahmerückgänge – es blieb ihnen also gar nichts anderes übrig, als ihre Ausgaben zu kürzen. Wenn die Regierung nicht rasch gegensteuerte, war eine Rezession unvermeidlich. Und selbst wenn die Banken bei der Kreditvergabe mit der notwendigen Sorgfalt vorgegangen wären – was sie nicht taten –, würde eine Rezession bestimmt zu einem Anstieg der notleidenden Kredite führen und so den ums Überleben kämpfenden Finanzsektor weiter schwächen.

Die Regierung sprach von vertrauensbildenden Maßnahmen, aber das waren nur Taschenspielertricks. Wenn die Regierung wirklich das Vertrauen in das Finanzsystem hätte wiederherstellen wollen, dann hätte sie zunächst einmal die grundlegenden Probleme angepackt – die verfehlten Anreizstrukturen und das unzureichende Regulierungssystem.

Gab es eine bestimmte Entscheidung, die den Gang der Geschichte verändert hätte, wenn sie rückgängig gemacht worden wäre? Jede Entscheidung – auch wenn sie besagt, nichts zu tun, wie es in der Wirtschaftspolitik oft der Fall ist – ist eine Folge früherer Entscheidungen und Teil eines eng verflochtenen Netzes, das sich von der fernen Vergangenheit in die Zukunft erstreckt. Einige aus dem rechten Lager werden auf bestimmte Maßnahmen der Regierung deuten – etwa den Community Reinvestment Act (CRA) erwähnen, der Banken dazu verpflichtet, auch in einkommensschwachen Stadtbezirken Hypothekendarlehen zu vergeben. (Zahlungsausfälle bei diesen CRA-Krediten waren tatsächlich viel niedriger als bei anderen Krediten.) Es gab viele Schuldzuweisungen an die beiden riesigen Hypothekenbanken Fannie Mae und Freddie Mac, die ursprünglich in Staatsbesitz waren. Tatsächlich aber stiegen sie erst spät in das Geschäft mit Subprime-Hypotheken (hochriskanten Hypotheken) ein, und sie hatten ein ganz ähnliches Problem wie die Privatwirtschaft: Ihre Vorstandschefs hatten die gleichen Fehlanreize zu risikoreichen Spekulationsgeschäften.

Tatsächlich lassen sich die meisten individuellen Fehlentscheidungen auf einen grundlegenden Fehler zurückführen: die Überzeugung, Märkte regulierten sich von selbst und der Staat solle sich weitestgehend aus dem Wirtschaftsleben heraushalten. Als Alan Greenspan bei den Anhörungen, die in diesem Herbst auf dem Capitol Hill in Washington D.C. stattfanden, auf diese Überzeugung zurückblickte, räumte er unumwunden ein: »Ich habe einen Fehler gefunden.« Der Kongressabgeordnete Henry Waxman wollte es genauer wissen und bohrte nach: »Anders gesagt, Sie haben festgestellt, dass Ihr Weltbild, Ihre Ideologie nicht richtig waren – es hat nicht funktioniert.« – »Ganz genau«, sagte Greenspan. Die Tatsache, dass sich die USA – und ein Großteil der übrigen Länder der Welt – diese verfehlte Wirtschaftsphilosophie zu eigen machten, führte zwangsläufig zu dem Resultat, mit dem wir heute konfrontiert sind.

Die Anatomie eines Mordes: Wer hat die amerikanische Wirtschaft auf dem Gewissen?

DIE FAHNDUNG NACH DEM SCHULDIGEN an der Weltwirtschaftskrise hat begonnen. Dabei geht es weniger um Rache, sondern man möchte vielmehr wissen, wer oder was die Krise verursacht hat, wenn man die nächste Krise verhindern oder die aktuelle bewältigen will.

Die Frage der Ursächlichkeit ist allerdings komplex. Wahrscheinlich geht es um so etwas wie »Wenn sich der Täter anders verhalten hätte, wäre es nicht zu der Krise gekommen«. Aber wozu ein anderes Verhalten eines Akteurs führt, hängt davon ab, wie sich weitere Personen verhalten; vermutlich hätten andere ihr Verhalten ebenfalls geändert. Nehmen wir einen Mord. Wir können denjenigen identifizieren, der abdrückte. Aber jemand muss dieser Person die Waffe verkauft haben. Vielleicht hat jemand den Schützen bezahlt. Jemand mag vertrauliche Informationen über den Aufenthaltsort des Opfers verraten haben. All diese Personen sind an dem Verbrechen beteiligt. Wenn die Person, die den Schützen bezahlte, entschlossen war, ihr Opfer erschießen zu lassen, dann wäre das Opfer auch dann erschossen worden, wenn der Schütze, der schließlich abdrückte, den Auftrag abgelehnt hätte: Der Auftraggeber hätte dann einen anderen Schützen gefunden.

An diesem Verbrechen sind viele beteiligt – sowohl Menschen als auch Institutionen. Jede Diskussion darüber, »wer schuld ist«,

Critical Review, Juli 2009.

beschwört Namen wie Robert Rubin herauf, der die Deregulierung entschieden vorangetrieben hat und eine Spitzenposition in einem der beiden Finanzinstitute bekleidete, in die die US-Regierung das meiste Geld gesteckt hat.

Dann war da Alan Greenspan, der ebenfalls die Philosophie der Deregulierung propagierte und seine regulatorischen Befugnisse nicht wahrnahm. Er ermunterte Immobilieneigentümer, hochriskante Hypothekendarlehen mit veränderlichem Zinssatz aufzunehmen, und unterstützte die Initiative von Präsident Bush zur Absenkung des Spitzensteuersatzes – was zu niedrigeren Zinsen führte, die die Immobilienpreisblase aufblähten, was wiederum die Wirtschaft ankurbelte.[21] Aber selbst ohne diese Personen hätte es vermutlich andere, ähnlich handelnde in ihren Ämtern gegeben. Andere waren genauso gewillt und fähig, Verbrechen zu begehen. Die Tatsache, dass in anderen Ländern ähnliche Probleme auftraten – wobei andere Persönlichkeiten die Rollen der Protagonisten spielten –, deutet darauf hin, dass sehr grundlegende ökonomische Kräfte am Werk waren. Zu den Institutionen, die eine erhebliche Mitverantwortung an der Krise trifft, gehören die Investmentbanken und die Investoren, die Ratingagenturen, die Regulierungsbehörden einschließlich der Börsenaufsicht und der Notenbank, die Hypothekenmakler und eine ganze Reihe von Regierungen, von Reagan bis Bush II., die die Deregulierung des Finanzsektors vorantrieben. Einige dieser Institutionen trugen in vielen Rollen zu der Krise bei – insbesondere die Federal Reserve, die bei ihrer Aufgabe als Regulierer versagte, aber die Krise womöglich auch durch eine verfehlte Zins- und Kreditpolitik verschärfte. Sie alle – und einige andere, auf die wir weiter unten eingehen – sind auf die eine oder andere Weise mitverantwortlich.

Die wichtigsten Protagonisten

ICH BIN ALLERDINGS DER ANSICHT, dass die Banken (und der Finanzsektor im Allgemeinen) die Hauptschuldigen sind.

Die Banken sollten eigentlich Risiken kompetent und effektiv absichern. Aber das haben sie nicht nur unterlassen, vielmehr haben sie sogar noch neue Risiken geschaffen. Sie haben übermäßig viel Fremdkapital aufgenommen. Bei einem Verschuldungsgrad von 30:1 genügt schon eine 3-prozentige Änderung des Buchwertes der Aktiva, um das Eigenkapital aufzuzehren. (Was das bedeutet, wird deutlich, wenn man sich klarmacht, dass die Immobilienpreise um etwa 20 Prozent gefallen sind und, Stand März 2009, um mindestens weitere 10 bis 15 Prozent fallen dürften.) Die Banken führten Anreizstrukturen ein, die kurzsichtiges und hochriskantes Verhalten auslösten. Die Aktienoptionen, mit denen sie einige ihrer Topmanager bezahlten, boten überdies Anreize für Bilanzkosmetik und auch für eine umfassende bilanzexterne Buchführung.

Die Banker verstanden anscheinend nicht die Risiken, die durch die Verbriefung geschaffen wurden – und jene, die eine Folge von Informationsasymmetrien waren: Diejenigen, die Hypothekenkredite gewährten, behielten sie nicht in ihren Büchern, sodass die Kreditgeber nicht die Folgen eines Verstoßes gegen die Sorgfaltspflicht tragen mussten. Auch das Ausmaß der Korrelation zwischen Ausfallquoten in verschiedenen Teilen des Landes schätzten die Banken falsch ein – weil sie nicht erkannten, dass ein Anstieg der Zinsen oder eine Zunahme der Arbeitslosigkeit möglicherweise in vielen Regionen des Landes negative Auswirkungen haben würde –, und sie unterschätzten das Risiko sinkender Immobilienpreise. Die Risiken, die mit einigen der neuen Finanzprodukte verbunden waren, wie etwa Kredite mit geringen oder gar keinen Dokumentationspflichten, haben die Banken ebenfalls nicht annähernd zutreffend beurteilt. Die Banken können zu ihrer Verteidigung nur das freilich schwache Argument vorbringen, sie seien von ihren Investoren dazu gedrängt worden. Aber ihre Investoren verstanden nicht die Risiken. Sie verwechselten die hohen Erträge, die sich mit übermäßiger Verschuldung in einem Haussemarkt erzielen lassen, mit »intelligenten« Kapitalanlagen. Banken, die sich nicht übermäßig verschuldeten und daher geringere Erträge erwirtschafteten, wurden mit niedrigeren Aktienkursen »bestraft«. In Wirklichkeit aber haben die Banken die Unwissenheit der Investoren ausgenutzt, um die Kurse ihrer Aktien nach oben zu treiben und so ihre kurzfristigen Erträge um den Preis höherer Risiken zu steigern.

Helfershelfer des Verbrechens

DIE BANKEN MÖGEN DIE TÄTER GEWESEN SEIN, aber sie hatten viele Komplizen.

Ratingagenturen spielten eine zentrale Rolle, denn sie glaubten fest an die Wunder der Finanzchemie und verwandelten hochriskante Hypotheken in erstklassige Wertpapiere – sie wurden als so sicher eingestuft, dass sie sogar von Pensionsfonds gehalten wurden. Dies war deshalb so bedeutsam, weil es den stetigen Strom von Geld in den Immobilienmarkt erlaubte, das seinerseits den Treibstoff für die Immobilienblase lieferte. Möglicherweise wurde das Verhalten der Ratingagenturen von dem Fehlanreiz beeinflusst, dass sie von denjenigen, die sie bewerteten, auch bezahlt wurden. Aber ich vermute, dass ihre Modelle auch ohne diese Anreizprobleme gravierende Mängel aufgewiesen hätten. In diesem Fall hatte der Wettbewerb einen kontraproduktiven Effekt, denn er löste eine Abwärtsspirale aus: ein Wettrennen um die Ratings, die für die bewerteten Institute am günstigsten waren. Hypothekenmakler spielten eine Schlüsselrolle, denn sie waren weniger daran interessiert, solide Hypothekendarlehen auszureichen – schließlich hielten sie die Hypotheken nicht lange in ihren Büchern –, sondern vielmehr daran, *viele* Hypotheken zu gewähren. Einige der Hypothekenmakler waren so begeistert, dass sie neue Formen von Hypotheken entwickelten: Die Kredite mit geringen oder gar keinen Dokumentationspflichten, die ich vorhin erwähnte, waren eine Einladung zur Täuschung und wurden bald »Lügenkredite« genannt. Dies war zwar eine »Innovation«, aber es gab gute Gründe dafür, dass sie nicht früher eingeführt worden war.

Andere neue Hypothekenprodukte – Kredite mit niedriger oder gar keiner Tilgung sowie variabel verzinsliche Kredite – verlockten unvorsichtige Kreditnehmer. Auch zweistellige Hypothekendarlehen (für Konsumzwecke) ermunterten viele dazu, Kredite gegen Beleihung ihrer Immobilie aufzunehmen. Das führte zu einem Anstieg der Beleihungsquoten (auch der Gesamtbeleihungsquoten) und machte Hypothekendarlehen noch riskanter. Die Hypothekenkreditgeber konzentrierten sich nicht auf das Risiko, sondern auf die Transaktionskosten, die sie jedoch nicht etwa zu minimieren, sondern ganz unterschiedlich in die Höhe zu treiben versuchten, um selbst möglichst viel daran zu verdienen. Kurzfristige Kredite, die refinanziert werden mussten – und mit dem Risiko verbunden waren, nicht refinanziert werden zu können –, waren in dieser Hinsicht besonders nützlich.

Die Transaktionskosten, die mit der Vergabe von Hypothekendarlehen verbunden waren, animierten dazu, unerfahrene und uninformierte Kreditnehmer auszunehmen. Zum Beispiel dadurch, dass man die Kunden zur Aufnahme von kurzfristigen Krediten ermunterte, denn so zwang man sie zu wiederholten Kreditumschuldungen, die den Kreditgebern jeweils hohe Einnahmen durch Transaktionsgebühren bescherten.

Auch die Aufsichtsbehörden waren Komplizen bei diesem Verbrechen. Die Risiken dieser neuen Produkte hätten sie erkennen müssen; sie hätten die Risiken selbst bewerten sollen, statt sich auf Selbstregulierung oder Ratingagenturen zu verlassen. Auch die mit hoher Verschuldung und mit außerbörslich gehandelten Derivaten verbundenen Risiken hätten sie erkennen müssen, insbesondere die Risiken, die sich dadurch anhäuften, dass diese Derivate-Positionen nicht ausgeglichen wurden.

Die Aufsichtsbehörden redeten sich ein, dass das System schon funktionieren würde, wenn sie nur sicherstellten, dass jede Bank ihre eigenen Risiken effektiv steuert (wozu sie, vermutlich, allen Anlass hatte). Erstaunlicherweise schenkten sie dem *systemischen*

Risiko überhaupt keine Beachtung, obwohl die Sorge um systemische Risiken einer der Hauptgründe für Regulierungsmaßnahmen ist. Selbst wenn die Banken »durchschnittlich« gesund wären, könnten sie ähnlich agieren, wodurch Risiken für die Gesamtwirtschaft entstünden.

In einigen Fällen konnten sich die Aufseher rechtfertigen und darauf verweisen, sie hätten keine gesetzliche Ermächtigung zum Eingreifen gehabt, selbst wenn sie auf Mängel gestoßen wären. Sie hatten keine Befugnis zur Regulierung der Derivate-Märkte. Aber das ist eine fadenscheinige Ausrede, denn einige Aufseher – allen voran Greenspan – hatten alles getan, um die Verabschiedung entsprechender gesetzlicher Ermächtigungen zu verhindern. Die Aufhebung des Glass-Steagall Act spielte eine besondere Rolle: Zum einen wegen der Interessenkonflikte, die dadurch herbeigeführt wurden (und die bei den Enron- und WorldCom-Skandalen so offensichtlich wurden), aber zum anderen auch, weil dadurch die risikofreudige Kultur des Investmentbankings auf Geschäftsbanken übertragen wurde, die sich eigentlich viel umsichtiger hätten verhalten sollen. Nicht nur die Regulierung und die Regulierer der *Finanzmärkte* waren schuld, auch die Kartellgesetze hätten konsequenter angewendet werden müssen. Man ließ Banken so groß werden, dass man sie (wegen der Risiken für die übrige Wirtschaft) nicht mehr zusammenbrechen lassen konnte – oder aber, dass sie nicht mehr effektiv geführt werden konnten. Und solche Megabanken haben verheerende Fehlanreize. Wenn sie de facto keine Risiken tragen, neigen systemrelevante Banken dazu, unvertretbar hohe Risiken einzugehen.

Auch die Gesetze, die die Unternehmensführung und -kontrolle regeln, trifft eine Mitschuld. Regulierer und Investoren hätten sich der Risiken bewusst sein müssen, die durch die eigenartigen Anreizstrukturen entstehen. Diese waren nicht einmal im Interesse der Aktionäre. Durch die Skandale um Enron und WorldCom wurde viel über notwendige Reformen diskutiert, und der Sarbanes-Oxley Act war ein Anfang. Aber das vielleicht fundamentalste Problem wurde darin ausgespart: Aktienoptionen.

Die Senkungen der Kapitalertragssteuern durch die Regierungen Bush und Clinton schufen zusammen mit der steuerlichen Absetzbarkeit von Schuldzinsen verstärkte Anreize, um sich zu verschulden – etwa für Eigenheimbesitzer, möglichst hohe Hypothekendarlehen aufzunehmen.

Sachkundige Komplizen

ES GIBT NOCH EINE WEITERE GRUPPE von Komplizen – die Wirtschaftswissenschaftler, die den Finanzmarktakteuren die passenden Argumente an die Hand gaben. Diese Ökonomen lieferten für Modelle, in denen Regulierung unnötig war – und die auf den unrealistischen Annahmen vollständiger Information, vollkommener Konkurrenz und optimaler Märkte beruhten.

Moderne volkswirtschaftliche Theorien – vor allem jene, die sich auf unvollständige und asymmetrische Information konzentrieren, insbesondere bei riskanten Entscheidungen – haben aufgezeigt, wie mangelhaft diese früheren »neoklassischen« Modelle waren. Sie haben gezeigt, dass diese Modelle nicht robust sind und schon geringe Abweichungen von den extremen Annahmen die Schlussfolgerungen zunichtemachten. Aber diese Erkenntnisse wurden einfach ignoriert.

Außerdem haben einige bedeutende wirtschaftstheoretische Denkschulen die Zentralbanken dazu ermuntert, sich ausschließlich der Inflationsbekämpfung zu widmen. Sie behaupteten, eine niedrige Inflation sei eine notwendige und fast schon hinreichende Bedingung für stabiles und robustes Wachstum. Dies führte dazu, dass Zentralbanken (auch die Fed) die Finanzstruktur kaum beachteten.

Viele der populärsten mikro- und makroökonomischen Theorien leisteten also Aufsehern, Investoren, Bankern und politischen Entscheidungsträgern Beihilfe – sie lieferten die »Begründung« für ihre Vorgehensweisen und Handlungen. Sie ließen die Banken glauben, dass sie tatsächlich durch ihr eigennütziges Streben das Gemeinwohl förderten. Sie machten den Aufsichtsbehörden weis, dass sie durch ihre Politik der »wohlwollenden Vernachlässigung« optimale Voraussetzungen für eine florierende Privatwirtschaft schaffen würden, was allen zugutekäme.

Die Argumente der Verteidigung entkräften

ALAN GREENSPAN HAT VERSUCHT, China die Schuld an den niedrigen Zinsen zu geben, indem er auf die hohe Sparquote der Chinesen verwies.[22] Aber sein Argument ist nicht überzeugend: Die Fed hatte – zumindest auf kurze Sicht – genügend Kontrolle, um die Zinsen zu erhöhen, obwohl China bereit war, den Vereinigten Staaten zu vergleichsweise niedrigen Zinsen Geld zu leihen. Tatsächlich tat die Fed genau dies in der Mitte des Jahrzehnts, was zum Platzen der Immobilienpreisblase beitrug. Niedrige Zinsen blähten die Blase auf. Aber das ist nicht die notwendige Folge niedriger Zinssätze. Viele Länder sehnen sich nach niedrigen Zinsen, weil sich dadurch die notwendigen Investitionen einfacher finanzieren lassen. Die Gelder hätten produktiver verwendet werden können – aber unsere Finanzmärkte haben das nicht getan. Unsere Aufsichtsbehörden erlaubten den Finanzmärkten (einschließlich den Banken), einen Großteil der Gelder in einer Weise zu verwenden, die gesamtwirtschaftlich nicht produktiv war. Sie ließen es geschehen, dass die niedrigen Zinsen die Preise am Immobilienmarkt künstlich aufblähten. Dabei verfügten sie über die Instrumente, um die Luft herauszulassen. Aber sie haben sie nicht eingesetzt.

Wenn wir davon ausgehen, dass die niedrigen Zinsen für das »Schüren« des Kaufrauschs verantwortlich waren, dann müssen wir fragen, was die Fed dazu veranlasste, an niedrigen Zinsen festzuhalten. Sie tat dies zum Teil, um die Konjunktur zu stützen, die infolge des Platzens der Techblase unter einer unzureichenden Gesamtnachfrage litt.

So betrachtet spielte die von der Regierung Bush durchgesetzte Steuersenkung für die Reichen vielleicht eine Schlüsselrolle. Sie hatte nicht die Absicht, die Wirtschaft zu beleben, und sie tat dies auch nur in begrenztem Umfang. Auch der von Bush angestoßene Irakkrieg spielte eine wichtige Rolle. Daraufhin stieg der Ölpreis von 20 auf 140 Dollar pro Barrel. (Wir müssen hier nicht analysieren, wie viel von diesem Preisanstieg auf den Krieg zurückzuführen ist; aber es wird kaum bezweifelt, dass er eine Rolle spielte.)[23] Die Amerikaner gaben für ihre Öleinfuhren nun jährlich Hunderte von Milliarden Dollar mehr aus. Diese Gelder standen damit nicht mehr für die Inlandsnachfrage zur Verfügung.

Als der Ölpreis in den 1970er-Jahren in die Höhe schnellte, kam es in den meisten Ländern zu einer Rezession, weil zur Finanzierung der Ölkäufe Kaufkraft ans Ausland übertragen wurde. Eine Ausnahme gab es jedoch: Lateinamerika, das mithilfe von Krediten seinen Konsum unvermindert fortsetzte. Diese Verschuldung war aber langfristig nicht aufrechtzuerhalten. In den letzten zehn Jahren haben die USA den lateinamerikanischen Weg eingeschlagen. Um die negativen Folgen höherer Ölausgaben zu kompensieren, hielt die Fed die Zinsen niedriger, *als sie es ansonsten getan hätte*, und dies blähte die Preise am Immobilienmarkt stärker auf, als es normalerweise der Fall gewesen wäre. Der US-Wirtschaft schien es wie den lateinamerikanischen Volkswirtschaften in den 1970er-Jahren gut zu gehen: Die Preisblase am Immobilienmarkt nährte einen Konsumboom, während die privaten Haushalte praktisch nichts mehr auf die hohe Kante legten.

Angesichts des Krieges, der nachfolgend steigenden Ölpreise und der undurchdachten Steuersenkungen der Regierung Bush musste die Fed die Konjunktur stützen. Sie hätte ihre Befugnisse als Regulierungsbehörde nutzen können, um die Ressourcen produktiveren Verwendungszwecken zuzuführen. Hier trifft die Fed und ihren Präsidenten eine doppelte Schuld. Sie versagten nicht nur als Regulierer, sie wurden auch noch zu den »Stimmungsmachern« der Blase, die schließlich die verheerende Wirtschaftskrise auslöste. Als Greenspan nach einer möglichen Spekulationsblase gefragt wurde, behauptete er, es gebe keine – nur ein bisschen Schaumschlägerei. Das war eindeutig falsch. Die Fed behauptete, man könne eine Blase nur im Rückblick erkennen – also dann, wenn sie geplatzt sei. Auch das war nicht ganz zutreffend. Man kann zwar so lange nicht *sicher* sein, dass eine Blase vorliegt, bis sie platzt, aber man kann darauf hinweisen, dass mit hoher Wahrscheinlichkeit eine vorliegt.

Politische Entscheidungen kommen immer unter Ungewissheit zustande. Immobilienpreise, insbesondere im unteren Bereich, schnellten in die Höhe, während die Realeinkommen der meisten Amerikaner stagnierten: Das war unverkennbar ein Problem. Und es war klar, dass sich das Problem verschärfen würde, sobald die Zinsen stiegen. Greenspan hatte die Amerikaner ermuntert, variabel verzinsliche Hypothekendarlehen aufzunehmen, als die Zinsen historische Tiefstände erreichten. Und er erlaubte ihnen, sich bis über beide Ohren zu verschulden – in der Annahme, die Zinsen würden so niedrig bleiben. Aber gerade weil die Zinsen so niedrig waren – die Realzinsen waren negativ –, war die Annahme abwegig, sie würden für lange Zeit auf diesem Niveau verharren. Es war klar, dass bei steigenden Zinsen viele Amerikaner in Schwierigkeiten kommen würden – und ebenso ihre Kreditgeber. Verteidiger der Fed versuchen manchmal diese verantwortungslose und kurzsichtige Politik mit dem Argument zu rechtfertigen, die Notenbank habe keine andere Wahl gehabt: Eine Erhöhung der Zinsen hätte die Blase zum Platzen gebracht, aber auch die Wirtschaft abgewürgt. Das Instrumentarium der Fed beschränkt sich jedoch nicht auf die Zinspolitik. So hätte sie durch eine ganze Reihe von Regulierungsmaßnahmen die Blase wenigstens dämpfen können. Aber sie verzichtete bewusst auf diese Instrumente. Sie hätte die Beleihungsgrenzen herabsetzen können, als eine Blase immer wahrscheinlicher wurde; sie hätte die Tragbarkeitsgrenzen (Verhältnis von Zahlungsverpflichtungen aus Hypothekendarlehen zu Einkommen) senken können. Wenn die Verantwortlichen der Meinung gewesen wären, nicht über die erforderlichen Instrumente zu verfügen, hätten sie sich an den Kongress wenden und um die Befugnisse ersuchen können. Dies liefert uns keine *vollständig* befriedigende kontrafaktische Darstellung. Es stimmt, dass die Finanzmärkte das Geld vielleicht produktiver hätten nutzen können, um beispielsweise die Innovation oder auch wichtige Projekte in Entwicklungsländern zu fördern. Aber vielleicht hätten die Finanzmärkte eine andere betrügerische Masche ersonnen, um leichtfertige Überschuldung zu fördern – zum Beispiel einen neuen Kreditkartenboom.

Die Unschuldigen verteidigen

NICHT ALLE KOMPLIZEN sind gleichermaßen schuldig, also sollten auch einige Verdächtige freigesprochen werden.

Auf der langen Liste von Tatverdächtigen stehen zwei Namen, die viele Republikaner häufig nennen. Sie wollen einfach nicht glauben, dass Märkte versagen, dass sich Marktteilnehmer so unverantwortlich verhalten können, dass die Finanzgenies Risiken nicht durchschauten und dass der Kapitalismus gravierende Mängel aufweist. Für sie ist klar, dass die Regierung dafür verantwortlich ist.

Für mich ist die Regierung in der Tat zu rügen, aber dafür, dass sie zu wenig getan hat. Die konservativen Kritiker hingegen werfen der Regierung vor, sie habe zu viel getan. Sie kritisieren die den Banken im Community Reinvestment Act (CRA) – einem Bundesgesetz zur Förderung der Kreditvergabe an einkommensschwächere Personengruppen – auferlegten Verpflichtungen, einen gewissen Prozentsatz ihrer Kredite an Angehörige von Minderheiten zu vergeben, die ansonsten keinen Zugang zu Darlehen hätten. Sie beschuldigen auch Fannie Mae und Freddie Mac, die staatlich kontrollierten Finanzinstitute, die trotz ihrer Privatisierung im Jahr 1968 eine sehr große Rolle auf den Hypothekenmärkten spielen. Nach Ansicht von Konservativen übten der Kongress und der Präsident »Druck« auf Fannie Mae und Freddie Mac aus, um so die Zahl der Eigenheimbesitzer deutlich zu erhöhen (Präsident Bush sprach oft von der »Ownership Society« – einer Art »Gesellschaft individueller Selbstbestimmung« unter anderem durch Eigentumserwerb).

Dies ist zweifelsohne nur ein Versuch, die Schuld auf andere abzuwälzen. Eine neuere Studie der Fed zeigte, dass die Ausfallrate bei Hypotheken, die dem CRA unterlagen, *unterdurchschnittlich* ist.[24] Die Probleme auf den US-Hypothekenmärkten begannen auf dem Subprime-Markt, während Fannie Mae und Freddie Mac hauptsächlich »reguläre« (erstklassige) Hypotheken finanzierten.

Die gänzlich privaten Finanzmärkte erfanden all diese unlauteren Geschäftspraktiken, die in dieser Krise eine zentrale Rolle spielten. Als die Regierung das Wohneigentum förderte, meinte sie damit *dauerhaftes* Wohneigentum. Sie wollte nicht, dass die Leute Häuser kaufen, die sie sich nicht leisten können. Dies würde ihren Wohlstand nur vorübergehend heben und sie letztlich verarmen lassen: Die Armen würden mitsamt ihrem Eigenheim ihre lebenslangen Ersparnisse verlieren.

Es gibt immer eine Immobilie, deren Kosten dem Budget einer Person angemessen sind. Die Ironie liegt darin: Viele der Verarmten besitzen wegen der Blase ein Haus, das nicht größer ist als jenes, das sie besitzen würden, wenn eine umsichtigere Kreditpolitik betrieben worden wäre – die die Blase gedämpft hätte. Fannie Mae und Freddie Mac haben ebenfalls bei den hochriskanten »Glücksspielen« mit hohem Fremdkapitaleinsatz mitgemacht, die in der Privatwirtschaft sehr beliebt waren – auch wenn sie dies erst recht spät und ziemlich ungeschickt taten.

Auch hier haben die Aufseher versagt. Die staatlich kontrollierten Finanzinstitute haben eine eigene Regulierungsbehörde, die ihnen Zügel hätte anlegen sollen, dies aber unter dem Einfluss der Regierung Bush und deren Philosophie der Deregulierung unterließ. In das Spiel einzutreten, hatte für sie einen Vorteil, weil sie sich wegen ihrer (damals unklaren) staatlichen Bürgschaft billiger mit Krediten eindecken konnten. Sie konnten diese Garantie für Arbitragegeschäfte nutzen, die ihnen Zusatzeinnahmen bescherten, ähnlich den Boni, die ihre Kollegen in der Privatwirtschaft »verdienten«.

Politik und Ökonomie

ES GIBT EINEN WICHTIGEREN SCHULDIGEN, der tatsächlich in vielen verschiedenen Phasen dieses Krimis hinter den Kulissen die Fäden gezogen hat: das politische System der USA und insbesondere seine Abhängigkeit von Wahlkampfspenden. Dadurch konnte die Wall Street überhaupt erst ihren enormen Einfluss ausüben und auf die Aufhebung von Regulierungen und die Ernennung von Aufsehern drängen, die nicht an Regulierungen glaubten – mit den voraussagbaren und vorausgesagten Konsequenzen, die wir sahen.[25] Noch heute macht sich dieser Einfluss bei der Konzipierung effektiver Mittel zur Bewältigung der Finanzkrise bemerkbar.

Jede Volkswirtschaft benötigt Regeln und Schiedsrichter. Unsere Regeln und Schiedsrichter wurden maßgeblich von Sonderinteressen geprägt – ironischerweise ist nicht einmal klar, ob sie diesen Sonderinteressen besonders gute Dienste leisteten.

Letztlich ist dies eine Krise unseres politischen und ökonomischen Systems. Jeder der Akteure tat, jedenfalls weitgehend, das, was er seines Erachtens tun sollte. Die Banker maximierten ihr Einkommen im Rahmen der Spielregeln. Nach diesen Spielregeln sollten sie ihren politischen Einfluss dazu nutzen, jene gesetzlichen Rahmenvorschriften und Regulierer zu bekommen, die ihnen und den von ihnen geleiteten Unternehmen möglichst hohe Gewinne erlaubten. Und auch die Politiker hielten sich an die Spielregeln: Sie mussten Spendengelder sammeln, um gewählt zu werden, und deshalb mussten sie mächtigen und vermögenden Wählern gefallen. Es gab Ökonomen, die den Politikern, Bankern und Aufsehern die passende ideologische Programmatik an die Hand gaben: Laut dieser Ideologie sollten die von ihnen verfolgten Strategien und Praktiken dem Gemeinwohl dienen.

Einige möchten das System wieder so aufbauen, wie es vor 2008 war. Sie drängen auf eine Reform des rechtlichen Ordnungsrahmens, aber diese soll eher kosmetischer Natur sein. Die Geschäftstätigkeit »systemrelevanter« Banken soll keinen nennenswerten Einschränkungen unterworfen werden. »Aufsicht« soll stattfinden, was immer dies bedeutet. Aber riskante Spekulationsgeschäfte werden den Banken auch weiterhin erlaubt sein, und sie werden auch in Zukunft so groß sein, dass der Staat sie nicht einfach zusammenbrechen lassen kann. Die Vorschriften zur Rechnungslegung werden gelockert, um ihnen mehr Spielraum zu gewähren. Anreizstrukturen oder auch riskante Praktiken werden weitgehend unangetastet bleiben. Wenn das so kommen sollte, ist die nächste Krise schon vorprogrammiert.

Ein Weg aus der Finanzkrise

DIE SCHIERE MENGE negativer Nachrichten ist in den letzten Wochen für viele Menschen auf der Welt verwirrend gewesen. Die Aktienmärkte sind eingebrochen, Banken leihen sich untereinander kein Geld mehr, und Notenbanker wie auch Finanzminister treten Tag für Tag mit besorgter Miene vor die Kameras. Viele Ökonomen warnen davor, dass dies die schlimmste globale Wirtschaftskrise seit 1929 sei. Die einzige gute Nachricht lautet, dass der Ölpreis endlich sinkt. Während diese Zeiten für viele Amerikaner ungewohnt und unheimlich sind, habe viele Menschen in anderen Ländern ein Déjà-vu-Erlebnis. Asien machte Ende der 1990er-Jahre eine ähnliche Krise durch, und Länder wie etwa Argentinien, die Türkei, Mexiko, Norwegen, Schweden, Indonesien und Südkorea wurden ebenfalls von Bankenkrisen, Börsencrashs und Kreditklemmen gebeutelt.

Der Kapitalismus mag das beste Wirtschaftssystem sein, das der Mensch erfunden hat, aber niemand hat jemals behauptet, dieses System erzeuge Stabilität. Tatsächlich haben in den letzten dreißig Jahren Marktwirtschaften über hundert Krisen erlebt. Daher glauben ich und viele andere Ökonomen, dass staatliche Regulierung und Beaufsichtigung ein wesentlicher Teil einer funktionierenden Marktwirtschaft sind. Ohne sie wird es in verschiedenen Teilen der Welt weiterhin zu häufig schwerwiegenden Wirtschaftskrisen kommen. Der Markt für sich allein genügt nicht. Der Staat muss eine Rolle spielen. Es ist eine gute Nachricht, dass Finanzminister Henry Paulson sich anscheinend endlich der Auffassung anschließt, dass

Time, 17. Oktober 2008.

die US-Regierung bei der Rekapitalisierung unserer Banken helfen und Kapitalbeteiligungen an den Banken, die sie rettet, erhalten sollte. Aber es muss mehr getan werden, um zu verhindern, dass sich die Krise weltweit ausbreitet. Folgendes ist hierfür notwendig.

Wie es dazu kam

DIE PROBLEME, mit denen wir heute konfrontiert sind, wurden hauptsächlich durch die Kombination aus Deregulierung und niedrigen Zinsen verursacht. Nachdem die Hightech-Blase geplatzt war, musste die Konjunktur angekurbelt werden. Aber die Steuersenkungen der Regierung Bush haben die Wirtschaft kaum belebt. So wurde die Bürde, die Wirtschaft am Laufen zu halten, auf die Fed abgewälzt, und diese reagierte, indem sie die Wirtschaft mit Liquidität überschwemmte. Unter normalen Umständen ist es gut, wenn Geld in großen Mengen in dem System umläuft, denn dies hilft der Wirtschaft zu wachsen. Aber die Wirtschaft hatte bereits zu viel investiert, und das zusätzliche Geld wurde daher nicht produktiv genutzt. Niedrige Zinsen und einfacher Zugang zu Kapital förderten eine leichtfertige Kreditvergabe in Form der berüchtigten tilgungs-, anzahlungs- und dokumentationsfreien Subprime-Hypotheken (»Lügen«-Hypotheken). Es war klar ersichtlich, dass viele Hypotheken »untergehen« würden, wenn auch nur ein bisschen Luft aus der Blase abgelassen würde – der Wert des Hauses wäre also geringer als die Hypothekenschulden. Genau das ist passiert – bislang 12 Millionen Mal, und jede Stunde werden es mehr. Die Geringverdiener verlieren nicht nur ihre Häuser, sondern damit auch ihre Lebensersparnisse. Das Klima der Deregulierung, das die Bush-Greenspan-Jahre beherrschte, förderte die Verbreitung eines neuen Geschäftsmodells der Banken. In seinem Zentrum stand die Verbriefung: Hypothekenmakler reichten Hypotheken aus, die sie an andere weiterverkauften. Kreditnehmern sagte man, sie sollten sich keine Gedanken über die Rückzahlung der ständig wachsenden Schulden machen, weil die Hauspreise weiter steigen würden.

Außerdem könnten sie umschulden und dadurch einen Teil des Vermögenszuwachses für den Kauf eines Autos oder einen Urlaub nutzen. Selbstverständlich widersprach dies dem ersten Gesetz der Volkswirtschaftslehre – wonach nichts umsonst ist. Die Annahme, die Immobilienpreise könnten weiterhin rapide ansteigen, erscheint besonders absurd vor der Tatsache, dass die Realeinkommen der meisten Amerikaner sanken.

Die Hypothekenmakler liebten diese neuen Produkte, weil sie einen endlosen Strom von Gebühren erzeugten. Sie maximierten ihre Gewinne, indem sie möglichst viele Hypothekendarlehen vergaben und diese häufig umschuldeten. Ihre Verbündeten im Investmentbanking kauften diese Hypotheken auf, teilten das mit ihnen verbundene Risiko in viele kleine Portionen auf und reichten diese weiter – zumindest so weit, wie es ihnen möglich war. Unsere Banker vergaßen, dass ihre Aufgabe darin besteht, in umsichtiger Weise Risiken abzusichern und Kapital zuzuteilen. Sie wurden zu Spielkasinos – sie wetteten mit dem Geld anderer Menschen, in dem Wissen, dass der Steuerzahler einspringen würde, wenn die Verluste zu groß waren. Sie lenkten Kapital in unproduktive Verwendungen; gigantische Beträge flossen in den Bau von Eigenheimen, die sich letztlich als unerschwinglich erwiesen. Eine lockere Geldpolitik und eine laxe Regulierung waren ein gefährliches Gemisch, das schließlich explodierte.

Eine globale Krise

AMERIKAS LEICHTSINN wurde erst dadurch richtig gefährlich, dass wir ihn exportierten. Vor ein paar Monaten sprachen einige von »Entkopplung« – davon, dass sich Europa einem Abschwung in den USA entziehen könne. Ich hielt Entkopplung immer für einen Mythos, und die Ereignisse haben mir recht gegeben. Dank der Globalisierung konnte die Wall Street ihre toxischen Hypothekenpapiere weltweit verkaufen – offenbar wurde etwa die Hälfte dieser Hypotheken exportiert. Wäre das nicht der Fall gewesen, wären die USA noch viel schlimmer dran. Zudem haben die Exporte die US-Wirtschaft am Laufen gehalten, als sich unsere Konjunktur abkühlte. Aber die Schwächen der US-Wirtschaft schwächten auch den Dollar und machten es für Europa schwieriger, seine Güter im Ausland zu verkaufen. Schwache Exporte bedeuteten eine schwache Konjunktur, und so exportierten die Vereinigten Staaten ihren Abschwung, wie sie zuvor ihre toxischen Hypothekenpapiere exportiert hatten.

Aber jetzt kehren die Probleme verschärft zurück. Die faulen Hypothekenpapiere tragen dazu bei, viele europäische Banken in die Insolvenz zu treiben. (Wir haben nicht nur faule Kredite exportiert, sondern auch höchst problematische Praktiken der Kreditvergabe und Regulierung; viele der faulen Kredite Europas wurden an europäische Kreditnehmer vergeben.) Und als Marktteilnehmer erkannten, dass das Feuer von Amerika auf Europa übergegriffen hatte, brach eine Panik aus. Manche der Ängste waren irrational. Aber sie hängen auch damit zusammen, dass unsere Finanz- und Wirtschaftssysteme eng miteinander verschränkt sind. Banken auf der ganzen Welt leihen sich gegenseitig Geld, sie kaufen und verkaufen komplizierte Finanzinstrumente – und das ist auch der Grund dafür, weshalb mangelhafte regulatorische Praktiken in einem Land zu faulen Krediten führen und das globale Finanzsystem infizieren können.

Ein Lösungsvorschlag

HEUTE SIND WIR mit einem Liquiditätsproblem, einem Solvenzproblem und einem makroökonomischen Problem konfrontiert. Wir befinden uns in der ersten Phase einer Abwärtsspirale. Dies ist selbstverständlich Teil eines unvermeidlichen Anpassungsprozesses: des Absenkens der Immobilienpreise auf ein Gleichgewichtsniveau und des Abbaus der übermäßigen Verschuldung, die unsere Phantom-Ökonomie am Laufen hielt.

Selbst mit den staatlichen Kapitalspritzen werden die Banken nicht mehr so viele Kredite vergeben wie zuvor. Immobilienbesitzer werden keine so hohen Kredite mehr aufnehmen. Die Sparquote, die sich nahe null bewegte, wird steigen – das ist langfristig gut für die Konjunktur, aber schlecht für eine Wirtschaft, die in eine Rezession eintritt. Während einige Großunternehmen auf einem Berg von Bargeld sitzen mögen, sind kleinere Firmen nicht nur für Investitionen, sondern auch zur Aufrechterhaltung ihres Betriebskapitals auf Kredite angewiesen. Sie zu beschaffen wird nun schwieriger werden. Und die Investitionen in Immobilien, die für unser moderates Wachstum der vergangenen sechs Jahre eine so wichtige Rolle spielten, haben ein Zwanzig-Jahres-Tief erreicht. Die Regierung ist von einer unausgegorenen Lösung zur anderen gestrauchelt. Die Wall Street geriet ebenso in Panik wie das Weiße Haus, und in dieser Panik wussten sie nicht recht, was sie tun sollten. In den Wochen, die Paulson und Bush – angesichts massiven Widerstands – damit verbrachten, für Paulsons ursprünglichen Rettungsplan zu werben, hätte man längst die Lösung des Problems vorantreiben können. Heute benötigen wir einen umfassenden Ansatz. Ein weiterer halbherziger Versuch, der misslingt, könnte verheerend sein. Ich stelle hier einen umfassenden Lösungsansatz in fünf Schritten vor:

Erstens: Die Banken rekapitalisieren

AUFGRUND IHRER VERLUSTE verfügen die Banken nicht über ausreichend Eigenkapital. Unter den gegenwärtigen Umständen dürfte es den Banken schwerfallen, dieses Eigenkapital selbst aufzubringen. Das heißt, der Staat muss Eigenkapital bereitstellen. Im Gegenzug sollte er stimmberechtigte Anteile an den Banken erhalten, denen er hilft. Aber Eigenkapitalspritzen kommen auch Anleiheinhabern zugute. Gegenwärtig werden diese Anleihen wegen ihres hohen Ausfallrisikos am Markt mit einem Abschlag gehandelt. Eine Zwangsumwandlung dieser Schulden in Eigenkapital ist daher notwendig. In diesem Fall wird sich die Höhe der benötigten staatlichen Finanzhilfen stark verringern.

Es gibt eine gute Nachricht: Finanzminister Paulson scheint endlich zu begreifen, dass sein ursprünglicher Vorschlag nicht zielführend ist – nämlich das aufzukaufen, was er beschönigend »notleidende Aktiva« nannte. Allerdings ist es beunruhigend, dass Paulson so lange brauchte, um dies zu einzusehen. Er war so sehr von der Idee einer marktwirtschaftlichen Lösung überzeugt, dass er nicht akzeptieren konnte, was ihm Ökonomen aller Couleur sagten: dass er die Banken rekapitalisieren und frisches Geld zur Verfügung stellen müsse, damit sie die Verluste aus ihren faulen Krediten ausgleichen könnten.

Die Regierung tut das jetzt, dennoch stellen sich drei Fragen: Was ist eine faire Abmachung für den Steuerzahler? Die Antwort darauf scheint ziemlich klar zu sein: Die Steuerzahler kamen schlecht weg, wenn man die Konditionen, die Warren Buffett für sein Beteiligung in Höhe von 5 Milliarden Dollar an Goldman Sachs aushandelte, mit den Bedingungen vergleicht, die die Regierung herausgeholt hat. Zweitens: Reichen die Kontrollmechanismen und Beschränkungen aus, um sicherzustellen, dass die unlauteren Geschäftspraktiken der Vergangenheit sich nicht wiederholen und dass die Kreditvergabe wieder in Gang kommt? Vergleicht man die Konditionen, die die britische Regierung verlangte, mit denen, die das US-Finanzministerium durchsetzte, zeigt sich auch hier, dass wir schlechter wegkamen. So können Banken beispielsweise weiterhin Dividenden an ihre Aktionäre auszahlen, während der Staat sie mit Notkrediten über Wasser hält. Drittens: Reicht das Geld aus? Die Banken sind so intransparent, dass niemand diese Frage verlässlich beantworten kann, aber wir wissen, dass die Löcher in den Bilanzen wahrscheinlich größer werden. Das liegt daran, dass zu wenig gegen das zugrunde liegende Problem getan wird.

Zweitens: Die Flut der Zwangsvollstreckungen eindämmen

DER URSPRÜNGLICHE PAULSON-PLAN GLEICHT einer massiven Bluttransfusion an einen Patienten mit schweren inneren Blutungen. Wir werden den Patienten nicht retten, wenn wir nichts gegen die Zwangsversteigerungen unternehmen. Auch nach den Korrekturen, die der Kongress vorgenommen hat, wird zu wenig getan. Wir müssen Menschen helfen, damit sie in ihren Häusern bleiben können, indem wir die steuerliche Absetzbarkeit von Vermögensteuern und Zinsen für Hypothekendarlehen in einlösbare Steuergutschriften umwandeln. Und indem wir Insolvenzgesetze reformieren, um eine zügige Restrukturierung zu ermöglichen, die den Wert der Hypothek herabsetzen würde, wenn der Marktwert der Immobilie niedriger ist als die verbliebenen Hypothekenschulden. Wir sollten auch die staatliche Kreditvergabe neu gestalten, indem wir uns die niedrigeren Kapitalbeschaffungskosten der öffentlichen Hand zunutze machen und die Einsparungen an Eigenheimbesitzer mit geringen und mittleren Einkommen weiterreichen.

Drittens: Ein effektives Konjunkturprogramm verabschieden

DIE FINANZIELLE HILFE FÜR DIE WALL STREET und die Eindämmung der Zwangsvollstreckungen sind nur ein Teil der Lösung. Die US-Wirtschaft steuert auf eine schwere Rezession zu und benötigt ein umfassendes Konjunkturprogramm. Wir brauchen eine bessere Arbeitslosenversicherung. Wenn wir den Bundesstaaten und Gebietskörperschaften nicht unter die Arme greifen, müssen sie ihre Ausgaben verringern, da ihre Steuereinnahmen einbrechen, und eine solche Ausgabenkürzung wird die Wirtschaftsleistung verringern. Um die Wirtschaft wieder in Gang zu bringen, muss Washington Investitionen in die Zukunft tätigen. Hurrikan Katrina und der Einsturz der Brücke in Minneapolis erinnerten uns schmerzlich daran, wie heruntergekommen unsere

Infrastruktur ist. Investitionen in Infrastruktur und Technologie werden auf kurze Sicht die Konjunktur beleben und langfristig das Wachstum stärken.

Viertens: Das Vertrauen durch regulatorische Reform wiederherstellen

DEN PROBLEMEN LIEGEN FEHLENTSCHEIDUNGEN der Banken und regulatorische Versagen zugrunde. Diese müssen behoben werden, wenn das Vertrauen in unser Finanzsystem wiederhergestellt werden soll. Schwächen im System der Unternehmensführung und -kontrolle sollten behoben werden, sie führten zu strukturellen Fehlanreizen, die darauf ausgerichtet sind, Vorstandschefs großzügig zu vergüten. Viele der Anreizsysteme selbst sollten geändert werden. Es ist nicht nur die Höhe der Vergütung, es ist auch die Form – intransparente Aktienoptionen, die Anreize für fehlerhafte Buchführung liefern, um den ausgewiesenen Gewinn aufzublähen.

Fünftens: Eine leistungsfähige multilaterale Organisation gründen

MIT ZUNEHMENDER VERNETZUNG der Weltwirtschaft benötigen wir eine bessere globale Aufsicht. Der US-Finanzmarkt könnte unmöglich effektiv funktionieren, wenn wir uns auf fünfzig getrennte bundesstaatliche Aufsichtsbehörden verlassen müssten. Aber genau das versuchen wir im Grunde auf globaler Ebene zu tun.

Die jüngste Krise liefert uns ein Beispiel für die Gefahren: Als einige ausländische Regierungen Globalbürgschaften für ihre Einlagen bereitstellten, begannen Gelder in vermeintlich sichere Häfen zu fließen. Andere Länder mussten reagieren. Einige europäische Regierungen dachten viel gründlicher darüber nach, was zu tun sei. Schon bevor sich die Krise weltweit ausbreitete, forderte der französische Präsident Nicolas Sarkozy in seiner Ansprache vor den

Vereinten Nationen einen weltweiten Gipfel, um die Voraussetzungen für mehr staatliche Regulierung zu schaffen und die gegenwärtigen Laissez-faire-Politik zu beenden. Wir befinden uns vielleicht in einem neuen »Bretton-Woods-Moment«.

Als sich die Welt nach und nach von der Großen Depression und dem Zweiten Weltkrieg erholte, wurde klar, dass eine neue Weltwirtschaftsordnung notwendig war. Diese hielt über sechzig Jahre. Dass sie nicht gut an die neue Welt der Globalisierung angepasst war, war seit langem unverkennbar. Jetzt, da die Welt den Kalten Krieg und die Große Finanzkrise hinter sich lässt, muss sie eine neue Weltwirtschaftsordnung für das 21. Jahrhundert aufbauen, und dazu wird auch eine neue globale Regulierungsbehörde gehören.

Die Krise mag uns gelehrt haben, dass zügellose Märkte riskant sind. Sie hätte uns auch lehren sollen, dass der Unilateralismus in einer Welt gegenseitiger wirtschaftlicher Abhängigkeit nicht funktionieren kann.

Was die Zukunft bringt

DER NÄCHSTE US-PRÄSIDENT wird es mit der Bewältigung der Krise sehr schwer haben. Selbst die am besten durchdachten Pläne mögen nicht so funktionieren wie beabsichtigt. Aber ich bin mir sicher, dass ein umfassendes Programm mit den von mir vorgeschlagenen Maßnahmen – Eindämmung der Zwangsvollstreckungen, Rekapitalisierung der Banken, Ankurbelung der Wirtschaft, Schutz der Arbeitslosen, Stärkung der Staatsfinanzen, Bereitstellung von Bürgschaften dort, wo es notwendig und zweckmäßig ist, die Reform von Regulierungsvorschriften und Aufsichtsstrukturen sowie die Ablösung zu »wirtschaftsnaher« Aufsichtspersonen und Entscheidungsträger durch solche, die weniger den Interessen von Wall Street und mehr dem Gemeinwohl verpflichtet sind – nicht nur das Vertrauen wiederherstellen, sondern nach und nach der US-Wirtschaft auch erlauben wird, ihr Potenzial vollständig auszuschöpfen. Andererseits werden halbherzige Ansätze mit Sicherheit scheitern, da sie immerzu Enttäuschungen bescheren.

In einem Land, in dem Geld respektiert wird, wurden auch die Chefs der Wall Street von uns respektiert. Wir vertrauten ihnen und hielten sie für eine Quelle der Weisheit, zumindest in ökonomischen Angelegenheiten. Die Zeiten haben sich geändert. Wertschätzung und Vertrauen sind dahin. Das ist schade, denn Finanzmärkte sind für das reibungslose Funktionieren einer Volkswirtschaft unverzichtbar. Die meisten Amerikaner glauben heute, dass die Wall-Street-Banker ihren eigenen Interessen Vorrang vor denen der Gesamtgesellschaft einräumen, wobei sie dies mit hochtrabenden rhetorischen Floskeln zu verschleiern versuchen. Wenn der Eindruck entstehen sollte, dass die Politik des nächsten Präsidenten über Gebühr von der Wall Street beeinflusst ist, wird seine Schonfrist kurz sein. Es wird für ihn, für das Land und für die Welt eine schlechte Nachricht sein.

TEIL I
Stand der Dinge

ICH BEGINNE DIESEN ABSCHNITT mit meinem Artikel »Des 1 Prozents, durch das 1 Prozent und für das 1 Prozent« aus der *Vanity Fair*. Der Titel spielt auf einen Passus der berühmten Rede Gettysburg Address von Präsident Lincoln an. Dieser behauptete dort, durch den Bürgerkrieg solle letztlich dafür gesorgt werden, »dass die Regierung des Volkes, durch das Volk und für das Volk nicht von der Erde verschwinden möge«. Demokratie ist, wie wir heute wissen, mehr als regelmäßig wiederkehrende Wahlen: In einigen Ländern dienen diese Wahlen vor allem der Legitimierung autoritäre Regime, die weiten Teilen der Bevölkerung elementare Rechte vorenthalten.

Der vielleicht wichtigste Aspekt der Ungleichheit ist die Ungleichheit politischer Rechte – wenn es in der amerikanischen Unabhängigkeitserklärung heißt, dass »alle Menschen gleich erschaffen worden sind«, dann ist damit nicht gemeint, dass alle Menschen gleich begabt sind. Vor allem ist damit gemeint, dass alle Menschen gleiche politische Rechte haben sollten.[26] Es ist auch strittig, was unter »politische Rechte« zu verstehen ist, wie Debatten der letzten Jahre in den Vereinigten Staaten gezeigt haben. Obwohl jeder Bürger das *Recht* zu wählen hat, beeinflussen die Spielregeln die Fähigkeit und die Wahrscheinlichkeit, dieses Recht auszuüben.[27] Das erschwert es bestimmten Gruppen (etwa jenen, die keinen Führerschein haben, der üblicherweise in den USA als Identitätsnachweis gilt, da es keinen nationalen Personalausweis gibt), sich in das Wählerregister einzutragen. Dadurch werden sie von der Stimmabgabe abgehalten. Die Wählersteuer (die Erhebung einer Steuer von jedem, der seine Stimme abgibt) wirkt sich auf die »ökonomischen Rahmenbedingungen« der Stimmabgabe aus. Sie entzieht de facto den Armen das Wahlrecht – einst eine der altbewährten Taktiken in Südamerika. Einige Länder versuchen, die Stimmabgabe für die sogenannten Erwerbsarmen zu erleichtern, indem sie die Wahlen auf einen Sonntag legen. Andere Länder (wie Australien) haben sich darum bemüht, dass die Stimmen aller Bürger Gehör finden. Die australische Wahlpflicht – jeder Wahlberechtigte, der nicht zur Wahl geht, muss eine Geldstrafe bezahlen – verändert die »ökonomischen Rahmenbedingungen« des Wählens genau entgegengesetzt zur Wählersteuer.

Mitsprache ist noch wichtiger: also die Fähigkeit, auf den politischen Prozess einzuwirken, entweder durch Einflussnahme auf das Wahlverhalten oder – noch unmittelbarer – auf das Handeln wichtiger Entscheidungsträger. Wenn die Reichen mit ihrem Geld die Presse kontrollieren oder auf Politiker einwirken können (ein vorsichtigeres, aber vielleicht weniger genaues Wort als »kaufen«), dann wird ihre Stimme viel lauter gehört werden. Die Begüterten sind daher fast zwangsläufig einflussreicher als andere. Die Spielregeln wirken sich jedoch auf das Ausmaß aus, in dem dies so ist. Und aus diesem Grund sind die US-amerikanischen Gesetze und Verordnungen, die das Lobbying, die Wahlkampfspenden und den Wechsel von der Privatwirtschaft in die Politik (und umgekehrt) regeln, so ungerecht: Andere westliche Demokratien nehmen den Begriff der politischen Gleichberechtigung viel ernster und haben diese Missbräuche eingedämmt – einige sind sogar so weit gegangen, die Gleichheit der politischen Mitsprache zu verbessern (zum Beispiel durch die staatliche Förderung von Medien oder dadurch, sämtlichen Kandidaten den gleichen Zugang zu allen Medien zu garantieren). Und deshalb glauben so viele Amerikaner, *Citizens United* – die Entscheidung des Obersten Gerichtshofs, die den Weg für die unbeschränkte Wahlkampffinanzierung durch Großunternehmen ebnete – wirke sich negativ auf die Gleichheit der politischen Mitsprache aus. Es ist eine Form der Korruption, die nicht darin besteht, Politikern Umschläge mit Geldscheinen zuzustecken. Sie bedient sich eines genauso unfairen Verfahrens, durch das mit Wahlkampfspenden »politische Maßnahmen« gekauft werden, was einige wenige sehr reich werden lässt.

Einige Themen werden in vielen der folgenden Aufsätze genauer behandelt: Wirtschaftliche Ungleichheit (insbesondere in dem Ausmaß, in dem sie in den Vereinigten Staaten anzutreffen ist) führt zu politischer Ungleichheit (vor allem wenn die *politischen Spielregeln* dies erleichtern – wie in den Vereinigten Staaten). Wirtschaftliche Ungleichheit ist nicht *bloß* oder auch nur *genauso sehr* das Ergebnis unerbittlicher ökonomischer Gesetzmäßigkeiten wie unserer politischen Konzepte und Prozesse. Sie ist, in diesem Sinne, eine Frage der *Wahlfreiheit*. Aber hier haben wir es mit einem Teufelskreis zu tun, da wirtschaftliche Ungleichheit zu politischer Ungleichheit führt (und diese verstärkt), die ihrerseits unsere wirtschaftliche Ungleichheit erhöht.

Ich behaupte auch, dass Ungleichheit – wiederum zumindest in der extremen Form, die sie in den Vereinigen Staaten annimmt – nicht einmal im Interesse des 1 Prozents ist. »Das Problem des 1 Prozents« zeigt ausführlich einige Gründe dafür, dass Ungleichheit schlecht für die Wirtschaft ist. Wenn alle Angehörigen des 1 Prozents ihr *aufgeklärtes* Eigeninteresse verfolgten, würde ihnen die Ungleichheit Sorgen machen und sie würden etwas dagegen unternehmen. Wie ich in »Ungleichheit ist nicht unvermeidlich« zeige, geschieht dies zumindest in einigen Teilen der Welt.

Die konservative Antwort

IN DEN JAHREN NACH DER VERÖFFENTLICHUNG dieser Aufsätze haben einige Kritiker behauptet, die Ungleichheit sei nicht so schlimm, wie es die Statistiken nahelegten. Da Steuergesetze verändert wurden, sei heute der Anreiz für Steuerhinterziehung und -vermeidung geringer. Wenn diese Kritiker recht hätten, würde aus ihren Argumenten nur folgen, dass das gegenwärtig haarsträubend hohe Ausmaß an Ungleichheit – demnach verfügt das oberste 1 Prozent über ein Viertel bis ein Fünftel des Volkseinkommens – in den USA viel länger währte, als wir dachten. Es würde auch bedeuten, dass die wirtschaftliche Leistungsfähigkeit der USA noch schlechter ist, als wir glaubten – denn die einzige Bevölkerungsgruppe, die deutlich ihren Wohlstand verbesserte, sind die Superreichen. Diese konservativen Kritiker scheinen behaupten zu wollen, dass selbst die obersten Einkommensgruppen keine realen Einkommenszuwächse verzeichneten, sondern nur einen Anstieg *ihres ausgewiesenen Einkommens*. Aber die sorgfältige Studie von Emmanuel Saez und seiner Mitautoren hat die Effekte der Steueränderungen berücksichtigt:[28] Der Anteil der Topverdiener (am Volkseinkommen) ist ungeachtet der späteren Steueränderungen – die wieder Anreize zur Steuervermeidung schufen – weiter gestiegen.

Andere haben behauptet, es komme eigentlich nicht auf die Ungleichheit der Ergebnisse an, sondern auf die Ungleichheit der Chancen. Ein Aufsatz in Teil III (»Chancengleichheit, unser nationaler Mythos«) zeigt jedoch, dass Amerika nicht länger das Land der unbegrenzten Möglichkeiten ist – anders als die Amerikaner (und andere) gern glauben. Der amerikanische Traum ist weitgehend ein Mythos. Selbstverständlich schaffen es einige sehr begabte Einwanderer an die Spitze, doch wenn Sozialwissenschaftler von Chancengleichheit sprechen, meinen sie die Wahrscheinlichkeit, dass es in der Einkommenspyramide jemand von ganz unten nach ganz oben schafft. Ein junger Amerikaner hat heute viel niedrigere Aufstiegschancen als junge Menschen in anderen Industrieländern.

Aufgeklärtes Eigeninteresse

DER AUFSATZ »DAS PROBLEM DES 1 PROZENTS« (der ebenfalls ursprünglich in *Vanity Fair* erschien) richtete sich gewissermaßen an die Mitglieder des 1 Prozents – um ihnen zu erklären, weshalb das Ausmaß der Ungleichheit in den Vereinigten Staaten *nicht* in ihrem aufgeklärten Eigeninteresse liegt.

Auf wenigen Seiten geht es um die Gründe dafür, weshalb Ungleichheit die Leistungsfähigkeit einer Volkswirtschaft schwächt. Dies ist vielleicht die tiefgreifendste Veränderung unseres Denkens über soziale Ungleichheit in den letzten Jahrzehnten. Selbst wer Ungleichheit ablehnte, glaubte, die Kosten möglicher Gegenmaßnahmen – hinsichtlich der volkswirtschaftlichen Leistungsfähigkeit – seien zu groß. Die meisten Diskussionen drehten sich um *Umverteilung* oder zumindest um die Forderung, dass die Spitzenverdiener mehr zur Finanzierung öffentlicher Güter wie der nationalen Verteidigung beisteuern sollten, nicht nur absolut, sondern auch prozentual zu ihren Einkommen. Die Umverteilung wurde mit einem undichten Eimer verglichen: Wegen des Lochs seien 100 Dollar, die man den Topverdienern abnehme, dann nur noch die Hälfte wert, wenn man sie an die Mitte oder an die Einkommensschwachen weiterreiche. Aber in diesem Artikel behaupte ich, dass es nicht unbedingt einen Zielkonflikt geben muss: Wir können beides erreichen, sowohl mehr Gleichheit als auch ein höheres BIP. Durch bestimmte politische Maßnahmen lassen sich die Gleichheit des Einkommens vor Steuern und des Transfereinkommens erhöhen und Einkommen sowie Vermögen so umverteilen, dass die gesamtwirtschaftliche Leistungsfähigkeit steigt. Tatsächlich könnten einige steuerpolitische Maßnahmen – die Besteuerung der Vermögenszuwächse von Grundstücken – zu *produktiveren* Investitionen (statt zu Immobilienspekulationen) führen und für mehr Arbeitsplätze sorgen. Die überhöhten Einkommen des Finanzsektors zu begrenzen wird vielleicht mehr unserer begabtesten Köpfe dazu veranlassen, die Produktivität der Volkswirtschaft zu steigern. Und die Verbesserung der gesamtwirtschaftlichen Leistungsfähigkeit würde nicht nur der Gesellschaft insgesamt, sondern auch vielen Superreichen nützen. Sie würden nicht nur davon profitieren, einer Gesellschaft mit stärkerem sozialem Zusammenhalt anzugehören, sondern auch von rein ökonomischen Vorteilen.

Ungleichheit als eine politische Entscheidung

DAS NÄCHSTE KAPITEL knüpft dort an, wo das vorige aufhört. Ausgehend von der Feststellung, dass unsere höhere Ungleichheit teilweise für unser langsames Wachstum verantwortlich ist, behaupte ich, dass niedriges Wachstum und Ungleichheit politische Entscheidungen sind, die jederzeit revidiert werden können. Der

Artikel »Scheinkapitalismus« entstand drei Jahre nach dem Beginn der Debatte über Ungleichheit, den mein erster Artikel in der *Vanity Fair* mit angestoßen hatte. Ein Sonderheft der *Washington Monthly* beschrieb, wie sich Amerikas Ungleichheit in jeder Lebensphase auswirkt. Ein Schwerpunkt lag auf Erziehung und Bildung – einer der wichtigsten »Kanäle«, über den die Privilegierten ihre vorteilhafte Position an ihre Kinder weitergeben. Ich diskutiere kurz die sozial bedingten Ungleichheiten im Gesundheitszustand verschiedener amerikanischer Bevölkerungsgruppen, die weitreichende Auswirkungen haben – bis hin zur Lebenserwartung. Das kann kaum überraschen, wenn man das Ausmaß der Einkommensungleichheit in den USA und das kostspielige private Krankenversicherungs- und medizinische Versorgungssystem berücksichtigt. Die USA sind das einzige fortgeschrittene Industrieland, das den Zugang zur Gesundheitsversorgung nicht als ein grundlegendes Menschenrecht anerkennt.

Ich widerspreche einem populären konservativen Argument, wonach wir es uns nicht leisten könnten, mehr zu tun – soziale Gleichheit und Chancengleichheit besser zu fördern. Ganz im Gegenteil: Unsere Wirtschaft zahlt einen hohen Preis dafür, dass wir dies nicht tun. Die Entscheidungen darüber, wofür wir unser Geld ausgeben, sind *politischer* Natur – ob für Steuererleichterungen für die Reichen oder für die Bildung der Durchschnittsamerikaner, ob für Waffen, die nichts gegen Feinde ausrichten, die es nicht gibt, oder für eine Krankenversicherung für die Einkommensschwachen, ob für Subventionen für reiche Baumwollfarmer oder für Lebensmittelmarken, um den Hunger unter den Armen zu bekämpfen. Wir könnten sogar die Steuereinnahmen einfach dadurch erhöhen, dass wir Unternehmen wie General Electric und Apple die Steuern bezahlen lassen, die sie längst bezahlen sollten. Wenn wir die Umweltverschmutzung besteuern würden, hätten wir eine sauberere Umwelt und mehr Geld, um die Ungerechtigkeiten in unserer Gesellschaft abzubauen und das Wachstum unserer Wirtschaft zu fördern.

Globale Perspektiven

AUCH WENN DIE UNGLEICHHEIT in den USA größer sein mag als in allen anderen fortschrittlichen Ländern, hat sie in den meisten – wenn auch nicht in allen – Staaten zugenommen. Manchmal spielt diese Ungleichheit eine zentrale Rolle als Katalysator politischer Ereignisse.

Ich hielt mich an dem schicksalsvollen 14. Januar 2011, als der tunesische Diktator Ben Ali gestürzt wurde, in Ägypten auf. Die Nachricht breitete sich wie ein Lauffeuer durch Nordafrika aus. Ich erinnere mich noch, wie man mir bei einem Diner in der American University in Kairo sagte: Ägypten sei als Nächstes dran. In weniger als zwei Wochen sollten die Vorhersagen jenes Abends wahr werden.

Während meines Besuchs in Ägypten sah ich, warum das so war: Die Wirtschaft des Landes war zwar gewachsen, aber die Früchte dieses Wachstums hatten die meisten Ägypter nicht erreicht. Der Sozialismus unter Gamal Abdel Nasser hatte ihnen nichts gebracht. Der Neoliberalismus unter Husni Mubarak hatte ihnen ebenfalls nichts gebracht. Das brennende Verlangen nach etwas Neuem war deutlich zu spüren. Mustapha Nabli, der spätere Präsident der tunesischen Zentralbank, erklärte mir, was hinter den Unruhen steckte. Es war nicht nur die hohe Arbeitslosigkeit, sondern vor allem die Ungerechtigkeit des Systems. Gut ging es den Leuten mit politischen Beziehungen und denen, die bereit waren, sich von dem System korrumpieren zu lassen – aber nicht jenen, die hart arbeiteten, gute Schüler und Studenten waren und sich an die *vermeintlichen* Regeln hielten.

Ich kehrte in den folgenden Jahren mehrfach nach Ägypten und Tunesien zurück, und ich traf einige der jungen Revolutionäre sowie einige der älteren, etablierten Personen, die die Revolution begrüßten. Ich bewunderte die Begeisterung und den Idealismus der Ersteren, aber ihre Naivität beunruhigte mich, ihre Überzeugung, dass sie die Oberhand gewinnen würden, nur weil sie das Recht auf ihrer Seite haben. In Ägypten ist es nicht gut gelaufen, aber gerade sieht es so aus, dass wenigstens in einem Land – in Tunesien – die im Arabischen Frühling gesäten Samen Wurzeln geschlagen haben. Die wachsende Einsicht, dass soziale Ungleichheit im Arabischen Frühling – und die zunehmende Ungleichheit weltweit – eine wichtige Rolle spielte, sorgte für eine größere öffentliche Aufmerksamkeit. »Ungleichheit wird zum globalen Thema« wurde geschrieben, als ich vom Jahrestreffen des Weltwirtschaftsforums 2013 in Davos zurückkehrte.[29] Hier trifft sich einmal im Jahr die Weltelite, unterhalten und unterrichtet von ein paar Akademikern, denen einige Persönlichkeiten aus der Zivilgesellschaft und soziale Unternehmer zur Seite stehen. Das Treffen ist eine gute Gelegenheit, den Puls der Welt zu fühlen – oder zumindest den Puls dieses exklusiven Zirkels. Vor der Krise herrschte grenzenlose Euphorie über die Globalisierung und das Tempo der technologischen Innovation. Dieser Optimismus verblasste mit der Wirtschaftskrise. Aber mit der zögerlichen und ungleichmäßigen Erholung wandte sich die Aufmerksamkeit einigen seit langem bestehenden Problemen zu. Besonders bemerkenswert an dem Jahrestreffen 2013 war die Tatsache, dass Ungleichheit zum wichtigsten Anliegen der Teilnehmer geworden war. »Ungleichheit ist eine Wahl« – das wurde für die erste internationale Ausgabe der *New York Times* geschrieben (der vormaligen *International Herald Tribune*). Ich konzentrierte mich auf einen bemerkenswerten Aspekt der globalen Ungleichheit: Die Ungleichheit hat zwar in den meisten Ländern zugenommen, nicht aber überall auf der Welt; in einigen Ländern ist die Ungleichheit viel geringer als in den Vereinigten Staaten. Es sind nicht bloß die ökonomischen Gesetze, sondern auch, wie schon mehrfach gesagt, politische Konzepte und Prozesse, die das Ausmaß der Ungleichheit in einem Land bestimmen.

Tatsächlich sind die Auswirkungen der Globalisierung auf die *globale Ungleichheit* vielschichtig. Indien und China, zwei Länder mit zusammen 45 Prozent der Weltbevölkerung, deren Anteil an der globalen Wirtschaftsleistung auf weniger als 10 Prozent gesunken war, erleben ein wirtschaftliches Comeback. Hinsichtlich der Wachstumsraten, die so viel größer sind als die der Industriestaaten, wird die Kluft zwischen ihnen und den fortgeschrittenen Staaten immer kleiner – auch wenn noch immer ein weiter Weg vor ihnen liegt. China ist heute die größte Volkswirtschaft der Welt – was lediglich bedeutet, dass das chinesische Pro-Kopf-Einkommen, bei fünffacher Einwohnerzahl, nur ein Fünftel des Pro-Kopf-Einkommens in den USA beträgt (basierend auf Standardstatistiken, den sogenannten »Kaufkraftparitäten«, die das Einkommen in einem Land in ein äquivalentes Einkommen in einem anderen umwandeln sollten). Dennoch ist das viel besser als noch vor 25 Jahren, als das Pro-Kopf-Einkommen in Kaufkraftparitäten weniger als 5 Prozent des entsprechenden Einkommens in den Vereinigten Staaten betrug. Aber gleichzeitig hat die Ungleichheit in China massiv zugenommen – es gibt mehr Millionäre und Milliardäre. Auch wenn der Wachstumsschub in Indien niedriger ausfiel und nicht so lange anhielt, erreichte er einen Höchststand von 9 Prozent pro Jahr. Aber während hier weniger Menschen und ein kleinerer Prozentsatz der Bevölkerung aus der Armut herauskamen, nahm die Zahl der Millionäre und sogar Milliardäre genauso eindrucksvoll zu. Gleichzeitig hat das Wirtschaftswachstum in Afrika zwar endlich Fahrt aufgenommen, sodass die Zahl der afrikanischen Mittelschichtfamilien stetig wächst, doch ist die Zahl der in Armut lebenden Menschen weiterhin sehr hoch: Ungefähr 415 Millionen Menschen müssen von weniger als 1,25 Dollar pro Tag leben. Nimmt man all dies zusammen, gelangt man zu einem enttäuschenden Ergebnis: Die *Ungleichheit insgesamt*, wie sie herkömmlicherweise gemessen wird (mit dem Gini-Koeffizienten, einer Zahl, die sich zwischen null – vollkommene Gleichheit – und eins – vollkommene *Un*gleichheit – bewegt), hat sich kaum von der Stelle bewegt.

Das Phänomen Piketty

DIE BEIDEN LETZTEN ARTIKEL dieses Abschnitts sind, zum Teil, eine Reaktion auf den enormen Erfolg, den das Buch *Das Kapital im 21. Jahrhundert* des Ökonomen Thomas Piketty hatte.

Der Erfolg dieses Buches zeigt die wachsende Sorge über die Ungleichheit, eine Sorge, die in Davos von der Weltelite zum Ausdruck gebracht wurde und die auch die enorme Resonanz meines eigenen Artikels »Des 1 Prozents, durch das 1 Prozent und für das 1 Prozent« erklärt. Präsident Obama hatte im Jahr 2013 erklärt, der Kampf gegen die soziale Ungleichheit werde im Zentrum seiner letzten drei Amtsjahre stehen. Er sagte, es gebe »eine gefährliche und zunehmende Ungleichheit und einen Mangel an sozialen Aufstiegschancen – beides bedroht das grundlegende gesellschaftliche Versprechen, auf das sich die amerikanische Mittelschicht immer verlassen konnte und das da lautet: Wer hart arbeitet, kann vorwärtskommen.« Piketty trug unzählige Daten zusammen, die das bestätigten, was ich und andere über das seit etwa 1980 wachsende Einkommens- und Vermögensgefälle – insbesondere zwischen den Superreichen und dem Rest der Bevölkerung – geschrieben hatten. Dadurch konnte dies in einen historischen Zusammenhang gestellt werden: So hat er gezeigt, dass die Zeit, in der ich aufwuchs, die Zeit nach dem Zweiten Weltkrieg, eine Anomalie war. Dies war die einzige Periode, in der die Einkommen aller Bevölkerungsgruppen in den Vereinigten Staaten stiegen, wobei die unteren Einkommensbezieher höhere Zuwächse erzielten als die oberen. Das Land wuchs zusammen, und die Wirtschaft wuchs schneller als in jeder anderen Periode. Piketty zeigte, dass dies im Großen und Ganzen auch auf andere Länder zutraf. Und was noch wichtiger ist: Er zeigte, dass dies historisch ungewöhnlich ist.

Wir sprachen von einem neuen *Kapitalismus der Mittelschicht*, aber die Spaltung der Gesellschaft in »Schichten« (eine soziologische Analyse, die zumindest seit Marx in Mode war) – Arbeiter und Kapitalisten – wirkte altmodisch und überholt. Wir *alle* gehören der Mittelschicht an.

In meinem »1 Prozent«-Artikel schlug ich eine neue Klassifikation vor: Praktisch alle sitzen im *selben* Boot, aber dieses Boot unterscheidet sich grundlegend von dem Boot, in dem das 1 Prozent unterwegs war. Das Boot der 99 Prozent war am Sinken oder hatte zumindest Schlagseite, während das andere Boot majestätisch durch die See glitt. Piketty wies nach, dass die Vereinigten Staaten nicht allein dastanden: Ähnliche Muster zeigten sich in anderen Ländern. Ökonomen hatten das, was in der Zeit nach dem Zweiten Weltkrieg geschah, falsch interpretiert. Simon Kuznets – einer der Erfinder unseres Systems der volkswirtschaftlichen Gesamtrechnung (mit deren Hilfe wir die Wertschöpfung einer Volkswirtschaft erfassen), der 1971 mit dem Nobelpreis ausgezeichnet wurde – hatte die These aufgestellt, dass Volkswirtschaften nach einer anfänglichen Wachstumsphase, in der die Ungleichheit zunehme, mit steigendem Reichtum weniger ungleich würden. Seit 1980 gesammelte empirische Daten haben gezeigt, dass dies nicht zutrifft. Die Schlussfolgerung, die Piketty zog, war daher naheliegend: Der Kapitalismus geht mit einem hohen Ausmaß an Ungleichheit einher. Beunruhigender war sein Argument, das Vermögen der Kapitalisten wachse mit dem Marktzins, weil sie den größten Teil ihres Vermögens reinvestierten – und wenn der Zinssatz größer sei als die wirtschaftliche Wachstumsrate, bedeute dies, dass das Verhältnis ihres Kapitals zum Nationaleinkommen für immer steigen würde.

Ich begrüßte Pikettys Werk und die große Beachtung, die es fand: Wir hatten das gleiche Anliegen und die gleichen Ziele, nämlich den globalen Diskurs zu verändern und dafür zu sorgen, dass das Problem der Ungleichheit in seiner ganzen Tragweite erkannt wird. Dabei schien die wichtigste politische Handlungsempfehlung, die er aus seiner Analyse ableitete – eine weltweite Steuer auf Kapital –, etwas zu sein, was in der nahen (oder auch fernen) Zukunft keinerlei Aussicht hatte, umgesetzt zu werden. Bedeutete dies, dass wir uns mit stetig wachsender Ungleichheit einfach abzufinden hätten? Nicht zuletzt um eine nachdrückliche negative Antwort auf diese Frage zu geben, schrieb ich zwei Artikel. Ungleichheit ist nicht unvermeidlich – zumindest in den extremen Erscheinungsformen, die sie in den Vereinigten Staaten und einigen anderen Ländern annimmt.

Tatsächlich hatte ich mich bereits in meiner Dissertation, die ich 1966 am MIT abschloss und die ich in der Einleitung erwähnte, mit der Frage beschäftigt, ob die Ungleichheit in kapitalistischen

Wirtschaftssystemen tendenziell zunimmt. Ich war der Meinung, dass sich die Wirtschaft schließlich auf ein *Gleichgewichts*niveau der Vermögens- und Einkommensungleichheit hinbewege, wo die Ungleichheit weder zu- noch abnehme. Änderungen in der Wirtschaft, in den sozialen Verhaltensmustern und in der Politik könnten selbstverständlich einen neuen Gleichgewichtszustand definieren – sie könnten zum Beispiel zu einer *größeren* Ungleichheit führen.

In dieser und in weiteren Arbeiten wurden eine Reihe *zentrifugaler* und *zentripetaler* Kräfte bestimmt, die entweder zu mehr oder zu weniger Ungleichheit führen. Ich hatte behauptet, dass sich langfristig typischerweise ein *Gleichgewicht* zwischen diesen Kräften herausbilde. Die Tatsache zum Beispiel, dass die Kinder oder Enkelkinder sehr reicher Personen oftmals nicht besonders erfolgreich sind und das Familienvermögen verprassen, begrenzt das mögliche Ausmaß von Ungleichheiten. (In drei Generationen vom Tellerwäscher zum Millionär und wieder zurück zum Tellerwäscher, wie es in einer Redensart heißt.)

Die Tatsache, dass die reichen Vorstädter mehr für die Bildung ihrer Kinder ausgeben, als der Staat für die Bildung der Armen investiert, ist ein Beispiel für eine zentrifugale Kraft – die Reichen geben ihren ökonomischen Vorteil an ihre Kinder weiter. Dass die ökonomische Segregation zwischen den Bevölkerungsgruppen in den USA zunimmt, bedeutet, dass diese zentrifugale Kraft stärker wird. Daraus folgt, dass die Vermögens- und Einkommensverteilung künftig wahrscheinlich ein höheres Maß an Ungleichheit aufweisen wird als heute (sofern nichts dagegen unternommen wird).

Pikettys Buch stellte die herrschende ökonomische Theorie vor ein Rätsel. Vermögen (oder »Kapital«) nimmt schneller zu als die Einkommen oder das Angebot an Arbeitskräften. Normalerweise würde man erwarten, dass eine solche Vermögenszunahme zu einer sinkenden Kapitalrendite führt – eines der ältesten Prinzipien der Volkswirtschaftslehre, das jeder Student dieses Faches lernt, ist das Gesetz vom abnehmenden Ertragszuwachs. Piketty schien dieses Gesetz stillschweigend *aufgehoben* zu haben. Wenn das Gesetz vom abnehmenden Ertragszuwachs galt (wie ich es in meiner Arbeit angenommen hatte), sollte der Zins bei Zunahme des Kapitals (im Verhältnis zum Arbeitsangebot) sinken. Er müsste auf den Punkt fallen, wo der Kapitalzuwachs nur noch dem Einkommenszuwachs entspricht. Dann gäbe es nicht diese ständig zunehmende Vermögensungleichheit. Piketty ist ein Empiriker. Er beobachtete einfach, dass die Kapitalrendite nicht sank, und folgerte daraus, dass nicht damit zu rechnen wäre, sie würde in Zukunft sinken.

Als ich darüber nachdachte, erkannte ich, dass wir beide einen Schlüsselaspekt der wachsenden Ungleichheit und der scheinbaren Anomalie des Verhältnisses von Vermögen zu Einkommen sowie der Kapitalrendite nicht angemessen berücksichtigt hatten. Traditionell wuchs das Vermögen dadurch, dass Familien und Firmen Jahr für Jahr Ersparnisse bilden. Aber die gemessene Vermögenszunahme war viel größer als das, was sich mit diesen Ersparnissen erklären lässt. Eine sorgfältige Auswertung der Daten enthüllte, dass ein Großteil der Vermögenszunahme darauf zurückzuführen war, dass es Wertsteigerungen von Vermögensgegenständen gab.

Ökonomen bezeichnen Einkommen aus Grundbesitz als Renten; es handelt sich um Einkommen, das nicht auf harter Arbeit, sondern einfach auf dem Eigentum an einem Gegenstand des Anlagevermögens basiert. Höhere Renten führen zu einem Preisanstieg, aber ein höherer Preis für diesen Vermögensgegenstand bewirkt keine Ausweitung des Angebots. Wirtschaftswissenschaftler verwenden den Begriff »Renten« heute in einem allgemeineren Sinne, nicht nur für Bodenrenten, sondern auch für Erträge etwa eines Monopolisten (»Monopolrenten«). Wenn Renten – nicht nur Bodenrenten oder die Erträge von Monopolmacht und anderen Formen der Marktausbeutung – steigen, kommt es zu entsprechenden Vermögenszuwächsen. Die Zunahme der Einkommens- und Vermögensungleichheit ist größtenteils mit einem Anstieg der Renten und Vermögenszuwächse verbunden. Darin spiegeln sich die Wertsteigerung von Grundstücken und die gestiegene Marktmacht (Ausbeutung) in vielen Wirtschaftszweigen wider. Aber dies bedeutet, dass »Vermögen« und »Kapital« (im herkömmlichen Verständnis) unterschiedliche Begriffe sind. Tatsächlich ist es sogar möglich, dass das *Vermögen* zunimmt, während das *Kapital* abnimmt. In Pikettys Heimatland Frankreich steigt der Wert von Grundstücken an der Côte d'Azur. Aber das bedeutet nicht, dass es *mehr* Land gibt. Die Landfläche dort ist heute die gleiche wie vor fünfzig Jahren. Nur der Grundstückspreis stieg. Billiges Geld (das zum Beispiel mit einer sogenannten Quantitativen Lockerung verbunden ist, womit die US-Notenbank ihre Bilanzsumme in kurzer Zeit verdreifacht hat – um zwei Billionen Dollar –, indem sie große Mengen mittel- und langfristiger Schuldtitel aufkaufte) führte zu einer Kreditflut. Nach herrschender Lehrmeinung sollte dies die Menge der Kredite ausweiten und die Kosten der Kreditvergabe senken, und beides hätte der amerikanischen Volkswirtschaft geholfen. Aber in einer Welt der Globalisierung muss das von der US-Notenbank geschöpfte Geld nicht in den Vereinigten Staaten bleiben. Es kann sich weltweit frei bewegen, und es fließt wie von selbst in boomende Volkswirtschaften – wozu die USA nicht gehörten. Gelder flossen dorthin, wo sie nicht benötigt wurden, sie flossen nicht dorthin, wohin sie eigentlich fließen sollten. Aber selbst das Geld, das im Inland blieb, entfaltete keinen nennenswerten konjunkturellen Effekt, um das System anzukurbeln.

Mit Geld kann man zwei verschiedene Arten von Dingen kaufen: *produzierte Objekte* und *ortsfeste Objekte*. Wenn Geld in Erstere fließt, erhöht sich die Nachfrage nach diesen Objekten, und der Output steigt wahrscheinlich (sofern es keinen vorübergehenden Produktionsengpass gibt). Wird Geld dagegen in ortsfeste Objekte investiert, gibt es nur einen Preiseffekt: Der *Wert* des Vermögensgegenstands steigt, nicht die Menge. In den letzten Jahren haben Währungsbehörden bei der Lenkung von Geldern weitgehend versagt. Mittelständische Firmen, die dringend Kredite benötigten, blieben auf dem Trockenen sitzen, während die Geldflut die Aktienkurse im Inland und die Vermögenspreise weltweit in die Höhe trieb. Folglich förderte die Geldpolitik der vermeintlichen Konjunkturbelebung vor allem die Entstehung von Vermögenspreisblasen, indem sie etwa die Grundstückspreise in die Höhe trieb. Die Kreditausweitung schlug sich in einem Vermögenszuwachs nieder, aber man sollte nicht übersehen, was tatsächlich passiert ist: Das Land ist im Ergebnis nicht *wohlhabender*. Die Menge dieser Vermögensgegenstände ist genau die gleiche.

Es besteht tatsächlich die Gefahr, dass in dem irrationalen Überschwang, der den Preisanstieg bei Anlagegütern (die Immobilienpreisblase) antreibt, Investitionen in Sachkapital – etwa die Maschinen und Ähnliches, die eine Wirtschaft funktionieren und wachsen lassen – sogar zurückgehen. Diese Konzentration auf Grund und Boden zeigt eine Lösung für die oben diskutierten Probleme: Wenn das *Real*kapital abgenommen beziehungsweise nicht deutlich zugenommen hat (im Verhältnis zum Arbeitskräfteangebot), ist es nicht weiter verwunderlich, dass die Kapitalrendite nicht gesunken und die Durchschnittslöhne nicht gestiegen sind. Vermögenspreisblasen können *sehr* lange Zeit bestehen – irgendwann aber platzen sie, und die Preise sinken. Doch selbst wenn sie zurückgehen, können sie immer noch zu hoch sein – und es kann sich leicht eine neue Vermögenspreisblase bilden. Tatsächlich hat sich weltweit eine Vermögenspreisblase an die nächste gereiht, angefangen von der Hightech-Blase bis hin zur Immobilienblase.

Zwar kann auch eine Blase tatsächlich eine Zeitlang *positive* Effekte haben – Menschen, die sich reich fühlen, geben vielleicht mehr aus, als sie es sonst tun würden, und dies kurbelt möglicherweise die Konjunktur an. Dennoch platzt jede Blase einmal, und es ist töricht, wenn politische Entscheidungsträger versuchen, durch die gezielte Herbeiführung einer neuen Blase die Wirtschaft aus einer Rezession herauszuführen – aber genau das scheint seit dem Amtsantritt von Alan Greenspan im Jahr 1987 die übliche Vorgehensweise der US-Notenbank geworden zu sein.[30]

Ich schlage diese Lösung für das knifflige Problem vor, das Pikettys Argument aufwirft: *Wenn* wir eine Blase vermeiden können, wird die Kapitalrendite *langfristig* so stark zurückgehen, dass die Ungleichheit nicht immer weiter zunimmt – aber das »Gleichgewichtsniveau der Ungleichheit«, das eine Volkswirtschaft erreicht, kann durchaus noch größer sein als das schon heute unannehmbar hohe Niveau der Ungleichheit. Viele politische Maßnahmen –

konkrete Maßnahmen, die auch ohne internationale Kooperation von einzelnen Ländern umgesetzt werden können – sind geeignet, um das Gleichgewichtsniveau der Ungleichheit zu senken. Viele dieser politischen Maßnahmen führen letztlich nicht nur zu niedrigerer Ungleichheit, sondern auch zu höherem Wachstum, weil sie vermehrte *Real*investitionen (Investitionen in *Sach*güter) auslösen.

Außerdem sind Bodenrenten nicht die einzige Art von »Renten« in unserer Volkswirtschaft. Wie bereits erwähnt, ist ein Großteil des Vermögens an der Spitze (der Vermögenspyramide) das Ergebnis von Vermögenszuwendungen oder anderen Arten des Rent-Seeking (des Strebens nach leistungslosem Einkommen).

Nimmt dieses Rent-Seeking zu, kann es zu einem *scheinbaren* gesamtwirtschaftlichen Vermögenszuwachs kommen – obgleich die gesamtwirtschaftliche Produktivität infolgedessen zurückgeht. Denn Renten können, wie Monopolrenten, gekauft und verkauft werden. Sie sind »kapitalisiert« und schlagen sich in einer Erhöhung der Aktienkurse nieder. Aber diese Vermögenszuwächse bedeuten nicht, dass der gesellschaftliche Wohlstand zugenommen hat, ganz im Gegenteil. In der Monopolmacht spiegelt sich eine grundlegende Ineffizienz wider. Es kommt zu einer Umverteilung von den Verbrauchern zu den Akteuren mit Marktmacht. Tatsächlich ist die gesamtwirtschaftliche Produktivität wegen der mit Marktmacht einhergehenden Verzerrungen vermindert, obwohl das *gemessene* Vermögen zugenommen hat.

Daher ist die Vermögenszunahme in unserer Wirtschaft größtenteils eine Zunahme des *Werts* (aber nicht der Menge) von Anlagegütern wie etwa Grundstücken; ein anderer Teil verdankt sich der Kapitalisierung von Monopolmachtzuwächsen. Viele Veränderungen in unserer Wirtschaft bieten neue Gelegenheiten dafür, Monopolmächte zu schaffen. Am Ende des 19. Jahrhunderts gab es eine breite Palette solcher Möglichkeiten, da Größenvorteile dazu führten, dass einige wenige Firmen Schlüsselbranchen wie etwa die Stahlindustrie beherrschten. Aber diese marktbeherrschende Stellung, etwa in der Erdöl- und der Tabakindustrie, hatte normalerweise wenig mit Größen- oder Verbundvorteilen zu tun. Vielmehr verdankte sie sich roher ökonomischer Gewalt. Teddy Roosevelt gehörte zu den Ersten, die diese Monopole zerschlagen wollten, und die Konzentration politischer Macht beunruhigte ihn genauso sehr wie die Konzentration ökonomischer Macht. Es ist eine Lektion, die wir heute besser beherzigen sollten.

In den folgenden Jahren ist es uns nicht gelungen, bei vielen Investitionsgütern einen *vollkommenen* Wettbewerbsmarkt zu erreichen, aber dennoch wir waren weit von dem Monopolkapitalismus entfernt, auf den wir, wie manche befürchteten, zusteuerten.[31] In der zweiten Hälfte des 20. Jahrhunderts tauchten neue Arten von Marktmacht auf, die mit externen Netzwerkeffekten zusammenhängen. Im Arbeitsalltag kann leichter zusammengearbeitet werden, wenn alle das Betriebssystem von Microsoft benutzen, das zur vorherrschenden Plattform für Computer geworden ist. Microsoft nutzte seine Marktbeherrschung, um Wettbewerber in anderen Bereichen abzuwehren und sich bei Office-Produkten wie Textverarbeitung und Tabellenkalkulation eine beherrschende Stellung zu sichern, obwohl das Unternehmen in keinem dieser Bereiche der Innovationsführer war.

Im Jahr 1982 zerschlug die US-Regierung den Telefonmonopolisten AT&T in sieben »Baby Bells«. Aber eine Monopolstellung anzustreben – oder zumindest groß genug zu werden, um Marktmacht auszuüben – ist schier unwiderstehlich, wenn staatliche Beschränkungen fehlen. Jene, die es gab, funktionierten nicht besonders gut in dieser Ära, in der so viele an ungezügelte Märkte glaubten. Als Folge kontrollieren heute zwei Telefongesellschaften etwa zwei Drittel des Marktes. Wenn der Zusammenschluss von Comcast mit Time Warner durchgeht, wird eine einzige Gesellschaft die »Datenautobahn« beherrschen.

Als Volkswirt verstehe ich das Streben nach Marktmacht. Wettbewerbsmärkte sind erbarmungslos, es ist schwer, auf ihnen zu überleben. Dennoch sollen nach der ökonomischen Standardtheorie die Gewinne in Wettbewerbsmärkten auf null sinken – und das ist für einen Unternehmer nicht lustig –, während sich in weniger wettbewerbsintensiven Märkten Gewinne langfristig aufrechterhalten lassen.

Es gibt viele weitere Beispiele dafür, dass das gemessene Vermögen steigt, während es in der Volkswirtschaft insgesamt zu weniger Wohlstands kommen kann. Nehmen wir die Banken: Wenn wir die Regulierung zurückfahren (wie wir es nach dem Amtsantritt von Reagan getan haben), kann der Erwartungswert ihrer Gewinne steigen, wenn man die Hilfsgelder berücksichtigt, mit denen sie bei Bedarf rechnen können. Aber diese Gewinne gehen selbstverständlich auf Kosten der Steuerzahler. Wieder ist es ein »Negativsummenspiel«: Wegen der Verzerrungen im Finanzsektor steht unsere Wirtschaft schlechter da. Dennoch zeigt der »Markt« eine Zunahme des Wertes der Banken, während die Verluste für die Steuerzahler nicht erfasst werden – nämlich die Kosten, die sie irgendwann in der Zukunft tragen müssten, sofern die Banken ein weiteres Rettungspaket benötigen sollten. Das Vermögen hat infolge der Deregulierung scheinbar zugenommen, aber tatsächlich ist die Wirtschaft in einer schlechteren Verfassung.

Wir dürfen Vermögen nicht mit Kapital gleichsetzen. Es sind zwei verschiedene Begriffe. Sie können sich sehr unterschiedlich verändern. Wenn wir, wie weiter oben angedeutet, davon ausgehen, dass verschiedene zentrifugale und zentripetale Kräfte Wirtschaft und Gesellschaft auseinanderziehen – und dadurch den tiefen sozialen Graben verbreitern – oder zusammenhalten und so die Ungleichheit entweder erhöhen oder vermindern, dann können wir versuchen, Kräfte zu identifizieren, die wir verändern können, indem wir die Stärke der zentripetalen Kräfte erhöhen und die Stärke der zentrifugalen Kräfte verringern.

Die Tatsache, dass Vermögenszuwächse sehr niedrig besteuert werden, ist eine der Ursachen dafür, dass die Reichen immer reicher werden. Sie können Firmenkonten in einem Offshore-Finanzplatz eröffnen und dort Gelder anhäufen wie auf einem unbegrenzten Rentensparkonto, ohne Steuern zu zahlen, solange sie das Geld nicht zurück in die Vereinigten Staaten transferieren. Dies ließe sich leicht durch gesetzliche Maßnahmen verändern – Maßnahmen, die höchstwahrscheinlich langfristig das Ausmaß der Vermögensungleichheit verringern würden. Da ein Großteil des Vermögenszuwachses – und der Vermögensungleichheit – auf Wertsteigerungen von Grundstücken zurückzuführen ist, könnten hohe Grundsteuern zur Senkung der Ungleichheit beitragen. Da das Grundstücksangebot (relativ) unveränderlich ist, hätte dies keine nennenswerten Auswirkungen auf die gesamte Landfläche in den USA.

Diese Aufsätze zeigen, dass ein Großteil der Ungleichheit, die wir heute sehen, das Resultat nicht echter Marktkräfte, sondern eines »Ersatzkapitalismus« beziehungsweise »Scheinkapitalismus« ist, wie ich ihn hier auch nenne. Es würde die Effizienz und die gesamtwirtschaftliche Leistungsfähigkeit steigern, wenn Märkte sich wie *echte* Märkte verhielten. Viele steuerpolitische Maßnahmen können ebenfalls einen Beitrag zu einer effizienteren und gerechteren Wirtschaftsordnung leisten, so wie auch viele sozial- und wirtschaftspolitische Maßnahmen. Wir wissen, was zu tun ist, um mehr soziale Gleichheit zu erreichen.

Ungleichheit ist weniger eine Frage des *Kapitalismus* im 20. Jahrhundert als der *Demokratie* im 20. Jahrhundert. Wir müssen uns tatsächlich darum sorgen, dass unser Ersatzkapitalismus – der Verluste sozialisiert, während er Gewinne privatisiert – in Verbindung mit unserer unvollkommenen Demokratie – die eher ein System ist, in dem »ein Dollar, eine Stimme« und nicht »ein Bürger, eine Stimme« gilt (in dem politischer Einfluss also käuflich ist) – sowohl im wirtschaftlichen als auch im politischen Bereich Enttäuschung hervorrufen wird.

Des 1 Prozents, durch das 1 Prozent und für das 1 Prozent

ES HAT KEINEN ZWECK, so zu tun, als wäre das Offensichtliche in Wirklichkeit nicht geschehen. Das obere 1 Prozent der Amerikaner schöpft mittlerweile jährlich fast ein Viertel des Nationaleinkommens ab, und außerdem entfallen 40 Prozent des nationalen Privatvermögens auf sie. Sie stehen heute prächtig da. Vor 25 Jahren lauteten die entsprechenden Zahlen 12 Prozent und 33 Prozent. Man könnte nun den Ideenreichtum und Tatendrang preisen, mit denen sich diese Menschen das Glück gewogen machten, und behaupten, die Welle des Wachstums werde alle nach oben tragen. Aber diese Reaktion wäre verfehlt. Während das oberste 1 Prozent in den letzten zehn Jahren einen Einkommensanstieg von 18 Prozent verzeichnete, mussten die mittleren Gruppen einen Einkommensrückgang hinnehmen. Männer, die bloß einen Highschool-Abschluss haben, erlitten sogar einen drastischen Rückgang – 12 Prozent allein in den letzten 25 Jahren. Das gesamte Wachstum in den letzten Jahrzehnten – und noch mehr – kam den Personen an der Spitze zugute. Hinsichtlich der Einkommensgleichheit hinken die USA allen Ländern im »alten, verknöcherten« Europa hinterher, das Präsident George W. Bush so gern verspottete. Die größten Übereinstimmungen haben wir mit Russland (dessen Wirtschaft von Oligarchen beherrscht wird) und mit dem Iran. Während sich viele der einstigen Zentren der Ungleichheit in Lateinamerika, etwa Brasilien, in den letzten Jahren recht erfolgreich darum bemühten, die Not der

Vanity Fair, Mai 2014.

Armen zu lindern und das hohe Einkommensgefälle zu verringern, haben die USA eine wachsende Ungleichheit zugelassen. Schon vor langer Zeit haben Ökonomen die enormen Ungleichheiten zu rechtfertigen versucht, die in der Mitte des 19. Jahrhunderts so beunruhigende Ausmaße anzunehmen schienen – Ungleichheiten, die verglichen mit dem, was wir heute in den USA sehen, Peanuts sind. Ihre Rechtfertigung dafür wird »Grenzproduktivitätstheorie« genannt. Kurz gesagt stellte diese Theorie einen Zusammenhang zwischen höheren Einkommen, Produktivitätsfortschritten und einem größeren Beitrag zum Gemeinwohl her. Die Reichen haben diese Theorie schon immer hoch geschätzt. Doch ist ihre Gültigkeit empirisch kaum belegt. Die Topmanager, die die Rezession der letzten drei Jahre mit herbeiführten – deren Beitrag zum Gemeinwohl und zum Wohl ihrer eigenen Unternehmen also deutlich negativ ist –, erhalten weiterhin hohe Boni. In einigen Fällen war den Unternehmen die Bezeichnung »Leistungsboni« für solche Belohnungen so peinlich, dass sie diese in »Bindungsboni« umbenannten (auch wenn das Einzige, was dadurch »gebunden« wurde, ungenügende Leistungen waren). All jene, die bedeutende Beiträge für die Gesellschaft leisteten, von den Pionieren der Genetik bis zu denen des Informationszeitalters, haben nur einen Hungerlohn bekommen – verglichen mit denen, die für die Finanzinnovationen verantwortlich sind und die die Weltwirtschaft an den Rand des Ruins brachten.

Manche nehmen die ungleiche Einkommensverteilung schulterzuckend zur Kenntnis. Was ist schon dabei, wenn diese Person gewinnt und jene Person verliert? Aus ihrer Sicht sei es nicht entscheidend, wie der Kuchen aufgeteilt werde, sondern wie groß er sei. Dieses Argument ist grundlegend falsch. Eine Volkswirtschaft, in der es den *meisten* Bürgern Jahr für Jahr schlechter geht – wie es in den USA der Fall ist –, wird sich langfristig wohl kaum positiv entwickeln. Dafür gibt es mehrere Gründe.

Erstens ist wachsende Ungleichheit die Kehrseite zurückgehender Chancengleichheit. Diese Entwicklung bedeutet, dass wir einige unserer wertvollsten Aktivposten – Menschen – nicht so produktiv nutzen, wie es möglich wäre. Zweitens untergraben viele der Verzerrungen, die zu Ungleichheit führen – manche gehen mit Monopolmacht und steuerlicher Vorzugsbehandlung von Sonderinteressen einher –, die Effizienz einer Volkswirtschaft. Diese neue Ungleichheit erzeugt weitere Verzerrungen, die ihrerseits die Effizienz weiter unterhöhlen. Um nur ein Beispiel zu nennen: Viel zu viele unserer begabtesten jungen Leute haben sich, angelockt von den astronomischen Vergütungen, Jobs in der Finanzbranche gesucht, statt Berufen nachzugehen, die die Produktivität und Leistungsfähigkeit unserer Volkswirtschaft steigern würden.

Drittens, und vielleicht am wichtigsten, eine moderne Volkswirtschaft erfordert »kollektives Handeln« – das bedeutet, dass der Staat in Infrastruktur, Bildung und Technologie investieren muss. Die Vereinigten Staaten und die Welt insgesamt haben enorm von staatlich geförderten Forschungsprojekten profitiert, die zum Internet, zu Verbesserungen des öffentlichen Gesundheitssystems und zu vielem mehr führten. Aber die USA investieren schon seit langem viel zu wenig in die Infrastruktur (man sehe sich nur den Zustand der Bundesstraßen und Brücken, des Eisenbahnnetzes und der Flughäfen an), die Grundlagenforschung und das Bildungswesen auf allen Ebenen. Weitere Kürzungen in diesen Bereichen stehen uns bevor.

Nichts davon sollte uns überraschen – es ist eben das, was geschieht, wenn die Vermögensverteilung einer Gesellschaft in Schieflage gerät. Je stärker sich die Vermögensschere in einer Gesellschaft öffnet, desto weniger sind die Vermögenden bereit, einen angemessenen Beitrag zur Finanzierung der Gemeinwohlbelange zu leisten. Die Reichen sind nicht auf öffentlich finanzierte Parks, Bildungseinrichtungen, medizinische Versorgung oder Sicherheitsdienste angewiesen – sie können sich all das selbst kaufen. Dabei entfernen sie sich zusehends von den einfachen Bürgern und können sich nicht mehr in deren Lebensumstände hineinversetzen. Auch ein starker Staat ist ihnen ein Dorn im Auge, denn er könnte mit seinen Machtbefugnissen wieder für eine größere Ausgewogenheit sorgen, indem er ihnen etwas von ihrem Reichtum wegnimmt und diese Gelder für gemeinnützige Zwecke verwendet. Das oberste 1 Prozent mag sich über das US-amerikanische Regierungssystem beklagen, aber tatsächlich mag es die Situation so, wie sie ist: zu festgefahren, um eine Umverteilungspolitik zu betreiben, und zu gespalten, um etwas anderes zu tun, als Steuern zu senken.

Wirtschaftswissenschaftlern fällt es schwer, eine umfassende Erklärung für die wachsende Ungleichheit in den USA zu finden. Die gewöhnliche Dynamik von Angebot und Nachfrage spielt dabei sicherlich eine Rolle: Arbeitssparende Technologien haben die Nachfrage nach vielen »guten« Arbeiterjobs gesenkt. Die Globalisierung hat einen weltweiten Markt geschaffen, auf dem teure ungelernte Arbeitskräfte in den USA mit preiswerten ungelernten Arbeitskräften im Ausland konkurrieren. Gesellschaftliche Veränderungen haben ebenfalls eine Rolle gespielt – zum Beispiel der Niedergang von Gewerkschaften, die ehedem ein Drittel der amerikanischen Arbeiter vertraten und heute nur noch etwa 12 Prozent.

Aber der Hauptgrund für die gewachsene Ungleichheit besteht darin, dass das oberste 1 Prozent es so haben will. Das wird am deutlichsten bei der Steuerpolitik. Die Senkung der Steuersätze auf Veräußerungsgewinne, die einen Großteil des Einkommens der Reichen ausmachen, bedeutet, dass die wohlhabendsten Amerikaner die Vorteile unseres Gemeinwesens sozusagen gratis genießen können. Monopole und Quasi-Monopole sind schon immer eine Quelle wirtschaftlicher Macht gewesen – angefangen von John D. Rockefeller zu Beginn des 20. Jahrhunderts bis zu Bill Gates in neuerer Zeit. Der lockere Vollzug von Kartellgesetzen, insbesondere unter republikanischen Regierungen, war ein Geschenk Gottes für das obere 1 Prozent. Ein Großteil der heutigen Ungleichheit ist auf die Manipulation des Finanzsystems zurückzuführen, ermöglicht durch die Veränderungen der Regeln, die die Finanzindustrie selbst gekauft hat – eine ihrer besten Investitionen überhaupt. Die Regierung vergab fast zinsfreie Kredite an Finanzinstitute und stellte großzügige Rettungspakete zu günstigen Konditionen bereit, wenn alles andere scheiterte. Aufsichtsbehörden ignorierten einfach mangelnde Transparenz und Interessenkonflikte. Wenn man sich das schiere Volumen des vom oberen 1 Prozent in diesem Land kontrollierten Vermögens ansieht, dann ist es geradezu verlockend, unsere wachsende Ungleichheit als eine durch und durch amerikanische »Leistung« zu betrachten – die anderen waren uns zunächst weit voraus, aber mittlerweile liegt unsere Ungleichheit auf Weltklasseniveau. Und es sieht so aus, als würden wir auf Jahre hinaus auf dieser zweifelhaften Errungenschaft aufbauen, denn das, was sie ermöglichte, verstärkt sich von selbst. Reichtum erzeugt Macht, die mehr Reichtum erzeugt. Während der Savings-and-Loan-Krise der 1980er-Jahre – ein Skandal, der gemessen an heutigen Maßstäben beinahe harmlos anmutet – wurde der Bankier Charles Keating von einem Kongressausschuss gefragt, ob er durch die unter einigen wichtigen gewählten Amtsträgern verteilten 1,5 Millionen Dollar tatsächlich Einfluss auf politische Entscheidungen genommen habe. »Das hoffe ich doch«, antwortete er. In seiner jüngsten *Citizens-United*-Entscheidung hat der Oberste Gerichtshof der USA das Recht von Unternehmen auf politische Einflussnahme anerkannt, indem er die Beschränkungen von Wahlkampfspenden aufhob. Persönliche und politische Interessen stimmen heute vollkommen überein. Praktisch alle US-Senatoren und die meisten Abgeordneten des Repräsentantenhauses gehören schon dem obersten 1 Prozent an, wenn sie ihr Amt antreten. Geld des obersten 1 Prozents hält sie im Amt, und sie wissen, dass das oberste 1 Prozent sie nach dem Ausscheiden aus dem Amt belohnen wird, wenn sie ihm gute Dienste leisten. Im Großen und Ganzen stammen auch die wichtigsten Entscheidungsträger der Exekutive in den Bereichen Handels- und Wirtschaftspolitik aus dem obersten 1 Prozent. Wenn Pharmaunternehmen ein Billionen-Dollar-Geschenk erhalten – durch Gesetze, die staatlichen Einrichtungen als dem größten Käufer von Medikamenten verbieten, Preissenkungen auszuhandeln –, sollte dies nicht weiter verwundern. Ebensowenig sollte es uns erstaunen, dass der Kongress nur Steuergesetze verabschiedet, in denen Steuersenkungen für die Reichen verankert sind. Hinsichtlich der Macht des obersten 1 Prozents sollten wir *erwarten*, dass das System so funktioniert.

Die Ungleichheit führt zu vielfältigen sozialen Verzerrungen. Da ist beispielsweise ein gut dokumentierter Lifestyle-Effekt – dem obersten 1 Prozent nicht angehörige Menschen leben in zunehmendem Maße über ihre Verhältnisse. Anzunehmen, Wohlstandseffekte würden von selbst von den Reichen zu den Armen »durchsickern« (Trickle-Down-Theorie), mag ein Trugbild sein, aber eine Tatsache ist, dass das Konsumverhalten der Oberschicht nachgeahmt wird. Auch unsere Außenpolitik wird durch die Ungleichheit massiv verzerrt. Das oberste 1 Prozent dient nur selten im Militär – Tatsache ist, dass die »Freiwilligenarmee« nicht genug bezahlt, um die Söhne und Töchter der Superreichen anzuziehen, und mit ihrem Patriotismus ist es auch nicht weit her. Außerdem werden die Vermögenden nicht durch höhere Steuern gezwickt, wenn die USA in den Krieg ziehen: all dies wird mit Krediten finanziert. In der Außenpolitik geht es definitionsgemäß um das Ausbalancieren nationaler Interessen und nationaler Ressourcen. Wenn das oberste 1 Prozent das Sagen hat und keinen Preis bezahlt, sind die Begriffe Ausbalancieren und Zurückhaltung Makulatur. Wir können uns in beliebig viele militärische Abenteuer stürzen, weil Unternehmen und insbesondere Rüstungskonzerne dabei nur gewinnen können. Auch die Regeln der ökonomischen Globalisierung sind so gestaltet, dass sie die Reichen begünstigen: Sie fördern den Wettbewerb zwischen Staaten um *Unternehmen*, der die Körperschaftssteuern nach unten treibt, den Gesundheits- und Umweltschutz schwächt und grundlegende Arbeitnehmerrechte untergräbt, wozu auch das Recht auf Tarifverhandlungen gehört. Wie würde die Welt wohl aussehen, wenn die Regeln den Wettbewerb um *Arbeitskräfte* zwischen den Ländern fördern würden? Die Regierungen würden darum wetteifern, gewöhnliche Lohnarbeiter durch attraktive Angebote zur Einkommenssicherung, niedrige Steuern, ein gutes Bildungssystem und eine saubere Umwelt anzulocken – alles Bereiche, die Arbeitnehmern wichtig sind. Aber dem obersten 1 Prozent kann dies egal sein.

Genauer gesagt, sie glauben, es könne ihnen egal sein. Von all den Kosten, die das oberste 1 Prozent unserer Gesellschaft auferlegt, sind die folgenden vielleicht am schwerwiegendsten: die Erosion des amerikanischen Identitätsbewusstseins, in dem Fairness, Chancengleichheit und Gemeinschaftssinn eine so wichtige Rolle spielen. Amerika war lange stolz darauf, eine faire Gesellschaft zu sein, in der jeder die gleichen Aufstiegschancen hat. Doch die Statistiken sprechen eine andere Sprache: Die Chancen einer Person mit geringem oder auch mittlerem Einkommen, es in den USA an die Spitze zu schaffen, sind kleiner als in vielen europäischen Ländern. Sie haben denkbar schlechte Karten. Dieses Gefühl, einem ungerechten System ausgeliefert zu sein, in dem der Einzelne chancenlos ist, schuf die Voraussetzungen für die Flächenbrände im Nahen Osten: Steigende Lebensmittelpreise und zunehmende, anhaltend hohe Jugendarbeitslosigkeit waren nur der Funke am Pulverfass. In Anbetracht der Tatsache, dass die Jugendarbeitslosigkeit in den USA etwa 20 Prozent beträgt (in manchen Regionen und in einigen soziodemografischen Gruppen ist sie sogar doppelt so hoch) und dass jeder sechste Amerikaner, der eine Vollzeitstelle sucht, keine findet und jeder siebte Amerikaner von Lebensmittelmarken abhängig ist (und etwa der gleiche Prozentsatz von »Ernährungsunsicherheit« betroffen ist), sind dies hinreichende Belege dafür, dass irgendetwas das »Durchsickern« der Wohlstandseffekte des obersten 1 Prozents zum Rest der Bevölkerung verhindert hat. All dies hat den vorhersagbaren Effekt einer zunehmenden Politikverdrossenheit – die Wahlbeteiligung bei den Zwanzigjährigen betrug bei der letzten Wahl 21 Prozent, was ungefähr der Arbeitslosenquote entspricht.

In den letzten Wochen haben wir erlebt, wie Millionen von Menschen auf die Straßen gegangen sind, um gegen politische, wirtschaftliche und soziale Verhältnisse in ihren repressiven Gesellschaften aufzubegehren. In Ägypten und Tunesien wurden die Regierungen gestürzt. In Libyen, im Jemen und in Bahrain kam es zu Massenprotesten. Die Herrscherfamilien in anderen Ländern der Region verfolgen die Ereignisse nervös von ihren klimatisierten Penthouses aus – werden sie die Nächsten sein? Sie sind zu Recht besorgt. Es sind Gesellschaften, in denen ein winziger Bruchteil der Bevölkerung – weniger als 1 Prozent – den Löwenanteil des Vermögens besitzt, das Vermögen maßgeblich die gesellschaftliche Machtposition bestimmt, tief verwurzelte Korruption zum Alltag gehört und die Superreichen oftmals gezielt politische Maßnahmen blockieren, die die Lebensbedingungen der breiten Bevölkerung verbessern würden.

Während wir das Aufbegehren der brodelnden Massen in den Straßen beobachten, müssen wir uns selbst eine Frage stellen: Wann wird das in den USA passieren? Die Situation in unserem eigenen Land unterscheidet sich nicht mehr wesentlich von der in diesen fernen Krisengebieten.

Alexis de Tocqueville sah in dem, was er »wohlverstandenes Eigeninteresse« nannte, einen besonderen Vorzug der amerikanischen Gesellschaft. Dabei ist »wohlverstanden« das, worauf es ankommt. Jeder Mensch verfolgt eigennützige Interessen im engeren Sinne: Ich will jetzt sofort das, was gut für mich ist! Aber »wohlverstandenes« Eigeninteresse ist etwas anderes. Es bedeutet, dass die Beachtung des Eigeninteresses aller anderen Menschen – also des Allgemeinwohls – tatsächlich eine Voraussetzung für das eigene höchste Wohlergehen ist. Tocqueville behauptete nicht, dass diese Einstellung besonders nobel oder idealistisch sei – tatsächlich sagte er das Gegenteil. Sie sei ein Kennzeichen des amerikanischen Pragmatismus. Diese schlauen Amerikaner verstanden eine grundlegende Tatsache: Sich um den anderen zu kümmern ist nicht nur gut für das eigene Gewissen – es ist auch gut für das Geschäft.

Das oberste 1 Prozent hat die besten Häuser, die beste Ausbildung, die besten Ärzte und die besten Lebensstile – aber es gibt eine Sache für sie, die sich offenbar nicht kaufen lässt: die Erkenntnis, dass ihr Schicksal eng mit den Lebensbedingungen der übrigen 99 Prozent verwoben ist. Die gesamte Geschichte hindurch hat das oberste 1 Prozent dies über kurz oder lang gelernt. Aber dann war es oft zu spät.

Das Problem des 1 Prozents

BEGINNEN WIR MIT DER GRUNDPRÄMISSE: Die Ungleichheit in Amerika nimmt seit Jahren zu. Wir alle sind uns dieser Tatsache bewusst. Einige politisch rechts stehende Personen bestreiten diese Tatsache zwar, doch halten sie seriöse Analytiker aus allen politischen Lagern für erwiesen. Ich werde hier nicht all die empirischen Befunde durchgehen, sondern mich mit dem Hinweis begnügen, dass die Kluft zwischen dem 1 Prozent und den 99 Prozent sehr groß ist, wenn man das Jahreseinkommen zugrunde legt, und noch größer, wenn man das Vermögen betrachtet – also das angehäufte Kapital und andere Vermögenswerte. Beschäftigen wir uns mit der Familie Walton: Die sechs Erben des Walmart-Imperiums besitzen gemeinsam ein Vermögen von rund 90 Milliarden Dollar, was ungefähr dem Vermögen der gesamten unteren 30 Prozent der US-Gesellschaft entspricht. (Viele Personen im unteren Bereich der Vermögenspyramide haben ein Reinvermögen von null oder sogar ein negatives Reinvermögen, insbesondere nach dem Debakel auf dem Immobilienmarkt.) Warren Buffett brachte die Sache auf den Punkt, als er sagte:»In den letzten zwanzig Jahren tobte ein Klassenkampf, und meine Klasse hat ihn gewonnen.«

Die grundlegende Tatsache einer größer werdenden Ungleichheit ist also weitgehend unstrittig. Gestritten wird hingegen über die Bedeutung. Von rechts hört man manchmal das Argument, Ungleichheit sei im Grunde eine gute Sache: Der steigende Wohlstand der Reichen komme auch allen anderen zugute. Dieses Argument ist falsch: Während die Reichen reicher wurden, konnten die meisten

Vanity Fair, 31. Mai 2012.

Amerikaner (und nicht nur jene im unteren Bereich der Vermögenspyramide) ihren Lebensstandard nicht halten, geschweige denn, mit den Reichen Schritt halten. Ein typischer männlicher Vollzeitarbeitnehmer erhält heute das gleiche Einkommen wie vor dreißig Jahren. Unterdessen reagiert die Linke auf die größer werdende Schere zwischen Arm und Reich mit einem schlichten Aufruf zur Gerechtigkeit: Weshalb sollten so wenige so viel haben, wenn so viele so wenig haben? Es ist leicht zu erkennen, weshalb in einem marktorientierten Zeitalter – in dem die Gerechtigkeit selbst eine Ware ist, die gekauft und verkauft wird – einige dieses Argument als bloße Rührseligkeit abtun. Von Rührseligkeit einmal abgesehen, gibt es gute Gründe dafür, weshalb Ungleichheit für Plutokraten ein Thema sein sollte, auch wenn sie nur an sich selbst denken. Die Reichen leben nicht in einem Vakuum, sie benötigen vielmehr eine funktionierende Gesellschaft um sich herum, um ihre Position aufrechtzuerhalten. Stark ungleiche Gesellschaften funktionieren nicht effizient, und ihre Volkswirtschaften sind weder stabil noch zukunftsfähig. Die Vergangenheit und auch die moderne Welt halten eine eindeutige Lehre für uns bereit: Es kommt der Punkt, an dem Ungleichheit die gesamte Gesellschaft in eine Abwärtsspirale ökonomischer Dysfunktionalität hineintreibt, und wenn dies geschieht, zahlen selbst die Reichen einen hohen Preis.

Das Konsumproblem

WENN EINE INTERESSENGRUPPE zu viel Macht besitzt, kann sie politische Maßnahmen durchsetzen, die ihr selbst kurzfristig helfen, nicht aber der Gesellschaft insgesamt auf lange Sicht. Das geschah in den USA hinsichtlich der Steuer- und Ordnungspolitik sowie der öffentlicher Investitionen. Die Konsequenzen, wenn Einkommens- und Vermögenszuwächse nur in eine Richtung fließen, erkennt man leicht an den gewöhnlichen Haushaltsausgaben, die einer der Wachstumsmotoren der amerikanischen Volkswirtschaft sind.

Es ist kein Zufall, dass die breitesten Querschnitte der amerikanischen Bevölkerung dann höhere Nettoeinkommen verzeichneten – in denen die Ungleichheit abgenommen hat, teils infolge einer progressiven Besteuerung –, als die US-Wirtschaft am schnellsten gewachsen ist. Und es ist auch kein Zufall, dass der gegenwärtigen Rezession, wie der Großen Depression (in den 1930er-Jahren), eine starke Zunahme der Ungleichheit vorausging. Wenn zu viel Geld an der Spitze der Gesellschaft konzentriert ist, gibt der Durchschnittsbürger notwendigerweise weniger aus – jedenfalls dann, wenn sein Konsumverhalten nicht künstlich gestützt wird. Die Umverteilung von unten nach oben verringert den Konsum, weil Personen mit höherem Einkommen in Prozent ihres Einkommens weniger konsumieren als einkommensschwächere Personen.

In unserer Vorstellung scheint dies anders zu sein, weil der »Prestigekonsum« der Reichen so auffällig ist. Betrachten wir nur die Farbfotos auf den hinteren Seiten der Wochenendausgabe des *Wall Street Journal*, auf denen Häuser zum Verkauf angeboten werden. Aber wenn man genauer nachrechnet, leuchtet es plötzlich ein. Nehmen wir jemanden wie Mitt Romney, dessen Einkommen im Jahr 2010 21,7 Mio. Dollar betrug. Selbst wenn Romney einen viel ausschweifenderen Lebenswandel hätte, würde er in einem gewöhnlichen Jahr nur einen Bruchteil dieser Summe ausgeben, um den Lebensunterhalt von sich und seiner Frau zu bestreiten. Aber nehmen wir jetzt die gleiche Summe und teilen sie auf 500 Personen auf – etwa in Form von Arbeitsplätzen, die jeweils mit 43 400 Dollar ausgestattet sind –, stellen wir fest, dass fast das gesamte Geld ausgegeben würde.

Der Zusammenhang ist einfach und unbestreitbar: Je mehr Geld sich an der Spitze konzentriert, umso stärker geht die Gesamtnachfrage zurück. Wenn diese Entwicklung nicht durch irgendetwas beeinflusst wird, wird die volkswirtschaftliche Gesamtnachfrage hinter dem gesamtwirtschaftlichen Angebotspotenzial zurückbleiben – das bedeutet, dass die Arbeitslosigkeit steigt und die Nachfrage noch weiter gedämpft wird. In den 1990er-Jahren war »irgendetwas« die Hightech-Blase. Im ersten Jahrzehnt des

21. Jahrhunderts war es die Immobilienpreisblase. Heute, inmitten einer tiefen Rezession, sind Staatsausgaben das Einzige, was helfen kann – und genau diese wollen die Superreichen jetzt eindämmen.

Das Problem des Rent-Seeking

HIER MUSS ICH EIN WENIG volkswirtschaftlichen Jargon benutzen. Das Wort »Rente« bezeichnete ursprünglich – und bis heute – das, was man für die Nutzung seines Grundstücks erhält. Es ist der Ertrag, den man kraft Eigentums bekommt, nicht dafür, dass man etwas leistet oder produziert. Dies steht beispielsweise im Gegensatz zu »Löhnen«, die ein Entgelt für die von Arbeitnehmern geleistete Arbeit darstellen. Der Begriff »Rente« wurde schließlich auf Monopolgewinne erweitert – also das Einkommen, das man erhält, wenn man ein Monopol kontrolliert. Mit der Zeit wurde der Begriff dann auch auf die Erträge anderer Arten von Eigentumsansprüchen ausgedehnt. Wenn die Behörden einem Unternehmen das ausschließliche Recht zur Einfuhr einer gewissen Menge eines bestimmten Gutes wie etwa Zucker gewährten, dann wurde dieser Mehrertrag »Quotenrente« (auch: »Kontingentrente«) genannt. Der Erwerb von Schürf- oder Ölförderrechten erzeugt ebenfalls eine Art Rente. Das Gleiche gilt bei der steuerlichen Vorzugsbehandlung von Sonderinteressen. Ganz allgemein definiert Rent-Seeking die vielfältigen Mechanismen und Instrumente, mit denen unser gegenwärtiger politischer Prozess den Reichen auf Kosten aller anderen hilft. Dazu gehören auch staatliche Transferleistungen und Subventionen, Gesetze, die den Wettbewerb auf Märkten einschränken, Gesetze, die es Vorstandschefs erlauben, einen unverhältnismäßig hohen Anteil am Unternehmensgewinn für sich selbst zu beanspruchen (auch wenn der Dodd-Frank Act Fortschritte gebracht hatte, denn er verlangt mindestens alle drei Jahre eine nicht bindende Abstimmung der Anteilseigner), und Gesetze, die es Unternehmen erlauben, die Umwelt zu schädigen, ohne die Kosten dafür zu tragen.

Das Ausmaß des Rent-Seeking in unserer Volkswirtschaft lässt sich zwar nur schwer genau quantifizieren, ist aber eindeutig immens. Einzelpersonen und Unternehmen, die sich hervorragend auf Rent-Seeking verstehen, werden dafür reich belohnt. Die Finanzindustrie, die heute weitgehend zu einem Markt für Spekulationsgeschäfte geworden ist und ihre eigentliche Aufgabe vernachlässigt, nämlich echte ökonomische Produktivität zu fördern, ist der Rent-Seeking-Sektor par excellence. Rent-Seeking geht über Spekulation hinaus. Der Finanzsektor kassiert auch Renten durch seine Beherrschung der Zahlungsmittel – die überzogenen Kredit- und Debitkartengebühren und auch die weniger bekannten Gebühren, die Händlern berechnet werden und die diese ihrerseits auf die Verbraucher abwälzen. Das Geld, das die Finanzbranche durch ausbeuterische Kreditvergabe von Gering- und Normalverdienern abschöpft, kann ebenfalls als Rente betrachtet werden. In den letzten Jahren sind etwa 40 Prozent der gesamten Unternehmensgewinne auf den Finanzsektor entfallen. Das bedeutet nicht, dass dieser einen sozialen Nutzen gehabt hätte oder dem auch nur nahegekommen wäre. Die Krise hat gezeigt, dass er der Volkswirtschaft enorm schaden kann.

In ihrer einfachsten Form sind Renten nichts anderes als Umverteilungen von einer Gruppe der Gesellschaft zu den Rent-Seekern. Die Ungleichheit in unserer Volkswirtschaft ist zu einem großen Teil auf Rent-Seeking zurückzuführen, weil dieses Streben nach leistungslosem Einkommen in erheblichem Umfang Geld von unten nach oben umverteilt.

Aber dieses Verhalten hat noch eine weiterreichende ökonomische Konsequenz: Das Streben nach Renten ist bestenfalls ein Nullsummenspiel. Rent-Seeking regt das Wachstum nicht an. Der Rent-Seeker will sich ein größeres Stück vom Kuchen sichern, nicht den Kuchen selbst vergrößern. Aber damit nicht genug, denn Rent-Seeking verzerrt die Ressourcenverwendung und schwächt eine Volkswirtschaft. Es ist eine zentripetale Kraft: Die Belohnungen des Rent-Seeking werden derart groß, dass immer mehr Energie in diese Aktivität fließt, und zwar auf Kosten von allem anderen. Rohstoffreiche Länder sind berüchtigt für Rent-Seeking-Aktivitäten. Dort kann man viel leichter zu Reichtum gelangen, indem man sich – zu günstigen Bedingungen – den Zugriff auf Ressourcen sichert, als wenn man nützliche Güter und Dienstleistungen herstellen würde, um die gesamtwirtschaftliche Produktivität zu steigern. Aus diesem Grund leiden diese Volkswirtschaften trotz ihres scheinbaren Reichtums an chronischer Leistungsschwäche. Wir spotten gern über andere Länder, indem wir sagen: Wir sind nicht Nigeria, wir sind nicht der Kongo. Aber die Rent-Seeking-Dynamik ist die gleiche.

Das Fairness-Problem

MENSCHEN SIND KEINE MASCHINEN. Man muss sie zu harter Arbeit anspornen. Wenn sie sich unfair behandelt fühlen, ist es manchmal schwer, sie zu motivieren. Dies ist einer der zentralen Lehrsätze der modernen Arbeitsökonomik, der in der sogenannten Effizienzlohntheorie verankert ist. Sie besagt, dass sich die Art und Weise, wie Firmen ihre Arbeitnehmer behandeln – einschließlich der Höhe ihrer Löhne –, auf deren Produktivität auswirkt. Tatsächlich wurde diese Theorie schon vor fast hundert Jahren von dem bedeutenden Wirtschaftswissenschaftler Alfred Marshall ausgearbeitet, der feststellte, dass »hoch bezahlte Arbeitskräfte im Allgemeinen effizient und daher keine teuren Arbeitskräfte sind«. Tatsächlich wäre es falsch, in dieser Aussage nur eine wirtschaftswissenschaftliche These zu sehen, denn sie wurde durch zahllose ökonomische Experimente bestätigt.

Auch wenn keine Einigkeit darüber besteht, was genau »fair« bedeutet, mehren sich in den USA die Stimmen, die sagen, die gegenwärtige Einkommensungleichheit und die Verteilung des Vermögens seien zutiefst unfair. Jenen, die unsere Volkswirtschaft transformiert haben – den Erfindern des Computers, den Pionieren der Biotechnologie –, sei ihr Reichtum gegönnt. Aber dies sind größtenteils nicht die Leute an der Spitze unserer Wohlstandspyramide. Vielmehr handelt es sich bei diesen vor allem um Personen, die sich in der einen oder anderen Form des Rent-Seeking hervorgetan haben. Und den meisten Amerikanern erscheint das unfair.

Es überraschte viele, als das von Jon Corzine geleitete Finanzunternehmen MF Global letztes Jahr plötzlich Bankrott machte und infolge womöglich krimineller Machenschaften Tausende Geschädigte zurückließ. Aber in Anbetracht der jüngeren Geschichte der Wall Street bin ich mir nicht sicher, ob es die Öffentlichkeit genauso überraschte, als sie erfuhr, dass mehrere Führungskräfte von MF Global trotzdem ihre Boni kassierten. Wenn Topmanager behaupten, Lohnsenkungen oder Entlassungen seien unumgänglich, um ihre Unternehmen wieder wettbewerbsfähig zu machen – während sie gleichzeitig ihre eigene Vergütung erhöhen –, finden Arbeitnehmer das zu Recht unfair. Dies wiederum mindert die Leistungsmotivation der Beschäftigten, ihre Loyalität zum Unternehmen und ihre Bereitschaft, in dessen Zukunft zu investieren. Das weitverbreitete Gefühl von Arbeitern in der Sowjetunion, dass sie auf genau diese Weise misshandelt wurden – ausgebeutet von Managern, die selbst in Saus und Braus lebten –, trug maßgeblich zur Schwächung der sowjetischen Volkswirtschaft und schließlich zu ihrem Zusammenbruch bei. Wie scherzten die Arbeiter in der Sowjetunion doch: »Sie tun so, als würden sie uns bezahlen, und wir tun so, als würden wir arbeiten.«

In einer Gesellschaft, in der die Schere zwischen Arm und Reich immer weiter auseinandergeht, bezieht sich Fairness nicht nur auf Löhne und Einkommen oder Vermögen. Es ist eine allgemeine Einstellung und Wahrnehmung. Interessiert es mich, in welche Richtung sich die Gesellschaft entwickelt? Profitiere ich von kollektivem Handeln? Wenn die Antwort ein lautes Nein ist, dann sollten wir uns auf eine schwindende Motivation gefasst machen, was sich nicht nur auf die Wirtschaft, sondern auf alle Aspekte des gesellschaftlichen Lebens auswirken wird.

Für Amerikaner ist Chancengleichheit ein Schlüsselaspekt von Fairness: Jeder sollte eine faire Chance haben, den amerikanischen

Traum zu leben. Geschichten über den Aufstieg vom Tellerwäscher zum Millionär bleiben das mythische Ideal – die Statistiken hingegen zeichnen ein ganz anderes Bild: In den USA sind die Chancen, dass es jemand von unten an die Spitze oder auch nur in die Mitte schafft, geringer als in den Ländern des alten Europas oder in jedem anderen fortgeschrittenen Industrieland. Diejenigen an der Spitze können sich mit dem Wissen trösten, dass ihr soziales Abstiegsrisiko in den USA geringer ist als in anderen Ländern.

Diese mangelnde Chancengleichheit sorgt für vielfältige Kosten. Viele Amerikaner schöpfen ihr Potenzial nicht aus – wir verschleudern unseren wertvollsten Aktivposten, unser Talent. Während wir langsam begreifen, was vor sich geht, haben wir immer weniger das Gefühl, dass die USA ein faires Land sind. Dies wird direkte ökonomische Effekte haben – aber auch indirekte, denn die Bande, die uns als Nation zusammenhalten, lockern sich immer stärker.

Das Problem des Misstrauens

DIE MODERNE POLITISCHE ÖKONOMIE konnte eine Frage bislang nicht überzeugend beantworten: Warum gehen Menschen überhaupt zur Wahl? Nur bei sehr wenigen Wahlen gibt eine einzelne Stimme den Ausschlag. Die Stimmabgabe ist mit Kosten verbunden – kein US-Bundesstaat stellt das Nichtwählen ausdrücklich unter Strafe, während es Zeit und Mühe kostet, zur Wahl zu gehen –, und sie bringt scheinbar keinen praktischen Nutzen. Die moderne politische und ökonomische Theorie geht davon aus, dass Menschen rationale, eigennützige Akteure sind. So betrachtet ist es rätselhaft, weshalb Menschen überhaupt zur Wahl gehen.

Die Antwort lautet, dass uns »staatsbürgerliche Tugenden« eingeschärft wurden und wir es als unsere Pflicht betrachten, zur Wahl zu gehen. Aber die staatsbürgerliche Tugend ist eine unsichere Sache. Wenn sich die Überzeugung durchsetzt, dass mich das politische und das wirtschaftliche System unfair benachteiligen, werde ich mich meiner staatsbürgerlichen Pflichten entbunden fühlen.

Wenn dieser Gesellschaftsvertrag aufgehoben wird – wenn das Vertrauen zwischen einer Regierung und ihren Bürgern verloren geht –, folgen daraus Desillusionierung, Entfremdung oder Schlimmeres. In den Vereinigten Staaten und in vielen anderen Demokratien weltweit wächst das Misstrauen. Es ist sogar gewissermaßen systemimmanent. Der Chef von Goldman Sachs, Lloyd Blankfein, hat unmissverständlich klargemacht, dass sich kluge Investoren nicht auf Vertrauen verlassen – oder es jedenfalls nicht tun sollten. Die Produkte seiner Bank kauften mündige Bürger, die es hätten besser wissen sollen. Nämlich dass Goldman Sachs die Mittel und den Anreiz hatte, Produkte so zu gestalten, dass sie den Käufer um seinen Einsatz brachten, um Informationsasymmetrien zu schaffen – woraus folgte, dass sie mehr über die Produkte wussten als die Käufer – und die Möglichkeit zu haben, diese Asymmetrien auszunutzen. Die Menschen, die den Investmentbanken zum Opfer fielen, waren größtenteils wohlhabende Anleger. Betrügerische Kreditkartenpraktiken und ausbeuterische Kreditvergabe haben jedoch bei vielen Amerikanern den Eindruck hinterlassen, dass man Banken nicht trauen könne.

Wirtschaftswissenschaftler unterschätzen häufig die Bedeutung von Vertrauen für eine funktionsfähige Volkswirtschaft. Wenn jeder Vertrag auf gerichtlichem Weg durchgesetzt werden müsste – indem die eine Partei die andere verklagt –, dann würde unsere Wirtschaft lahmgelegt. Durch die gesamte Geschichte hindurch haben die Volkswirtschaften floriert, bei denen Verträge per Handschlag besiegelt wurden. Ohne Vertrauen sind geschäftliche Vereinbarungen nicht länger machbar, die auf der stillschweigenden Abmachung beruhen, dass die komplizierten Details später geklärt werden. Ohne Vertrauen ist jeder auf der Hut, weil er befürchtet, von seinen Vertragspartnern betrogen zu werden.

Wachsende Ungleichheit zerstört Vertrauen: In ihren ökonomischen Auswirkungen gleicht sie einem universellen Lösungsmittel. Sie erzeugt eine Atmosphäre, in der selbst die Gewinner argwöhnisch sind. Und erst die Verlierer! Bei jeder Transaktion – bei jeder Begegnung mit einem Chef, einer Firma oder einem Beamten – hat ihrer Wahrnehmung nach jemand die Hand im Spiel, der sie übervorteilen will.

Nirgendwo ist Vertrauen wichtiger als in der Politik und in der Öffentlichkeit. Hier müssen wir zusammenarbeiten. Das ist leichter, wenn die meisten Personen in ähnlichen Situationen sind – wenn die meisten, wenn schon nicht im selben Boot, dann doch in ähnlichen Booten sitzen. Aber die wachsende Ungleichheit verdeutlicht, dass unsere Flotte anders aussieht – es sind ein paar Luxusjachten, die von zahllosen Menschen in Einbäumen und von Schiffbrüchigen umgeben sind, die sich an Treibgut festklammern. Dies zeigt, warum wir so grundverschiedene Ansichten darüber haben, was der Staat tun sollte. Die zunehmende Ungleichheit von heute erstreckt sich auf fast alles – Polizeischutz, den Zustand von Straßen und anderer Infrastruktur, den Zugang zu einer angemessenen Gesundheitsversorgung und zu guten öffentlichen Schulen. Während ein Hochschulstudium immer wichtiger wird – nicht nur für den Einzelnen, sondern für die Zukunft der gesamten US-Wirtschaft –, drängen die Wohlhabenden darauf, die Hochschulbudgets zu kürzen und die Studiengebühren zu erhöhen sowie die staatlich garantierter Studiendarlehen herabzusetzen. Sofern sie überhaupt Studiendarlehen befürworten, ist dies eine weitere Gelegenheit zum Rent-Seeking: Darlehen für gewinnorientierte Privathochschulen, die keine Mindeststandards erfüllen müssen; Darlehen, die selbst im Insolvenzfall nicht erlassen werden; Darlehen, die so gestaltet sind, dass alle, die sich von unten hocharbeiten wollen, einmal mehr ausgenutzt werden.

Die »Sei egoistisch«-Lösung

VERMUTLICH DIE MEISTEN AMERIKANER besitzen nur ein beschränktes Verständnis von der Natur der Ungleichheit in unserer Gesellschaft. Sie wissen, dass etwas schiefgegangen ist, aber sie unterschätzen den Schaden, den Ungleichheit anrichtet, während sie die Kosten von Gegenmaßnahmen überschätzen. Diese falschen

Überzeugungen, die durch eine ideologische Rhetorik verstärkt wurden, haben katastrophale Auswirkungen auf die Politik und vor allem auf die Wirtschaftspolitik.

Es gibt keinen triftigen Grund, weshalb das 1 Prozent mit seiner hervorragenden Ausbildung, seinen zahllosen Beratern und seiner viel gerühmten Geschäftstüchtigkeit so schlecht informiert sein sollte. In vergangenen Generationen hat es das 1 Prozent oft besser gewusst. Sie wussten, dass eine gute Pyramidenspitze eine solide Basis voraussetzt – dass ihre eigene Position prekär war, wenn die gesellschaftlichen Verhältnisse instabil waren. Henry Ford, der nicht gerade als ein Softie in die Geschichte eingegangen ist, sah ein, dass das Beste für ihn selbst und seine Firma darin bestand, seinen Arbeitern einen angemessenen Lohn zu zahlen. Er wollte, dass sie hart arbeiteten, sich zugleich aber seine Autos leisten könnten. Franklin D. Roosevelt, ein echter Patrizier, begriff, wie man ein im Kern kapitalistisches Amerika retten konnte: einerseits dadurch, dass man über Besteuerung und sozialpolitische Programme Vermögen umverteilt, und andererseits dadurch, dass man mithilfe von Regulierungen dem Kapitalismus selbst Fesseln anlegt. Roosevelt und der Wirtschaftswissenschaftler John Maynard Keynes wurden zwar von den Kapitalisten verunglimpft, doch zugleich gelang es ihnen, den Kapitalismus vor den Kapitalisten zu retten. Richard Nixon, der bis heute als ein ausgemachter manipulativer Zyniker gilt, gelangte zu dem Schluss, dass der gesellschaftliche Friede und die Stabilität der Wirtschaft am besten durch Investitionen gesichert werden könnten – und das tat er dann auch, und zwar massiv. Er investierte in Medicare (öffentliches Gesundheitsversorgungsprogramm für Senioren und Behinderte), Head Start (Programm für kompensatorische Erziehung), Social Security (staatliche Rentenversicherung) und Umweltschutzprogramme. Nixon stellte sogar die Idee eines garantierten Jahreseinkommens zur Diskussion.

Daher gebe ich dem 1 Prozent heute folgenden Rat: Verhärtet ruhig euer Herz. Wenn man euch bittet, über Vorschläge zur Bekämpfung der Ungleichheit nachzudenken – durch Steuererhöhungen und Investitionen ins Bildungswesen, in öffentliche Baumaßnahmen, Gesundheitsversorgung und Wissenschaft –, solltet ihr sämtliche altruistischen Regungen hintanstellen und allein euer Eigeninteresse im Auge haben. Macht euch die Vorschläge nicht zu eigen, weil sie anderen Menschen helfen. Tut es einfach für euch selbst.

Eine Politik gegen Wachstumsschwäche und Ungleichheit

EIN REICHES LAND MIT MILLIONEN VON ARMEN. Ein Land, das stolz darauf ist, das Land der unbegrenzten Möglichkeiten zu sein, aber in dem die Zukunftsaussichten eines Kindes stärker von dem Einkommen und der Bildung seiner Eltern abhängen als in jeder anderen Industrienation. Ein Land, das an Fairness glaubt, aber in dem die Reichsten oftmals einen geringeren Prozentsatz ihres Einkommens an Steuern zahlen als die weniger Wohlhabenden. Ein Land, in dem Kinder jeden Tag den Fahneneid leisten, der für »Gerechtigkeit für alle« steht – obschon es zunehmend nur Gerechtigkeit für diejenigen gibt, die sie sich leisten können. Die USA ringen mühsam darum, diese Widersprüche zu beheben, während ihnen das ungeheure Ausmaß ihrer sozialen Ungleichheiten dämmert – Ungleichheiten, die größer sind als in jedem anderen Industrieland.

Alle, die nicht über dieses Problem nachdenken wollen, sehen darin eine bloße »Neidpolitik«. Und wer das Problem offen anspricht, dem wird vorgeworfen, einen Klassenkampf zu schüren. Aber wenn man erst einmal die Ursachen und Folgen dieser Ungleichheiten versteht, weiß man, dass es nicht um Neid geht. Das extreme Ausmaß, das die Ungleichheit in den Vereinigten Staaten erreicht hat, und die Art und Weise, wie diese Ungerechtigkeiten entstehen, untergraben unsere Volkswirtschaft. Ein allzu großer Teil des Vermögens an der Spitze der Leiter beruht auf Ausbeutung – ob

Washington Monthly, Dezember 2014.

durch Ausübung von Monopolmacht oder durch Ausnutzung von Lücken in Gesetzen über verantwortungsvolle Unternehmensführung und -kontrolle, um aus dem Konzerngewinn hohe Summen abzuzweigen und den Spitzenmanagern überhöhte Boni zu zahlen, die nichts mit ihrer tatsächlichen Leistung zu tun haben. Oder durch einen Finanzsektor, der sich Marktmanipulation, ausbeuterischer und diskriminierender Kreditvergabe und unlauteren Kreditkartenpraktiken verschrieben hat. Ein zu großer Teil der Armut am unteren Ende des Einkommensspektrums ist auf ökonomische Diskriminierung sowie auf unzureichende Bildungsangebote und Gesundheitsversorgung für die fast 20 Prozent aller Kinder zurückzuführen, die in Armut aufwachsen.

Die lauter werdende Debatte um Ungleichheit im heutigen Amerika dreht sich vor allem um das Wesen unserer Gesellschaft, unser Selbstverständnis und das Bild, das andere von uns haben. Wir hielten uns immer für eine Mittelschichtgesellschaft, in der es jeder Generation besser ging als der vorhergehenden. Die Mittelschicht bildete das Fundament unserer Demokratie – das moderne Pendant des amerikanischen Kleinbauern mit eigenem Grundbesitz, den Thomas Jefferson als die tragende Säule der amerikanischen Gesellschaft ansah. Es galt als ausgemacht, dass das Wachstum aus der Mitte der Gesellschaft kommen sollte – statt von oben nach unten durchzusickern. Dieser gesunde Menschenverstand wird durch Studien des Internationalen Währungsfonds bestätigt, die belegen, dass Länder mit größerer Gleichheit wirtschaftlich erfolgreicher – wachstumsstärker und stabiler – sind. Dies war eine der zentralen Botschaften meines Buches *Der Preis der Ungleichheit*. Wegen unserer Toleranz für Ungleichheit hat sich selbst der amerikanische Traum als Mythos erwiesen: Die meisten Länder des »alten Europas« bieten ihren Bürgern mehr Aufstiegschancen als die USA.

Die Artikel in diesem Sonderheft des *Washington Monthly* beschreiben, wie sich die soziale Ungleichheit in jeder Lebensphase der Amerikaner manifestiert. Einige der Beiträge widmen sich dabei schwerpunktmäßig der Bildung. Wir wissen heute, dass schon im Kindergarten sehr große Ungleichheiten zwischen den Kindern vorhanden sind. Und sie werden mit der Zeit noch größer, da die Kinder der Reichen, die in reichen Enklaven leben, eine bessere Bildung erhalten als die anderen, die in sozial schwächeren Gebieten zur Schule gehen. Die ökonomische Segregation ist heute an der Tagesordnung – und das sehr deutlich: Selbst die wohlhabenden und wohlmeinenden, wählerischen Colleges, die Fördermaßnahmen zugunsten benachteiligter Gruppen eingeführt haben – ausdrücklich dafür, den Prozentsatz ihrer Studenten aus niedrigen sozioökonomischen Gruppen zu erhöhen –, haben Mühe, dieses Ziel zu erreichen. Die Kinder der Armen können sich weder die höheren, zunehmend auf dem Arbeitsmarkt verlangten Abschlüsse leisten, noch die unbezahlten Praktika, die den alternativen Zugang zu »guten« Jobs vermitteln.

Über jeden Aspekt der übergroßen Ungleichheit in den USA ließe sich Ähnliches berichten. Nehmen wir das Gesundheitswesen: Die Vereinigten Staaten sind das einzige Industrieland, für das der Zugang zur Gesundheitsversorgung kein menschliches Grundrecht darstellt. Und das bedeutet, dass ein armer Amerikaner im Krankheitsfall schlechtere Chancen hat, medizinisch angemessen oder sogar gut versorgt zu werden, als ein Bürger in jedem anderen Industrieland. Selbst nach der Verabschiedung des Affordable Care Act (ACA) weigerten sich fast zwei Dutzend Bundesstaaten, das dringend benötigte Medicaid (Gesundheitsversorgungsprogramm für einkommensschwache Personen) auszuweiten. Anfang 2014 waren noch immer über vierzig Millionen Amerikaner nicht krankenversichert. Die düsteren statistischen Daten über das amerikanische Gesundheitssystem sind wohlbekannt: Auch wenn wir mehr – viel mehr – für die Gesundheitsversorgung ausgeben (sowohl pro Kopf als auch in Prozent des Bruttoinlandsprodukts) als andere Länder, sind die Resultate schlechter. In Australien zum Beispiel belaufen sich die Gesundheitsausgaben (pro Kopf) nur auf etwas mehr als zwei Drittel der Ausgaben in den Vereinigten Staaten, dabei sind die Ergebnisse besser – einschließlich einer Lebenserwartung, die bemerkenswerte drei Jahre länger ist.

Zwei der Gründe für unsere kläglichen Gesundheitsstatistiken hängen mit Ungleichheiten an der Spitze und im unteren Bereich unserer Gesellschaft zusammen. Pharmakonzerne, Medizingerätehersteller, Krankenversicherer und hochkonzentrierte Netzwerke von Leistungserbringern treiben die Preise und die Ungleichheit nach oben. Zugleich haben die Armen keinen schnellen Zugang zur Gesundheitsversorgung einschließlich der Krankheitsprävention, wodurch diese Bevölkerungsgruppe kränker und ihre Behandlung kostspieliger wird. Der ACA sorgt hier in jeder Hinsicht für Abhilfe. Die Krankenversicherungsbörsen sollen den Wettbewerb fördern, und das ganze Gesetz soll den Zugang verbessern. Den Zahlen nach zu urteilen, ist das Vorhaben erfolgreich. Hinsichtlich der Kosten haben sich weitverbreitete Vorhersagen, wonach Obamacare einen massiven Preisanstieg im Gesundheitswesen nach sich ziehen würde, als falsch erwiesen. Im Gesundheitswesen sind die Preise in den letzten Jahren vergleichsweise moderat angestiegen. Dies zeigt einmal mehr, dass sich Fairness und Effizienz nicht unbedingt gegenseitig ausschließen. Im ersten Jahr nach Verabschiedung des ACA kam es zu einer erheblichen Ausweitung des Versicherungsschutzes – viel deutlicher in den Bundesstaaten, die die Ausweitung des Medicaid-Programms umsetzten, als in jenen, die sich davor weigerten. Jedoch war das ACA ein Kompromiss, der die zahnmedizinische und die Pflegeversicherung ausklammerte.

Ungerechtigkeiten in der Gesundheitsversorgung, die schon vor der Geburt beginnen, begleiten uns noch immer. Die Armen sind eher Umweltgefahren ausgesetzt, und einkommensschwache Mütter haben einen schlechteren Zugang zu guter Schwangerschaftsfürsorge. Dies führt zu einer Säuglingssterblichkeit, die vergleichbar ist mit der in einigen Entwicklungsländern, sowie zu einer größeren Häufigkeit von niedrigem Geburtsgewicht (das systematisch mit schlechteren Entwicklungschancen korreliert) als in anderen Industrieländern. Mangelnder Zugang zu umfassender Gesundheitsversorgung für die 20 Prozent amerikanischen Kinder, die in Armut aufwachsen, macht zusammen mit unzureichender Ernährung einen erfolgreichen Schulabschluss noch unwahrscheinlicher. Da ungesunde Kohlenhydrate oft die billigste Form von Nahrung sind, haben die sozial Schwachen eher mit gesundheitlichen Problemen wie Diabetes und Fettleibigkeit im Kindesalter zu kämpfen. Diese Ungleichheiten ziehen sich durch das gesamte Leben – und sie gipfeln in dramatisch unterschiedlichen Lebenserwartungen.

Alles schön und gut, mögen Sie sagen: Es wäre wunderbar, wenn wir allen eine kostenlose Gesundheitsversorgung und ein kostenloses Hochschulstudium bieten könnten, aber das sind Träume, die von den harten Realitäten dessen, was wir uns leisten können, gebändigt werden müssen. Das Land hat schon jetzt ein hohes Defizit. Mehr soziale Gleichheit zu schaffen würde das hohe Defizit noch größer machen – so lautet das Argument. Die USA haben hier besonders wenig Spielraum, weil sie sich der kostspieligen Mission verschrieben haben, Frieden und Sicherheit für die ganze Welt zu gewährleisten.

Dies ist in mehrfacher Hinsicht unsinnig.

Die eigentliche Stärke der Vereinigten Staaten beruht auf ihrer »Soft Power«, nicht auf ihrer militärischen Macht. Aber die wachsende Ungleichheit untergräbt unser Ansehen von innen. Kann ein Wirtschaftssystem, das kaum Chancen bereitstellt – in dem das reale mittlere Haushaltseinkommen (die Hälfte der Haushalte liegt darüber, die Hälfte darunter, inflationsbereinigt) heute niedriger ist als vor 25 Jahren –, noch als Vorbild für andere dienen, auch wenn einige wenige ganz an der Spitze hervorragend abgeschnitten haben? Außerdem ist das, was wir uns leisten können, wie alles andere eine Frage der Prioritäten. Anderswo, zum Beispiel in skandinavischen Ländern, ist es gelungen, für alle Bürger eine gute Gesundheitsversorgung, ein so gut wie kostenloses Studium und ein leistungsfähiges öffentliches Verkehrssystem bereitzustellen *und*, die Standardmaße der volkswirtschaftlichen Leistungsfähigkeit betreffend, genauso gut oder sogar noch besser abzuschneiden: Pro-Kopf-Einkommen und Wachstum sind mindestens vergleichbar. Selbst einige Länder, die weitaus ärmer sind als die Vereinigten Staaten (etwa Mauritius im Indischen Ozean, östlich von Afrika), haben es geschafft, ihren Bürgern ein kostenloses Studium und eine bessere gesundheitliche Versorgung zu bieten. Eine Nation muss Entscheidungen treffen, und diese Länder haben sich anders entschieden: Sie dürften weniger für Verteidigung und Gefängnisse ausgeben und vermutlich höhere Steuern fordern.

Außerdem hängen viele Verteilungsfragen nicht mit der Höhe der Ausgaben, sondern mit den begünstigten Personengruppen zusammen. Wenn wir die in unserem Steuersystem versteckten »entgangenen Steuereinnahmen« zu unseren Ausgaben dazurechnen, geben wir tatsächlich viel mehr für die Förderung des Wohneigentums der Reichen aus, als gemeinhin anerkannt wird. Die Abzugsfähigkeit der Schuldzinsen beim Kauf einer Luxusvilla kann leicht 25 000 Dollar pro Jahr wert sein. Und als einzige der fortgeschrittenen Industrienationen investieren die Vereinigten Staaten mehr in Schulen mit einer reicheren Schülerschaft als in solche mit überwiegend armen Schülern – eine Folge der Tatsache, dass die Finanzierung US-amerikanischer Schulbezirke vom jeweiligen Kommunalsteueraufkommen abhängig ist. Gewissen Berechnungen zufolge kann das gesamte Defizit auf unser ineffizientes und ungerechtes Gesundheitssystem zurückgeführt werden: Wenn wir ein besseres Gesundheitssystem hätten – eines, das mehr Gleichheit zu niedrigeren Kosten bereitstellt wie in vielen europäischen Ländern –, hätten wir vermutlich heute kein Defizit im Bundeshaushalt.

Oder betrachten wir dies: Wenn wir den sozial schwachen Bevölkerungsgruppen mehr Verwirklichungschancen bieten würden – einschließlich eines besseren Bildungssystems und eines Wirtschaftssystems, das für sie Arbeitsplätze mit angemessener Bezahlung bereitstellte –, dann würden wir vielleicht nicht so viel Geld für Gefängnisse ausgeben – einige Bundesstaaten haben manchmal mehr in Gefängnisse als in Hochschulen investiert. Dann könnten die Armen leichter neue Beschäftigungsmöglichkeiten ergreifen, was wiederum die Produktivität unserer Wirtschaft erhöhen würde. Und wenn wir bessere öffentliche Verkehrssysteme hätten, damit die Arbeiter leichter und erschwinglicher zu ihren Arbeitsplätzen pendeln könnten, dann würde ein höherer Prozentsatz unserer Bevölkerung arbeiten und Steuern zahlen. Wenn wir, wie die skandinavischen Länder, die Kinderbetreuung verbessern und eine aktive Arbeitsmarktpolitik betreiben würden, die den Arbeitsplatzwechsel erleichterte, dann hätten wir eine höhere Erwerbsquote – und der dadurch ausgelöste Wachstumsschub würde für mehr Steuereinnahmen sorgen. Es zahlt sich aus, in Menschen zu investieren.

Das bringt mich zu einem letzten Punkt: Wir könnten ein gerechtes Steuersystem einführen, das uns mehr Einnahmen beschert, die Steuergerechtigkeit verbessert und das Wirtschaftswachstum ankurbelt, während es zugleich die Verzerrungen in unserer Wirtschaft und unserer Gesellschaft verringert. (Dies war der zentrale Befund in meinem White Paper »Eine Steuerreform zur Förderung von Wachstum und Gerechtigkeit«, das 2014 im Auftrag des Roosevelt Institute entstand.) Wenn wir zum Beispiel Kapitalerträge genauso hoch besteuerten wie das Einkommen jener, die sich ihren Lebensunterhalt durch Arbeit verdienen, könnten wir über zehn Jahre etwa 2 Billionen Dollar einnehmen. »Schlupflöcher« ist kein angemessener Begriff für die Schwachstellen in unserem Steuersystem – »Lücken« würde besser passen. Wenn wir die Lücken beseitigen würden, wäre vielleicht endlich Schluss mit dem unwürdigen Schauspiel, bei dem sich die Superreichen geradezu damit brüsten, dass ihr offengelegtes Einkommen steuerlich nur etwa halb so hoch belastet wird wie das von Personen mit geringerem Einkommen. Und es wäre auch Schluss damit, dass sie ihr Geld in Steueroasen wie den Cayman Islands anlegen. Niemand kann behaupten, die Bewohner dieser kleinen Inseln seien bessere Vermögensverwalter als die Finanzexperten der Wall Street, aber es hat den Anschein, als würde sich dieses Geld im Sonnenschein dieser Seebäder besser vermehren. Einer der wenigen Vorteile einer so hohen Vermögenskonzentration an der Spitze der Einkommensleiter – fast ein Viertel des gesamten Volkseinkommens fließt dem obersten 1 Prozent zu – besteht darin, dass schon eine geringe Erhöhungen des Spitzensteuersatzes heute große Summen einbringen würde. Und weil so viel Vermögen an der Spitze auf Ausbeutung beruht (oder auf Rent-Seeking, wie es die Wirtschaftswissenschaftler lieber nennen, also auf dem Streben, sich ein größeres Stück des nationalen Kuchens zu sichern, anstatt den Kuchen selbst zu vergrößern), dürften sich höhere Spitzensteuersätze nicht in nennenswertem Umfang negativ auf die Leistungsfähigkeit unserer Volkswirtschaft auswirken.

Und dann ist da auch noch unser Körperschaftssteuersatz. Wenn Unternehmen endlich die Steuern zahlen, die sie zahlen sollten, und wir Schlupflöcher schließen würden, könnte der Staat Hunderte von Milliarden Dollar zusätzlich einnehmen. Wenn wir die Körperschaftssteuer in geeigneter Weise neu gestalten würden, könnten wir sogar die Beschäftigung und die Investitionen in den USA deutlich steigern. Aber die Wirklichkeit sieht anders aus – die tatsächlich gezahlten Bundeskörperschaftssteuern belaufen sich auf nur 13 Prozent des ausgewiesenen weltweiten Gewinns (der Kapitalgesellschaften). Es besteht weitgehend Einigkeit darüber, dass die Höhe der tatsächlich gezahlten Steuern (in Prozent der Gewinne) nicht höher ist als im Durchschnitt anderer Industrieländer. Apple, Google und General Electric wurden zu Aushängeschildern amerikanischen Einfallsreichtums – sie stellen Produkte her, um die sie der Rest der Welt beneidet. Aber sie nutzen diesen Einfallsreichtum leider auch dazu, Mittel und Wege zu finden, um ihren fairen Anteil an Steuern nicht zahlen zu müssen. Dabei machen sie und andere US-Konzerne sich Ideen und Innovationen zunutze, die mit der Unterstützung der US-Regierung produziert wurden, angefangen beim Internet selbst. Gleichzeitig stützen sie sich auf die exzellenten Fachkräfte, die die erstklassigen Universitäten des Landes absolviert haben, welche wiederum von der Bundesregierung umfassend gefördert werden. Sie wenden sich sogar direkt an die US-Regierung, damit diese sich bei unseren Handelspartnern für eine bessere Behandlung von US-Unternehmen einsetzt.

Die Konzerne behaupten, sie würden nicht so viel Steuervermeidung betreiben, wenn die Steuersätze niedriger wären. Aber die US-Bundesstaaten haben eine viel bessere Lösung entdeckt: Kapitalgesellschaften sollen Steuern auf der Basis ihrer geschäftlichen Aktivitäten in den Vereinigten Staaten zahlen, und zwar gemäß einer einfachen Formel, in die ihr Umsatz, ihre Produktions-

und Forschungsaktivitäten im Inland eingehen. Außerdem sollen Kapitalgesellschaften, die in den USA investieren, niedriger besteuert werden als andere, die das nicht tun. So würden wir die Investitionen und den Beschäftigungsgrad im Inland steigern – dies wäre ein Bruch mit dem gegenwärtigen System, in dem wir tatsächlich US-Konzerne regelrecht dazu ermuntern, im Ausland zu produzieren. (Selbst wenn die US-amerikanischen Steuern im internationalen Vergleich nicht überdurchschnittlich sind, gibt es einige Steueroasen – wie Irland –, die sich mit anderen einen Unterbietungswettkampf liefern, um Unternehmen dazu zu bewegen, ihren steuerrechtlichen Sitz dorthin zu verlegen.) Eine solche Reform würde dem massenhaften Ansturm der Konzerne auf »Steuerinversionen« – also den Steuersitz zur Steuervermeidung zu verlagern – ein Ende setzen. Es käme nicht länger darauf an, wo sie ihren Firmensitz anmelden, sondern darauf, wo sie geschäftlich tätig sind. Unsere Wirtschaft und unsere Gesellschaft würden von anderen Einnahmequellen profitieren. Es gibt zwei Grundprinzipien der Besteuerung: Es ist besser, sozial unerwünschte als sozial erwünschte Tatbestände zu besteuern, und es ist besser, Faktoren zu besteuern, deren Angebot im Sinne der Ökonomen »unelastisch« ist – was bedeutet, dass sich die produzierten und verkauften Mengen nicht ändern, wenn ihnen Steuern auferlegt werden. Würden wir dementsprechend Umweltverschmutzung in all ihren Formen – einschließlich Kohlenstoffemissionen – besteuern, könnten wir jedes Jahr Hunderte von Milliarden Dollar erheben und gleichzeitig die Umweltbelastungen deutlich reduzieren. Entsprechend würden dem Finanzsektor auferlegte, sachgerecht ausgestaltete Steuern nicht nur erhebliche Einnahmen erbringen, sondern Banken auch davon abhalten, anderen Kosten aufzuerlegen – wie es etwa der Fall war, als sie die Weltwirtschaft mit riskanten Hypothekenpapieren »verschmutzten«.

Das Rettungspaket für Banken im Volumen von 700 Milliarden Dollar verblasst verglichen mit dem, was das verantwortungslose Handeln der Banker unsere Wirtschaft und unsere Gesellschaft gekostet hat – Billionen von Dollar an verlorenem BIP und Millionen von Amerikaner, die ihre Eigenheime und Jobs verloren haben.

Dennoch wurden nur wenige Personen aus der Finanzbranche zur Rechenschaft gezogen.

Wenn wir die Banken verpflichten würden, nur einen Bruchteil der Kosten zu tragen, die sie anderen auferlegt haben, stünden uns weitere Mittel zur Verfügung. Wir könnten damit einen Teil des Schadens ausgleichen, den sie durch ihre diskriminierenden und ausbeuterischen Kreditpraktiken angerichtet haben, die Geld von der Basis zur Spitze der sozioökonomischen Pyramide umverteilten. Und auch wenn wir die Spekulationsgeschäfte der Wall Street durch eine Finanztransaktionssteuer nur gering besteuern würden, könnten wir dringend benötigte Einnahmen erzielen, die Spekulation vermindern (und dadurch die ökonomische Stabilität erhöhen) und eine produktivere Nutzung unserer knappen Ressourcen fördern, einschließlich der wertvollsten: talentierte junge Amerikaner.

Ebenso könnten wir durch eine höhere Besteuerung von Grundbesitz, Erdöl und Bodenschätzen sowie dadurch, dass wir all jene, die Ressourcen auf öffentlichem Land abbauen, den vollen Wert dieser Ressourcen bezahlen lassen, die zu Recht *allen* Menschen gehören, zusätzliche Einnahmen erzielen und für öffentliche Investitionen verwenden – zum Beispiel für Bildung, Technologie und Infrastruktur –, ohne dass dadurch weniger Land, Erdöl oder Bodenschätze verfügbar sind. (Selbst wenn diese Ressourcen höher besteuert werden, werden sie nicht in Streik treten; sie werden das Land nicht verlassen!) Die Folge: Steigende langfristige Investitionen in unsere Volkswirtschaft würden erhebliche Zukunftsdividenden in Form einer höheren Produktivität und eines höheren Wachstums abwerfen – und wenn das Geld richtig ausgegeben wurde, könnten die Wohlstandszuwächse auch gleichmäßiger verteilt sein. Die Frage ist nicht, ob wir es uns leisten können, mehr gegen unsere soziale Ungleichheit zu unternehmen, sondern vielmehr, ob wir es uns leisten können, *nicht* mehr zu tun. Die Debatte in den USA dreht sich nicht um die Beseitigung von Ungleichheit, sondern lediglich darum, sie abzumildern und den amerikanischen Traum wiederherzustellen.

Ungleichheit wird zum globalen Thema

DIE JAHRESTAGUNG DES WELTWIRTSCHAFTSFORUMS hat etwas von ihrer Wichtigtuerei aus der Zeit vor der Krise verloren. Schließlich konnten die Finanz- und Industriekapitäne vor der Katastrophe von 2008 ein Loblied auf die Vorzüge der Globalisierung, die technologische Innovation und die Liberalisierung des Finanzmarktes singen, die angeblich den Beginn eines neuen Zeitalters anhaltenden Wachstums einläuteten. Dieses käme allen zugute, sofern sie nur »das Richtige« täten.

Diese Tage sind vorbei. Aber Davos ist noch immer ein guter Ort, um sich einen Eindruck vom globalen Zeitgeist zu verschaffen.

Es versteht sich von selbst, dass Entwicklungs- und Schwellenländer die Industriestaaten heute mit anderen Augen betrachten als früher. Doch die Bemerkung des Topmanagers eines Bergbauunternehmens aus einem Entwicklungsland brachte den Geist des Wandels auf den Punkt. Auf die tief empfundene Verzweiflung eines Entwicklungsexperten, der sagte, unfaire Handelsabkommen und unerfüllt gebliebene Hilfszusagen hätten die Industrieländer um ihre moralische Autorität gebracht, erwiderte er: »Der Westen hatte nie die geringste moralische Autorität.« Kolonialismus, Sklaverei, die Aufteilung Afrikas in kleine Länder und eine lange Geschichte der Ausbeutung von Rohstoffen mögen für die Täter Sünden der fernen Vergangenheit sein – für die Opfer, die darunter zu leiden hatten, sind sie es nicht.

Wenn es ein Thema gab, das die versammelten Führungspersönlichkeiten besonders bewegte, dann war das die wirtschaftliche

Project Syndicate, 6. Februar 2013.

Ungleichheit. Der Schwerpunkt der Debatte hat sich gegenüber dem vorigen Jahr dramatisch verschoben: Niemand verliert mehr ein Wort über die Trickle-Down-Theorie, und nur wenige würden noch behaupten, dass eine weitgehende Deckungsgleichheit zwischen dem Beitrag zum Gemeinwohl und privater Belohnung besteht.

Während die Erkenntnis, dass Amerika *nicht* das Land der unbegrenzten Möglichkeiten ist, das es lange zu sein vorgab, für andere genauso irritierend ist wie für Amerikaner, ist die Chancenungleichheit im globalen Maßstab sogar noch größer. Man kann nicht wirklich behaupten, die Welt sei »flach«, wenn in das Humankapital eines typischen Afrikaners ein paar Hundert Dollar investiert werden, während reiche Amerikaner von ihren Eltern und der Gesellschaft über eine halbe Million Dollar geschenkt bekommen.

Ein Höhepunkt der Konferenz war die Rede von Christine Lagarde, der Chefin des Internationalen Währungsfonds, die den deutlichen Wandel in ihrer Institution hervorhob, jedenfalls in der Führungsspitze: der hohe Stellenwert von Frauenrechten, die verstärkte Beachtung des Zusammenhangs zwischen Ungleichheit und Instabilität und die Erkenntnis, dass Tarifverhandlungen und Mindestlöhne eine wichtige Rolle beim Abbau der Ungleichheit spielen könnten. Wenn doch nur die IWF-Programme für Griechenland und andernorts diese Prioritäten vollumfänglich widerspiegelten!

Die Associated Press richtete eine ernüchternde Veranstaltung zum Thema Technologie und Arbeitslosigkeit aus: Können Länder (insbesondere in der entwickelten Welt) neue – zumal gute – Arbeitsplätze schaffen, wenn moderne Technologien bei jeder automatisierbaren Aufgabe Arbeiter durch Roboter und andere Maschinen ersetzen?

Insgesamt war der Privatsektor in Europa und den USA seit Beginn des 21. Jahrhunderts nicht in der Lage, viele gute Arbeitsplätze zu schaffen. Selbst in China und anderen Teilen der Welt mit wachsendem industriellen Sektor entfällt der größte Teil des Anstiegs der gesamtwirtschaftlichen Produktion auf Produktivitätsfortschritte – oftmals in Verbindung mit einer Prozessautomatisierung, die zu weniger Arbeitsplätzen führt. Am meisten leidet darunter die junge Generation, deren Lebensperspektiven durch die langen Phasen der Arbeitslosigkeit stark beeinträchtigt werden.

Aber die meisten Teilnehmer des Treffens in Davos haben diese Probleme beiseitegeschoben, um das Überleben des Euro zu feiern. Selbstzufriedenheit und bisweilen sogar Optimismus gaben den Ton an. Der »Draghi-Put« – die Vorstellung, dass die Europäische Zentralbank mit ihren tiefen Taschen alles Notwendige tun würde und könnte, um den Euro und jedes Krisenland zu retten – schien, zumindest fürs Erste, zu funktionieren. Durch die vorübergehende Beruhigung sahen sich alle bestätigt, die behaupteten, in erster Linie sei eine Wiederherstellung des Vertrauens notwendig. Man hoffte, die Versprechen Draghis wären eine *kostenlose* Methode, um dieses Vertrauen zu schaffen, weil sie nie eingelöst werden müssten.

Kritiker wiesen wiederholt darauf hin, dass die grundlegenden Widersprüche nicht behoben worden seien und der Euro langfristig nur überleben könne, wenn eine Fiskal- und Bankenunion umgesetzt werde. Aber die wiederum erfordere in den Augen der Kritiker eine stärkere politische Einigung, als die meisten Europäer zu akzeptieren bereit seien. Doch viel von dem, was in den Sitzungen und in deren Umfeld gesagt wurde, ließ einen tiefen Mangel an Solidarität erkennen. Ein hochrangiger Regierungsvertreter eines nordeuropäischen Landes legte nicht einmal seine Gabel hin, als er von einem ernsten Tischgenossen unterbrochen wurde, der darauf hinwies, dass viele Spanier heute aus Mülleimern essen. Dann hätten sie eben eher mit Reformen beginnen sollen, antwortete er, während er sein Steak weiteraß.

IWF-Wachstumsprognosen, die während der Tagung in Davos veröffentlicht wurden, verdeutlichen das Ausmaß der weltweiten ökonomischen Ungleichheiten: Während das Wachstum des BIP in den hoch entwickelten Industriestaaten in diesem Jahr auf 1,4 Prozent veranschlagt wird, sollen die Entwicklungsländer weiterhin mit robusten 5,5 Prozent pro Jahr wachsen.

Während westliche Regierungsvertreter von neuen Schwerpunkten für Wachstum und Beschäftigung sprachen, gingen sie nicht auf konkrete politische Maßnahmen zur Realisierung dieser Ziele ein. In Europa steht weiterhin die Sparpolitik im Vordergrund – wobei man sich zu den bislang erzielten Fortschritten selbst beglückwünschte –, während man seine Entschlossenheit bekräftigte, an einem Kurs festzuhalten, der mittlerweile Europa als Ganzes in eine Rezession – und Großbritannien sogar in einen »Triple-Dip«-Abschwung – gestürzt hat.

Die optimistischsten Einschätzungen kamen wohl von den Schwellenländern: Zwar sei die Globalisierung mit dem Risiko einer neuen, starken Verflechtung verbunden, sodass eine verfehlte Wirtschaftspolitik in den USA und Europa die Volkswirtschaften der Entwicklungsländer stören könne, doch hätten die erfolgreicheren Schwellenländer die Globalisierung hinreichend gut gemanagt, um trotz der Fehler im Westen ihr Wachstum aufrechtzuerhalten.

Angesichts der Tatsache, dass die USA durch die trotzige Verweigerungshaltung der Republikaner politisch gelähmt sind und Europa ganz davon vereinnahmt wird, das Überleben des schlecht durchdachten Euro-Projekts sicherzustellen, war der Mangel an globaler Führungsstärke ein zentraler Kritikpunkt in Davos. In den letzten 25 Jahren haben wir uns von einer Welt mit zwei Supermächten zunächst zu einer unipolaren und mittlerweile zu einer führungslosen, multipolaren Welt hinbewegt. Wir mögen von den G7, den G8 oder den G20 reden – die passendere Beschreibung wäre G0. Wir müssen erst noch lernen, wie wir uns in dieser neuen Welt erfolgreich behaupten können.

Ungleichheit ist eine Wahl

ES IST MITTLERWEILE ALLGEMEIN BEKANNT, dass die Einkommens- und Vermögensungleichheit, insbesondere in den Vereinigten Staaten, in den letzten Jahrzehnten steil angestiegen sind und sich seit der Großen Rezession sogar noch weiter verschlimmert haben. Aber wie sieht es mit dem Rest der Welt aus? Wird die Kluft zwischen den Ländern kleiner, da aufstrebende Wirtschaftsmächte wie China und Indien Hunderte von Millionen Menschen aus der Armut herausgeholt haben? Und steigt oder sinkt die Ungleichheit in Ländern mit niedrigem und mittlerem Einkommen? Bewegen wir uns auf eine fairere oder eine ungerechtere Welt zu?

Dies sind komplexe Fragen, und neuere Studien des Ökonomen der Weltbank Branko Milanović und anderer Forscher legen einige Antworten nahe.

Im 18. Jahrhundert bescherte die industrielle Revolution Europa und Nordamerika einen enormen Anstieg des Wohlstands. Die Ungleichheit innerhalb dieser Länder war selbstverständlich schockierend – man denke nur an die Textilfabriken in Liverpool und Manchester in den 1820er-Jahren und die heruntergekommenen Mietshäuser in der Lower East Side von Manhattan oder der South Side von Chicago in den 1890er-Jahren. Aber die Kluft zwischen den Reichen und dem Rest hat sich, als globales Phänomen, sogar noch stärker verbreitet. Bis auf den heutigen Tag ist die Ungleichheit zwischen Ländern viel größer als die Ungleichheit innerhalb der Länder.

New York Times, 13. Oktober 2013.

Doch ungefähr seit dem Zusammenbruch des Kommunismus in den späten 1980er-Jahren hat sich die ökonomische Globalisierung beschleunigt, und die Kluft zwischen den Nationen begann zu schrumpfen. Zwischen 1988 und 2008 »kam es vermutlich zum ersten Mal seit der industriellen Revolution zu einem Rückgang der globalen Ungleichheit zwischen Weltbürgern«, schrieb Milanović, der im ehemaligen Jugoslawien geboren wurde und Autor des Buches *The Haves and the Have-Nots: A Brief and Idiosyncratic History of Global Inequality* ist, in einem kürzlich erschienenen Aufsatz. Während die Kluft zwischen einigen Regionen deutlich kleiner geworden ist – nämlich zwischen Asien und den fortgeschrittenen Volkswirtschaften des Westens –, bleiben enorme Gefälle bestehen. Die durchschnittlichen globalen Einkommen je Land haben sich in den letzten Jahrzehnten angenähert, was insbesondere auf das starke Wachstum in China und Indien zurückzuführen ist. Aber die Gleichheit insgesamt hat über die gesamte Menschheit, als Individuen betrachtet, kaum zugenommen. (Der Gini-Koeffizient als Maß der Ungleichheit hat sich zwischen 2002 und 2008 nur um 1,4 Punkte verbessert.)

Während Länder in Asien, dem Nahen Osten und Lateinamerika als Ganze zum Westen aufschließen mögen, bleiben die Armen überall zurück, selbst in Ländern wie China, wo sie immerhin ein wenig von steigenden Lebensstandards profitiert haben.

Milanović hat herausgefunden, dass die Personen im obersten 1 Prozent der Welt von 1988 bis 2008 einen Einkommenszuwachs von 60 Prozent verzeichneten, während das Einkommen der unteren 5 Prozent unverändert blieb. Und während das mittlere Einkommen in den letzten Jahrzehnten deutlich zugenommen hat, gibt es nach wie vor riesige Ungleichgewichte: 8 Prozent der Menschheit kassieren 50 Prozent des globalen Einkommens; allein das oberste 1 Prozent kassiert 15 Prozent. Die größten Einkommenszuwächse entfielen auf die globale Elite – Führungskräfte von Finanzunternehmen und Konzernen in reichen Ländern – und die große »aufstrebende Mittelschicht« in China, Indien, Indonesien und Brasilien. Wer sind die Verlierer? Afrikaner, einige Lateinamerikaner sowie Menschen im postkommunistischen Osteuropa und der ehemaligen Sowjetunion, wie Milanović herausfand.

Die Vereinigten Staaten geben ein besonders düsteres Beispiel ab. Und weil Amerika, in vielerlei Hinsicht, oftmals »die Welt anführt«, verheißt es für die Zukunft nichts Gutes, wenn andere dem Beispiel folgen.

Einerseits ist die Zunahme der Einkommens- und Vermögensungleichheit Teil eines Trends in der gesamten westlichen Welt. Eine Studie der Organisation für wirtschaftliche Zusammenarbeit und Entwicklung (OECD) aus dem Jahr 2011 kam zu dem Ergebnis, dass die Einkommensungleichheit erstmals in den späten 1970er- und frühen 1980er-Jahren in Amerika und Großbritannien (und auch in Israel) zu steigen begann. Innerhalb der letzten zehn Jahre nahm die Einkommensungleichheit in traditionell egalitären Ländern wie Deutschland, Schweden und Dänemark zu. Von einigen wenigen Ausnahmen abgesehen – Frankreich, Japan, Spanien –, ziehen die oberen 10 Prozent der Einkommensbezieher in den fortgeschrittensten Volkswirtschaften davon, während die unteren 10 Prozent weiter zurückfallen.

Aber der Trend war nicht universell oder unabwendbar. Im selben Zeitraum gelang es Ländern wie Chile, Mexiko, Griechenland, der Türkei und Ungarn, die Einkommensungleichheit deutlich zu verringern. Das deutet darauf hin, dass Ungleichheit ein Produkt politischer und nicht bloß makroökonomischer Kräfte ist. Es stimmt nicht, dass Ungleichheit eine unabwendbare Begleiterscheinung der Globalisierung, der Arbeitnehmerfreizügigkeit, des freien Kapital-, Waren- und Dienstleistungsverkehrs sowie des technologischen Wandels ist, der höher qualifizierte und besser ausgebildete Arbeitskräfte begünstigt.

Unter allen fortgeschrittenen Volkswirtschaften haben die USA einige der schlimmsten Einkommens- und Chancenungleichheiten – mit verheerenden makroökonomischen Folgen. Das Bruttoinlandsprodukt der Vereinigten Staaten hat sich in den letzten 40 Jahren mehr als vervierfacht und in den letzten 25 Jahren fast verdoppelt, aber wie wir mittlerweile wissen, haben davon fast ausschließlich die oberen Einkommensbezieher profitiert – und in zunehmendem Maße die Personen ganz an der Spitze.

Im letzten Jahr flossen dem obersten 1 Prozent der Amerikaner 22 Prozent des Volkseinkommens zu und dem obersten 0,1 Prozent 11 Prozent. 95 Prozent aller Einkommenszuwächse seit 2009 gingen an das obere 1 Prozent. Vor kurzem veröffentlichte Volkszählungsdaten zeigen, dass sich das mittlere Einkommen in Amerika seit fast 25 Jahren nicht bewegt hat. Der typische amerikanische Mann verdient (inflationsbereinigt) heute weniger als vor 45 Jahren, und Männer mit Highschool-Abschluss, aber ohne Studium, verdienen heute fast 40 Prozent weniger als vor vierzig Jahren. Der Anstieg der Ungleichheit in den USA begann vor dreißig Jahren – zeitgleich mit den Steuersenkungen für die Reichen und der teilweisen Deregulierung des Finanzsektors. Das ist kein Zufall. Die Lage hat sich verschlimmert, während wir zu wenig in unsere Infrastruktur, unser Bildungs- und Gesundheitssystem sowie soziale Sicherungsnetze investiert haben. Steigende Ungleichheit verstärkt sich selbst dadurch, dass sie unser politisches System und unsere demokratische Politikgestaltung untergräbt. Und Europa scheint Amerikas schlechtem Beispiel unbedingt folgen zu wollen. Die auf breiter Front – von Großbritannien bis Deutschland – verfolgte Sparpolitik führt zu hoher Arbeitslosigkeit, sinkenden Löhnen und steigender Ungleichheit. Wichtige öffentliche Personen wie Angela Merkel, die frisch wiedergewählte deutsche Bundeskanzlerin, und Mario Draghi, der Präsident der Europäischen Zentralbank, behaupten, die Probleme Europas seien das Ergebnis aufgeblähter Sozialausgaben. Aber diese Sichtweise hat Europa nur in eine Rezession (und sogar eine Depression) gestürzt. Dass die Talsohle vielleicht durchschritten ist – dass die Rezession »offiziell« vorbei sein mag –, ist nur ein schwacher Trost für die 27 Millionen Arbeitslosen in der EU. Auf beiden Seiten des Atlantiks sagen die Befürworter der Austerität: Nur weiter so, diese bittern Pillen müssen wir schlucken, um Wohlstand zu schaffen. Aber Wohlstand für wen?

Übermäßige Finanzialisierung – die Großbritanniens fragwürdigen Status unter den fortgeschrittensten Volkswirtschaften der

Welt als das Land mit der zweitgrößten Ungleichheit erklärt (nach den USA) – ist ebenfalls eine der Ursachen für die steil ansteigende Ungleichheit. In vielen Ländern haben schwache Corporate-Governance-Strukturen und schwindender sozialer Zusammenhalt zu einer größer werdenden Lücke zwischen der Vergütung von Topmanagern und dem Lohn einfacher Arbeiter geführt – die sich noch nicht dem 500:1-Verhältnis der größten Unternehmen Amerikas (laut Schätzungen der Internationalen Arbeitsorganisation) annähert, aber dennoch höher ist als vor der Rezession. (Japan, das die Höhe der Vergütung von Führungskräften begrenzt hat, ist eine bemerkenswerte Ausnahme.) Amerikanische Innovationen beim Rent-Seeking – dem Streben nach Selbstbereicherung, nicht durch eine Vergrößerung des ökonomischen Kuchens, sondern durch eine Manipulation des Systems, um ein größeres Stück zu ergattern – haben sich weltweit ausgebreitet.

Auch asymmetrische Globalisierung hat weltweit ihren Tribut gefordert. Mobiles Kapital hat verlangt, dass Arbeitnehmer Lohnzugeständnisse und Regierungen Steuerzugeständnisse machen. Das Ergebnis ist ein Wettlauf, um sich zu unterbieten. Löhne und Arbeitsbedingungen sind bedroht. Pionierunternehmen wie Apple, deren Arbeit auf gewaltigen wissenschaftlichen und technologischen Fortschritten beruht – von denen viele staatlich gefördert wurden –, haben ebenfalls ein großes Geschick bei der Steuerumgehung gezeigt. Sie sind bereit, zu nehmen, nicht aber zurückzugeben.

Ungleichheit und Armut bei Kindern sind eine besonders schlimmere moralische Schande. Sie sprechen Behauptungen rechter Kreise Hohn, Armut sei ein Ergebnis von Faulheit und falschen Entscheidungen; Kinder können sich ihre Eltern nicht aussuchen. In den USA lebt fast jedes vierte Kind in Armut, in Spanien und Griechenland etwa jedes sechste und in Australien, Großbritannien und Kanada mehr als jedes zehnte. Nichts davon ist unvermeidlich. Einige Länder haben die Entscheidung getroffen, für mehr wirtschaftliche Gerechtigkeit zu sorgen: Südkorea, wo vor einem halben Jahrhundert nur jeder Zehnte einen College-Abschluss machte, hat heute eine der höchsten Studierquoten der Welt.

Aus diesen Gründen sehe ich uns in eine Welt eintreten, die nicht nur in Besitzende und Besitzlose zerfällt, sondern auch in Länder, die nichts gegen diese Spaltung tun, und Länder, die etwas unternehmen. Einige Länder werden erfolgreich geteilten Wohlstand für alle schaffen – die einzige Art von Wohlstand, die meines Erachtens wirklich tragfähig ist. Andere werden die Ungleichheit Amok laufen lassen. In diesen gespaltenen Gesellschaften werden sich die Reichen in geschlossene Wohnanlagen zurückziehen und sich fast völlig von den Armen abschotten, deren Lebensverhältnisse sie sich praktisch gar nicht mehr vorstellen können – und umgekehrt. Ich habe Gesellschaften besucht, die sich für diesen Weg entschieden haben. Die meisten von uns würden dort nicht leben wollen – weder in ihren abgeschlossenen Enklaven noch in ihren verzweifelten Elendssiedlungen.

Demokratie im 21. Jahrhundert

DIE GROSSE RESONANZ auf Thomas Pikettys Buch *Kapital im 21. Jahrhundert* in den Vereinigten Staaten und anderen Industrieländern bestätigt die wachsende Sorge über die zunehmende Ungleichheit. Sein Buch gibt den ohnehin schon erdrückenden Belegen für die zunehmende Einkommens- und Vermögenskonzentration in den höchsten Einkommensschichten zusätzliches Gewicht.

Außerdem betrachtet Piketty in seinem Buch die etwa dreißig Jahre während Ära nach der Großen Depression und dem Zweiten Weltkrieg aus einem anderen Blickwinkel. Für ihn ist dieser Zeitraum eine historische Anomalie, die womöglich Folge des ungewöhnlichen gesellschaftlichen Zusammenhalts war, wie er durch umwälzende Ereignisse hervorgerufen wird. In dieser Ära starken Wirtschaftswachstums war der Wohlstand breit gestreut. Es ging allen Gruppen besser, allerdings verzeichneten die einkommensschwachen höhere prozentuale Zuwächse.

Piketty lässt auch die von Ronald Reagan und Margaret Thatcher in den 1980er-Jahren als Wachstumsmotoren verkauften »Reformen«, von denen angeblich alle profitieren sollten, in einem neuen Licht erscheinen. Nach ihre Reformen gingen das Wachstum und die weltwirtschaftliche Stabilität zurück, und das wenige zu verzeichnende Wachstum kam vor allen den obersten Einkommensgruppen zugute.

Aber Pikettys Arbeit wirft auch grundsätzliche Fragen auf, die die volkswirtschaftliche Theorie und die Zukunft des Kapitalismus

Project Syndicate, 1. September 2014.

betreffen. Er weist eine starke Zunahme des Verhältnisses von Vermögen zu gesamtwirtschaftlicher Produktion (Output) nach. Der Standardtheorie zufolge sollten solche Steigerungen mit rückläufigen Kapitalerträgen und Lohnzuwächsen einhergehen. Doch anders als erwartet scheinen die Kapitalerträge nicht gesunken und die Löhne nicht gestiegen zu sein. (In den Vereinigten Staaten beispielsweise stagnierten die Durchschnittslöhne in den vergangenen vierzig Jahren.)

Die naheliegendste Erklärung dafür ist, dass die gemessene Vermögenszunahme nicht mit einem Anstieg des Produktivkapitals einherging – und die Daten scheinen diese Interpretation zu stützen. Ein Großteil der Vermögenszunahme resultiert aus der Wertsteigerung von Immobilien. Vor der Finanzkrise von 2008 war in vielen Ländern eine Immobilienblase unverkennbar, und bis heute gab es möglicherweise keine vollständige »Korrektur«. Die Wertsteigerung kann auch Folge des Wettbewerbs unter den Reichen um »Prestigegüter« sein – ein Haus am Strand oder ein Apartment in der Fifth Avenue von New York City. Manchmal ist eine Steigerung des gemessenen Finanzvermögens auf wenig mehr als eine Umwandlung von »ungemessenem« in gemessenes Vermögen zurückzuführen. Darin kann sich sogar eine reale Verschlechterung der gesamtwirtschaftlichen Leistung widerspiegeln. Wenn Monopole ihre Machtstellung ausbauen oder Firmen (wie Banken) bessere Methoden zur Ausbeutung von Verbrauchern entwickeln, dann schlägt sich dies in höheren Gewinnen und – sofern diese kapitalisiert werden – in einem steigenden Finanzvermögen nieder.

Wenn dies geschieht, sinken das gesellschaftliche Wohlergehen und die ökonomische Effizienz, obwohl das offiziell gemessene Vermögen zunimmt. Wir klammern einfach den gleichzeitigen Wertverlust des Humankapitals aus – des Vermögens der Arbeitnehmer.

Wenn es den Banken außerdem noch gelingt, ihren politischen Einfluss zu nutzen, um Verluste auf die Allgemeinheit abzuwälzen, während sie einen immer größeren Teil ihrer unrechtmäßig erworbenen Gewinne behalten, nimmt das *gemessene* Vermögen des Finanzsektors zu. Den entsprechenden Rückgang des Vermögens der Steuerzahler messen wir nicht. Auch wenn Konzerne staatliche Institutionen dazu bringen, überhöhte Preise für ihre Produkte zu bezahlen (was den großen Pharmakonzernen gelungen ist), oder wenn sie Zugang zu öffentlichen Ressourcen unter Marktpreisen erhalten (wie es bei Bergbaukonzernen der Fall ist), steigt das ausgewiesene Finanzvermögen, nicht dagegen der gesellschaftliche Wohlstand insgesamt.

Was wir beobachtet haben – Lohnstagnation und steigende Ungleichheit bei gleichzeitigen Vermögenszuwächsen –, entspricht nicht der Funktionsweise einer normalen Marktwirtschaft. Es ist vielmehr etwas, das ich »Ersatzkapitalismus« nenne. Das Problem mag nicht so sehr darin liegen, wie Märkte funktionieren *sollten*, sondern in unserem politischen System. Dem ist es nicht gelungen, einen hinreichenden Wettbewerb auf den Märkten sicherzustellen, und es hat Regeln aufgestellt, die Marktverzerrungen zementieren und den Konzernen und Reichen erlauben, alle anderen auszubeuten (was sie leider auch tun).

Märkte existieren natürlich nicht in einem Vakuum. Es *muss* Spielregeln geben, und diese müssen durch politische Prozesse festgelegt werden. Große wirtschaftliche Ungleichheit in Ländern wie den USA und, in wachsendem Maße, auch in den Ländern, die das US-Wirtschaftsmodell übernommen haben, führen zu politischer Ungleichheit. In einem solchen System sind auch die Chancen zunehmend ungleich verteilt, wirtschaftlich aufzusteigen, was die niedrige soziale Mobilität noch verstärkt.

Daher spiegeln sich in Pikettys Vorhersage eines weiteren Anstiegs der Ungleichheit nicht die ehernen Gesetze der Volkswirtschaftslehre wider. Einfache Änderungen – wie etwa höhere Kapitalertrags- und Erbschaftssteuern, höhere Ausgaben für einen breiteren Zugang zum Bildungssystem, konsequenter Vollzug von Kartellgesetzen, eine Reform der Gesetzesvorschriften über verantwortungsvolle Unternehmensführung (Corporate Governance) zur Beschränkung der Vorstandsgehälter und eine Finanzmarktregulierung, die die Fähigkeit der Banken zur Ausbeutung ihrer Kunden begrenzt – könnten die Ungleichheit deutlich verringern und die

Chancengleichheit erheblich erhöhen.

Wenn wir die Spielregeln richtig definieren, können wir vielleicht sogar zu dem hohen und *geteilten* Wirtschaftswachstum zurückkehren, das die Mittelschichtgesellschaften in der Mitte des 20. Jahrhunderts kennzeichnete. Nicht der Kapitalismus im 21. Jahrhundert, sondern die Demokratie im 21. Jahrhundert ist die zentrale Frage, mit der wir heute konfrontiert sind.

Scheinkapitalismus

DIE AMERIKANER BEGINNEN ENDLICH das Ausmaß der Einkommens- und Vermögensungleichheit in unserer Gesellschaft zu erkennen. In letzter Zeit bekam diese Einsicht aus unerwarteter Richtung Unterstützung: vom französischen Wirtschaftswissenschaftler Thomas Piketty, dessen *Kapital im 21. Jahrhundert* der überraschende Bestseller des Jahres wurde. Piketty hat die umfangreichsten Daten zusammengetragen, die über die Zunahme der wirtschaftlichen Ungleichheit und des Erbvermögens in den letzten vierzig Jahren verfügbar sind, und aufgezeigt, dass eine neue Plutokratie entsteht. Aber während Piketty die Brisanz des Problems völlig richtig einschätzt, liegt er hinsichtlich der Ursachen – und der geeigneten Lösungsansätze – ein wenig daneben. Wenn die Amerikaner aus seinem Werk die falschen Schlussfolgerungen ziehen, werden wir vielleicht nicht die Veränderungen vornehmen, die unser Ungleichheitsproblem beheben könnten.

Ungleichheit ist eine natürliche Folge des Kapitalismus, so lässt sich Pikettys Argumentation zusammenfassen. Seiner Auffassung nach war die lange Phase breit gestreuten Wohlstands, der die Mitte des 20. Jahrhunderts kennzeichnete, eine historische Besonderheit, während die großen Ungleichheiten des Gilded Age – der wirtschaftlichen Blütezeit in den USA im letzten Viertel des 19. Jahrhunderts – und der Gegenwart der Regelfall seien. Aber das, was heute in den Vereinigten Staaten praktiziert wird, lässt sich vielleicht am besten als ein »Ersatzkapitalismus« beschreiben, der Ungleichheiten hervorbringen soll. Diese Tatsache zeigte sich überdeutlich während

Harper's Magazine, September 2014.

der Finanzkrise, als wir Verluste sozialisierten, aber den Banken erlaubten, Gewinne zu privatisieren. Als wir den Tätern großzügig unter die Arme griffen, aber wenig unternahmen, um den Opfern zu helfen, die ihre Häuser und Arbeitsplätze verloren.

Selbstverständlich gibt es kein »reines« kapitalistisches System. Wir haben immer ein gemischtes Wirtschaftssystem gehabt – bei Investitionen ins Bildungssystem, in Technologie und Infrastruktur verlassen wir uns auf den Staat. Die innovativsten und erfolgreichsten Branchen in der US-Wirtschaft (Hightech und Biotechnologie) ruhen auf Fundamenten, die staatlich finanzierte Forschung bereitgestellt hat. Eine gut funktionierende Volkswirtschaft erfordert ein ausgewogenes Verhältnis zwischen dem öffentlichen und dem privaten Sektor, mit unverzichtbaren öffentlichen Investitionen und einem ausreichend finanzierten sozialen Sicherungssystem. Für all dies sind Steuern notwendig.

Ein gut konzipiertes Steuersystem vermag mehr, als nur Finanzmittel aufzubringen – es kann die ökonomische Effizienz steigern und die Ungleichheit verringern. Unser gegenwärtiges System leistet das genaue Gegenteil. Pikettys Vorschlag, durch Steuern – eine globale Vermögenssteuer – die Ungleichheit zu bekämpfen, ist politisch von vornherein zum Scheitern verurteilt, selbst wenn man sie für durchaus sinnvoll hielte. Aber es gibt Maßnahmen, die die Vereinigten Staaten – das Industrieland mit der größten Ungleichheit – von sich aus ergreifen können. Mit einer vernünftigen Reform unseres inländischen Steuergesetzes können wir gleichzeitig Mittel beschaffen, die Leistungsfähigkeit unserer Wirtschaft verbessern und einige unserer größten sozialen Probleme angehen – nicht nur Ungleichheit, sondern auch Arbeitslosigkeit und eine drohende Umweltkatastrophe.

Ganz oben auf der Liste der Bewertungskriterien für steuerrechtliche Änderungsvorschläge sollten deren Auswirkungen auf die Einkommensverteilung stehen. Aber die Steuerpolitik sollte sich auch an drei allgemeinen Grundsätzen orientieren. Erstens ist es sinnvoller, gesellschaftlich unerwünschte Phänomene zu besteuern, als gesellschaftlich erwünschte – zum Beispiel Umweltverschmutzung und Spekulation statt Arbeit und Ersparnissen. Zweitens ist es besser, Land, Erdöl und andere natürliche Ressourcen zu besteuern, die nicht verschwinden, wenn sie besteuert werden (Faktoren, deren Angebot »unelastisch« ist, wie die Wirtschaftswissenschaftler sagen). Diese beiden Grundsätze verdeutlichen ein allgemeineres drittes Prinzip: Es kommt auf die Anreize an. Steuern sollten Aktivitäten fördern, die einen möglichst breiten gesellschaftlichen Nutzen stiften, und von Aktivitäten abhalten, die für unsere Gesellschaft kostspielig sind. Es gibt viele Reformen, die das Steuersystem gerechter machen und gleichzeitig diesen Grundsätzen entsprechen würden.

Zunächst einmal sollte die Unternehmensbesteuerung Firmen dazu ermuntern, in den USA zu investieren und dort Arbeitsplätze zu schaffen. Entsprechend sollten Firmen, die dies tun, weniger stark besteuert werden als solche, die dies nicht tun. Die Besteuerung multinationaler Unternehmen nach ihrem weltweiten Einkommen würde das schließen, was man das »Apple-Google-Schlupfloch« nennen könnte. Die Globalisierung ermöglicht es diesen Unternehmen, sich Steuern zu entziehen, indem sie behaupten, dass ihre riesigen Gewinne sich nicht der Findigkeit ihrer amerikanischen Forscher oder der scheinbar grenzenlosen Nachfrage amerikanischer Verbraucher nach ihren Produkten verdanken, sondern einigen wenigen Mitarbeitern, die verstreut in verschiedenen Niedrigsteuerländern wie Irland tätig sind.

Wenn wir alle Unternehmen auf der Basis ihrer Produktion und ihres Umsatzes im Inland besteuern würden, könnten wir viel höhere Einnahmen erzielen, die wir wiederum dafür nutzen könnten, Arbeitsplätze zu schaffen und das Wachstum anzukurbeln.

Zudem sollte der Finanzsektor mit Sondersteuern belastet werden. Angesichts dessen Rolle in der Finanzkrise ist es nicht weit hergeholt, dass er einen Teil der Kosten tragen sollte. Eine wohldurchdachte Besteuerung des Finanzsektors würde die Leistungsfähigkeit und Effizienz des Sektors steigern und ihn dazu bewegen, seine eigentlichen Aufgaben besser zu erfüllen.

Während uns Piketty erzählt, der marktbasierte Kapitalismus erzeuge ein geradezu obszönes Maß an Ungleichheit, glaube ich, dass wir ein anderes Problem haben: Auf unseren Märkten herrscht nicht genug Wettbewerb. Schon in den wirtschaftswissenschaftlichen Anfängerkursen lernen wir, dass Wettbewerbsmärkte, die Effizienz und Innovationskraft fördern, die Gewinne drücken. Reichtum landet schließlich in den Händen einiger weniger Multimilliardäre, weil wir ein Wirtschaftssystem ohne richtig funktionierenden Wettbewerb haben. Die erfolgreichsten »Existenzgründer« haben es verstanden, Wettbewerbsschranken zu errichten, hinter denen sie riesige Gewinne erwirtschaften können. Es ist nicht weiter verwunderlich, dass der reichste Mann der Welt, Bill Gates, sein Vermögen mit einem Unternehmen machte, das in Europa, Amerika und Asien zahlreiche Wettbewerbsverstöße beging. Und auch nicht, dass der zweitreichste Mann, Carlos Slim, sein Vermögen damit machte, einen schlecht geplanten Privatisierungsprozess zu seinem Vorteil zu nutzen. Er verschaffte sich dadurch in der mexikanischen Telekommunikationsindustrie praktisch eine Monopolstellung und berechnete Preise, die um ein Vielfaches über dem Preisniveau in Wettbewerbsmärkten lagen.

Sofern unsere Bemühungen scheitern, auf Märkten für einen funktionierenden Wettbewerb zu sorgen, sollten wir Monopolgewinne besteuern, die eine Form dessen sind, was Ökonomen »Renten« nennen. Was für die Besteuerung von Grundbesitz gilt – dass sie nicht zu weniger Land führt –, gilt auch für eine Steuer auf andere Formen von Renten. Zu anderen Quellen von Renten gehören die Einnahmen, die Eigentümer natürlicher Ressourcen erhalten. In vielen Fällen sind Erdöl-, Erdgas- und Bergbaukonzerne nicht die Eigentümer dieser Ressourcen – sie bauen sie lediglich auf Grundstücken in öffentlichem Eigentum ab, während sie nur einen Bruchteil ihres wahren Wertes dafür bezahlen. Die beste Lösung für diese Ungerechtigkeit wäre eine faire und effiziente Auktion, um sicherzustellen, dass der öffentlichen Hand der volle Wert dieser Vermögensgegenstände zukommt. Wenn sich Konzerne diese Ressourcen bereits erfolgreich angeeignet und der öffentlichen Hand nur einen

Bruchteil ihres Wertes gezahlt haben, müssen wir den Differenzbetrag hereinholen, indem wir die Gewinne aus ihrem Verkauf höher besteuern.

Wenden wir uns nun den persönlichen Steuern zu: Wir müssen die Einkommensteuer fairer gestalten. Wer sich seinen Lebensunterhalt durch Arbeit verdient, sollte nicht einen größeren Teil seines Einkommens an Steuern zahlen müssen als jene, die die Früchte ihres ererbten Vermögens genießen oder Private-Equity-Fonds managen. Während die meisten Amerikaner den allgemeinen Grundsatz akzeptieren, dass die Reichen einen höheren Teil ihres Einkommens an Steuern zahlen sollten, weicht unser System tatsächlich deutlich von diesem Grundsatz ab. Die Superreichen zahlen einen geringeren Prozentsatz ihres angegebenen Einkommens als die bloß Reichen – und sie geben oftmals nur einen Teil ihres tatsächlichen Einkommens an.

Viele der diskutierten Vorschläge für eine Reform des Einkommensteuergesetzes konzentrieren sich darauf, Vorschriften abzuschaffen, die der Mittelschicht helfen sollten – insbesondere die steuerliche Absetzbarkeit von Hypothekenzinsen und der Steuerfreibetrag für die vom Arbeitgeber bezahlte Krankenversicherung. Solche Vorschriften schmälern die Steuerbemessungsgrundlage und verringern die Effizienz einer Volkswirtschaft, es hat also durchaus einen gewissen Nutzen, sie zu beseitigen, wenn es sorgfältig gemacht wird. In der Praxis hilft die steuerliche Absetzbarkeit von Hypothekenzinsen reichen Hausbesitzern mehr als der Mittelschicht – tatsächlich schätzen einige, dass der Staat durch das Steuersystem das Wohneigentum der Reichen mehr fördert, als er den Armen durch den sozialen Wohnungsbau hilft. Die steuerliche Abzugsfähigkeit fördert die überhöhte Beanspruchung von Wohnraum und die überhöhte Kreditaufnahme (nicht weiter erstaunlich angesichts des politischen Einflusses unserer Banken). Aber unser Immobiliensektor liegt nach dem Platzen der Immobilienblase – als Millionen Amerikaner einen erheblichen Teil ihres Vermögens verloren – noch immer am Boden. Wenn man sofort alle Subventionen abschafft, würde das alles nur verschlimmern. Die Abzugsfähigkeit sollte man allmählich auslaufen lassen, und wir sollten einen Teil der Mehreinnahmen zur Förderung des Wohneigentums verwenden – zum Beispiel durch eine gesetzliche Bestimmung, die eine erweiterte staatliche Förderung für erstmalige Wohnungskäufer vorsieht.

Wenn man beachtet, wie bedrängt die Mittelschicht ist – ihre Einkommen haben sich, inflationsbereinigt, seit Jahrzehnten kaum von der Stelle bewegt –, sollte eine Reform der steuerlichen Absetzbarkeit nicht als ein Mittel betrachtet werden, das lediglich für Einnahmen sorgt. Vielmehr sollte durch die dabei entstehenden Einsparungen die Mittelschicht profitieren, indem die Grenzeinkommensteuersätze herabgesetzt werden. Einige würden einwenden, man könne das Defizit nicht deutlich reduzieren, wenn man nur die Steuern für die Reichen erhöhe: *So viel* Geld hätten sie nicht. Das war früher einmal zutreffend, aber heute nicht mehr. Der positive Aspekt wachsender Ungleichheit ist die Tatsache, riesige Summen aufbringen zu können, indem wir nur die obersten Einkommensgruppen steuerlich stärker belasten.

Auch die Besteuerung von Kohlenstoffemissionen könnte uns erhebliche Einnahmen bringen, während wir zugleich unsere gesamtwirtschaftliche Leistungsfähigkeit steigern würden. Der elementarste volkswirtschaftliche Grundsatz lautet: Die Unternehmen sollten sämtliche Kosten tragen, die ihre Produktionsprozesse verursachen. Dies ermöglicht dem Preissystem, die Wirtschaft zu größerer Effizienz zu führen. Wenn die Produktion subventioniert wird, bringt dies Marktverzerrungen hervor. Unsere Umwelt ist eine unserer knappsten Ressourcen – wer sie durch Verschmutzung schädigt, verursacht erhebliche Kosten. Wenn wir Unternehmen mit hohen Kohlenstoffemissionen dazu zwingen, diese Kosten zu tragen, machen wir die Wirtschaft effizienter und erschließen uns zugleich eine neue Einnahmequelle.

Zusammengenommen würden uns diese Vorschläge dabei voranbringen, die Ungleichheit deutlich abzubauen und uns wirtschaftlich in einen Zustand zurückzuversetzen, der dem der Nachkriegsjahre gleicht. Dies war die Zeit, in der die USA tatsächlich zu der Mittelschichtgesellschaft wurden, die sie vorgeblich schon lange waren – mit Jahrzehnten hohen Wachstums und weithin geteilten Wohlstands, in denen die Einkommen der Geringverdiener schneller stiegen als die der Spitzenverdiener. Es sind zugleich die Jahre, die Thomas Piketty für eine Abweichung in der Geschichte des Kapitalismus hält. Aber um diese Zeiten zurückzubringen, muss man den Kapitalismus nicht abschaffen – wir müssen nur die Marktverzerrungen des »Ersatzkapitalismus« beseitigen, der heute in den USA praktiziert wird. Das hat weniger mit Ökonomie als mit Politik zu tun. Wir müssen uns nicht zwischen Kapitalismus und Gerechtigkeit entscheiden. Wir müssen uns für beide entscheiden.

TEIL II
Persönliche Betrachtungen

DIE BEIDEN KAPITEL in diesem kurzen Teil blicken auf meine Jugend zurück. Den ersten Beitrag schrieb ich anlässlich des 50. Jahrestags des »Marschs auf Washington für Arbeit und Freiheit« am 28. August 1963. Hier, auf der National Mall, hielt Martin Luther King seine denkwürdige Rede »I have a dream«. Ich hatte das Glück, dort zu sein. Es war allerdings nicht nur Glück: Wie so viele meiner Kommilitonen engagierte ich mich im Kampf für Rassengleichheit. Diskriminierung war ein Schandmal an unserem Staatskörper. Als ich heranwuchs, sah ich mit eigenen Augen, wie Diskriminierung ringsherum Leben zerstörte. Sie widersprach *allem*, wofür Amerika stand. Und trotzdem hatten die Vereinigten Staaten schon vor ihrer Gründung mit diesem Gift gelebt.

Später sollte ich (mit anderen Wirtschaftswissenschaftlern) die Frage stellen, ob Diskriminierung in einer Marktwirtschaft langfristig fortbestehen kann. Es ließ sich leicht zeigen, dass die Antwort Ja lautet – wie könnte es auch anders sein, angesichts der Tatsache, dass Diskriminierung weltweit ein beständiges Merkmal von Marktwirtschaften ist? Dennoch hatten einige Ökonomen das Gegenteil behauptet. In dem Aufsatz »Wie Dr. King mein wirtschaftswissenschaftliches Werk prägte« gehe ich kurz auf diese Arbeiten ein – sie sind (wie die makroökonomischen Aufsätze, die zu dem Schluss gelangen, es könne keine Krisen geben) ein Beleg dafür, wie wirklichkeitsfremd einige ökonomische Modelle sind.[32]

Dagegen schrieb ich »Der Mythos von Amerikas Goldenem Zeitalter«, nachdem ich Thomas Pikettys Buch *Das Kapital im 21. Jahrhundert* gelesen und über meine Jugend nachgedacht hatte. Piketty hatte diese Zeit meiner Jugend als das Goldene Zeitalter des Kapitalismus beschrieben – die einzige Ära, in welcher der Kapitalismus nicht durch extreme Ungleichheit gekennzeichnet war. Meine Erinnerungen sahen anders aus: Ich wuchs im schmutzigen, industriellen Amerika auf, das durch hohe Diskriminierung, Ungleichheit, Arbeitskämpfe und Phasen der Arbeitslosigkeit gekennzeichnet war, sodass mir diese Ära nicht als das Goldene Zeitalter des Kapitalismus erschien.

Präsident Kennedy hatte gesagt: »A rising tide lifts all boats« (»Die steigende Flut macht alle Boote flott«, was so viel bedeutet wie: »Die Welle des Wachstums trägt alle nach oben«). In dieser Aussage mag ein Körnchen Wahrheit gesteckt haben, als er sie in den 1960er-Jahren machte, aber fünfzig Jahre später trifft sie eindeutig nicht mehr zu.[33]

Als die Regierung Obama auf die Wirtschaftskrise reagierte, ärgerte mich am meisten, dass auch sie von der Trickle-Down-Theorie geprägt zu sein schien: Man werfe den Banken nur genügend Geld hinterher, und die Wirtschaft werde sich erholen. Ich hatte für eine größere Dosis im Sinne der Trickle-Up-Theorie plädiert – wir sollten den amerikanischen Eigenheimbesitzern, die zu Millionen ihre Häuser verloren, finanziell unter die Arme greifen, was auch der Wirtschaft insgesamt helfen würde. Dank der positiven Effekte auf den Immobilienmarkt, der verringerten Ausfallquote von Hypothekendarlehen und der Stärkung der Wirtschaft insgesamt würden sogar die Banken davon profitieren.

»Der Mythos von Amerikas Goldenem Zeitalter« entstand, kurz nachdem der ehemalige Finanzminister Timothy Geithner sein Buch *Stress Test* veröffentlicht hatte. Dort verteidigt er tapfer – aber meines Erachtens nicht überzeugend – die politischen Maßnahmen, die er und die Regierung insgesamt während der Krise ergriffen hatten. Es bestand die Sorge, dass Finanzhilfen für überschuldete Eigenheimbesitzer ungerecht gegenüber den Hausbesitzern wären, die ihre Finanzen im Griff hatten und keine Hilfe benötigten. Staatshilfen würden außerdem Fehlanreize für die Zukunft setzen, da leichtfertiges Verhalten von Eigenheimbesitzern gefördert würde – dies ist das Wirtschaftswissenschaftlern wohlbekannte Problem des »moralischen Risikos«.

Ich habe nie verstanden, wie Geithner (und so viele andere in der Bankenwelt) einen solchen doppelten Maßstab anlegen konnte. Denn so gesehen war die Rettung notleidender Banken nicht nur unfair gegenüber anderen Banken, sie war auch unfair gegenüber den Millionen von Amerikanern, die durch das Fehlverhalten der Banken geschädigt wurden. Den Tätern griff man unter die Arme, während man die Opfer sich selbst überließ. Wenn es je eines Beweises für die Tragweite des »moralischen Risikos« bedurft hätte, dann haben ihn die Banker geliefert: das staatliche Rettungspaket für die in Schieflage geratenen Bausparkassen und das mexikanische, koreanische, thailändische und indonesische Rettungspaket, mit denen letztlich immer westliche Finanzinstitute gerettet wurden. Und jetzt mussten wir sie schon wieder aus einer misslichen Lage befreien. Hingegen waren die meisten Hausbesitzer von den sie betreuenden Mitarbeitern des Finanzsektors *in die Irre geführt* worden; diese hatten ihnen geraten, hohe Hypothekendarlehen aufzunehmen, die ihre Zahlungsfähigkeit überstiegen. Sie hatten ihre Lektion gelernt und würden sich wohl nicht noch einmal so verhalten. Als ein Mittel gegen die enorm vielen Zwangsvollstreckungen wurde auch eine Umschuldung vorgeschlagen, wofür die Eigenheimbesitzer einen Großteil des in ihrer Immobilie gebundenen Eigenkapitals hätten aufgeben müssen. Das war in keiner Weise mit der Freikarte zu vergleichen, die die Regierung den Banken gab.

Wie Dr. King mein wirtschaftswissenschaftliches Werk prägte

ICH HATTE DAS GLÜCK, in der Menschenmenge in Washington zu stehen, als Martin Luther King am 28. August 1963 seine ergreifende Rede »Ich habe einen Traum« hielt. Ich war zwanzig Jahre alt und hatte gerade das College abgeschlossen. Nur ein paar Wochen später nahm ich mein Studium der Volkswirtschaftslehre am Massachusetts Institute of Technology (MIT) auf.

Die Nacht vor dem »Marsch auf Washington für Arbeit und Freiheit« hatte ich im Haus eines College-Kommilitonen verbracht, dessen Vater, Arthur J. Goldberg, sich als beigeordneter Richter am Obersten Gerichtshof der Vereinigten Staaten für ökonomische Gerechtigkeit einsetzte. Wer hätte gedacht, dass dieselbe Institution, die damals entschlossen zu sein schien, die amerikanische Gesellschaft gerechter zu machen und für mehr Einbeziehung zu sorgen, fünfzig Jahre später zu einem Werkzeug der Bewahrung von Ungleichheiten werden würde? Das Gericht erlaubte Unternehmen Geldspenden in praktisch unbegrenzter Höhe zur Beeinflussung politischer Wahlkämpfe und begründete dies damit, dass es keine Diskriminierung von Wählern mehr geben dürfe. Außerdem schränkte es die Rechte von Arbeitnehmern und anderen Personen ein, Arbeitgeber und Unternehmen zu verklagen, wenn diese fehlerhaft handelten.

Die Rede von Dr. King löste viele Emotionen in mir aus. Obwohl ich jung und wohlbehütet war, gehörte ich einer Generation

New York Times, 27. August 2013.

an, die die von der Vergangenheit ererbten Ungerechtigkeiten deutlich sah und diese Missstände unbedingt beseitigen wollte. Ich wurde während des Zweiten Weltkriegs geboren, und als ich heranwuchs, vollzog sich in der amerikanischen Gesellschaft ein schleichender, aber unverkennbarer Wandel.

Als Vorsitzender des Studentenrats am Amherst College hatte ich einige Kommilitonen nach Süden geführt, wo wir uns für Rassenintegration starkmachen wollten. Wir konnten die Gewaltbereitschaft jener nicht verstehen, die das alte System der Segregation beibehalten wollten. Als wir ein »rein schwarzes« College besuchten, fielen uns die unverkennbar schlechteren Bildungschancen der dortigen Studenten auf, insbesondere verglichen mit denen, die wir in unserem privilegierten, abgeschotteten College erhielten. Es waren ungleiche Ausgangsbedingungen, und diese Tatsache war grundlegend ungerecht. Es war ein Hohn auf den amerikanischen Traum, mit dem wir groß geworden waren und an den wir geglaubt hatten.

Ich wollte Volkswirt werden, weil ich hoffte, so etwas gegen diese und die anderen Probleme tun zu können, die mir so lebhaft vor Augen standen, als ich in Gary, Indiana, aufwuchs: Armut, vorübergehende und dauerhafte Arbeitslosigkeit und anhaltende Diskriminierung von Afroamerikanern. Meine frühere Absicht, theoretische Physik zu studieren, gab ich auf. Schon bald bemerkte ich, dass ich mich einem seltsamen Völkchen angeschlossen hatte. Zwar gab es einige Wissenschaftler (darunter auch mehrere meiner Lehrer), die sich für dieselben Fragen interessierten, die mich zu dieser Disziplin geführt hatten – aber die meisten machten sich keine Gedanken über Ungleichheit; die tonangebende Schule huldigte (einem falsch verstandenen) Adam Smith und dem blinden Glauben an die Effizienz der Marktwirtschaft. Wenn dies die beste aller möglichen Welten war, dann wollte ich eine andere Welt aufbauen.

In dieser eigenartigen Welt der Ökonomen war Arbeitslosigkeit (so es sie gab) die Schuld der Arbeitnehmer. Ein Vertreter der Chicagoer Schule, der Nobelpreisträger Robert E. Lucas jr., sollte später schreiben: »Von all den Tendenzen, die einer soliden wirtschaftswissenschaftlichen Forschung abträglich sind, ist die verlockendste und zugleich meines Erachtens schädlichste die, sich auf Verteilungsfragen zu konzentrieren.« Gary S. Becker, ebenfalls ein Nobelpreisträger der Chicagoer Schule, versuchte später nachzuweisen, dass es auf Arbeitsmärkten, auf denen echter Wettbewerb herrscht, keine Diskriminierung geben könne. Zwar schrieben andere Ökonomen, darunter auch ich, mehrere Aufsätze, in denen wir die Spitzfindigkeit seiner Argumentation aufzeigten, doch sein Argument fand empfängliche Ohren.

Wie so viele, die auf die vergangenen fünfzig Jahre zurückblicken, kann ich nur staunen über die Diskrepanz zwischen unseren damaligen Ambitionen und dem, was wir erreicht haben.

Es stimmt, eine »gläserne Decke« – eine unsichtbare Aufstiegsschranke – wurde zertrümmert: Wir haben einen afroamerikanischen Präsidenten.

Aber Dr. King erkannte, dass der Kampf für soziale Gerechtigkeit breit angelegt werden musste: Schließlich war es ein Kampf nicht nur gegen Rassentrennung und Diskriminierung, sondern auch für mehr ökonomische Gleichheit und Gerechtigkeit zwischen allen Amerikanern. Nicht umsonst hatten die Organisatoren des Marschs, Bayard Rustin und A. Philip Randolph, diesen den »Marsch auf Washington für Arbeit und Freiheit« genannt.

Es wurden viele Fortschritte bei den Beziehungen zwischen den Rassen durch die wachsenden ökonomischen Spaltungen, die das ganze Land beuteln, untergraben und sogar gänzlich rückgängig gemacht.

Der Kampf gegen offene Diskriminierung ist leider keineswegs vorbei: 50 Jahre nach dem Marsch und 45 Jahre nach der Verabschiedung des Fair Housing Act (Bürgerrechtsgesetzes) diskriminieren große US-Banken wie Wells Fargo noch immer nach Rassenzugehörigkeit; sie nehmen mit ihren ausbeuterischen Kreditaktivitäten die verwundbarsten unserer Bürger ins Visier. Diskriminierung am Arbeitsmarkt ist weit verbreitet und tiefgreifend. Studien deuten darauf hin, dass Bewerber mit afroamerikanisch klingenden Namen weniger Einladungen zu Bewerbungsgesprächen erhalten. Diskriminierung nimmt neue Formen an. »Racial Profiling« ist in vielen amerikanischen Städten noch immer an der Tagesordnung, dazu gehören auch ohne Anlass durchgeführte polizeiliche Kontrollen (»stop-and-frisk«), die in New York gängige Praxis sind. Unsere Inhaftierungsrate ist die höchste weltweit, auch wenn es endlich Anzeichen dafür gibt, dass manche Bundesstaaten – die knapp bei Kasse sind – allmählich zwar nicht die Unmenschlichkeit dieses Verhaltens erkennen, so aber immerhin die Tatsache, dass die Verschwendung von so viel Humankapital durch Masseninhaftierung eine Dummheit ist. Fast 40 Prozent der Häftlinge sind Schwarze. Michelle Alexander und andere Rechtswissenschaftler haben diese Tragödie eindrucksvoll dokumentiert.

Schon die Zahlen allein sprechen für sich: Das Gefälle zwischen dem Einkommen von Afroamerikanern (oder Hispanics) und weißen Amerikanern hat sich in den letzten dreißig Jahren kaum verringert. Im Jahr 2011 betrug das mittlere Einkommen schwarzer Familien 40 495 Dollar: Das sind gerade einmal 58 Prozent des mittleren Einkommens weißer Familien.

Wenn wir statt des Einkommens das Vermögen betrachten, sehen wir ebenfalls eine enorme Ungleichheit. Im Jahr 2009 war das mittlere Vermögen weißer Amerikaner zwanzigmal so hoch wie das farbiger Amerikaner. Die Große Rezession von 2007 bis 2009 traf die Afroamerikaner besonders hart (wie solche Krisen vor allem all jene an der Basis der sozioökonomischen Pyramide treffen). Ihr mittleres Vermögen schrumpfte zwischen 2005 und 2009 um 53 Prozent, mehr als das Dreifache der Vermögenseinbußen weißer Amerikaner: ein historisch beispielloses Gefälle. Aber die sogenannte Erholung war nur wenig mehr als ein Trugbild – allein das oberste 1 Prozent profitierte davon, eine Gruppe, in der Afroamerikaner selbstverständlich nicht gerade zahlreich vertreten sind.

Wer weiß, wie Dr. Kings Leben verlaufen wäre, wenn es nicht durch die Kugel eines Mörders jäh und viel zu früh ein Ende gefunden hätte. Er war erst 39 Jahre alt, als er ermordet wurde, heute wäre er 84 und hätte vermutlich die Bemühungen von Präsident Obama zur Reform unseres Gesundheitssystems begrüßt und das soziale

Sicherungsnetz für ältere, arme und behinderte Menschen verteidigt. Aber man kann sich nur schwer vorstellen, dass jemand mit seinem ausgeprägten moralischen Bewusstsein das heutige Amerika nicht mit tiefer Bekümmerung betrachtet hätte.

Ungeachtet der Rhetorik über das Land der unbegrenzten Möglichkeiten hängen die Lebensperspektiven eines jungen Menschen in den USA in höherem Maße vom Einkommen und Bildungsniveau seiner Eltern ab als in jedem anderen Industrieland. Und daher werden das Vermächtnis der Diskriminierung und das Fehlen von Bildungs- und Erwerbschancen von einer Generation an die nächste weitergegeben.

Angesichts dieser mangelnden Mobilität verheißt die Tatsache, dass selbst heute noch 65 Prozent der afroamerikanischen Kinder in Familien mit niedrigem Einkommen leben, nichts Gutes für ihre Zukunft oder die der Nation.

Männer mit lediglich einem Highschool-Abschluss mussten in den letzten zwanzig Jahren einen erheblichen Rückgang ihres Realeinkommens hinnehmen. Und dies betraf unverhältnismäßig viele Afroamerikaner.

Während eine offene Rassentrennung in Schulen verboten ist, hat sich die Bildungssegregation in den letzten Jahrzehnten verstärkt, wie Gary Orfield und andere Wissenschaftler nachgewiesen haben.

Dies hängt teils damit zusammen, dass die ökonomische Segregation zugenommen hat. Arme farbige Kinder leben eher in Gemeinden mit konzentrierter Armut – etwa 45 Prozent, gegenüber 12 Prozent der armen weißen Kinder, worauf das Economic Policy Institute aufmerksam gemacht hat.

Ich bin in diesem Jahr siebzig geworden. Sehr viele meiner Forschungen und meiner öffentlichen Ämter in den letzten Jahrzehnten – einschließlich meiner Tätigkeit im wirtschaftswissenschaftlichen Beirat der Regierung Clinton und später bei der Weltbank – waren der Bekämpfung von Armut und Ungleichheit gewidmet. Ich hoffe, ich bin dem Aufruf von Dr. King vor fünfzig Jahren gerecht geworden.

Er wies zu Recht darauf hin, dass diese anhaltenden Spaltungen ein Krebs in unserer Gesellschaft sind; sie untergraben unsere Demokratie und schwächen unsere Wirtschaft. Seine Botschaft lautete, die Ungerechtigkeiten der Vergangenheit seien nicht unabwendbar. Aber nur zu träumen, das wusste er auch, genügt nicht.

Der Mythos von Amerikas Goldenem Zeitalter

ALS ICH IN GARY, INDIANA, einer Industriestadt am Südufer des Michigansees, aufwuchs, die unter Diskriminierung, Armut und immer wieder unter hoher Arbeitslosigkeit litt, war mir nicht bewusst, dass ich in einem Goldenen Zeitalter des Kapitalismus lebte. Es war eine Stadt, die nach dem Verwaltungsratsvorsitzenden des Konzerns U. S. Steel benannt worden war. Sie hatte das größte Verbundstahlwerk der Welt und ein fortschrittliches Schulsystem, das Gary in einen Schmelztiegel verwandeln sollte, der von Einwanderern aus ganz Europa gespeist würde. Doch in meinem Geburtsjahr, 1943, kamen dort bereits erste Risse zum Vorschein. Um Streiks zu brechen – und dafür zu sorgen, dass die Arbeiter nicht in vollem Umfang an den Produktivitätszuwächsen teilhatten –, holten die Stahlkonzerne afroamerikanische Arbeiter aus dem Süden in die Stadt, die dort in verarmten, abgesonderten Vierteln lebten.

Schornsteine bliesen Gifte in die Luft, und regelmäßig wiederkehrende Entlassungen führten dazu, dass viele Familien von der Hand in den Mund lebten. Schon als Kind spürte ich, dass der freie Markt, wie wir ihn kannten, kaum dazu geeignet war, eine wohlhabende, glückliche und gesunde Gesellschaft bestehen zu lassen.

Als ich daher zum Studium aufs College ging, war ich erstaunt über das, was ich las. Die damals üblichen volkswirtschaftlichen Texte schienen nichts mit der Wirklichkeit zu tun zu haben, die ich in meiner Kindheit und Jugend in Gary erlebt hatte. Sie sagten, Arbeitslosigkeit dürfe es eigentlich gar nicht geben und der Markt

Politico, Juli/August 2014.

bringe die beste aller möglichen Welten hervor. Aber wenn das der Fall war, wollte ich in einer anderen Welt leben. Während andere Volkswirte regelrecht besessen davon waren, die Vorzüge der Marktwirtschaft zu rühmen, beschäftigte ich mich in meinen Arbeiten vor allem damit, wie es zum Marktversagen kommen konnte. Und in meiner Doktorarbeit am MIT ging es mir vornehmlich darum, die Ursache von Ungleichheit zu verstehen.

Fast fünfzig Jahre später hat das Problem der Ungleichheit krisenhafte Ausmaße angenommen. In dem Geist der Zuversicht, der die Zeit meines College-Studiums prägte, sagte John F. Kennedy einmal, eine steigende Flut mache alle Boote flott (»a rising tide lifts all boats«). Heute zeigt sich, dass wir fast alle im selben Boot sitzen – jenem Boot, das die unteren 99 Prozent trägt. Es ist ein ganz anderes Boot – eines, das heute durch mehr Armut in den einkommensschwachen Gruppen und ein Aushöhlen der Mittelschicht gekennzeichnet ist – als jenes, in dem das oberste 1 Prozent sitzt.

Besonders bestürzend ist die Erkenntnis, dass der amerikanische Traum – die Vorstellung, dass wir im Land der unbegrenzten Möglichkeiten leben – ein Mythos ist. Die Lebenschancen eines Kindes sind hier heute in höherem Maße von dem Einkommen und der Bildung seiner Eltern abhängig als in vielen Industriestaaten einschließlich denen des »alten Europas«.

Jetzt kommt Thomas Piketty, der uns in seinem zu Recht hochgelobten neuen Buch *Das Kapital im 21. Jahrhundert* warnend darauf hinweist, dass sich die Verhältnisse wahrscheinlich weiter verschlechtern werden. Vor allem behauptet er, der natürliche Zustand des Kapitalismus sei von großer Ungleichheit geprägt. Während meines Studiums lehrte man uns das Gegenteil. Der Volkswirt Simon Kuznets schrieb zuversichtlich, die Ungleichheit nehme in einer anfänglichen Entwicklungsphase zwar zu, sinke anschließend aber nach und nach. Diese Feststellung mochte für die damalige Zeit zutreffen, auch wenn es kaum verlässliche Daten gab: Die Ungleichheiten, die das 19. und frühe 20. Jahrhundert geprägt hatten, schwanden allem Anschein nach. Diese Schlussfolgerung schien sich für den Zeitraum zwischen dem Zweiten Weltkrieg und etwa

1980 zu bestätigen, denn damals verzeichneten die Ober- und die Mittelschicht Vermögenszuwächse.

Aber die Daten der letzten dreißig Jahre sprechen dafür, dass diese Phase eine Anomalie war. Damals gab es eine durch den Krieg und seine Lasten ausgelöste Solidarität; der Staat bemühte sich um Chancengerechtigkeit, und die G. I. Bill of Rights (Gesetz zur Förderung der Wiedereingliederung ehemaliger Soldaten ins Berufsleben) sowie anschließende Fortschritte bei der Bürgerrechtsgesetzgebung bedeuteten, dass an dem amerikanischen Traum etwas dran war. Heute nimmt die Ungleichheit abermals dramatisch zu, und die letzten dreißig Jahre haben zweifelsfrei bewiesen, dass einer der Hauptschuldigen die Trickle-Down-Theorie ist – also die Vorstellung, der Staat könne sich einfach heraushalten, und wenn die Reichen reicher würden und ihre Fähigkeiten und Ressourcen nutzten, um Arbeitsplätze zu schaffen, würden alle davon profitieren. Aber das funktioniert nicht, wie uns die historischen Daten jetzt zeigen.

Doch hat es viel zu lange gedauert, bis wir diese Gefahr erkannt haben. Veränderungen in der Einkommens- und Vermögensverteilung vollziehen sich langsam. Daher bedarf es einer weitgespannten historischen Perspektive, wie Piketty sie liefert, um zu erkennen, was tatsächlich geschieht.

Ironischerweise stammt der Beweis, der diese sehr republikanische Idee der Trickle-Down-Theorie endgültig entzauberte, von einer demokratischen Regierung. Die wirtschaftspolitische Strategie von Präsident Barack Obama, der eine weitere Große Depression vermeiden wollte, basierte auf der Annahme, dass Finanzhilfen an die Banken die Wirtschaft retten würden (statt Finanzhilfen an die Eigenheimbesitzer, die von den Banken ausgenommen worden waren). Die Regierung pumpte Milliarden von Dollar in die Banken, die das Land an den Rand des Ruins gebracht hatten, ohne ihnen im Gegenzug irgendwelche Auflagen zu machen. Wenn sich der Internationale Währungsfonds und die Weltbank an einer Rettungsaktion beteiligen, verbinden sie ihre Hilfe praktisch immer mit Auflagen, um sicherzustellen, dass die von ihnen bereitgestellten Gelder wie gewünscht verwendet werden. Aber in diesem Fall brachte die Regierung lediglich ihre Hoffnung zum Ausdruck, dass die Banken den Kreditkreislauf, den Motor der Wirtschaft, in Gang halten würden. Und so schränkten die Banken die Kreditvergabe ein und zahlten ihren leitenden Angestellten riesige Boni, obwohl diese ihr Geschäft fast ruiniert hatten. Zudem wussten wir, dass die Banken einen Großteil ihrer Gewinne nicht dadurch erwirtschaftet hatten, dass sie die Effizienz der Wirtschaft steigerten, sondern durch Ausbeutung – durch unlautere Kreditvergabe, missbräuchliche Kreditkartenpraktiken und monopolistische Preisgestaltung. Man begann gerade erst damit, das ganze Ausmaß ihres Fehlverhaltens zu ergründen – zum Beispiel die illegale Manipulation von Leitzinsen und Devisenkursen, die sich auf Finanzderivate und Hypotheken im Volumen von Hunderten von Billionen Dollar auswirkt.

Obama versprach, diese Missstände zu beseitigen, aber bislang ist nur ein einziger hochrangiger Banker (neben einigen einfachen Mitarbeitern und mittleren Führungskräften) zu einer Gefängnisstrafe verurteilt worden. Obamas ehemaliger Finanzminister Timothy Geithner unternahm in seinem jüngsten Buch *Stress Test* einen kühnen, aber wenig überzeugenden Versuch: Er wollte die Politik der Regierung rechtfertigen, indem er behauptete, sie sei alternativlos gewesen. Aber Geithner sorgte sich sehr um das »moralische Risiko«, das angeblich mit der Hilfe an überschuldete Eigenheimbesitzer verbunden wäre – nämlich mit der Ermutigung, sich leichtfertig zu verschulden –, während ihm das moralische Risiko der Bankenhilfe ganz offenbar weniger Kopfzerbrechen bereitete. Und auch die Tatsache, dass die Banken Kreditnehmer bewusst dazu ermunterten, sich übermäßig zu verschulden, schien ihn nicht weiter zu stören, ebensowenig wie die Vermarktung von Hypotheken, die den unteren und mittleren Einkommensschichten untragbare Risiken auferlegten.

Tatsächlich bestärkten mich Geithners Versuche, die Politik der Regierung zu rechtfertigen, nur in meiner Überzeugung, das ganze System sei manipuliert. Für mich ist das System unfair, wenn all jene, die die wesentlichen Entscheidungen treffen, von dem 1 Prozent – also von den Bankern – derart »kognitiv vereinnahmt« sind, dass für sie die einzige Alternative darin besteht, den Verursachern der Krise mit Hunderten von Milliarden Dollar unter die Arme zu greifen, während man Arbeitnehmer und Eigenheimbesitzer im Stich lässt.

Diese Strategie verschlimmerte auch eines der größten Probleme des Landes: die wachsende Ungleichheit. Nur mit einer dynamischen Mittelschicht kann sich die Wirtschaft vollständig erholen und schneller wachsen. Je größer die Ungleichheit, umso niedriger das Wachstum – eine Schlussfolgerung, die mittlerweile sogar vom IWF geteilt wird. Weil die Einkommensschwachen einen größeren Teil ihres Einkommens ausgeben als die Reichen, steigt die Nachfrage, wenn ihr Einkommen zunimmt. Bei steigender Nachfrage werden Arbeitsplätze geschaffen: In diesem Sinne sind die durchschnittlichen Amerikaner der eigentliche Beschäftigungsmotor. Ungleichheit hat daher einen hohen Preis: eine schwächere Wirtschaft mit niedrigerem Wachstum und vermehrter Instabilität. Es ist nicht schwer zu verstehen.

Nichts von alldem ist das Resultat unerbittlicher ökonomischer Kräfte, sondern vielmehr das Ergebnis politischer Entscheidungen und Prozesse – dessen, was wir taten und unterließen. Wenn unsere Politik dazu führt, dass Kapitaleinkommen günstiger besteuert wird (als Arbeitseinkommen), dass nur die Kinder der Reichen Zugang zu den besten Schulen haben, während die Kinder der Armen mittelmäßige Schulen besuchen müssen, und dass sich nur die Vermögenden die besten Steueranwälte leisten können und Zugang zu Steueroasen haben, um ihren fairen Anteil an Steuern nicht zahlen zu müssen, dann ist es nicht weiter verwunderlich, dass es in unserer Gesellschaft ein hohes Maß an Ungleichheit und ein geringes Maß an Chancengerechtigkeit gibt. Und wenn diese Politik fortgeführt wird, werden sich diese Bedingungen noch weiter verschlechtern.

Mittlerweile ist auch klar, dass das hohe Maß an ökonomischer Ungleichheit zu schwerwiegenden neuen Formen politischer Ungleichheit führte – so sehr, dass in unserem politischen System nicht mehr der Grundsatz »ein Bürger, eine Stimme«, sondern »ein

Dollar, eine Stimme« gilt. Das Urteil des Obersten Gerichtshofs im Fall *Citizens United* im Januar 2010 gab Konzernen mehr Rechte auf politische Einflussnahme als natürlichen Personen – ohne sie oder ihre leitenden Angestellten einer richtigen Rechenschaftspflicht zu unterwerfen. Die sich daran anschließende *McCutcheon*-Entscheidung hob die Höchstbeträge für Spenden von Privatpersonen an nationale Kandidaten und Parteien auf. Je reicher man heute also ist, desto stärker kann man den politischen Prozess und die daraus hervorgehenden wirtschaftspolitischen Entscheidungen beeinflussen und alles zugunsten des 1 Prozents manipulieren. Wen wundert es da noch, dass die Reichen immer reicher werden?

Rund sechs Jahre danach beginnt die Regierung Obama nun zögerlich und verspätet, ihre Meinungen über die Große Rezession zu ändern. Selbst Geithner gibt in seinem Buch zu, dass die Regierung mehr hätte tun sollen – aber nun ja, die Gelder waren knapp und man musste gewissermaßen darauf wetten, wo sie am effektivsten wären. Das ist der springende Punkt: Da er den Banken Gehör schenkte, überrascht es nicht, dass er sein Geld auf die Banken setzte. Schon vor Obamas Amtsantritt plädierte ich dafür, die Eigenheimbesitzer stärker zu berücksichtigen: Wir sollten wenigstens ein bisschen Trickle-Up-Theorie mit den Trickle-Down-Vorstellungen kombinieren. Aber wer meine Überzeugung teilte, bekam wenig Beachtung, während sich die Regierung ratsuchend an die mächtigen Interessengruppen im Finanzsektor wandte.

Die Anhänger Obamas schien es zu verblüffen, dass das Volk seiner Regierung nicht dankbarer dafür war, dass sie eine zweite Große Depression abgewendet hat. Sie retteten die Banken, und dadurch retteten sie die Wirtschaft vor einem verheerenden Sturm. Und sie weisen stolz darauf hin, dass die staatlichen Gelder, die den Finanzsektor unterstützten, mehr als zurückgezahlt wurden. Aber diese Behauptungen lassen einige wesentliche Fakten außer Acht: Die Finanzkrise war kein Naturereignis. Sie war das Ergebnis leichtfertigen Verhaltens, sie war die vorhersagbare und vorhergesagte Folge von Deregulierung und unzureichender Durchsetzung der verbliebenen Regulierungsvorschriften, einer unkritischen Identifikation mit der Denkweise des 1 Prozents und der Banker – und daran sind Geithner und dessen Mentor, Larry Summers, der ehemalige Wirtschaftsberater des Weißen Hauses, mehr als ein wenig schuld. Es war ungefähr so, als hätte nach einem durch Trunkenheit am Steuer verursachten Unfall der herbeigerufene Polizist dem betrunkenen Fahrer noch einen weiteren Drink gereicht – und ihn dann wieder ans Steuer gesetzt, woraufhin dieser mit seinem Auto zur Werkstatt düst, während dem Opfer an der Unfallstelle die Lebensgeister schwinden.

Die Rückzahlung selbst ist, zumindest teilweise, das Ergebnis eines Tricks, der jeden Schwindler mit Stolz erfüllen würde. Unter der Schirmherrschaft der Federal Reserve gewährt die Regierung der Bank einen fast zinsfreien Kredit. Die Bank gewährt den Kredit für 2 oder 3 Prozent an die Regierung zurück, und der »Gewinn« wird an die Regierung zurückgezahlt, um die von ihr getätigte »Investition« rückzuerstatten. Bankmanager erhalten dabei einen Bonus für die satten Erträge, die sie für die Bank »erwirtschaftet« haben – etwas, was sogar ein Zwölfjähriger hätte tun können. Ist das Kapitalismus? In einer Welt richtiger Rechtsstaatlichkeit müsste ein betrunkener Fahrer nicht nur seine eigenen Reparaturkosten, sondern auch den von ihm angerichteten Schaden bezahlen – in diesem Fall den kumulierten BIP-Verlust, der sich mittlerweile auf über 8 Billionen Dollar beläuft und um 2 Billionen Dollar pro Jahr ansteigt. Die Banken erholen sich, während das Einkommen des typischen Amerikaners auf das niedrigste Niveau der letzten zwanzig Jahre gefallen ist. Es ist durchaus nachvollziehbar, dass es in der Bevölkerung eine gewisse Wut gibt.

Anders als Regierungsvertreter behaupten, ist das nicht auf Kommunikationsfehler zurückzuführen. Das Problem war vielmehr, dass die US-Amerikaner sahen, was die Regierung tat. In der Öffentlichkeit gab es eine vernünftige Debatte über alternative Handlungsmöglichkeiten – vor, während und nach den Rettungspaketen. Der Grund, weshalb Kritiker wie Sheila Bair, Elizabeth Warren, Neil Barofsky, Simon Johnson, Paul Krugman und andere (links- und rechtsstehende Personen, aber auch Anhänger der

Mitte) zumindest aus der intellektuellen Debatte und in dem Krieg über öffentliche Wahrnehmungen als Sieger hervorgingen, lag nicht daran, dass sie besser kommunizieren konnten. Vielmehr hatten sie eine überzeugendere Botschaft: Es gab alternative Strategien zur Rettung der Wirtschaft, die fairer waren und die Wirtschaft gestärkt hätten. Stattdessen sind unsere Politik und unsere Wirtschaft in einem Teufelskreis gefangen: Wirtschaftliche Ungleichheit führt zu politischer Ungleichheit, und diese politische Ungleichheit führt dann dazu, dass die Regeln umgeschrieben werden, um das Ausmaß wirtschaftlicher Ungleichheit noch weiter zu erhöhen – und so weiter. Das Ergebnis? Zunehmende Enttäuschung über unsere Demokratie.

Die Lage könnte sich durchaus noch weiter verschlimmern. Neuere Forschungen haben noch mehr Teufelskreise aufgedeckt. Armutsfallen bedeuten, dass man arm bleibt, wenn man arm ist. Die Lebensperspektiven eines Kindes armer Eltern, das in der Schule gute Leistungen bringt, sind viel düsterer als die eines Kindes reicher Eltern, das weitaus schlechtere Zensuren bekommt. Nur rund ein Viertel der US-amerikanischen Studienanfänger aus der unteren Einkommenshälfte schließt ihr Studium im Alter von 24 Jahren ab, verglichen mit 90 Prozent aus dem oberen Quartil. Und wenn wir bedenken, dass der Verdienst all jener, die bloß einen Highschool-Abschluss haben, nur 62 Prozent dessen beträgt, was ein typischer College-Absolvent verdient – gegenüber 81 Prozent im Jahr 1965 –, werden diese wahrscheinlich ärmer als ihre Eltern sein. Unterdessen erlauben niedrigere Vermögens- und Erbschaftssteuern, geerbte Vermögen anzuhäufen – wodurch tatsächlich eine neue amerikanische Plutokratie entsteht. Wie ich vor langer Zeit in meiner Doktorarbeit darlegte und wie Piketty betonte, ist es sogar möglich, dass sich Vermögen immer mehr unter einigen Auserwählten konzentrieren. Der geteilte Wohlstand, der die amerikanische Gesellschaft in diesem Goldenen Zeitalter meiner Jugend kennzeichnete – in der das Einkommen aller Gruppen stieg, aber das der unteren Einkommensbezieher am stärksten –, ist lange vorbei.

Doch vielleicht bin ich so naiv und glaube, dass nicht der Kapitalismus allein schuld ist: Es ist mehr noch die Lähmung unserer Politik und die Verbannung jeglicher progressiver Gedanken aus einer Debatte, die nach wie vor behauptet, das Hauptproblem sei der Staat. Ich habe mein Berufsleben als Wirtschaftswissenschaftler damit verbracht, Prozesse auf Märkten vorherzusagen und die Unvollkommenheiten von Märkten nachzuweisen; dennoch können Märkte eine starke Kraft zur Steigerung der Lebensstandards für alle sein. Doch wir benötigen wieder ein solches Gleichgewicht, wie wir es in der Mitte des 20. Jahrhunderts erreichten, als die Regierung eine progressive Politik betrieb. Ich befürchte, dass wir uns andernfalls dauerhaft mit einem – einseitig den Interessen der Vermögenden dienenden – ökonomischen und politischen System belasten, das einen maßgeblichen Anteil an der heutigen Ungleichheit hatte.

Als ich in Gary aufwuchs – in dem Goldenen Zeitalter der von Smog verpesteten Stadt –, konnte man unmöglich absehen, in welche Richtung sich die Stadt entwickeln würde. Wir wussten nichts von der Deindustrialisierung der USA, die bald einsetzen sollte, und sprachen folglich auch nicht darüber. Anders gesagt: Mir war nicht klar, dass die eher trostlose Realität, die ich hinter mir ließ, als ich aufs College ging, tatsächlich das Beste war, was Gary jemals erleben sollte.

Ich fürchte, um die USA könnte es heute genauso bestellt sein.

TEIL III
Dimensionen der Ungleichheit

UNGLEICHHEIT HAT – in den USA wie in anderen Ländern – viele Dimensionen. Jede hat ihre eigene Geschichte. Einige Länder sind in einer Dimension schlechter und in einer anderen besser. Ungleichheit gibt es an der Spitze – der Anteil am Nationaleinkommen, den das oberste 1 oder 0,1 Prozent der Einkommensbezieher abschöpft – und ebenso an der Basis – die Anzahl der Menschen, die in Armut leben, und die Tiefe ihrer Armut. Es gibt Ungleichheiten in der Gesundheitsversorgung und im Zugang zu Bildung, in der politischen Mitsprache und in der Unsicherheit der Lebensverhältnisse. Es gibt Ungleichheiten zwischen den Geschlechtern und Entbehrungen in der Kindheit. Am wichtigsten aber ist vielleicht die *Chancenungleichheit*.

Die Ungleichheiten hängen natürlich miteinander zusammen: Entbehrungen in der Kindheit und ungleicher Zugang zu Bildung und Gesundheitsversorgung sorgen im Grunde dafür, dass es keine Chancengleichheit gibt. Die zunehmenden Belege dafür, dass in Ländern (oder Gebieten) mit höherer Einkommensungleichheit weniger Chancengleichheit besteht, helfen uns zu verstehen, weshalb die Vereinigten Staaten – sie weisen unter den Industriestaaten die höchste »Ergebnisungleichheit« auf – zu einem der Industrieländer mit der geringsten Chancengleichheit geworden sind. Die Lebensperspektiven eines jungen Amerikaners sind stärker von dem Einkommen und dem Bildungsniveau seiner Eltern abhängig als die junger Leute in anderen Industrieländern.

Die Beiträge in diesem Teil des Buches ergründen gezielt einige Schlüsselaspekte dieser Ungleichheiten, beginnend mit »Chancengleichheit, unser nationaler Mythos«. Viele der hier kurz angerissenen Aspekte des Problems werden in späteren Beiträgen wieder aufgegriffen. So stellen Entbehrungen in der Kindheit ein schweres moralisches Unrecht dar, schlichtweg deshalb, weil Kinder für ihre Misere nicht verantwortlich sind. Aber wir werden nichts an den ungleichen Chancen ändern können, solange wir nichts gegen

Entbehrungen im Kindesalter unternehmen. Wie ich jedoch in einem UNICEF-Aufsatz vermerke, den ich anlässlich des 25. Jahrestages der Annahme des Übereinkommens über die Rechte des Kindes schrieb, wächst jedes fünfte Kind in den USA in Armut auf.

»Studienschulden und die Zerstörung des amerikanischen Traums« befasst sich mit einer der gravierenden Ungerechtigkeiten in den Vereinigten Staaten: dem Zugang zum Hochschulstudium. Ungleichheiten beim Bildungszugang gehören wiederum zu den Gründen, weshalb die USA nicht länger das Land der unbegrenzten Möglichkeiten sind. Während sie einst das Land mit der höchsten Studierquote waren, sind sie heute nur noch zweitklassig. Noch schlimmer ist die Tatsache, dass Bildung soziale Privilegierung und Benachteiligung aufrechterhält: Nur etwa 9 Prozent der Amerikaner aus dem untersten Viertel der Einkommensverteilung, die um das Jahr 1980 geboren wurden, machten einen College-Abschluss.

Ein Grund dafür sind die Studienkosten. In anderen Ländern ist das Hochschulstudium kostenlos, oder es wird viel höher staatlich subventioniert. Die Krise von 2008 machte eine ohnehin schon schwierige Situation noch schlimmer. Als die Einnahmen einbrachen, kürzten die Bundesstaaten ihre Finanzzuschüsse, woraufhin die Colleges die Studiengebühren anheben mussten. So wie sich die Amerikaner beim Häuserkauf überschuldeten, überschulden sie sich heute, um ihr Studium finanzieren zu können – die Gesamtschulden aus Studiendarlehen belaufen sich auf weit über eine Billion Dollar, und der Durchschnittsstudent hat, wenn er die Hochschule abschließt, Schulden von fast 30 000 Dollar. Die makroökonomischen Folgen dieses Trends werden wir später analysieren – er wirkt sich auf die Entscheidungen junger Menschen aus, ein Auto oder ein Haus zu kaufen oder auch zu heiraten. Aber die mikroökonomischen Konsequenzen sind allgegenwärtig – Stress, da junge Menschen das Gefühl haben, nur zwischen Pest und Cholera wählen zu können. Sie wissen, dass ihre Lebensperspektiven ohne Studium ziemlich düster sind, sie andererseits aber, wenn sie studieren, mit einer erdrückenden Schuldenlast ins Arbeitsleben starten werden.

In diesem kurzen Aufsatz gehe ich nicht auf eine naheliegende Frage ein: Gibt es eine Alternative, insbesondere in einem Land, das gravierenden Haushaltsbeschränkungen unterliegt? Es gibt zwei Strategien: Viel ärmere Länder als die Vereinigten Staaten haben Bildung für alle zu einer politischen Priorität gemacht und bieten jungen Leuten ein kostenloses (beziehungsweise viel höher subventioniertes) Hochschulstudium an. Die Initiative von Präsident Obama im Jahr 2015, Community Colleges für entsprechend qualifizierte Studenten kostenlos anzubieten, ist ein Beispiel. Dies war eine zentrale Frage beim Referendum über die Unabhängigkeit Schottlands im Jahr 2014: Während England dem amerikanischen Vorbild folgte und die Studiengebühren in den letzten fünfzehn Jahren deutlich erhöhte, bietet Schottland seinen jungen Leuten ein kostenloses Studium. Die zweite Strategie ist die Australiens. Dort vergibt die Regierung zinsgünstige Darlehen an Studenten, wobei die Rückzahlungssumme an ihr späteres Einkommen gekoppelt ist. Wer dann ein höheres Einkommen erzielt, zahlt mehr zurück. Dies vermeidet nicht nur den enormen Stress, den das US-amerikanische System – und die Ausbeutung durch private Kreditgeber – jungen Menschen aussetzt, sondern es erlaubt ihnen auch, einen Beruf zu wählen, der ihren Interessen und Fähigkeiten entspricht. Sie können beispielsweise Priester oder Lehrer werden, ohne sich Sorgen über ihre Kredite zu machen. Jurastudenten können beschließen, sich auf das Recht des öffentlichen Interesses statt auf das Gesellschaftsrecht zu spezialisieren. Der gesellschaftliche Nutzen ist wohl offensichtlich.

»Gerechtigkeit für manche Menschen« diskutiert einen besonders skandalösen Aspekt der Ungleichheit in den USA – die Ungleichheit vor dem Gesetz. Junge Amerikaner beginnen den Tag mit dem Fahneneid. Eine zentrale Stelle dieses Eides lautet: »Mit Gerechtigkeit für alle.« Aber die USA werden immer mehr zu einem Land, das »denen Gerechtigkeit bietet, die sie sich leisten können«. Dies zeigt sich nirgendwo deutlicher als im Strafrechtssystem. Die USA schicken einen höheren Prozentsatz ihrer Bürger ins Gefängnis als jedes andere Land – China eingeschlossen. Bei weniger als 5

Prozent der Weltbevölkerung haben die Vereinigten Staaten mehr als 25 Prozent der weltweiten Strafgefangenen. Und es sind die Armen und die Afroamerikaner, die ihre späten Teenager- und frühen Zwanzigerjahre mit der höchsten Wahrscheinlichkeit im Gefängnis und nicht auf der Schule oder Hochschule verbringen.[34]

Der Artikel greift die Frage im Zusammenhang mit der amerikanischen Immobilienkrise auf, und insbesondere einen Aspekt davon: die »Robo-Signing«-Krise (die vom »roboterhaften Unterzeichen« ausgelöst wird). In ihrem Eifer, zweifelhafte Hypotheken auszustellen, vernachlässigten die Banken eine sorgfältige Dokumentation. Als die unvermeidliche Immobilienkrise ausbrach und die Banken Menschen aus den Häusern hinauswerfen wollten – für deren Kauf dieselben Banken ihnen ein paar Jahre zuvor sehr bereitwillig Geld geliehen hatten –, ließen sich den nachlässigen Aufzeichnungen keine zuverlässigen Informationen darüber entnehmen, wer wie viel zurückgezahlt hatte. Viele Bundesstaaten haben ein System, das Banken erlaubt, einfach eidesstattlich zu versichern, dass sie ihre Unterlagen sorgfältig geprüft haben und dass die Person, gegen die sich die Zwangsvollstreckung richtet, tatsächlich die geltend gemachte Summe schuldet. Der einkommensschwache Hausbesitzer, der so beschuldigt wird, kann Geld für einen Rechtsbeistand ausgeben, der ihn verteidigt – aber es gibt ein Problem, wenn man in den USA arm ist: Gerechtigkeit ist kostspielig. Die Banken belogen die Gerichte in wesentlichen Punkten, und das gleich mehrfach. Sogar Eigenheimbesitzer, die gar keine Schulden mehr hatten, mussten ihre Häuser verlassen.

Der Artikel wirft eine verstörende Frage auf: Die Amerikaner glauben, dass eine der Stärken ihres Landes die Rechtsstaatlichkeit sei – aber ist das wirklich der Fall? Der Rechtsstaat soll die Schwachen vor den Starken schützen. Und er soll dafür sorgen, dass das Recht unparteiisch vollzogen wird. Wir haben Gesetze gegen Meineid. Wir haben Gesetze, die Menschen vor unrechtmäßiger Wegnahme ihres Eigentums schützen sollen. Aber wir haben diese Gesetze nicht gegen die Banker angewandt – nicht einer kam wegen dieser groben Rechtsbeugung ins Gefängnis. Wir hätten die

Hypothekenkrise verhindern können und bloß geltende Gesetze gegen ausbeuterische und diskriminierende Kreditpraktiken effektiver anwenden müssen. Und die US-Notenbank hätte ihrer gesetzlichen Verantwortung gerecht werden und auf dem Hypothekenmarkt Kreditstandards durchsetzen müssen.

Zusammen mit Mark Zandi, dem Chefvolkswirt von Moody's, schrieb ich den Beitrag »Die einzige verbliebene Lösung für die Immobilienkrise: massenhafte Umschuldung von Hypotheken«. Darin stellen wir alternative Lösungsansätze für die Krise auf dem Immobilienmarkt vor – und beziehen uns dabei auf eine Idee, die in der Großen Depression erfolgreich umgesetzt wurde und die die Regierung nichts gekostet hätte. Senator Jeff Merkley aus dem Bundesstaat Oregon legte einen Gesetzentwurf mit dem Titel »Rebuilding American Homeownership« vor, der genau dies geleistet hätte. Und es gab sogar eine Strategie, um diesen Gesetzentwurf ungeachtet der ungünstigen politischen Rahmenbedingungen der damaligen Zeit durchzusetzen. Aber wir konnten die Regierung Obama nicht dafür gewinnen.

Später sah die Regierung ein, dass es einer ihrer größten wirtschaftlichen und politischen Fehler gewesen ist, nicht entschiedener gegen die Immobilienkrise vorgegangen zu sein. Den Banken wurde das Geld hinterhergeworfen, während die Durchschnittsamerikaner ihre Eigenheime verloren und so gut wie keine staatliche Unterstützung erhielten. Es gab einige kleinere, lediglich ein paar Milliarden Dollar umfassende Programme, die groß angekündigt wurden, sich aber jeweils als Fehlschlag erwiesen. Nur wenige Hausbesitzer profitierten wirklich davon. Die Regierung begründete zu keinem Zeitpunkt überzeugend, weshalb sie sich nicht hinter diesen kostengünstigen Vorschlag oder hinter die Alternativen stellte, für die ich und andere plädiert hatten.[35] Vielleicht lag es daran, dass sie die Tiefe der nahenden Krise unterschätzten, oder daran, dass sie so sehr von der Bankenrettung beansprucht wurden, dass sie es für einen Fehler gehalten hätten, sich noch anderen Bereichen zuzuwenden und dafür ebenfalls Gelder bereitzustellen. Vielleicht hörten sie zu sehr auf Banker, die dazu neigten, die

Schuld bei den Kreditnehmern zu suchen, statt bei sich selbst und ihren Kreditpraktiken. Oder vielleicht hing es damit zusammen, dass viele der Vorschläge (nicht aber dieser) die Banken dazu gezwungen hätten, ihre Verluste auszuweisen. Vielleicht – schließlich – lag es auch daran, dass die Banken hofften, sie könnten die Hausbesitzer weiterhin ausbeuten, und dieser Gesetzesentwurf hätte ihren entsprechenden Handlungsspielraum eingeschränkt, weil er den Eigenheimbesitzern die Möglichkeit zur Umschuldung gegeben hätte.

Die beiden letzten Beiträge in diesem Teil gehen auf zwei sehr verstörende Aspekte der Ungleichheit in den USA ein: Kinderarmut und soziale Ungleichheit in der Gesundheitsversorgung. Kinderarmut hat lebenslange Konsequenzen, und die Kinderarmutsrate in den USA gehört mit zu den höchsten aller Industriestaaten. Weil ein hoher Prozentsatz der Amerikaner sein Potenzial nicht ausschöpft, hat dies auch erhebliche Folgen für die gesamtwirtschaftliche Leistungsfähigkeit. Kinder sind die Hauptleidtragenden der zunehmenden Ungleichheit unter Erwachsenen und der Kürzung öffentlicher Programme, die nicht nur ein Sicherheitsnetz, sondern auch Leistungen bieten, auf die Durchschnittsbürger angewiesen sind. Tatsächlich ist die Lage so viel schlechter geworden, dass eine hypothetische ungeborene Person – die nicht weiß, ob sie einmal zu den Gering- oder Spitzenverdienern gehören wird, ob sie das Kind eines Millionärs, eines Klempners oder eines Lehrers sein wird – auf die Frage, in welchem Land sie die besten Chancen hätte, nach einem kurzen Blick auf die Statistiken jedenfalls nicht die Vereinigten Staaten nennen würde. Würde die Person wissen, dass sie in eine reiche Familie mit hohem Bildungsniveau hineingeboren würde – könnte man ihr zusichern, dass sie mit den besten Ausgangsbedingungen ins Leben startete –, dann würde sie sich natürlich für die Vereinigten Staaten entscheiden. Aber nur dann.

Der letzte Artikel in diesem Teil wurde geschrieben, als die Ebola-Epidemie in Westafrika wütete; dies weckte Ängste, sie könnte auf die Vereinigten Staaten übergreifen. Es gab zwei Schlüsselpunkte: Die Krankheit fasste dort Fuß, wo die Armut hoch und die Gesundheitsversorgung schlecht war. Und wir erwarten vom Staat – nicht von der Privatwirtschaft –, dass er eine solche Krise bewältigt. Aber die Unterfinanzierung öffentlicher Einrichtungen auf nationaler und globaler Ebene hat deren Fähigkeit zur Krisenbekämpfung nachhaltig geschwächt. Der Artikel schließt mit der Behauptung, dass wir – die Vereinigten Staaten und die Welt – einen hohen Preis dafür bezahlen, dass wir aus ideologischen Gründen ausschließlich oder überwiegend auf privat erbrachte und finanzierte Gesundheitsleistungen setzen und dass wir nicht genug getan haben, um insbesondere die Ungleichheit im Gesundheitswesen ausreichend zu vermindern.

Bevor wir zum nächsten Abschnitt kommen, möchte ich noch betonen, dass ich lediglich einige der vielen Dimensionen der tiefen sozialen Kluft in den USA gestreift habe. Insbesondere bin ich nicht auf die Geschlechter- und Rassenungleichheiten eingegangen. Auch wenn die Ungleichheiten zwischen den Geschlechtern abgenommen haben, bleiben sie hoch, und bei der Verringerung der Rassenungleichheiten wurden nur enttäuschende Fortschritte gemacht. Natürlich gibt es symbolträchtige Erfolge – ein paar Vorstandschefs und Präsident Obama selbst. Aber die Einkommensunterschiede zwischen Weißen und Afroamerikanern haben sich tatsächlich vergrößert, ebenso wie die Vermögensunterschiede, insbesondere als Folge der Großen Rezession. Und ich habe auch nicht beschrieben, wie die amerikanische Mittelschicht unterhöhlt wird.

Die Aufsätze in diesem Teil ebnen den Weg zu den Beiträgen im nächsten Abschnitt, wo wir uns den *Ursachen* dieser wachsenden Ungleichheit zuwenden.

Chancengleichheit, unser nationaler Mythos

IN DER ANTRITTSREDE zu seiner zweiten Amtszeit benutzte Präsident Obama hochfliegende Worte, um das Streben Amerikas zu bekräftigen, den Traum der Chancengleichheit zu verwirklichen: »Wir bleiben unserer Überzeugung treu, wenn ein kleines Mädchen, das in bitterste Armut hineingeboren wird, weiß, dass es die gleichen Erfolgschancen hat wie jeder andere auch – weil sie Amerikanerin ist. Sie ist frei und sie ist gleich, nicht nur in den Augen Gottes, sondern auch in unseren Augen.«

Die Kluft zwischen Anspruch und Wirklichkeit könnte kaum größer sein. Heute sind die Vereinigten Staaten weiter von Chancengleichheit entfernt als fast alle anderen Industrieländer. Die Überzeugung, Amerika sei das Land der unbegrenzten Möglichkeiten, enthüllt eine Studie nach der anderen als bloßen Mythos. Das ist tragisch, denn die Amerikaner mögen zwar uneins darüber sein, ob »Ergebnisgleichheit« erstrebenswert ist, sie sind aber fast einhellig der Auffassung, dass Chancenungleichheit inakzeptabel ist. Das Pew Research Center hat herausgefunden, dass etwa 90 Prozent der Amerikaner glauben, die Regierung solle alles in ihrer Macht Stehende tun, um Chancengleichheit zu gewährleisten.

Vor einhundert Jahren mögen sich die USA zu Recht als Land der unbegrenzten Möglichkeiten gesehen haben – oder zumindest als Land, in dem es mehr Möglichkeiten gab als anderswo. Aber seit mindestens 25 Jahren ist das nicht mehr der Fall. Geschichten über sagenhafte Karrieren vom Tellerwäscher zum Millionär waren keine absichtlichen Schwindeleien, um uns zum Narren zu halten.

New York Times, 16. Februar 2013.

Aber wenn man bedenkt, wie sehr sie uns in Selbstgefälligkeit wiegten, hätten sie genau das sein können.

Nicht etwa, dass soziale Mobilität unmöglich wäre, aber der sozial aufsteigende Amerikaner wird zu einer statistischen Rarität. Laut einer Studie der Brookings Institution schaffen es nur 58 Prozent der Amerikaner, die in das untere Fünftel der Einkommensbezieher hineingeboren werden, aus dieser Kategorie heraus, und in die Spitzengruppe steigen nur 6 Prozent von ihnen auf. Die ökonomische Mobilität ist in den Vereinigten Staaten niedriger als in den meisten europäischen und in sämtlichen skandinavischen Ländern.

Es gibt eine weitere Methode, die Chancengleichheit in einem Land zu beurteilen: Man sollte fragen, in welchem Ausmaß die Lebenschancen eines Kindes vom Bildungsniveau und dem Einkommen seiner Eltern abhängen. Erhält ein Kind armer oder bildungsferner Eltern mit der gleichen Wahrscheinlichkeit wie ein Kind von Mittelschichteltern mit College-Abschlüssen eine gute Bildung, und hat es in der Mittelschicht die gleichen Aufstiegschancen? Selbst in einer egalitäreren Gesellschaft würde die Antwort Nein lauten. Aber die Lebensperspektiven eines Amerikaners hängen stärker vom Einkommen und dem Bildungsniveau seiner Eltern ab, als dies in fast allen anderen Industrienationen, für die Daten vorliegen, der Fall ist.

Wie lässt sich das erklären? Ein Grund ist fortbestehende Diskriminierung. Latinos und Afroamerikaner werden schlechter bezahlt als Weiße, und Frauen noch immer schlechter als Männer, obwohl in jüngster Zeit mehr Frauen als Männer einen Hochschulabschluss machen. Auch wenn Geschlechterungleichheiten am Arbeitsplatz zurückgegangen sind, gibt es noch immer eine »gläserne Decke«: Frauen sind in den Spitzenpositionen der Unternehmen deutlich unterrepräsentiert, und sie stellen nur einen kleinen Teil der Vorstandschefs. Diskriminierung ist jedoch nur ein sekundärer Faktor. Der vielleicht wichtigste Grund für mangelnde Chancengleichheit ist Bildung: sowohl ihre Quantität als auch ihre Qualität. Nach dem Zweiten Weltkrieg unternahm Europa große Anstrengungen, seine Bildungssysteme zu demokratisieren. Auch wir taten das, mit der G.I. Bill, die Amerikanern quer über alle sozioökonomischen Gruppen hinweg Zugang zum Hochschulstudium verschaffte.

Aber dann veränderten wir uns, und das in mehrfacher Hinsicht. Während die Rassensegregation zurückging, nahm die ökonomische Segregation zu. Nach 1980 wurden die Armen ärmer, die Mitte stagnierte, während es den Topverdienern immer besser ging. Die Schere zwischen denen, die in armen Gegenden lebten, und jenen aus den reichen Vorstädten – oder jenen, die so reich waren, dass sie ihre Kinder auf Privatschulen schicken konnten – ging immer weiter auseinander. Daraus folgte eine wachsende Kluft in der Bildungsleistung – das Leistungsgefälle zwischen reichen und armen Kindern, die im Jahr 2001 geboren wurden, war 30 bis 40 Prozent größer als bei 25 Jahre früher geborenen Kindern, wie der in Stanford lehrende Soziologe Sean F. Reardon ermittelte.

Selbstverständlich sind noch weitere Kräfte im Spiel, von denen einige sogar schon vor der Geburt ihre Wirkung entfalten. Kinder in wohlhabenden Familien profitieren von mehr Leseerfahrungen und sind weniger Umweltrisiken ausgesetzt. Ihre Familien können sich bereichernde Erfahrungen wie Musikunterricht und Ferienlager leisten. Ihre Ernährung und ihre Gesundheitsversorgung sind besser, was direkt und indirekt ihr Lernen fördert.

Wenn die gegenwärtigen Bildungstrends nicht überarbeitet werden, wird sich die Situation wahrscheinlich weiter verschlimmern. In einigen Fällen wirkte es geradezu so, als habe die Politik gezielt Chancen verringert: Die öffentlichen Zuschüsse für viele staatlichen Schulen wurden in den letzten Jahrzehnten – und vor allem in den letzten Jahren – stetig zurückgefahren. Unterdessen werden Studenten von den riesigen Schulden der Studiendarlehen erdrückt, die selbst bei einer Insolvenz normalerweise nicht erlassen werden. Gleichzeitig wird ein College-Studium immer wichtiger, um eine gute Stelle zu bekommen.

Junge Leute aus Familien mit bescheidenen Mitteln stehen vor einem Dilemma: Ohne College-Abschluss sind ihre Lebensperspektiven stark eingeschränkt, während sie mit College-Abschluss womöglich zu einem Leben am Rande des Existenzminimums verdammt sind. Und in zunehmendem Maße reicht selbst ein College-Abschluss nicht mehr aus, man benötigt entweder einen (höheren) Hochschulabschluss oder eine Reihe (oftmals unbezahlter) Praktika. Wer aus reichen Elternhäusern stammt, hat die Beziehungen und das Sozialkapital, um diese Chancen zu bekommen. Anders sieht es bei jenen aus der Mittel- oder Unterschicht aus. Daher ist festzuhalten, dass es niemand aus eigener Kraft schafft. Und wer zur Spitze zählt, erhält mehr Hilfe von seiner Familie als all jene auf den unteren Stufen der Leiter. Der Staat sollte helfen, für gleiche Ausgangsbedingungen zu sorgen.

Den Amerikanern dämmert allmählich, dass ihr so hochgeschätztes Gebilde sozialer und ökonomischer Mobilität ein Mythos ist. Ein Selbstbetrug solchen Ausmaßes lässt sich nur schwer über längere Zeit durchhalten – und die USA haben mittlerweile einige Jahrzehnte solcher Selbsttäuschungen hinter sich. Ohne substanzielle politische Veränderungen werden unser Selbstbild und das Bild, das wir der Welt vermitteln, Schaden nehmen – und ebenso das Ansehen und die Stabilität unserer Wirtschaft. Ergebnis- und Chancenungleichheit verstärken sich gegenseitig und schwächen dadurch die Wirtschaft, wie Alan B. Krueger betont hat, Princeton-Ökonom und Vorsitzender des wirtschaftswissenschaftlichen Beirats des Weißen Hauses. Wir haben nicht nur ein moralisches, sondern auch ein ökonomisches Interesse daran, den amerikanischen Traum zu retten.

Wenn mit politischen Maßnahmen die Chancengleichheit gefördert werden soll, müssen sie bei jungen Amerikanern ansetzen. Zunächst müssen wir dafür sorgen, dass Mütter keinen Umweltgefahren ausgesetzt sind und eine ausreichende pränatale Gesundheitsversorgung erhalten. Dann müssen wir die abträglichen Kürzungen im Bereich Vorschulerziehung rückgängig machen – ein Thema, das Präsident Obama gerade angesprochen hat. Wir müssen eine bedarfsgerechte Ernährung und Gesundheitsversorgung sämtlicher Kinder gewährleisten – und nicht nur die Mittel bereitstellen, sondern bei Bedarf auch den Eltern Anreize bieten. Das kann erreicht werden, indem wir sie betreuen oder schulen und sie dafür belohnen, wenn sie ihre Kinder gut versorgen. Die Republikaner sagen, Geld sei nicht die Lösung. Sie befürworten Reformen wie Charter Schools (Vertragsschulen, die auf einem Bildungsvertrag zwischen Schulbehörde und Schulmanagement basieren) und Bildungsgutscheine für Privatschulen, aber die meisten dieser Projekte haben bestenfalls zu mehrdeutigen Ergebnissen geführt. Die Förderung finanzschwacher Schulen würde helfen. Ebenso Sommer- und außerschulische Programme, die die Kompetenzen von Schülern aus Familien mit niedrigem Einkommen verbessern würden.

Schließlich ist es unmoralisch, dass ein reiches Land wie die Vereinigten Staaten jungen Menschen aus Familien mit niedrigem oder mittlerem Einkommen den Hochschulzugang so schwer macht. Es gibt viele alternative Strategien, um sämtlichen qualifizierten Studierwilligen den Hochschulzugang zu ermöglichen, angefangen vom einkommensabhängigen Darlehensprogramm Australiens bis hin zum fast kostenlosen Studium in Europa. Eine Bevölkerung mit höherem Bildungsniveau bringt mehr Innovationen, eine robustere Wirtschaft und gesteigerte Einkommen hervor – was höhere Steuereinnahmen bedeutet. Diese Vorteile sind selbstverständlich der Grund dafür, weshalb wir so lange an einer kostenlosen öffentlichen Schulbildung bis zur 12. Klasse festgehalten haben. Aber während es vor hundert Jahren ausreichend gewesen sein mag, die Schule für zwölf Jahre zu besuchen, reicht es heute nicht mehr aus. Doch wir haben unser System nicht an die zeitgenössischen Gegebenheiten angepasst.

Die von mir umrissenen Maßnahmen sind nicht nur finanziell tragbar, sie sind vor allem unabdingbar. Noch wichtiger aber ist etwas anderes: Wir können es uns nicht leisten, dass sich unser Land noch weiter von den Idealen entfernt, die die überwiegende Mehrheit der Amerikaner teilt. Es wird uns niemals ganz gelingen, Präsident Obamas Vision der völligen Chancengleichheit eines armen und eines reichen Mädchens zu verwirklichen. Aber wir können es viel, viel besser machen, und wir dürfen nicht eher ruhen, bis wir es erreicht haben.

Studienschulden und die Zerstörung des amerikanischen Traums

EIN BESTIMMTES DRAMA ist uns mittlerweile in den Vereinigten Staaten (und in einigen anderen Industrienationen) vertraut. Banken ermuntern Kunden – insbesondere solche, die in Finanzfragen wenig bewandert sind – dazu, untragbar hohe Kredite aufzunehmen. Sie machen ihren politischen Einfluss geltend, um sich in der einen oder anderen Form eine Vorzugsbehandlung zu sichern. Der Schuldenberg wächst, und Journalisten dokumentieren die menschlichen Tragödien. Dann Fassungslosigkeit: Wie konnten wir es abermals so weit kommen lassen? Politiker versprechen, die Dinge zu richten und etwas gegen die größten Missstände zu unternehmen. Die Menschen gehen wieder zur Tagesordnung über, überzeugt davon, die Krise sei abgeklungen, aber in der Sorge, sie werde bald zurückkehren. Die Krise, die uns heute bevorsteht, betrifft Studienschulden und unsere Art der Hochschulfinanzierung. Wie die Immobilienkrise zuvor ist auch diese Krise eng mit der rasant ansteigenden Ungleichheit in den USA verbunden, und sie führt dazu, dass Amerikaner, die unten auf der sozialen Stufenleiter stehen und nach oben streben, unweigerlich nach unten gezogen werden – einige sogar unter die Stufe, von der sie ausgingen.

Diese neue Krise bricht aus, noch bevor die letzte gelöst wurde, und die beiden greifen ineinander. In den Jahrzehnten nach dem Zweiten Weltkrieg wurden Eigenheimbesitz und Studium in den USA zu Symbolen des gesellschaftlichen Erfolgs.

New York Times, 12. Mai 2013.

Vor dem Platzen der Preisblase auf dem Immobilienmarkt im Jahr 2007 redeten Banken Hausbesitzern mit geringem und mittlerem Einkommen ein, sie könnten ihre Häuser und Wohnungen in Sparschweine verwandeln. Sie verleiteten sie dazu, hypothekarisch gesicherte Konsumkredite aufzunehmen – mit der Folge, dass am Ende Millionen ihre Häuser verloren. In anderen Fällen drängten Banken, Hypothekenmakler und Immobilienagenten künftige Hausbesitzer dazu, untragbare hohe Kredite aufzunehmen. Die meisten Finanzgenies rühmten sich ihrer Fähigkeit zur Risikoabsicherung und verkauften toxische Hypotheken, die so konstruiert waren, dass sie ausfallen mussten. Sie bündelten die dubiosen Kredite zu komplexen Finanzinstrumenten und verkauften sie an vertrauensselige Investoren.

Es ist allgemein anerkannt, dass Bildung der einzige Weg nach oben ist, aber während ein Hochschulabschluss immer wichtiger wird, um in der Wirtschaft des 21. Jahrhunderts aufzusteigen, wird Bildung für all jene, denen sie nicht in die Wiege gelegt wurde, zunehmend unerschwinglich. Die Studienschulden von Hochschulabsolventen, die ihre Ausbildung mit Krediten finanzieren, übersteigen heute 26 000 Dollar, was (nicht inflationsbereinigt) ein 40-prozentiger Anstieg in nur sieben Jahren ist. Aber hinter einem »Durchschnittswert« wie diesem verbirgt sich eine enorme Streubreite.

Laut der Federal Reserve Bank von New York haben fast 13 Prozent der Studiendarlehensnehmer aller Altersgruppen Schulden von über 50 000 Dollar, und fast 4 Prozent haben Schulden von über 100 000 Dollar. Diese Schulden übersteigen die Schuldendienstfähigkeit der Studenten (zumal in unserer konjunkturellen Erholungsphase kaum neue Arbeitsplätze geschaffen werden); dies belegen die steil ansteigenden Verzugs- und Ausfallquoten. Etwa 17 Prozent all jener, die ein Studiendarlehen auf sich nahmen, waren Ende 2012 mit ihren Rückzahlungen 90 Tage oder länger in Verzug. Wenn nur die gezählt wurden, die ihren Tilgungsverpflichtungen tatsächlich nicht nachkamen – das heißt, wenn man all jene ausklammert, die einen Zahlungsaufschub oder eine vorübergehende Duldung eines Zahlungsverzugs erreicht hatten –, dann waren sogar über 30 Prozent seit mindestens 90 Tagen in Verzug. Bei den im Haushaltsjahr 2009 vergebenen Bundesdarlehen übersteigen die dreijährigen Ausfallquoten 13 Prozent.

Die USA ragen unter den Industrieländern heraus, weil sie die Bürde der Finanzierung eines Hochschulstudiums Studenten und ihren Eltern auferlegen. Nicht nur aufgrund der hohen Kosten, um einen College-Abschluss zu erreichen, auch hinsichtlich öffentlicher Hochschulen nimmt Amerika eine Sonderstellung unter vergleichbaren Ländern ein. Die durchschnittlichen Studiengebühren einschließlich Kost und Logis betragen für vierjährige College-Aufenthalte knapp unter 22 000 Dollar pro Jahr, gegenüber (inflationsbereinigt) 9000 Dollar im Studienzeitraum 1980/81.

Man vergleiche diesen Anstieg – mehr als eine Verdopplung – der Studiengebühren mit der Stagnation des mittleren Familieneinkommens, das heute etwa 50 000 Dollar beträgt, im Vergleich zu 46 000 Dollar im Jahr 1980 (inflationsbereinigt).

Wie vieles andere hat sich auch das Problem der Studienschulden während der Großen Rezession verschlimmert: Die Studiengebühren erhöhten sich in den letzten fünf Jahren um 27 Prozent – auch weil die staatlichen Zuschüsse gekürzt wurden –, während das mittlere Einkommen schrumpfte. In Kalifornien stiegen die Gebühren (inflationsbereinigt) für zweijährige Studiengänge an öffentlichen Community Colleges (die für ärmere Amerikaner oftmals der Schlüssel zum sozialen Aufstieg sind) zwischen 2007/08 und 2012/13 um über 100 Prozent und um über 70 Prozent an öffentlichen Hochschulen mit vierjährigen Studiengängen.

Angesichts rasch steigender Kosten, stagnierender Einkommen und nur geringfügiger staatlicher Unterstützung war es nicht weiter überraschend, dass der Gesamtbetrag der Studiendarlehensschulden – etwa 1 Billion Dollar – im letzten Jahr den Gesamtbetrag der Kreditkartenschulden übertraf. Verantwortungsvolle Amerikaner haben gelernt, wie sie ihre Kreditkartenschulden reduzieren können – viele haben ihre Kreditkarten gegen Debitkarten eingetauscht oder sich selbst über Wucherzinsen, Gebühren und Konventionalstrafen informiert –, aber die Kontrolle der Studienschulden ist eine viel größere Herausforderung.

Die Explosion der Schulden für Studiendarlehen ist gleichbedeutend mit einer Einschränkung sozialer und ökonomischer Chancen. College-Absolventen verdienen 12 000 Dollar pro Jahr mehr als Arbeitskräfte ohne College-Abschluss, diese Differenz hat sich seit 1980 fast verdreifacht. Unsere Wirtschaft stützt sich zunehmend auf wissensbezogene Branchen. Was auch immer mit Währungskriegen und Handelsbilanzen geschieht, die Vereinigten Staaten werden nicht zur Produktion von Textilien zurückkehren. Die Arbeitslosigkeit ist unter College-Absolventen viel niedriger als unter Personen, die nur einen Highschool-Abschluss haben.

Die USA – das Heimatland der Land-grant University,[36] der G.I. Bill und öffentlicher Universitäten von Weltrang – sind hinsichtlich der Hochschulbildung aus der Spitzengruppe herausgefallen. Mit den erdrückenden Studienschulden werden wir wahrscheinlich noch tiefer fallen. Das, was Ökonomen »Humankapital« nennen – Investitionen in Menschen –, ist ein Schlüssel zu langfristigem Wachstum. Um im 21. Jahrhundert wettbewerbsfähig zu sein, benötigt man hochqualifizierte Arbeitskräfte – mit College- und höheren Hochschulabschlüssen. Stattdessen verspielen wir unsere Zukunft als Nation. Die Studienschulden behindern auch die langsame Erholung, die im Jahr 2009 begann. Dadurch, dass sie den Konsum dämpfen, hemmen sie das Wirtschaftswachstum. Sie bremsen auch die Erholung auf dem Immobilienmarkt, dem Sektor, auf dem die Große Rezession begann.

Es stimmt, dass die Immobilienpreise wieder anzuziehen scheinen, aber der Wohnungsbau ist weit von dem Niveau entfernt, das er in der Zeit vor dem Platzen der Blase im Jahr 2007 erreichte.

Hochverschuldete Personen schrecken oft vor den zusätzlichen Belastungen einer Familiengründung zurück. Aber selbst wenn sie eine Familie gründen sollten, werden sie Schwierigkeiten haben, ein Hypothekendarlehen zu bekommen. Und wenn sie eines bekommen, wird es kleiner sein und die Erholung auf dem Immobilienmarkt entsprechend schwächer ausfallen. (Eine Studie über

Absolventen der Rutgers University zeigte, dass 40 Prozent einen größeren Hauskauf aufgeschoben hatten, und bei 25 Prozent wirkte sich die hohe Verschuldung negativ auf die Gründung eines eigenen Hausstandes oder auf weitere Bemühungen zur beruflichen Qualifizierung aus. Eine andere aktuelle Studie zeigte, dass bei Dreißigjährigen mit Studienschulden die Anzahl der Wohnungseigentümer während der Großen Rezession und danach um über 10 Prozent sank.) Es ist ein Teufelskreis: Die geringe Nachfrage nach Immobilien trägt zu einem Mangel an Arbeitsplätzen bei, der seinerseits zu weniger Haushaltsgründungen führt, was die Nachfrage nach Wohnungen schwächt.

Und so schlimm die Lage auch ist, sie wird vielleicht noch schlimmer werden. Aufgrund zunehmender Budgetengpässe – sowie Forderungen nach Kürzungen bei »inländischen (optionalen) Ermessensausgaben« (soll heißen: Subventionen für den primären und sekundären Bildungsbereich, auch K-12-Subventionen genannt, Studienbeihilfen über das Pell-Grant-Programm für bedürftige Studenten, sowie die Bereitstellung von Forschungsgeldern) – müssen Studenten und Familien zunehmend für sich selbst sorgen. Die Kosten für Colleges werden weiterhin viel schneller steigen als die Einkommen. Wie mehrfach festgestellt, sind *alle* ökonomischen Erträge seit der Großen Rezession dem obersten 1 Prozent zugeflossen. Betrachten wir eine weitere fragwürdige Unterscheidung: Schulden aus Studiendarlehen werden bei privaten Insolvenzverfahren praktisch nie erlassen.

Wir sind weit von den Schuldgefängnissen entfernt, die Dickens schilderte. Schuldner schicken wir nicht mehr in Strafkolonien und lassen sie keine Zwangsarbeit mehr verrichten. Auch wenn die Gesetze zu privaten Insolvenzen verschärft wurden, hat sich der Grundsatz bewährt, dass insolventen Personen ein Neustart ermöglicht und eine Chance auf Erlass überhöhter Schulden gewährt werden sollte. Schuldenmärkte funktionieren so besser, und außerdem erhalten Kreditgeber dadurch einen Anreiz, die Kreditwürdigkeit von Kreditnehmern sorgfältig zu prüfen. Während eines Konkursverfahrens ist es aber fast unmöglich, einen Erlass der Schulden aus

Bildungskrediten zu erreichen – selbst wenn gewinnorientierte Hochschulen ihre Versprechungen nicht einlösen und nicht jenen qualitativ hochwertigen Unterricht anbieten, der dem Kreditnehmer später eine gut dotierte Stelle verschaffen würde, sodass er das Darlehen problemlos zurückzahlen könnte.

Wir sollten die Bundeszuschüsse an diese kommerziellen, gewinnorientierten Hochschulen stoppen, wenn Studenten, die dort ihren Abschluss machen, später keine adäquaten Stellen finden und ihre Kredite nicht zurückzahlen können.

Der Regierung Obama gebührt Anerkennung für ihren Versuch, es diesen Privathochschulen mit ihrem ausbeuterischen Geschäftsmodell – Studenten mit falschen Versprechungen zu ködern – schwerer zu machen. Nach den neuen Regeln mussten die Hochschulen einen von drei Tests bestehen, ansonsten sollten sie ihren Anspruch auf Ausbildungsförderung durch den Bund verlieren: Mindestens 35 Prozent der Absolventen mussten ihre Kredite zurückzahlen. Die geschätzten jährlichen Kreditrückzahlungen des typischen Absolventen durften 12 Prozent seiner Einkünfte nicht übersteigen, oder die Rückzahlungen durften nicht höher als 30 Prozent des verfügbaren Einkommens sein. Aber im Jahr 2012 hob ein Bundesrichter die Regeln mit der Begründung auf, sie seien willkürlich, weshalb sie bis heute nicht rechtlich bindend sind.

Profitgierige Privathochschulen saugen gemeinsam mit ausbeuterischen Kreditgebern Studenten aus sozial schwachen Familien aus. Diese Hochschulen haben es sogar auf junge Veteranen abgesehen, die im Irak und in Afghanistan dienten. Es gibt herzergreifende Geschichten von Eltern, die Studiendarlehen mitunterzeichneten – und dann erleben mussten, wie ihr Kind bei einem Unfall ums Leben kam oder an einer Krankheit starb – und die, genau wie Studenten, diese Schulden kaum mehr loswerden.

Die Zinsen auf Studiendarlehen des Bundes für bedürftige Studenten sollten im Juli auf 6,8 Prozent verdoppelt werden. Kürzlich kamen dann gute Nachrichten: Es scheint eine vorübergehende Schonfrist zu geben, da die Republikaner eingelenkt haben. Aber es wäre nur ein befristeter Aufschub, der ein grundlegendes Problem nicht lösen würde: Wenn die US-Notenbank bereit ist, den Banken, die die Krise verursachten, Kredite für einen Zins von nur 0,75 Prozent zu gewähren, sollte sie dann Studenten nicht entsprechend niedrig verzinste Darlehen anbieten? Schließlich sind sie für unsere langfristige wirtschaftliche Erholung so wichtig. Der Staat sollte nicht von unseren Ärmsten profitieren, während er unsere Reichsten subventioniert. Ein Vorschlag der demokratischen Senatorin von Massachusetts, Elizabeth Warren, die Zinsen für Studiendarlehen zu senken, ist ein Schritt in die richtige Richtung.

Neben einer strengeren Regulierung kommerzieller Privathochschulen und der Banken, die gemeinsame Sache mit ihnen machen, sowie humaneren Insolvenzgesetzen müssen die Familien der Mittelschicht stärker unterstützt werden – schließlich rackern sie sich ab, um ihre Kinder aufs College zu schicken und so dafür zu sorgen, dass sie einen Lebensstandard haben, der zumindest dem ihrer Eltern entspricht.

Aber eine wirkliche langfristige Lösung verlangt, dass wir die Finanzierung der Hochschulbildung überdenken. Australien hat ein System einkommensabhängiger öffentlicher Kredite entwickelt, die alle Studenten aufnehmen müssen. Die Höhe der Rückzahlungen hängt von dem individuellen Einkommen nach dem Abschluss des Studiums ab. Dies sorgt dafür, dass die Anreize der Bildungsanbieter deckungsgleich mit denen der Bildungsempfänger sind. Beide haben ein Interesse daran, dass die Studenten gute Leistungen bringen. Es bedeutet, dass bei einem unvorhergesehenen Ereignis – wie etwa einer Erkrankung oder einem Unfall – die Verpflichtungen aus dem Darlehensvertrag automatisch reduziert werden. Und es bedeutet auch, dass die Schuldenlast immer der Rückzahlungsfähigkeit einer Person entspricht. Die Rückzahlungen werden durch das Steuersystem eingezogen, was die Verwaltungskosten minimiert.

Einige fragen sich, wieso das amerikanische Ideal der Chancengleichheit so weit untergraben wurde. Einen Teil der Antwort liefert unsere Finanzierung der Hochschulbildung. Studienschulden sind zu einem festen Bestandteil der Geschichte der Ungleichheit in Amerika geworden. Eine solide Hochschulbildung mit ausreichender öffentlicher Unterstützung war vormals das Herzstück eines Systems, das leistungsbereiten Studenten Chancen versprach – unabhängig ihrer finanziellen Verhältnissen. Heute haben wir ein Alles-oder-nichts-Spiel, für das man einen Eintrittspreis entrichten muss und bei dem nur den Vermögendsten ein Gewinn sicher ist. Die übrigen müssen hingegen, mit hohen Schulden, eine Wette eingehen, ohne eine Garantie zu haben, dass es sich für sie auszahlen wird.

Selbst wenn Mitgefühl kein Faktor ist – und wir uns nur auf die aktuelle wirtschaftliche Erholung und das Wachstum sowie die Innovation von morgen konzentrieren –, müssen wir etwas gegen die Studienschulden unternehmen. Wer wegen des Schadens besorgt ist, den die wachsende soziale Spaltung in Amerika unseren Idealen und unserem moralischen Charakter zufügt, sollte die Studienschulden an die Spitze jeder Reformagenda stellen.

Gerechtigkeit für manche Menschen

DAS HYPOTHEKENDEBAKEL in den Vereinigten Staaten hat tiefgreifende Fragen über die »Rechtsstaatlichkeit« aufgeworfen, die das allgemein anerkannte Kennzeichen einer fortgeschrittenen, zivilisierten Gesellschaft ist. Der Rechtsstaat soll die Schwachen vor den Starken schützen und gewährleisten, dass alle fair behandelt werden. In den USA hat er nach der Hypothekenkrise allerdings weder das eine noch das andere getan.

Ein Aspekt der Rechtsstaatlichkeit ist die Sicherheit der Eigentumsrechte – wenn man beispielsweise Schulden auf seinem Haus hat, kann die Bank einem das Haus nicht einfach wegnehmen, sondern muss vielmehr den vorgeschriebenen Rechtsweg einhalten. Aber in den letzten Wochen und Monaten haben die Amerikaner mehrere Fälle erlebt, in denen Privatpersonen ihre Häuser räumen mussten, *obwohl sie gar keine Schulden hatten.*

Für einige Banken sind das nur Kollateralschäden: Zusätzlich zu den schätzungsweise vier Millionen Amerikanern in den Jahren 2008 und 2009 müssen noch weitere Millionen ihre Häuser verlassen. Tatsächlich hätte das Tempo der Zwangsversteigerungen noch zugenommen – wenn die Regierung nicht eingegriffen hätte. Die abgekürzten Verfahren, die unvollständige Dokumentation und der weitverbreitete Betrug, der mit dem Bestreben der Banken einherging, während der Immobilienpreisblase Millionen dubioser Kredite auszureichen, hat jedoch die Bereinigung des anschließenden Durcheinanders erschwert. Für viele Banker sind das lediglich Details, die man getrost übersehen kann. Die meisten Personen, die

Project Syndicate, 4. November 2010.

ihre Häuser räumen mussten, haben ihre Hypothekenschulden nicht zurückgezahlt, und in den meisten Fällen haben jene, die sie hinauswerfen, berechtigte Ansprüche. Aber die Amerikaner sollten nicht an eine *durchschnittliche* Gerechtigkeit glauben. Wir sagen ja auch nicht, dass die meisten Menschen, die eine lebenslange Haftstrafe verbüßen, ein Verbrechen begangen haben, das diese Strafe verdient. Das US-Justizsystem verlangt mehr, und wir haben Verfahrensgarantien eingebaut, um diesen Anforderungen gerecht zu werden.

Aber die Banken wollen diese Verfahrensgarantien umgehen – und wir sollten das nicht zulassen.

Einige fühlen sich durch all dies an Ereignisse in Russland erinnert, wo Rechtsnormen – insbesondere das Konkursgesetz – als ein legaler Mechanismus benutzt wurden, um eine Gruppe von Eigentümern durch eine andere zu ersetzen. Gerichte wurden gekauft, Dokumente gefälscht, sodass der Prozess reibungslos über die Bühne gehen konnte.

In den USA ist die Korruption auf einer höheren Ebene angesiedelt. Es werden nicht irgendwelche Richter gekauft, sondern die Gesetze selbst – durch Wahlkampfspenden und Lobbyismus: Manche nennen das mittlerweile »Korruption im amerikanischen Stil«.

Es war außerdem bekannt, dass Banken und Anbieter von Hypotheken bei der Kreditvergabe unlautere Praktiken anwandten: Sie nutzten die mangelnde Bildung und die fehlenden Finanzkenntnisse von Kunden aus, um Kredite zu vergeben, die den Kreditnehmern ein Maximum an Gebühren und immense Risiken auferlegten. (Fairerweise muss man sagen, dass die Banken auch Kunden ausnutzten, die über mehr finanziellen Sachverstand verfügten, etwa die Investmentbank Goldman Sachs, sie gestaltete auf Verlust ausgelegte Wertpapiere.) Aber die Banken machten all ihren politischen Einfluss geltend und hielten Bundesstaaten davon ab, Gesetze gegen ausbeuterische Kreditgeschäfte zu beschließen.

Als klar wurde, dass Kunden ihre Schulden nicht zurückzahlen konnten, änderten sich die Spielregeln. Die Insolvenzgesetze wurden novelliert, um ein System der »partiellen Vertragsknechtschaft«

einzuführen. Eine Person mit, sagen wir, Schulden in Höhe von 100 Prozent ihres Einkommens konnte dazu gezwungen werden, der Bank bis an ihr Lebensende 25 Prozent ihres Bruttoeinkommens vor Steuern abzutreten, weil die Bank jedes Jahr beispielsweise 30 Prozent Zinsen auf den geschuldeten Betrag aufschlagen durfte. Am Ende würde ein Hypothekennehmer der Bank erheblich mehr schulden, als sie je bekommen hat, obwohl der Schuldner tatsächlich ein Viertel seiner Arbeitszeit nur für die Bank gearbeitet hätte.

Als dieses neue Insolvenzgesetz verabschiedet wurde, monierte niemand, dass es in die Unantastbarkeit der Verträge eingreift: Als die Kreditnehmer Schulden machten, gab ihnen ein humaneres – und ökonomisch sinnvolleres – Insolvenzrecht die Chancen für einen Neustart, wenn die Rückzahlung der Schulden eine übermäßige Belastung für sie darstellte.

Dieses Wissen hätte Kreditgeber dazu anreizen müssen, Kredite nur an Personen zu vergeben, die diese auch zurückzahlen können. Aber die Kreditgeber wussten vielleicht, dass sie unter einer republikanischen Regierung dubiose Kredite ausreichen und anschließend Gesetzesänderungen erreichen können, die sicherstellten, dass sie die Armen straflos ausbeuten könnten.

Jetzt, wo jedes vierte Hypothekendarlehen in den USA »unter Wasser« ist – was bedeutet, dass die Schulden den Wert des Hauses übersteigen –, besteht zunehmende Einigkeit darüber, dass der einzige Weg aus dem Debakel darin besteht, den Darlehensbetrag (die Höhe der Schulden) teilweise abzuschreiben. Die USA haben ein spezielles Verfahren für Insolvenzen von Unternehmen, das sogenannte Chapter 11, das eine zügige Umstrukturierung durch Abschreibung von Schulden und deren teilweise Umwandlung in Eigenkapital erlaubt.

Es ist wichtig, die Unternehmenstätigkeit fortzuführen, um Arbeitsplätze und Wachstum zu schützen. Aber es ist auch wichtig, Familien und Gemeinden intakt zu halten. Daher benötigen die USA ein Chapter 11 für Immobilienbesitzer.

Kreditgeber wenden ein, ein solches Gesetz verletze ihre Eigentumsrechte. Aber Änderungen von Gesetzen und Verordnungen begünstigen fast immer bestimmte Personengruppen auf Kosten anderer. Als das Insolvenzgesetz von 2005 verabschiedet wurde, waren die Kreditgeber die Nutznießer – es kümmerte sie nicht weiter, wie sich das Gesetz auf die Rechte von Schuldnern auswirkte.

Zunehmende Ungleichheit und ein mangelhaftes System der Wahlkampffinanzierung drohen, das US-Rechtssystem in eine Karikatur von Gerechtigkeit zu verwandeln. Einige mögen weiterhin von einem »rechtsstaatlichen System« sprechen, aber es wäre kein Rechtsstaat mehr, der die Schwachen vor den Starken schützt. Vielmehr würde ein solches System den Starken erlauben, die Schwachen auszubeuten.

Im heutigen Amerika wird der stolze Anspruch einer »Gerechtigkeit für alle« durch den bescheideneren Anspruch einer »Gerechtigkeit für jene, die sie sich leisten können«, ersetzt. Und die Zahl der Menschen, die sie sich leisten können, nimmt rapide ab.

Die einzige verbliebene Lösung für die Immobilienkrise: massenhafte Umschuldung von Hypotheken

Mit Mark Zandi

SEIT DIE PREISBLASE auf dem Immobilienmarkt vor sechs Jahren geplatzt ist, haben mehr als vier Millionen Amerikaner ihre Häuser verloren. Weitere 3,5 Millionen befinden sich in Verfahren zur Zwangsvollstreckung oder sind mit ihren Zahlungen so sehr in Verzug, dass sie es bald sein werden. Da gerade 13,5 Millionen Eigenheimbesitzer überschuldet sind – ihre Schulden übersteigen den gegenwärtigen Wert ihrer Immobilie –, ist es sehr wahrscheinlich, dass viele weitere Millionen ihre Häuser verlieren werden.

Der Immobiliensektor bleibt das größte Hindernis für die wirtschaftliche Erholung, aber Washington wirkt wie gelähmt. Während die Wohnungsbaupolitik der Regierung Obama versagt hat, hat Mitt Romney keine vielversprechenden neuen Vorschläge unterbreitet, um finanziell bedrängten beziehungsweise überschuldeten Eigenheimbesitzern zu helfen.

Ende letzten Monats hat der oberste Aufseher über Fannie Mae und Freddie Mac einen von der Regierung Obama unterstützten Plan blockiert, der diesen Unternehmen erlauben sollte, finanziell überlasteten Eigenheimbesitzern einen Teil ihrer Hypothekenschulden zu erlassen. Obwohl einer halben Million Hausbesitzer durch eine Teilabschreibung der Darlehenssumme hätte geholfen werden können, behauptete der Aufseher Edward J. DeMarco (wir

New York Times, 12. August 2012.

glauben: fälschlicherweise), wenn man einigen Hausbesitzern helfe, werde dies andere, ihre Schulden bedienende dazu veranlassen, dies einzustellen, damit ihre Hypothekenschulden ebenfalls herabgesetzt würden.

Da die Teilabschreibung der Darlehenssumme keine Option mehr ist, muss die Regierung einen Weg finden, um die massenhafte Umschuldung von Hypothekendarlehen zu erleichtern. Und weil die Zinsen auf einem Rekordtief sind, würde eine Umschuldung Eigenheimbesitzern erlauben, ihre monatlichen Zahlungen erheblich zu verringern. Das dadurch frei werdende Geld könnten sie anderweitig ausgeben. Ein massenhaftes Umschuldungsprogramm würde wie eine starke Steuersenkung wirken.

Eine Umschuldung würde auch das Risiko überschuldeter Hausbesitzer, ihre Hypothek nicht mehr bedienen zu können, erheblich reduzieren. Da weniger Verluste aus vergangenen Krediten ihre Bilanzen belasten würden, könnten Kreditgeber mehr neue Kredite ausgeben, und Gemeinden, die unter den Folgen massenhafter Zwangsversteigerungen leiden, könnten wieder etwas aufatmen.

Weit über die Hälfte aller amerikanischen Hausbesitzer mit Hypothekendarlehen zahlen Zinsen, die sie zu ausgezeichneten Umschuldungskandidaten machen sollten. Viele der Eigenheimbesitzer mit sicheren Arbeitsplätzen, guten Bonitätsbewertungen und einem auch nur geringen lastenfreien Immobiliarvermögen[37] haben dies bereits getan und Darlehen mit dreißigjähriger Laufzeit zu einem Zins von etwa 3,5 Prozent aufgenommen, einem der niedrigsten Zinssätze seit den 1950er-Jahren. Viele andere können jedoch nicht umschulden, weil der Verfall der Immobilienpreise den Wert ihres lastenfreien Immobiliarvermögens auf null reduziert hat. Senator Jeff Merkley, ein Demokrat aus Oregon, hat einen Lösungsvorschlag unterbreitet. Nach seinem Plan, »Rebuilding American Homeownership« genannt, hätten überschuldete Hausbesitzer, die dennoch ihren laufenden Zahlungsverpflichtungen nachkommen und andere Bedingungen erfüllen, die Möglichkeit, umzuschulden. Sie könnten dann entweder ihre monatlichen

Zahlungen herabsetzen oder ihre Kredite zurückzahlen und so wieder unbelastetes Grundvermögen aufbauen.

Ein staatlich finanzierter Treuhandfonds würde die Hypotheken von Hausbesitzern kaufen, die zu einem Zins umgeschuldet hätten, der etwa 2 Prozent über den historisch niedrigen Zinsen auf US-Schatzpapiere, zu denen die US-Regierung Kredite aufnimmt, liegen würde. Dies würde genügend Zinseinnahmen abwerfen, um die Kosten für sämtliche etwaigen Hypothekenausfälle, die Verwaltung des Fonds und sonstige Ausgaben zu decken. Familien hätten für die Umschuldung drei Jahre Zeit, danach würde der Fonds keine Kredite mehr kaufen und sich langfristig in dem Maße selbst abwickeln, in dem die Hausbesitzer ihre Kredite zurückzahlten.

Die Höhe der Hypothekenrückzahlungen würde sinken, sodass die Hausbesitzer die Schulden auf ihr Grundvermögen schneller tilgen könnten. Die Steuerzahler bekämen einen größeren Teil ihres Geldes – mit Zinsen – zurück und würden außerdem davon profitieren, dass eine stärkere Wirtschaft die Steuereinnahmen sprudeln ließe. Banken und andere Hypothekeninvestoren würden potenziell notleidende Kredite aus ihren Büchern bekommen. Einigen Banken wird es nicht gefallen, die hohen Zinserträge zu verlieren, die ihnen ihre aktuellen Hypotheken einbringen, aber wenn der Refinanzierungsmarkt ordnungsgemäß funktionieren würde, wären diese Kredite schon längst umgeschuldet worden.

Wenn das Programm sehr erfolgreich wäre, würden wir erwarten, dass maximal zwei Millionen ausstehender Kredite in einem »Rebuilding American Homeownership« genannten Treuhandfonds platziert werden könnten. Wenn die durchschnittliche Restforderung aus der Hypothek 150 000 Dollar betragen würde, dann würde der Treuhandfonds auf dem Höhepunkt seiner Geschäftstätigkeit ausstehende Kredite im Volumen von 300 Milliarden Dollar verwalten.

Die Bundesregierung könnte den Plan direkt über die Federal Housing Administration – eine nachgeordnete Behörde des US-Bauministeriums – oder indirekt über die Federal Home Loan Banks – genossenschaftliche Hypothekenbanken – finanzieren, die staatlich geförderte Kredite vergeben. Oder die US-Notenbank könnte den Plan in eigener Verantwortung durchführen. Der Präsident der Fed, Ben S. Bernanke, sprach kürzlich über die Möglichkeit, dass die Fed etwas ähnliches wie das neue Programm Funding for Lending der Bank von England auflegen könnte, das Banken dazu anreizt, die Kreditvergabe an die Haushalte und an nicht finanzielle Unternehmen auszuweiten.

Gegner einer weiteren Kreditaufnahme beziehungsweise Kreditgewährung durch die Fed werden einwenden, ein Programm wie dieses sei mit einem inakzeptablen Risiko verbunden – aber das größere Risiko besteht darin, tatenlos zuzusehen, wie der Immobilienmarkt die Wirtschaft weiterhin bremst.

Merkleys Plan ähnelt dem Home Affordable Refinance Program (HARP) der Regierung Obama, der überschuldeten Hausbesitzern helfen sollte, von Fannie Mae und Freddie Mac garantierte Kredite umzuschulden. Er hat 1,4 Millionen Umschuldungen ermöglicht, weitaus weniger als das 2009 festgesetzte Ziel von 3 Millionen bis 4 Millionen. Die Regierung hat einige Verbesserungen am HARP vorgenommen und weitere vorgeschlagen. Aber der Merkley-Plan könnte eine viel größere Breitenwirkung entfalten und die 20 Millionen Haushalte erreichen, deren Hypotheken nicht von Fannie Mae oder Freddie Mac garantiert werden.

Der Merkley-Plan hat einen erfolgreichen Vorläufer in der 1933 gegründeten Home Owners' Loan Corporation. Sie holte über eine Million US-Bürger aus der Zwangsvollstreckung heraus und vermittelte ihnen langfristige, stabile Hypothekendarlehen, die das Kennzeichen der Mittelschicht in den 1950er- und 1960er-Jahren werden sollten. Es ist an der Zeit, diese Idee wieder aufzugreifen.

Seit dem Beginn der Großen Rezession vor fast fünf Jahren stand der Immobilienmarkt im Zentrum unserer wirtschaftlichen Nöte. Auch wenn wir nichts tun, wird sich das Problem letztlich von selbst lösen – aber nur unter erheblichen Schmerzen und nach einer langen Zeit der Genesung. Der Merkley-Plan würde hingegen die Heilung beschleunigen.

Ungleichheit und das amerikanische Kind

KINDER GELTEN SCHON LANGE als besonders schutzbedürftig. Sie suchen sich ihre Eltern nicht aus, geschweige denn die Verhältnisse, in die sie hineingeboren werden. Sie verfügen nicht über die gleichen Fähigkeiten wie Erwachsene, um sich zu schützen oder für sich selbst zu sorgen. Daher billigte der Völkerbund 1924 die Genfer Erklärung über die Rechte des Kindes und verabschiedete die internationale Gemeinschaft 1989 das Übereinkommen über die Rechte des Kindes.

Bedauerlicherweise kommen die Vereinigten Staaten ihren Verpflichtungen nicht nach. Tatsächlich haben sie das Übereinkommen über die Rechte des Kindes nicht einmal ratifiziert. Die USA mit ihrem so stolz gepflegten Image als Land der unbegrenzten Möglichkeiten sollten eigentlich ein inspirierendes Beispiel für einen gerechten und aufgeklärten Umgang mit Kindern sein. Stattdessen sind sie ein Menetekel des Versagens – was dazu beiträgt, dass sich hinsichtlich der Kinderrechte international kaum etwas bewegt.

Auch wenn eine durchschnittliche Kindheit in den USA wohl nicht die schlimmste auf der Welt ist, ist die Kluft zwischen dem Wohlstand des Landes und den Lebensverhältnissen seiner Kinder beispiellos. Etwa 14,5 Prozent der gesamten amerikanischen Bevölkerung sind arm, jedoch 19,9 Prozent der Kinder – etwa 15 Millionen – leben in Armut. Unter den Industriestaaten hat nur Rumänien eine höhere Kinderarmut. Die entsprechende Armutsquote in den USA liegt um zwei Drittel höher als die britische und bis zu vier

Project Syndicate, 11. Dezember 2014.

Mal höher die der skandinavischen Länder. Für einige Bevölkerungsgruppen ist die Situation noch um einiges schlimmer: Über 38 Prozent der schwarzen Kinder und 30 Prozent der hispanischen Kinder sind arm.

Dies hat nichts damit zu tun, dass sich die Amerikaner nicht um ihre Kinder kümmern. Vielmehr ist es darauf zurückzuführen, dass die USA in den letzten Jahrzehnten eine Politik betrieben, die dazu führte, dass die US-Wirtschaft enorme Ungleichheiten produzierte, woraus folgte, dass die am stärksten gefährdeten gesellschaftlichen Gruppen immer weiter zurückfielen. Die zunehmende Vermögenskonzentration – und eine deutliche Senkung der Steuern auf diese Vermögen – führt dazu, dass weniger Geld für öffentliche Investitionen etwa ins Bildungswesen und in den Kinderschutz zur Verfügung steht.

Deshalb geht es amerikanischen Kindern heute schlechter. Ihr Schicksal ist ein schmerzliches Beispiel dafür, wie Ungleichheit nicht nur das Wirtschaftswachstum und die Stabilität untergräbt – was endlich auch Ökonomen und Organisationen wie der Internationale Währungsfonds anerkennen –, sondern auch unseren stolzen Vorstellungen darüber widerspricht, wie eine gerechte Gesellschaft aussehen sollte.

Einkommensungleichheit ist eng verbunden mit Ungleichheiten in der Gesundheitsversorgung sowie im Zugang zu Bildung und der Gefährdung durch Umweltrisiken, die allesamt für Kinder eine stärkere Belastung darstellen als für andere Teile der Bevölkerung. So wird etwa bei fast jedem fünften armen Kind in den USA Asthma diagnostiziert, eine Rate, die 60 Prozent über dem entsprechenden Wert nicht armer Kinder liegt. Lernschwächen treten bei Kindern in Haushalten mit einem Jahreseinkommen von weniger als 35 000 Dollar fast doppelt so häufig auf wie in Haushalten mit einem Jahreseinkommen von über 100 000 Dollar. Und einige Abgeordnete des US-Kongresses wollen die Zuschüsse zu Lebensmittelmarken kürzen – auf die rund 23 Millionen amerikanische Haushalte angewiesen sind – wodurch die ärmsten Kinder von Hunger bedroht sind.

Diese Ungleichheit der Ergebnisse hängt eng mit der Chancenungleichheit zusammen. In Ländern, in denen die Ernährung, die Gesundheitsversorgung und die Bildung vieler Kinder unzureichend und in denen sie zudem in höherem Maße Umweltgefahren ausgesetzt sind, haben Kinder aus armen Familien völlig andere Lebensperspektiven als Kinder aus reichen Elternhäusern. Auch weil die Lebensperspektiven eines Kindes in den USA stärker von dem Einkommen und dem Bildungsgrad seiner Eltern abhängig sind als in anderen Industrieländern, weist das Land heute die geringste Chancengleichheit unter allen Industrienationen auf. An den meisten amerikanischen Eliteuniversitäten stammen beispielsweise nur etwa 9 Prozent aller Studenten aus der unteren Hälfte der Bevölkerung, während 74 Prozent aus dem oberen Viertel kommen.

Für die meisten Gesellschaften ist es eine moralische Verpflichtung, jungen Menschen dabei zu helfen, ihre Potenziale zu verwirklichen. Einige Länder haben sich sogar in ihrer Verfassung dazu verpflichtet, gleiche Bildungschancen für alle zu gewährleisten.

Aber in den USA wird mehr in die Ausbildung reicher Studenten als in die Bildung der Armen investiert. Folglich lässt man dort einen Teil der wertvollsten Ressourcen brachliegen, mit der Folge, dass sich einige – schlecht qualifizierte – junge Menschen zweifelhaften Aktivitäten zuwenden. Amerikanische Bundesstaaten, etwa Kalifornien, geben für ihre Gefängnisse etwa genauso viel aus wie für Hochschulbildung – und manchmal sogar mehr.

Ohne ausgleichende Maßnahmen – einschließlich einer idealerweise im frühen Kindesalter beginnenden Vorschulerziehung – schlagen sich die ungleichen Chancen in lebenslanger Ungleichheit der Ergebnisse nieder. Die sollte ein Ansporn für politische Maßnahmen sein.

Tatsächlich lassen sich die weitreichenden negativen Folgen von Ungleichheit, die unserer Wirtschaft und Gesellschaft immense Kosten auferlegen, größtenteils vermeiden. Die in einigen Ländern zu beobachtende *extreme* Ungleichheit ist nicht das unvermeidliche Resultat wirtschaftlicher Kräfte und Gesetze. Mit der richtigen Politik – mit tragfähigeren sozialen Sicherheitsnetzen, progressiver

Besteuerung und besserer Regulierung (insbesondere des Finanzsektors) – lassen sich diese verheerenden Trends umkehren.

Um den für diese Reformen erforderlichen politischen Willen zu erzeugen, müssen wir der Trägheit und Tatenlosigkeit der politischen Entscheidungsträger entgegentreten, indem wir ihnen die düsteren Fakten über Ungleichheit und ihre verheerenden Auswirkungen auf unsere Kinder nahebringen. Wir *können* Entbehrungen im Kindesalter verringern sowie die Chancengleichheit erhöhen und damit das Fundament für eine gerechtere und prosperierende Zukunft legen – für eine Zukunft, die die Werte, zu denen wir uns bekennen, tatsächlich widerspiegelt. Warum also tun wir das nicht?

Von all den Schäden, die Ungleichheit unserer Wirtschaft, Politik und Gesellschaft zufügt, sollten uns die negativen Auswirkungen auf Kinder ein besonderes Anliegen sein. Arme Erwachsene mögen für ihr Lebensschicksal mitverantwortlich sein – vielleicht haben sie nicht hart genug gearbeitet, nicht genug gespart oder unvernünftige Entscheidungen getroffen –, Kinder hingegen sind ihren Lebensumständen ausgeliefert und haben keinerlei Einfluss darauf. Vielleicht mehr als alle anderen Bevölkerungsgruppen benötigen Kinder den Schutz durch das Recht – und die USA sollten der Welt als ein leuchtendes Beispiel dafür dienen, was dies bedeutet.

Ebola und Ungleichheit

DIE EBOLA-KRISE ERINNERT UNS einmal mehr an die Schattenseiten der Globalisierung. Nicht nur Positives – wie Prinzipien sozialer Gerechtigkeit und der Gleichberechtigung der Geschlechter – überwindet die Grenzen leichter als je zuvor, das Gleiche gilt auch für negative Einflüsse wie Umweltprobleme und Krankheiten.

Die Krise ruft uns auch in Erinnerung, welche Bedeutung der Staat und die Zivilgesellschaft haben. Um die Ausbreitung einer Infektionskrankheit wie Ebola einzudämmen, wenden wir uns nicht an den privaten Sektor, sondern an Institutionen: an die Centers for Disease Control and Prevention (CDC) in den Vereinigten Staaten, die Weltgesundheitsorganisation (WHO) und die Ärzte ohne Grenzen (Médecins Sans Frontières), die bemerkenswerte Gruppe von Ärzten und Pflegekräften, die ihr Leben riskieren, um das anderer Menschen in armen Ländern weltweit zu retten.

Selbst rechte Fanatiker, die staatliche Institutionen abschaffen wollen, wenden sich an sie, wenn sie mit einer Krise wie der von Ebola verursachten konfrontiert sind. Bei der Bekämpfung dieser Krisen mögen Regierungen keine perfekte Arbeit leisten, aber die Tatsache, dass sie nicht so effektiv waren, wie wir es uns wünschten, hängt auch damit zusammen, dass wir die zuständigen Behörden auf nationaler und globaler Ebene mit zu geringen Mitteln ausgestattet haben.

Die Ebola-Krise hält aber noch weitere Lehren für uns bereit. Dass sich die Krankheit in Liberia und Sierra Leone so rasch aus-

Project Syndicate, 10. November 2014.

breiten konnte, liegt auch daran, dass es sich um durch Kriege verwüstete Länder handelt, in denen ein Großteil der Bevölkerung mangelernährt ist und das Gesundheitssystem am Boden liegt.

Zudem hat der private Sektor dort, wo er eine wesentliche Rolle spielt – bei der Entwicklung von Impfstoffen –, kaum Anreize, um Finanzmittel in die Bekämpfung von Krankheiten zu investieren, von denen vor allem arme Menschen oder arme Länder betroffen sind. Erst wenn Industrieländer bedroht sind, ist der Anreiz plötzlich groß genug, um in Impfstoffe gegen Krankheiten wie Ebola zu investieren.

Dies ist weniger ein Vorwurf gegen den privaten Sektor, denn schließlich sind Pharmaunternehmen nicht aus Barmherzigkeit im Geschäft, und mit der Prävention oder Heilung von Krankheiten der Armen ist kein Geld zu verdienen. Vielmehr stellt die Ebola-Krise die Tatsache infrage, dass wir uns bei bestimmten Dingen auf den privaten Sektor verlassen, die eigentlich der Staat am besten erledigt. Tatsächlich hätte wohl schon vor Jahren ein Ebola-Impfstoff entwickelt werden können, wenn es dafür mehr öffentliche Gelder gegeben hätte.

Die Versäumnisse Amerikas in dieser Hinsicht haben besondere Aufmerksamkeit auf sich gezogen – und zwar in einem solchen Ausmaß, dass einige afrikanische Länder Besucher aus den USA mit besonderer Vorsicht behandeln. Doch zeigt sich darin nur ein grundlegendes Problem: dass das weitgehend private Gesundheitssystem der USA versagt.

Zwar haben die USA einige der weltweit führenden Kliniken, Universitäten und medizinischen Zentren. Doch obwohl hier pro Kopf und in Prozent ihres BIP mehr für die Gesundheitsversorgung ausgegeben wird als in jedem anderen Land, sind die Ergebnisse absolut enttäuschend.

Die Lebenserwartung amerikanischer Männer bei der Geburt ist die niedrigste unter siebzehn Ländern mit hohen Einkommen – fast vier Jahre kürzer als in der Schweiz, Australien und Japan. Und bei Frauen ist sie die zweitniedrigste – sie liegt mehr als fünf Jahre unter der Lebenserwartung in Japan.

Andere gesundheitliche Kennzahlen sind genauso enttäuschend. Die Daten deuten darauf hin, dass die gesundheitlichen Ergebnisse für Amerikaner hinsichtlich sämtlicher Lebensphasen schlechter sind. Und seit mindestens dreißig Jahren verschlechtert sich die Situation kontinuierlich.

Viele Faktoren tragen dazu bei, dass das amerikanische Gesundheitssystem hinterherhinkt, und die sich daraus ergebenden Lehren sind auch für andere Länder relevant. Zunächst einmal kommt es auf den Zugang zu Medikamenten an. Da die USA zu den wenigen Industrieländern gehören, die diesen Zugang nicht als ein grundlegendes Menschenrecht anerkennen und sich mehr als andere auf den privaten Sektor stützen, verwundert es nicht weiter, dass viele Amerikaner nicht die benötigten Medikamente erhalten. Obwohl der Patient Protection and Affordable Care Act (PPACA, auch »Obamacare«) die Lage verbessert hat, gibt es nach wie vor viele Menschen ohne Krankenversicherungsschutz – fast die Hälfte der fünfzig US-Bundesstaaten weigert sich, das staatliche Programm zur Finanzierung der Gesundheitsversorgung von Bedürftigen, Medicaid, auszuweiten.

Zudem haben die Vereinigten Staaten eine der höchsten Kinderarmutsquoten unter den Industrieländern (was insbesondere der Fall war, bevor die Sparpolitik zu einem dramatischen Anstieg der Armut in mehreren europäischen Ländern führte), und mangelhafte Ernährung sowie Gesundheitsversorgung in der Kindheit haben lebenslange Folgen. Zugleich tragen die amerikanischen Waffengesetze dazu bei, dass die USA die höchste Quote tödlicher Gewaltverbrechen unter allen Industrieländern haben, und die Tatsache, dass der private Pkw mit Abstand das wichtigste Verkehrsmittel ist, führt zu einer hohen Anzahl von Verkehrstoten.

Auch die übergroße soziale Ungleichheit trägt – insbesondere zusammen mit den oben erwähnten Faktoren – entscheidend dazu bei, dass die USA hinsichtlich des Kosten-Nutzen-Verhältnisses ihres Gesundheitssystems hinter anderen Industriestaaten zurückbleiben. Wenn man die vergleichsweise hohe Armut, insbesondere die Kinderarmut, die Tatsache, dass mehr Menschen keinen

Zugang zu Gesundheitsversorgung, angemessenem Wohnraum und Bildung haben, und die verbreitete Ernährungsunsicherheit (viele Menschen verzehren billige Lebensmittel, die Fettleibigkeit fördern) betrachtet, ist die schlechte Gesundheitsbilanz der USA nicht weiter verwunderlich.

Doch auch Amerikaner mit höheren Einkommen und Krankenversicherungsschutz haben einen vergleichsweise schlechten Gesundheitszustand. Auch dies mag mit der höheren Ungleichheit als in anderen Industrieländern zusammenhängen. Bekanntlich hängen Gesundheit und Stress zusammen. Wer sich abmüht, um die Erfolgsleiter zu erklimmen, weiß, welche Folgen ein Scheitern hat. In den USA stehen die Sprossen der Leiter weiter auseinander als in anderen Ländern, und der Abstand zwischen ganz oben und ganz unten ist größer. Das führt zu stärkeren Ängsten, die sich in einer schlechteren Gesundheit niederschlagen.

Gute Gesundheit ist ein Segen. Die Art und Weise, wie Länder ihr Gesundheitssystem – und ihre Gesellschaft – strukturieren, wirkt sich weitreichend auf die Ergebnisse aus. Die USA und die Welt zahlen einen hohen Preis dafür, dass sie übermäßig stark auf Marktkräfte setzen und grundlegende Werte wie Gleichheit und soziale Gerechtigkeit vernachlässigen.

TEIL IV
Ursachen der zunehmenden Ungleichheit in den USA

UNGLEICHHEIT GIBT ES VON JEHER. Und es wird sie immer geben. Die folgenden Beiträge gehen dieser Frage nach: Weshalb hat die Ungleichheit – in praktisch all ihren Dimensionen – in den letzten 35 Jahren so stark zugenommen? Selbstverständlich hat die Große Rezession erheblich zur Ungleichheit beigetragen (obgleich diese, wie wir im nächsten Abschnitt zeigen, teilweise auch eine Folge der Ungleichheit war). Die Trends waren jedoch schon lange vorher deutlich zu erkennen.

Jeder Aspekt der Ungleichheit – der immer größer werdende Teil des Kuchens, der an die Superreichen geht, die Zunahme der Armut, die Schwächung der Mittelschicht – hat seine eigenen Erklärungen. An der Spitze sind der größere Anteil an Kapital und die hohen Kapitalerträge von entscheidender Bedeutung – den Reichen gehört ein unverhältnismäßig großer Anteil des Kapitals, ihnen fließt auch der ganz überwiegende Teil der Kapitalerträge zu. Aber das verlagert die Frage nur: Warum ist es dazu gekommen? An einer früheren Stelle des Buches erläuterten wir das Konzept des Rent-Seeking, nach dem es zwei Wege gibt, um reich zu werden: Entweder man vergrößert den ökonomischen Kuchen der Nation oder sein eigenes Stück relativ zu dem der anderen. (Und bei dem Ringen darum, sich ein größeres Stück zu sichern, wird der Kuchen vielleicht sogar kleiner.) Das steigende Vermögen an der Spitze ist weitgehend auf eine Zunahme des Rent-Seeking zurückzuführen. Topmanager sichern sich ein größeres Stück vom Unternehmenskuchen, aber nicht, weil sie plötzlich produktiver geworden wären. Finanzialisierung – die wachsende Bedeutung des Finanzsektors in der Volkswirtschaft – spielt eine zentrale Rolle, nicht nur bei der zunehmenden Instabilität der Wirtschaft, wie es die Große Rezession bezeugt, sondern auch bei der ansteigenden Ungleichheit. Durch Unternehmen mit wachsender globaler Marktmacht (wie Apple, Google und Microsoft) und, in einigen Fällen, sogar durch wachsende Unternehmen mit eher lokaler

Marktmacht (wie Walmart und Amazon) hat sich auch die Monopolmacht ausgedehnt.

Im vorigen Abschnitt erwähnten wir einige Aspekte der Ungleichheit in den USA, unter anderem den ungleichen Zugang zur Gesundheitsversorgung und zur Bildung sowie die Kinderarmut. Daraus folgt, dass Ungleichheiten über Generationen hinweg weitergegeben werden – die Kinder der Privilegierten beginnen das Leben mit einem großen Vorsprung. Ungleiche Chancen sind sowohl die Ursache als auch die Folge von ungleichen Einkommen. Es ist nicht weiter verwunderlich, dass die Ungleichheit im Lauf der Zeit zunimmt, da die ökonomische Segregation innerhalb der amerikanischen Gesellschaft wächst – die Kinder der Reichen besuchen finanziell bestens ausgestattete Schulen, während die Kinder der Armen auf Schulen gehen, die oftmals kaum ihre Aufgaben erfüllen.

Die Zunahme der Ungleichheit beim vorsteuerlichen Einkommen sowie beim Transfereinkommen in den Vereinigten Staaten ist nicht viel größer als in einigen anderen Industrieländern. Was die wachsende Ungleichheit in den USA von der in anderen Ländern unterscheidet, ist die Tatsache, dass wir so wenig dagegen tun: Anderswo wurden größere Anstrengungen unternommen, um die Ungleichheiten abzumildern.

In früheren Abschnitten dieses Buches haben wir betont, dass Ungleichheit nichts Naturgegebenes ist, sondern ein Resultat politischer Entscheidungen: Die Gesetze der Ökonomie gelten in allen Ländern gleichermaßen, aber sie führen zu sehr unterschiedlichen Ergebnissen. Jedes Gesetz und jede Verordnung, jede Staatsausgabe, jede politische Maßnahme kann sich auf die Ungleichheit auswirken. Im nächsten Abschnitt verdeutlichen wir dies am Beispiel einiger der hitzigen politischen Debatten in den Vereinigten Staaten. Der vorherige Abschnitt lieferte uns auch einige Beispiele dafür: Wir haben beschlossen, die Hochschulbildung anders zu finanzieren als viele andere Länder, doch dadurch wird es für die Armen und sogar für die Angehörigen der Mittelschicht schwerer, einen Zugang zum Hochschulstudium zu bekommen. In meinem

Buch *Der Preis der Ungleichheit* diskutiere ich weitere Beispiele: wie unsere Insolvenzgesetze – sie regeln, was geschieht, wenn ein Unternehmen oder eine Privatperson die Schulden nicht vollständig zurückzahlen kann – den Finanzsektor begünstigen und die Armen benachteiligen, die sozial aufzusteigen versuchen und für ihre Ausbildung einen Kredit aufnehmen.

Die Artikel in diesem Teil greifen nur einen kleinen Ausschnitt aus dem gesamten Komplex heraus. Sie gehen nicht auf die Frage ein, inwieweit der ungleiche Bildungszugang und -erfolg sowohl eine Folge als auch eine Ursache unserer ständig zunehmenden Einkommens- und Vermögensungleichheit ist, ebenso wie Mangelernährung sowie unzureichende Gesundheitsversorgung der Armen (und in wachsendem Maße auch der amerikanischen Mittelschicht) ebenfalls Ungleichheit aufrechterhalten können, oder wie die größere Belastung durch Umweltgefahren, denen arme Kinder ausgesetzt sind, das Gleiche bewirken kann. Sie befassen sich auch nicht mit der Frage danach, wie der ungleiche Zugang zur Gerichtsbarkeit zu dem gleichen Ergebnis führen kann.

Stattdessen konzentrieren sich die Artikel lediglich auf zwei Probleme: »Konzern-Wohlfahrt« (Subventionen) und unser Steuersystem. Der Titel des ersten Aufsatzes, den ich schrieb, nachdem die US-Regierung die amerikanischen Banken rettete, sagt alles: »Amerikas Sozialismus für die Reichen«. »Sozialismus« ist, wie »Wohlfahrt« oder auch »Sozialhilfe«, mittlerweile in den USA ein Schimpfwort geworden. Aber wie sonst sollte man die riesigen Rettungspakete für die amerikanischen Banken nennen? Wir haben uns nicht an die Regeln des Kapitalismus gehalten, die die Banker, die Bankaktionäre und die Anleihinhaber für ihre Fehler hätten zahlen lassen. Kritiker meiner Sichtweise wenden ein, wir hätten die Banken retten *müssen*. Das stimmt. Aber wir mussten keineswegs die Banker, die Aktionäre und die Anleihinhaber retten. Der Aufsatz zeigt nicht nur die Ungerechtigkeit unseres Steuersystems, sondern auch seine verzerrenden Effekte auf unsere Wirtschaft – und dass es zu einer höheren Ungleichheit sowohl nach Steuern als auch vor Steuern führt. Wenn Spekulanten niedriger besteuert werden als Menschen, die ihren Lebensunterhalt durch Arbeit erlangen müssen, dann wird Spekulation gefördert. Im April 2014 äußerte ich mich als Sachverständiger vor dem Senat über die wachsende Ungleichheit in den USA. Ein Senator fragte, wie er seinen Wählern erklären solle, dass ein Klempner mehr Steuern zahlen sollte als jemand mit einem vergleichbaren Einkommen aus (langfristigen) spekulativen Kapitalerträgen. Es handelte sich selbstverständlich um eine rhetorische Frage, und niemand in dem Ausschuss – ob Republikaner, Demokrat oder Parteiloser – wusste eine Antwort darauf.

In früheren Kapiteln wurde allgemein erläutert, wie Ungleichheit an der Spitze der Einkommenspyramide mit Ausbeutung und Rent-Seeking verbunden ist. Und hier lege ich dar, wie unser Steuersystem diese Aktivitäten fördert, die Wirtschaft schwächt und die Ungleichheit erhöht.

Kurz bevor am 15. April jeden Jahres die Frist für die Einreichung der Steuererklärung abläuft, erscheinen unzählige Artikel über unser Steuersystem. »Ein Steuersystem zum Nachteil der 99 Prozent« zeigt auf, dass unser Steuersystem nicht nur ein wenig unfair ist – sondern so gestaltet, dass es 99 Prozent der Bevölkerung benachteiligt. Weil die obersten Einkommensbezieher nicht ihren fairen Anteil an Steuern zahlen, werden die übrigen stärker belastet. Und es bedeutet, dass die Reichen ihre Gewinne behalten – und reinvestieren – können und dadurch immer reicher werden. Warren Buffett wies bekanntlich darauf hin, dass er einen niedrigeren Steuersatz hat als seine Sekretärin. Hingegen erwähnte er nicht die Tatsache, dass er vermutlich seinen Steuersatz auf sein *realisiertes* Einkommen meinte. Er bekommt jedes Jahr ein (im Vergleich zu seinem Gesamteinkommen) kleines Gehalt sowie Dividenden- und Zinserträge und realisiert *einige* Wertsteigerungen von Kapitalvermögen. Aber er hat normalerweise immense *nicht realisierte* Kapitalvermögenszuwächse. Der Wert seines Kapitalvermögens erhöht sich, und solange er seine Aktien oder andere Eigentumsansprüche nicht veräußert, werden keine Steuern darauf fällig. Wenn die Superreichen also einfach an ihren Vermögenswerten festhalten, kann deren Wert, Jahr für Jahr, steigen, ohne dass sie *irgendwelche* Steuern darauf zahlen. Und dann können sie dieses Vermögen an ihre Kinder übertragen, und die Kinder können es an ihre Kinder weitergeben. Solange die Vermögenswerte nicht veräußert werden, müssen keine Einkommensteuern entrichtet werden. Und wenn sie verkauft werden, muss der Urenkel nur ihren Wertzuwachs seit dem Erbzeitpunkt versteuern – sämtliche Wertsteigerungen der Vermögensgegenstände während der vorhergehenden Generationen bleiben hingegen völlig steuerfrei. (Zwar gibt es Erbschaftssteuern, aber durch eine kluge Steuergestaltung lassen sich diese Steuern oftmals vermeiden oder zumindest stark reduzieren.)

Diese Artikel wurden geschrieben, ehe die weltweiten Skandale aufgedeckt wurden, die mit Steuerumgehungen zusammenhingen. Damals war General Electric das »leuchtende« Beispiel eines führenden Konzerns, dem es gelungen war, seinen fairen Anteil an Steuern nicht zu zahlen. Aber dann brachen die Apple- und Google-Skandale aus – diese Unternehmen aus dem Silicon Valley, die schon lange für ihren technologischen Erfindungsreichtum bekannt waren, zeigten nun die gleiche Findigkeit bei der Steuerumgehung und machten sich die Globalisierung zunutze – die Fähigkeit, Kapital weltweit frei über Grenzen hinweg zu bewegen. Apple behauptete ernsthaft, ein paar seiner Mitarbeiter in Irland hätten den gesamten Konzerngewinn erwirtschaftet! Ehrlichkeit – ganz zu schweigen von einem Sinn für Anstand – scheint eine seltenere Eigenschaft zu sein als Findigkeit. Diese Unternehmen wollten nehmen, aber nichts zurückgeben – ihr Erfolg basiert schließlich auf dem Internet, das mithilfe öffentlicher Gelder entwickelt wurde. Wenn wir den Schatz an Ideen, aus dem sich Unternehmen bedienen können, nicht durch Grundlagenforschung wieder auffüllen, lässt sich der Fluss der Innovationen nicht aufrechterhalten. Aber dazu benötigt man Geld, Dollar, die über Steuern hineinkommen. Google und Apple haben gezeigt, dass das gleiche kurzsichtige und egoistische Verhalten, das im amerikanischen Finanzsektor verbreitet war, auch im Silicon Valley auftreten kann.

»Die Denkfehler von Mitt Romney« wurde geschrieben, als eine Welle der Empörung durchs Land ging, nachdem Videoaufnahmen einer Rede von Mitt Romney – damaliger republikanischer Präsidentschaftskandidat (es handelte sich um nicht für die Öffentlichkeit bestimmte Äußerungen) – veröffentlicht wurden. Er behauptete, 47 Prozent der Amerikaner würden keine Einkommensteuer zahlen, und er verhöhnte sie als Trittbrettfahrer. Die Ironie lag selbstverständlich darin, dass es Romney selbst gelungen war, sich seinem gerechten Anteil an Steuern zu entziehen. Er erreichte es, indem er sich ein Schlupfloch im Steuerrecht zunutze machte, das es Personen aus der Private-Equity-Branche ermöglicht, ihre Steuerlast zu drücken – und so viel weniger Steuern zu zahlen, als ein Klempner mit vergleichbarem Einkommen. (Einen anderen Punkt konnte ich in diesem Artikel nicht ansprechen. Er gab zu, dass er einen Großteil seines Vermögens auf den Cayman Islands in der Karibik angelegt hatte. Amerika hat vermutlich die besten Finanzmärkte auf der Welt – zumindest wenn es darum geht, den Interessen der Reichen zu dienen. Ganz bestimmt legte er sein Geld nicht deshalb auf den Cayman Islands an, weil dort – außer mangelnder Transparenz – einzigartige Dienstleistungen angeboten wurden, die die Wall Street nicht offerieren konnte. Er ließ sich niemals dazu herab, der amerikanischen Öffentlichkeit eine Erklärung zu geben.) Dieser Artikel geht der enger gefassten Frage nach, welcher Denkfehler Romney unterlief – und weshalb seine Geißelung »der 47 Prozent« schlichtweg unangebracht war.

Amerikas Sozialismus für die Reichen

ANGESICHTS DES GANZEN GEREDES über die ersten Anzeichen einer konjunkturellen Erholung widersetzen sich die amerikanischen Banken allen Bemühungen, sie zu regulieren. Während Politiker sich nur scheinbar weiterhin für eine Reform der Bankenaufsicht einsetzen, um eine erneute Krise zu vermeiden, ist dies ein Bereich, wo der Teufel im Detail steckt – und die Banken werden ihren gesamten verbliebenen Einfluss dafür nutzen, genügend Spielraum zu haben, um wie bisher weitermachen zu können.

Wieso sollten die Banken, für die sich das alte System bestens bewährt hat (wenn auch nicht für ihre Aktionäre), Veränderungen gutheißen? Tatsächlich hat man bei all den unternommenen Anstrengungen, sie zu retten, der Frage wenig Beachtung geschenkt, was für ein Finanzsystem wir nach der Krise haben wollen. Als Ergebnis werden wir letztlich einen Bankensektor bekommen, in dem weniger Wettbewerb herrscht und in dem die »systemrelevanten« Großbanken noch größer sein werden als zuvor.

Es ist schon lange anerkannt, dass die amerikanischen Banken, die so groß sind, dass man sie nicht in den Bankrott gehen lassen kann, zugleich so groß sind, dass sie nicht mehr vernünftig gemanagt werden können. Dies ist einer der Gründe dafür, dass etliche von ihnen eine so schlechte Leistungsbilanz vorzuweisen haben. Da der Staat die Einlagensicherung übernimmt, spielt er (abweichend von anderen Sektoren) eine große Rolle bei der Restrukturierung. Wenn eine Bank zusammenbricht, kümmert sich der Staat um die finanzielle Sanierung; wenn er Gelder bereitstellt, hat er selbstver-

Project Syndicate, 8. Juni 2009.

ständlich auch ein eigenes materielles Interesse an ihrer zukünftigen Entwicklung. Regierungsvertreter wissen: Wenn sie zu lange warten, werden die sogenannten »Zombie-Banken« – die nur über ein geringes oder gar kein Eigenkapital verfügen, aber so behandelt werden, als wären sie lebensfähige Institute – sehr wahrscheinlich »auf ihre Wiederauferstehung wetten«. Falls sie hohe Wetten eingehen und gewinnen, stecken sie die Erlöse ein – und wenn sie verlieren, zahlt der Staat die Zeche.

Das ist nicht bloße Theorie, sondern eine Lektion, die wir, sehr teuer, während der Bausparkassenkrise in den 1980er-Jahren lernten. Wenn der Geldautomat »ungenügende Deckung« meldet, will der Staat nicht, dass dies bedeutet, die Bank hätte keine finanziellen Mittel (statt Sie), also interveniert er, bevor die Kasse leer ist. Bei einer finanziellen Sanierung werden die Altaktionäre normalerweise ausgeschlossen und die Anleiheinhaber zu den neuen Aktionären. Manchmal muss der Staat zusätzliche Mittel bereitstellen, manchmal sieht er sich nach einem neuen Investor um, der die insolvente Bank übernimmt.

Die Regierung Obama hat nun jedoch ein neues Konzept eingeführt: zu groß für eine Sanierung. Die Regierung geht von einem totalen Chaos aus, würden wir auf diese Großbanken die üblichen Regeln anwenden. Die Märkte würden in Panik geraten. Daher müssten wir nicht nur die Anleiheinhaber, sondern auch die Aktionäre ungeschoren lassen – selbst wenn sich im aktuellen Kurswert der Aktien vor allem eine Wette auf eine staatliche Rettungsaktion widerspiegelt.

Ich halte diese Einschätzung für falsch. Meiner Meinung nach hat die Regierung Obama dem politischen Druck und der Panikmache der Großbanken nachgegeben. Deshalb hat sie die Rettung der Banker und ihrer Aktionäre mit der Rettung der Banken verwechselt. Eine Restrukturierung ermöglicht den Banken einen Neuanfang: Neue potenzielle Investoren (ob in Aktien oder in Schuldtitel) werden zuversichtlicher sein, andere Banken werden eher bereit sein, Kredite an sie zu vergeben, und sie selbst werden bereitwilliger anderen Kredite gewähren. Die Anleiheinhaber werden von einer geordneten Restrukturierung profitieren, und wenn der Wert der Aktiva in Wahrheit höher ist, als der Markt glaubt (und auch externe Analysten glauben), dann werden sie über kurz oder lang die Gewinne einfahren.

Doch steht eindeutig fest, dass die laufenden und zukünftigen Kosten von Obamas Strategie sehr hoch sind – dabei hat sie bislang nicht einmal ihr begrenztes Ziel erreicht, die Kreditvergabe wieder anzukurbeln. Der Steuerzahler musste Milliarden aufbringen und hat weitere Milliarden in Form von Bürgschaften bereitgestellt – Rechnungen, die wahrscheinlich in Zukunft fällig werden.

Wenn man die Regeln der Marktwirtschaft umschreibt – und zwar so, dass nur die profitieren, die der gesamten Weltwirtschaft einen so gewaltigen Schaden zufügten –, verursacht das weit mehr als nur finanzielle Kosten. Die meisten Amerikaner halten es für äußerst ungerecht, insbesondere nachdem sie erkennen mussten, dass die Banken die Milliarden, mit denen sie die Kreditvergabe wieder ankurbeln sollten, zweckentfremdeten und zur Auszahlung überhöhter Boni und Dividenden verwendeten. Man sollte den Gesellschaftsvertrag nicht so leichtfertig aufkündigen.

Doch diese neue Form von Ersatzkapitalismus, bei der die Verluste vergemeinschaftet und die Gewinne privatisiert werden, ist zum Scheitern verurteilt. Die Anreize sind verzerrt. Es gibt keine Marktdisziplin. Die Banken, die »zu groß für eine Sanierung sind«, wissen, dass sie ungestraft spekulieren können – und da die US-Notenbank ihnen Mittel praktisch zinsfrei bereitstellt, haben sie jede Menge »Spielgeld«. Einige haben dieses neue Wirtschaftsregime »Sozialismus amerikanischen Stils« genannt. Aber der Sozialismus interessiert sich für die einfachen Menschen. Die US-Regierung dagegen hat den Millionen von Amerikanern, die ihre Häuser verlieren, keine nennenswerte Hilfe zukommen lassen. Wer seine Arbeit verliert, erhält nur 39 Wochen lang ein begrenztes Arbeitslosengeld und muss anschließend sehen, wie er zurechtkommt. Und wer arbeitslos wird, verliert oftmals auch seine Krankenversicherung.

Die USA haben ihr Sicherheitsnetz für Konzerne beispiellos ausgeweitet: von den Geschäftsbanken auf die Investmentbanken, dann auf Versicherungen und jetzt auf die Autohersteller – ohne dass ein Ende in Sicht wäre. Tatsächlich ist dies kein Sozialismus, sondern eine Ausweitung der in den USA so traditionsreichen staatlichen »Konzernwohlfahrt«. Die Reichen und Mächtigen wenden sich Hilfe suchend an die Regierung, wann immer sie können, während bedürftige Personen kaum sozial abgesichert sind.

Wir müssen die »zum Scheitern zu großen« Banken zerschlagen. Es gibt keine Belege dafür, dass diese Finanzgiganten soziale Erträge generieren, die den Kosten auch nur annähernd entsprechen, die sie anderen aufgebürdet haben. Und wenn wir sie nicht zerschlagen, müssen wir ihrer Geschäftstätigkeit wenigstens strenge Beschränkungen auferlegen. Wir dürfen nicht zulassen, dass sie so weitermachen wie bisher – spekulieren auf Kosten anderer.

Damit sind wir bei einem weiteren Problem der amerikanischen Banken, die sowohl zu groß zum Scheitern als auch zu groß zum Restrukturieren sind – sie besitzen zu viel politische Macht. Ihre intensive Lobbyarbeit zahlte sich aus: zuerst hinsichtlich der Deregulierung und später, als es darum ging, den Steuerzahler für die Sanierung zur Kasse zu bitten. Sie hoffen, dass sie damit ein weiteres Mal Erfolg haben werden, damit sie auch künftig völlig frei agieren können – ganz gleich, welche Risiken sie dem Steuerzahler und der Wirtschaft damit auferlegen. Das dürfen wir nicht zulassen.

Ein Steuersystem zum Nachteil der 99 Prozent

LEONA HELMSLEY, die 1989 wegen Steuerhinterziehung verurteilte Hotelunternehmerin, war durch mehrere Dinge in Verruf geraten, unter anderem wegen ihrer angeblichen Äußerung: »Nur die kleinen Leute zahlen Steuern.«

Betrachtet man diese Äußerung als Ausdruck ihrer inneren Überzeugung, dann hätte die 2007 verstorbene Frau Helmsley durchaus den Titel »Geizkönigin« verdient. Aber als eine Vorhersage über die Gerechtigkeit der amerikanischen Steuerpolitik wäre durchaus zutreffend gewesen, was Leona Helmsley sagte.

Heute ist der Stichtag für die Abgabe der Einkommensteuererklärung – ein Tag, an dem die Amerikaner gut daran täten, innezuhalten und über das Steuersystem und die Gesellschaft nachzudenken, die es hervorbringt. Niemand zahlt gern Steuern, und doch würden alle, bis auf die extremen Libertären, der Aussage von Oliver Wendell Holmes zustimmen: Steuern sind der Preis, den wir für das Leben in einer zivilisierten Gesellschaft zahlen müssen. Doch in den letzten Jahrzehnten wurde die Bürde für das Zahlen dieses Preises immer ungerechter verteilt.

Rund 60 Prozent der Amerikaner halten das Steuersystem für ungerecht – sie haben recht: Vereinfacht gesagt, zahlen die Superreichen nicht ihren fairen Anteil. Die reichsten 400 individuellen Steuerzahler mit einem Durchschnittseinkommen von über 200 Millionen Dollar zahlen weniger als 20 Prozent ihres Einkommens an

New York Times, 14. April 2013.

Steuern – deutlich weniger als bloße Millionäre, die etwa 25 Prozent ihres Einkommens an Steuern zahlen, und ungefähr genauso viel wie all jene, die lediglich zwischen 200 000 und 500 000 Dollar verdienen. Und im Jahr 2009 zahlten 116 der 400 obersten Einkommensbezieher – fast ein Drittel – weniger als 15 Prozent ihres Einkommens an Steuern.

Konservative weisen gern darauf hin, dass die Steuerzahlungen der reichsten Amerikaner einen hohen Anteil an den gesamten Steuereinnahmen ausmachen. Das stimmt, und genau so sollte es in einem progressiven Steuersystem auch sein – also einem System, das die Wohlhabenden höher besteuert als jene mit bescheideneren finanziellen Mitteln. Es stimmt auch, dass die Einkommen der reichsten Amerikaner in den letzten Jahren steil angestiegen sind, und folglich hat auch der Gesamtbetrag ihrer Steuerzahlungen zugenommen. Dies wäre auch dann so, wenn wir einen pauschalen Einheitssteuersatz für alle Einkommenshöhen hätten.

Schockieren und empören sollte uns jedoch, dass die tatsächlichen Steuersätze, die das oberste 1 Prozent zahlt, trotz ihres enorm gestiegenen Vermögens deutlich zurückgegangen sind. Unser Steuersystem ist weit weniger progressiv, als es dies während fast des gesamten 20. Jahrhunderts gewesen ist. Der oberste Grenzeinkommensteuersatz erreichte während des Zweiten Weltkriegs mit 94 Prozent seinen Höchststand und blieb durch die 1960er- und 1970er-Jahre hindurch bei 70 Prozent. Heute beträgt er 39,6 Prozent. Seit der »Reagan'schen Revolution« in den 1980er-Jahren hat die Steuergerechtigkeit deutlich abgenommen.

Die Organisation Citizens for Tax Justice setzt sich für ein progressiveres Steuersystem ein und hat geschätzt, dass das oberste 1 Prozent unter Berücksichtigung von Bundes-, einzelstaatlichen und Kommunalsteuern im Jahr 2010 nur etwas über 20 Prozent aller amerikanischen Steuern zahlte – was ungefähr ihrem Einkommensanteil entspricht. Dieses Ergebnis ist alles andere als progressiv.

Angesichts so niedriger tatsächlicher Steuersätze – und, ebenso wichtig, des niedrigen Steuersatzes von 20 Prozent auf Einkommen aus Veräußerungsgewinnen – ist es nicht weiter verwunderlich, dass sich laut der Wissenschaftler Thomas Piketty und Emmanuel Saez der Anteil am Einkommen, der dem oberen 1 Prozent zufließt, seit 1979 verdoppelt hat, während sich der Anteil des obersten 0,1 Prozent seit 1979 sogar fast verdreifacht hat. Das Bild wird noch erschreckender, wenn wir uns daran erinnern, dass dem reichsten 1 Prozent der Amerikaner etwa 40 Prozent des nationalen Vermögens gehören.

Wenn diese Zahlen für Sie noch nicht ausreichen, um die Ungerechtigkeit unseres Steuersystems zu belegen, sollten Sie sie mit denen anderer Wohlstandsländer vergleichen.

Unter allen Mitgliedsstaaten der Organisation für Wirtschaftliche Zusammenarbeit und Entwicklung (OECD), sozusagen dem Klub der reichen Nationen der Welt, heben sich die Vereinigten Staaten durch ihren niedrigen Grenzsteuerhöchstsatz für Einkommen hervor. Diese niedrigen Steuersätze sind nicht unabdingbar, um das Wachstum anzukurbeln – nehmen wir zum Beispiel Deutschland, das seine Stellung als ein globales Zentrum der fortgeschrittenen Fertigung aufrechterhalten hat, obwohl der deutsche Einkommensteuerspitzensatz erheblich über dem amerikanischen liegt. Und im Allgemeinen wirkt sich unser Spitzensteuersatz erst auf viel höhere Einkommen aus. Dänemark hat beispielsweise einen Spitzensteuersatz von über 60 Prozent, der ab einem Einkommen von mehr als 54 900 Dollar greift. Der Spitzensatz von 39,6 Prozent in den Vereinigten Staaten greift erst bei einem Einkommen von 400 000 Dollar (beziehungsweise 450 000 für Verheiratete). Nur drei OECD-Staaten – Südkorea, Kanada und Spanien – haben höhere Schwellen.

In den meisten westlichen Staaten hat die Ungleichheit in den letzten Jahrzehnten zugenommen, wenn auch nicht so stark wie in den USA. Dabei sind fast alle Ökonomen der Meinung, dass die Wirtschaft in einem Land mit übermäßiger Ungleichheit nicht gut funktionieren kann. Viele Länder versuchen, die vom Markt erzeugte Vermögens- und Einkommensverteilung mithilfe ihrer Steuergesetze zu »korrigieren«. Die Vereinigten Staaten haben dies nicht getan – oder zumindest nicht in nennenswertem Umfang. Tatsächlich sorgen die niedrigen Spitzensteuersätze dafür, dass sich die Ungleichheit verschlimmert und fortbesteht – und zwar so sehr, dass die USA heute unter den fortgeschrittenen Industriestaaten die höchste Einkommensungleichheit und die niedrigste Chancengleichheit haben. Dies ist eine krasse Umkehr der traditionellen meritokratischen Ideale Amerikas – Ideale, zu denen sich unsere Führungspersönlichkeiten aus allen politischen Lagern weiterhin bekennen.

Im Lauf der Jahre haben einige der Reichen überaus erfolgreich eine Sonderbehandlung für sich erwirkt und einen immer größeren Anteil an der Bürde der Finanzierung der Staatsausgaben – für Verteidigung, Bildung, Sozialprogramme – auf andere abgewälzt. Ironischerweise gilt dies vor allem für eine Reihe unserer multinationalen Konzerne, die an die Bundesregierung appellieren, günstige Handelsabkommen zu schließen, die ihnen den Zugang zu ausländischen Märkten erleichtern sollen, und sich weltweit für ihre Geschäftsinteressen einzusetzen, die dann aber ihre ausländischen Niederlassungen zur Steuerumgehung nutzen.

General Electric (GE) ist zum Symbol multinationaler Konzerne geworden, die ihren Hauptsitz in den Vereinigten Staaten haben, aber fast keine Steuern zahlen – der tatsächliche Körperschaftssteuersatz von GE lag von 2002 bis 2012 durchschnittlich bei unter 2 Prozent. Und Mitt Romney, der letztjährige republikanische Präsidentschaftskandidat, wurde zum Symbol der Vermögenden, die nicht ihren gerechten Anteil (an der Finanzierung des Gemeinwesens) zahlen, als er einräumte, 2011 nur 14 Prozent Steuern auf sein Einkommen gezahlt zu haben, auch wenn er sich bekanntlich darüber beklagte, dass 47 Prozent der Amerikaner Schnorrer seien. Weder GE noch Mr. Romney haben meines Wissens Steuergesetze gebrochen, aber die Tatsache, dass sie so wenig Steuern zahlten, verstieß gegen das elementare Gerechtigkeitsempfinden der meisten Amerikaner.

Bei der Interpretation solcher Statistiken muss man vorsichtig sein, denn sie erfassen die Steuern in Prozent des erklärten Einkommens. Und die Steuergesetze verpflichten nicht zur Erklärung aller Arten von Einkommen. Für die Reichen ist es geradezu ein Elite-Sport geworden, Vermögenswerte zu verstecken. Viele nutzen die Cayman Islands oder andere Steueroasen, um die Zahlung zu umgehen (und nicht, um das sonnige Klima zu genießen). Sie müssen Einkommen erst dann steuerlich erklären, wenn es in die Vereinigten Staaten zurückgeschafft (»repatriiert«) wird. Ebenso müssen Wertsteigerungen von Kapitalvermögen erst dann als Einkommen angegeben werden, wenn sie realisiert wurden.

Und wenn die Vermögenswerte nach dem Tod den Kindern oder Enkeln vermacht werden, zahlen diese dank einer eigentümlichen Lücke im Steuergesetz, der sogenannten »Heraufsetzung der Bewertungsgrundlage im Todesfall«, gar keine Steuern. Tatsächlich erstrecken sich die Steuerprivilegien der Reichen also sogar bis über den Tod hinaus.

Wenn Amerikaner einige der Sondervorschriften im Steuergesetz sehen – für Ferienhäuser, Rennbahnen, Bierbrauereien, Erdölraffinerien, Hedgefonds und Filmstudios, neben vielen weiteren steuerlich begünstigten Vermögenswerten oder Branchen –, ist es nicht weiter verwunderlich, dass sie von einem Steuersystem enttäuscht sind, das durchsetzt ist von Sondervergünstigungen. Die meisten dieser steuerrechtlichen Schlupflöcher und Geschenke fielen natürlich nicht vom Himmel – normalerweise wurden sie im Hinblick oder als Reaktion auf Wahlkampfspenden einflussreicher Spender ins Gesetz aufgenommen. Man schätzt, dass sich die Mindereinnahmen aufgrund dieser steuerrechtlichen Sondervorschriften auf etwa 123 Milliarden Dollar belaufen und dass die Steueroasen den amerikanischen Fiskus nicht viel weniger kosten. Diese Bestimmungen zu streichen wäre schon ein großer Schritt, um jene Ziele beim Defizitabbau zu erreichen, die strenge Haushaltssanierer mit der Sorge um die öffentliche Verschuldung im Hinterkopf fordern.

Eine weitere Ursache von Ungerechtigkeit ist die steuerliche Behandlung des sogenannten »Carried Interest«. Einige Wall-Street-Finanziers können Einkommen, das sie aus der Vermögensverwaltung für Private-Equity-Fonds oder Hedgefonds beziehen, mit den niedrigeren Kapitalertragssteuersätzen versteuern. Aber warum sollte die Verwaltung von Kapitalanlagen steuerlich anders behandelt werden als die Führung von Mitarbeitern oder wissenschaftliche Entdeckungen? Selbstverständlich behaupten die Finanzexperten, sie seien unverzichtbar. Aber das gilt auch für Ärzte, Juristen, Lehrer und alle anderen, die dazu beitragen, dass unsere komplexe Gesellschaft funktioniert. Sie behaupten, sie seien unverzichtbar, um Arbeitsplätze zu schaffen. In Wahrheit aber vernichten viele der Kapitalbeteiligungsgesellschaften, die so gekonnt das Carried-Interest-Schlupfloch ausnutzen, Arbeitsplätze; sie leisten ausgezeichnete Arbeit bei der Umgestaltung von Firmen zur »Einsparung« von Arbeitskosten, oftmals dadurch, dass sie Arbeitsplätze ins Ausland verlagern.

Viele Volkswirte meiden das Wort »gerecht« – schließlich liegt Gerechtigkeit, wie die Schönheit, im Auge des Betrachters. Aber die Ungerechtigkeit des amerikanischen Steuersystems hat solche Ausmaße angenommen, dass es unredlich wäre, es mit irgendeinem anderen Etikett zu versehen.

Traditionell haben sich Ökonomen weniger auf Fragen der Gleichheit als auf die profaneren Fragen von Wachstum und Effizienz konzentriert. Aber auch in dieser Hinsicht kommt unser Steuersystem schlecht weg. Unsere Wirtschaft wuchs in der Ära hoher Spitzengrenzsteuersätze schneller als seit 1980. Ökonomen – selbst bei traditionsbewussten, konservativen internationalen Institutionen wie dem Internationalen Währungsfonds – haben erkannt, dass übermäßige Ungleichheit schlecht für Wachstum und Stabilität ist. Das Steuersystem kann eine wichtige Rolle dabei spielen, die Ungleichheit zu verringern – unser eigenes leistet diesbezüglich jedoch bemerkenswert wenig.

Einer der Gründe für unsere schlechte wirtschaftliche Leistung ist die durch das Steuersystem verursachte starke Verzerrung unserer Wirtschaft. Alle Ökonomen sind sich darin einig, dass es auf Anreize ankommt – wenn man beispielsweise die Steuern auf Spekulationsgeschäfte senkt, nimmt die Spekulation zu. Wir haben unsere begabtesten jungen Leute dazu verleitet, finanzielle Schwindelgeschäfte auszuhecken, statt echte Unternehmen zu gründen, echte

Entdeckungen zu machen und anderen echte, werthaltige Dienstleistungen anzubieten. Menschen geben sich mehr Mühe für Rent-Seeking – das Bestreben, sich ein größeres Stück vom ökonomischen Kuchen des Landes zu sichern – als für die Vergrößerung des Kuchens.

In den letzten Jahren haben Studien Zusammenhänge zwischen Steuersätzen, Wachstumsschwäche und steigender Ungleichheit festgestellt. Erinnern wir uns daran, dass die niedrigen Spitzensteuersätze die Bildung von Ersparnissen und die Leistungsbereitschaft und somit das Wirtschaftswachstum beflügeln sollten. Das taten sie nicht. Tatsächlich fiel die Sparquote der privaten Haushalte auf ein Rekordtief von fast null, nachdem Präsident George W. Bush zweimal – 2001 und 2003 – die Steuern auf Dividenden und Veräußerungsgewinne senkte. Die niedrigen Spitzensteuersätze haben nur eines bewirkt: den Ertrag von Rent-Seeking-Aktivitäten erhöht. Diese florierten, was bedeutete, dass sich das Wachstum abschwächte und die Ungleichheit zunahm. Dieses Muster wird mittlerweile in verschiedenen Ländern beobachtet. Entgegen den Warnungen all jener, die ihre Privilegien erhalten wollen, sind Länder, die ihren Spitzensteuersatz erhöhten, nicht langsamer gewachsen. Ein weiteres Indiz findet sich hier in den USA: Wenn die Entlastungen an der Spitze dazu führen würden, dass unser Wirtschaftsmotor insgesamt besser läuft, würden wir erwarten, dass alle davon profitieren. Wenn sie ihr Einkommen hingegen durch Rent-Seeking steigern, würden wir erwarten, dass das von anderen abnimmt. Und genau das ist geschehen. Die Einkommen im mittleren und sogar im unteren Bereich stagnieren oder gehen zurück.

Abgesehen von Indizien sprechen auch starke intuitive Gründe dafür, dass die Steuersätze Rent-Seeking statt die Bildung von Wohlstand gefördert haben. Es ist mit einem starken Gefühl der Befriedigung verbunden, wenn man ein neues Unternehmen gründet, die Horizonte unseres Wissens erweitert oder anderen Menschen hilft. Dagegen ist es unbefriedigend, seine Tage damit zu verbringen, unredliche und irreführende Praktiken zu ersinnen, die

Geld von den Armen abschöpfen, wie sie vor der Finanzkrise von 2007 bis 2008 weit verbreitet waren. Ich glaube, die große Mehrheit der Amerikaner würde unter ansonsten gleichen Bedingungen Ersteres gegenüber Letzterem vorziehen. Aber unser Steuersystem verzerrt die Rahmenbedingungen. Es erhöht die Nettoerträge einiger dieser an sich unbefriedigenden Aktivitäten, und es hat dazu beigetragen, dass wir zu einer Gesellschaft des Rent-Seeking geworden sind.

So muss es nicht sein. Wir könnten ein viel einfacheres Steuersystem ohne all diese Verzerrungen haben – eine Gesellschaft, in der all jene, die ihren Lebensunterhalt mit Dividendeneinnahmen bestreiten, die gleichen Steuern zahlen wie jemand mit dem gleichen Einkommen, der in einer Fabrik arbeitet. Wo jemand, der sein Einkommen damit verdient, dass er Unternehmen rettet, die gleichen Steuern zahlt wie ein Arzt, der seinen Lebensunterhalt damit verdient, dass er Leben rettet. Wo jemand, der sein Einkommen mit Finanzinnovationen verdient, die gleichen Steuern zahlt wie jemand, der forscht, um echte Innovationen zu schaffen und dadurch unsere Wirtschaft und unsere Gesellschaft nachhaltig zu verändern. Wir könnten ein Steuersystem haben, das sozial erwünschtes Verhalten wie harte Arbeit und Sparsamkeit fördert, und Anreize schafft, um unerwünschtes Verhalten wie Rent-Seeking, Glücksspiel, Finanzspekulation und Umweltverschmutzung zu unterbinden. Ein solches Steuersystem könnte viel höhere Einnahmen erzielen als unser heutiges – wir müssten nicht mehr diese nutzlosen Streitereien um automatische Budgetkürzungen, fiskalische Klippen und Drohungen, Medicare und die öffentliche Rentenversicherung in ihrer bisherigen Form abzuschaffen, durchmachen. Wir hätten mindestens für die nächsten 25 Jahre eine solide Haushaltslage.

Unser ruiniertes Steuersystem hat nicht nur ökonomische Auswirkungen. Es ist sehr darauf angewiesen, dass wir uns freiwillig an die Regeln halten. Aber wenn die Bürger das Steuersystem für ungerecht halten, kommt es nicht zu dieser freiwilligen Regeltreue. Ganz allgemein spielt der Staat nicht nur bei der sozialen Absicherung, sondern auch bei Investitionen in Infrastruktur, Technologie,

Bildung und Gesundheit eine wichtige Rolle. Ohne diese Investitionen ist unsere Wirtschaft schwächer und unser Wirtschaftswachstum langsamer.

Ohne ein Mindestmaß an nationalem Solidaritätsbewusstsein und nationalem Zusammenhalt kann eine Gesellschaft nicht richtig funktionieren, und dieses Gemeinschaftsgefühl beruht auch auf einem gerechten Steuersystem. Wenn die Amerikaner zu der Überzeugung gelangen, dass die Regierung ungerecht ist – dass wir eine Regierung des 1 Prozents, für das 1 Prozent und durch das 1 Prozent haben –, dann wird der Glaube an unsere Demokratie zweifellos zerstört werden.

Bei der Globalisierung geht es nicht nur um Profite, sondern auch um Steuern

DIE WELT SAH GESPANNT ZU, als Apple-Chef Tim Cook erklärte, sein Unternehmen habe alle seine geschuldeten Steuern gezahlt – womit er offenbar sagen wollte, dass Apple sämtliche Steuern gezahlt hat, die der Konzern zahlen sollte. Zwischen beidem besteht jedoch ein großer Unterschied. Es ist nicht weiter überraschend, dass ein Unternehmen mit den Ressourcen und dem Ideenreichtum von Apple im Rahmen der Gesetze alles in seiner Macht Stehende tut, um möglichst wenig Steuern zu zahlen. Obschon der Oberste Gerichtshof der USA in seinem *Citizens-United*-Urteil ganz offensichtlich Kapitalgesellschaften mit Menschen gleichsetzte und ihnen alle dazugehörigen Rechte zusprach, stattete diese Rechtsfiktion Unternehmen nicht mit einem moralischen Verantwortungsgefühl aus. Und sie können, wie die Comicfigur Plastic Man, gleichzeitig überall und nirgendwo sein – überall, wenn es darum geht, ihre Produkte zu verkaufen, und nirgendwo, wenn es darum geht, die Gewinne aus diesen Verkäufen auszuweisen.

Apple hat, wie Google, enorm von dem profitiert, was die USA und andere westliche Länder bereitstellen: hoch qualifizierte Fachkräfte, ausgebildet an Universitäten, die sowohl direkt als auch indirekt (durch die großzügige Möglichkeit, gemeinnützige Spenden abzusetzen) vom Staat gefördert werden.

Die Grundlagenforschung und die bahnbrechenden technologischen Neuerungen, auf denen ihre Produkte basieren, wurden

The Guardian, 27. Mai 2013.

größtenteils vom Steuerzahler finanziert – ein Beispiel ist das Internet, die Existenzgrundlage dieser Unternehmen. Ihr Wohlergehen beruht zum Teil auf unserem Rechtssystem – und dabei auch auf strengen Schutzrechten des geistigen Eigentums. Sie baten die US-Regierung (mit Erfolg) darum, andere Länder dazu zu zwingen, unsere Standards zu übernehmen. Dies hat sich manchmal sehr negativ auf die Lebensverhältnisse und die Entwicklung der Menschen in den Schwellen- und Entwicklungsländern ausgewirkt. Ja, sie beschäftigen brillante Tüftler und haben herausragende Organisationsfähigkeiten, für die sie zu Recht hoch angesehen sind. Aber während Newton immerhin so bescheiden war und darauf hinwies, auf den Schultern von Riesen zu stehen, sind diese Industriegiganten skrupellose Trittbrettfahrer, die großzügig die Vorteile unseres Systems in Anspruch nehmen, aber nicht bereit sind, selbst einen entsprechenden Beitrag zu leisten. Ohne öffentliche Unterstützung wird die Quelle versiegen, aus der künftige Innovationen und Wachstum hervorgehen – ganz zu schweigen davon, was mit unserer immer stärker gespaltenen Gesellschaft geschehen wird.

Es stimmt nicht einmal, dass eine höhere Körperschaftssteuer notwendigerweise zu einem deutlichen Rückgang der Investitionen führen würde. Wie Apple gezeigt hat, kann das Unternehmen alles, was es will, mit Fremdkapital finanzieren – einschließlich seiner Dividendenzahlungen, was nur ein weiterer Trick ist, um seinen fairen Anteil an Steuern nicht zahlen zu müssen. Aber Zinszahlungen sind steuerlich absetzbar – was bedeutet, dass sich in dem Maße, wie Investitionen fremdfinanziert sind, sowohl die Kapitalkosten als auch die Erträge entsprechend ändern, ohne dass sich dies negativ auf die Investitionen auswirkt. Und aufgrund der niedrigen Kapitalertragssteuern werden Eigenkapitalerträge sogar noch günstiger behandelt. Weitere Vorteile ergeben sich aus anderen Details des Steuergesetzes, wie etwa aus der beschleunigten Abschreibung und der Absetzbarkeit von Ausgaben für Forschung und Entwicklung.

Es ist an der Zeit, dass die internationale Gemeinschaft der Tatsache ins Auge sieht, dass wir ein nicht vernünftig steuerbares, ungerechtes, verzerrtes globales Steuerregime haben. Dieses Steuersystem trägt maßgeblich zu der steigenden Ungleichheit bei, die sich heute in den meisten Industrieländern beobachten lässt – wobei die USA ganz vorn stehen und Großbritannien nicht weit dahinter. Dass die Vereinigten Staaten nicht länger das Land der unbegrenzten Möglichkeiten sind, ist vor allem auf die chronische Unterfinanzierung des öffentlichen Sektors zurückzuführen – die Lebensperspektiven eines Kindes hängen hier in höherem Maße vom Einkommen und der Bildung seiner Eltern ab als in anderen Industrieländern.

Durch die Globalisierung hat unsere wechselseitige Abhängigkeit zugenommen. Diese internationalen Konzerne sind die großen Nutznießer der Globalisierung – und nicht etwa die durchschnittlichen amerikanischen Arbeitnehmer, die, teils unter dem Druck der Globalisierung, jedes Jahr einen Rückgang ihrer Einkommen hinnehmen müssen (inflationsbereinigt, unter Berücksichtigung der Preissenkungen infolge der Globalisierung), und zwar so weit, dass ein Vollzeitarbeiter in den USA heute ein niedrigeres Einkommen hat als vor vierzig Jahren. Unsere multinationalen Konzerne haben gelernt, wie man sich die Globalisierung in jedem Sinne des Wortes zunutze macht – und dazu gehört es auch, Steuerschlupflöcher auszunutzen, um sich ihrer globalen sozialen Verantwortung zu entziehen.

Die Vereinigten Staaten könnten kein funktionierendes System für die Körperschaftssteuer in ihrem Land haben, wenn wir uns für ein Verrechnungspreissystem entschieden hätten (bei dem Unternehmen die Preise von Gütern und Dienstleistungen, die ein Unternehmensteil von einem anderen kauft, selbst »ansetzen« kann, sodass Gewinne in diesem oder jenem Land verbucht werden können). Die USA haben ein schematisches System entwickelt, bei dem die weltweiten Gewinne basierend auf Beschäftigung, Umsatz und Investitionsgütern zugeteilt werden. Aber das System bietet große Gestaltungsspielräume bei der Verschiebung von Gewinnen, wenn eine Hauptquelle der tatsächlichen »Wertschöpfung« geistiges Eigentum ist. Einige haben behauptet, zwar seien die Quellen der

Produktion (Wertschöpfung) schwer identifizierbar, weniger dagegen der Bestimmungsort (auch wenn dieser durch die Möglichkeit zum Weitertransport nicht so eindeutig sein mag). Daher schlagen sie ein System auf der Basis des Bestimmungsortes vor. Aber ein solches System wäre nicht unbedingt fair, denn es würde den Ländern, die die Produktionskosten getragen haben, keine Einnahmen verschaffen. Dennoch wäre ein System, das sich am Bestimmungsort orientiert, eindeutig besser als das gegenwärtige.

Selbst wenn die Vereinigten Staaten nicht für ihre öffentlich finanzierten wissenschaftlichen Beiträge und das darauf basierende geistige Eigentum belohnt würden, würde das Land zumindest für sein ungezügeltes Konsumverhalten belohnt, welches Anreize für solche Innovationen schafft. Es wäre gut, wenn es ein internationales Abkommen über die Besteuerung von Unternehmensgewinnen geben würde. Ohne ein solches Abkommen wird jedes Land bestraft, das damit droht, auf die Produktion faire Körperschaftssteuern zu erheben – Produktion (und Arbeitsplätze) wandern ab. In manchen Fällen können Länder es darauf ankommen lassen. Andere halten das Risiko vielleicht für zu hoch. Doch den Kunden kann man nicht entkommen.

Die USA könnten von sich aus wichtige Reformschritte durchführen: Sie könnten jedes Unternehmen, das in den USA Güter verkauft, dazu zwingen, auf der Grundlage einer konsolidierten Bilanz eine Steuer – sagen wir in Höhe von 30 Prozent – auf seine weltweiten Gewinne zu zahlen. Dabei sollten jedoch Steuern auf Unternehmensgewinne, die in anderen Staaten gezahlt wurden (bis zu einem bestimmten Höchstbetrag), davon abgezogen werden. Mit anderen Worten, die USA würden ein weltweites Mindeststeuerregime durchsetzen. Einige werden daraufhin vielleicht beschließen, keine Waren mehr in den USA zu verkaufen, aber ich glaube, dass es nicht viele sein werden. Das Problem der Steuerumgehung durch multinationale Konzerne reicht tiefer und erfordert grundlegende Reformen. Dazu gehört es auch, die Steueroasen trockenzulegen, in denen Steuerhinterzieher ihr Geld verstecken und die die Geldwäsche fördern. Google und Apple engagieren die hochkarätigsten Juristen, die wissen, wie man Steuern auf legalem Weg umgeht. Aber in unserem System sollte kein Platz für Länder sein, die Beihilfe zur Steuerumgehung leisten. Weshalb sollten Steuerzahler in Deutschland Bürgern eines Landes aus der Klemme helfen, dessen Geschäftsmodell auf Steuerumgehung und einem steuerlichen Unterbietungswettlauf beruht – und weshalb sollten Bürger irgendeines Landes ihren Unternehmen erlauben, von diesen räuberischen Ländern zu profitieren?

Wenn man sagt, dass Apple oder Google lediglich das bestehende System ausnutzen, dann nimmt man sie zu schnell aus der Verantwortung, denn das System ist nicht von selbst entstanden: Von Anfang an haben es Lobbyisten multinationaler Konzerne mitgestaltet. Unternehmen wie General Electric drängten erfolgreich auf gesetzliche Vorschriften, die es ihnen erlaubten, noch mehr Steuern zu vermeiden. Sie setzten sich mit Erfolg für eine Amnestie ein, die ihnen half, ihr Geld zu einem besonders niedrigen Steuersatz in die USA zurückzubringen, unter der Bedingung, dass sie das Geld im Inland investierten. Und dann fanden sie Mittel und Wege, um sich an die Gesetze zu halten, während sie sich über ihren Geist und Zweck hinwegsetzten. Wenn Apple und Google für die Chancen der Globalisierung stehen, dann sind sie durch ihre Einstellung zur Steuerumgehung zu Sinnbildern dessen geworden, was mit diesem System misslungen ist.

Die Denkfehler von Mitt Romney

DER HARSCHE ANGRIFF MITT ROMNEYS auf die 47 Prozent der Amerikaner, die angeblich keine Einkommensteuern zahlen und von staatlichen Leistungen abhängig sind, hat zu Recht einen Proteststurm ausgelöst. Er unterstellt damit, viele Amerikaner – die Unterstützer von Barack Obama – seien Trittbrettfahrer.

Die Ironie besteht darin, dass vielmehr Menschen wie Romney Trittbrettfahrer sind: Er zahlt laut eigener Aussage viel weniger Steuern (in Prozent seines angegebenen Einkommens) als Personen mit viel geringerem Einkommen. Und anders, als es einige dieser Spitzenverdiener gern glauben würden, schafft es niemand völlig aus eigener Kraft. Selbst wenn sie ihr Vermögen nicht erben, erfordert geschäftlicher Erfolg einen verlässlichen rechtlichen Rahmen, qualifizierte Arbeitskräfte und eine gute öffentliche Infrastruktur, die allesamt vom Staat bereitgestellt werden. Selbst erfinderische Unternehmen wie Google haben es nur dadurch so weit gebracht, dass sie auf der Arbeit anderer aufbauten. Bevor Google die meistgenutzte Internetsuchmaschine entwickeln konnte, musste jemand das Internet erschaffen – und dieser Jemand war der Staat.

Mythen zerstören

ABER ROMNEYS DENKFEHLER REICHEN TIEFER. Erstens zahlen jene, die keine Einkommensteuer leisten, eine Menge anderer Steuern wie Lohn-, Umsatz-, Verbrauchs- und Vermögensteu-

USA Today, 20. September 2012.

ern. Viele von jenen, die öffentliche »Leistungen« erhalten, haben dafür gezahlt – durch Beiträge zur staatlichen Rentenversicherung und zu Medicare. Sie sind keine Schmarotzer. Der Staat erbringt diese Leistungen besser und effizienter, als es der private Sektor tun könnte. Erinnern wir uns daran, warum diese Programme ursprünglich aufgelegt wurden: Die meisten älteren Menschen erhielten vom privaten Sektor keine Unterstützung, es gab praktisch keinen Markt für Rentenpapiere, und ältere Menschen bekamen auch keine Krankenversicherung.

Selbst heute stellt der private Bereich nicht die Art von Sicherheit bereit, die die staatliche Rentenversicherung bietet – einschließlich des Schutzes vor Schwankungen des Marktes und Inflation. Und die Transaktionskosten der Social Security Administration sind deutlich niedriger als im privaten Sektor – was nicht weiter verwundert, da gerade er es darauf anlegt, diese Kosten zu maximieren. Aus den Transaktionskosten ergeben sich die Gewinne.

Zweitens sind viele Empfänger der Leistungen junge Menschen – es sind also Investitionen in unsere Zukunft, wenn wir ihre Ausbildung oder ihre Gesundheitsversorgung finanzieren (selbst wenn sie oder ihre Eltern keine Steuern zahlen). Die USA sind das Land mit der geringsten Chancengleichheit unter allen Industriestaaten, über die wir Daten besitzen. Der amerikanische Traum mag zu einem Mythos geworden sein – wir haben es in der Hand, dies zu ändern. Kinder sollten nicht auf den Reichtum ihrer Eltern angewiesen sein, um die notwendige Bildung und Gesundheitsversorgung zu erhalten, damit sie ihr Potenzial ausschöpfen können.

Und drittens ist ein effizientes soziales Sicherungssystem ein wichtiger Bestandteil moderner Gesellschaften – es ist notwendig, um Menschen zu befähigen, Risiken einzugehen. Auch hier stellte der Markt keinen ausreichenden Versicherungsschutz etwa für Arbeitslosigkeit oder Erwerbsunfähigkeit zur Verfügung. Aus diesem Grund griff der Staat ein. Wer diese Leistungen erhält, bezahlt im Allgemeinen dafür, entweder direkt oder indirekt, durch Beiträge, die sie oder ihre Arbeitgeber für sie in diese Versicherungsfonds einzahlen. Aber die soziale Absicherung dieser Risiken kann auch zu einer produktiveren Gesellschaft führen. Personen werden eher ertrag- und risikoreicheren Aktivitäten nachgehen, wenn sie wissen, dass sie im Falle des Falles ein Sicherheitsnetz auffängt. Das ist einer der Gründe dafür, dass einige Volkswirtschaften mit besserer sozialer Absicherung selbst in der jüngsten Rezession sehr viel schneller gewachsen sind als die Vereinigten Staaten.

Staatsversagen

VIELE IN DEN UNTERSTEN EINKOMMENSGRUPPEN – die in hohem Maße auf staatliche Leistungen angewiesen sind – befinden sich nicht zuletzt deshalb dort, weil der Staat auf die eine oder andere Weise versagt hat. Er hat diesen Menschen nicht die Qualifikationen vermittelt, die sie zu produktiven Arbeitskräften gemacht und ihnen einen angemessenen Lebensunterhalt ermöglicht hätten. Er hat die Banken nicht davon abgehalten, sie durch unlautere Kreditgeschäfte und missbräuchliche Kreditkartenpraktiken auszubeuten. Er hat gewinnorientierte Hochschulen nicht davon abgehalten, ihren Wunsch auszunutzen, durch Bildung sozial aufzusteigen.

Schließlich sind wir eine Gemeinschaft – und alle Gemeinschaften helfen den Bedürftigen unter ihnen. Wenn unser Wirtschaftssystem dazu führt, dass so viele Menschen arbeitslos oder auf staatliche Lebensmittelhilfe angewiesen sind, dann muss der Staat eingreifen. Unser Wirtschaftssystem hat nicht so funktioniert, wie es dies hätte tun sollen: Es hat nicht für all jene Arbeitsplätze geschaffen, die arbeiten wollen. Und viele der geschaffenen Arbeitsplätze bieten keinen auskömmlichen Lohn.

Wir haben eine gespaltene Gesellschaft. Aber anders als von Romney behauptet, ist sie nicht in Trittbrettfahrer und den Rest gespalten – auch wenn einige, die Steuern zahlen, nicht ihren fairen Anteil entrichten und bei jenen schnorren, die dies tun. Vielmehr ist sie gespalten zwischen denen, die die USA als eine Gemeinschaft betrachten und die anerkennen, dass dauerhafter Wohlstand immer geteilter Wohlstand bedeutet, und denen, die das nicht tun.

TEIL V
Folgen der Ungleichheit

UNGLEICHHEIT SCHWÄCHT UNSERE WIRTSCHAFT und spaltet unsere Gesellschaft, das ist die Kernaussage meines Buches *Der Preis der Ungleichheit*. Die Artikelreihe »Die Große Spaltung« ging dann auf verschiedene Aspekte ausführlicher ein. Die auf den folgenden Seiten abgedruckten Artikel können lediglich einige Themen streifen. In einigen der Artikel, die ich in den Teil *Auftakt* aufgenommen habe (und die in die Einleitung dieses Abschnitts eingeflossen sind), geht es um die Frage, wie die Ungleichheit die Leistungsfähigkeit einer Volkswirtschaft untergräbt, die Nachfrage schwächt und die Instabilität erhöht. In einem Aufsatz im letzten Teil (»Ungleichheit bremst die Erholung«) erläutere ich, wie die ständig zunehmende Ungleichheit in den USA zur außerordentlich langsamen Erholung nach der Krise von 2008 beigetragen hat – eine Krise, von der die Ungleichheit auch mitverursacht wurde.

Weiter vorn habe ich die hohe Ungleichheit in den USA beschrieben. Ein großer Teil der Amerikaner – jene, die nicht das Glück hatten, Kinder wohlhabender Eltern zu sein – hat nur eine geringe Chance, sein Potenzial auszuschöpfen. Für sie selbst ist das selbstverständlich ein Desaster, aber es ist auch schlecht für die Wirtschaft: Wir nutzen unsere wichtigste Ressource – unsere Menschen – nicht in vollem Umfang.

Da eine Regierung des 1 Prozents, für das 1 Prozent und durch das 1 Prozent darauf hinarbeitet, das 1 Prozent durch »Konzern-Wohlfahrt« und Steuervorteile reich zu machen, stehen weniger Mittel für Investitionen in Infrastruktur, Bildung und Technologie bereit, die notwendig sind, um für eine starke wirtschaftliche Wachstumsdynamik zu sorgen.

Aber unsere Demokratie und unsere Gesellschaft sind die Hauptleidtragenden der Ungleichheit. Grundwerte, für die das Land gestanden hat – Chancengleichheit, gleicher Zugang zum Recht, das Gefühl, in einem gerechten System zu leben –, wurden unterhöhlt, wie ich in vorigen Aufsätzen dargelegt habe

(»Chancengleichheit, unser nationaler Mythos« und »Gerechtigkeit für manche Menschen«). Der Zusammenhalt, der aus gemeinsam gebrachten Opfern in Kriegszeiten entstanden ist, wird untergraben, wenn die Reichen von Steuersenkungen profitieren, während wir gleichzeitig eine »Freiwilligenarmee« haben, die sich in unverhältnismäßig hohem Maße aus Armen zusammensetzt – und deren alternative Beschäftigungschancen sind ziemlich düster. Statt sie anschließend zu belohnen, wie wir es einst mit der G. I. Bill bei jenen taten, die im Zweiten Weltkrieg in unseren Streitkräften dienten, zwangen wir sie dazu, immer wieder in den Krieg zurückzukehren, bis fast die Hälfte der Rückkehrer unter schwerwiegenden gesundheitlichen Beeinträchtigungen leiden. Verschlimmert wurde alles dadurch, dass wir (oder genauer gesagt: die Regierung Bush) die Veteranenkrankenhäuser unterfinanzierten, in denen sie betreut werden.[38]

Wenn das Gefühl des Fair Plays schwindet, löst sich der gesellschaftliche Zusammenhalt in vielfältiger Weise auf. Wie ich in »Ein Steuersystem zum Nachteil der 99 Prozent« erläuterte, funktioniert ein Steuersystem wie das unsere, das weitgehend auf freiwilliger Regelbefolgung basiert, nur dann, wenn weithin die Überzeugung besteht, dass es sich um ein gerechtes System handelt – aber mittlerweile ist deutlich zu sehen, dass dies bei unserem nicht der Fall ist und dass die ganz oben weitaus besser wegkommen als die in der Mitte.

Die beiden hier erneut abgedruckten Artikel befassen sich mit zwei Folgen der Ungleichheit, denen bislang nicht genügend Beachtung geschenkt wurde. Der erste konzentriert sich auf die Veränderungen in unseren Innenstädten, in denen ein Großteil der Armen lebt. Der Bankrott von Detroit ist ein typisches Beispiel. Wie so viele amerikanische Familien machte auch diese Stadt den sie teuer zu stehen kommenden Fehler, folgte den Empfehlungen des ausbeuterischen Finanzsektors und kaufte riskante Derivate, die Warren Buffett einmal als »finanzielle Massenvernichtungswaffen« bezeichnete. Im Falle Detroits explodierten sie. Wie in so vielen anderen Fällen, in denen Schwierigkeiten auftraten, bestand der Finanzsektor darauf, dass die Stadt zunächst ihre Verbindlichkeiten bei ihm beglich – sodass das Wohl der gewöhnlichen Bürger, einschließlich Arbeitern mit Verträgen, die ihnen eine Altersversorgung zusicherten, in den Hintergrund trat.

In dem anderen Artikel dieses Abschnitts, »Niemandem vertrauen wir«, geht es um ein weiteres Opfer der zunehmenden Ungleich in den USA: um den Verlust an Vertrauen, ohne das keine Gesellschaft funktionieren kann. Auch wenn Ökonomen für gewöhnlich Wörter wie »Vertrauen« nicht benutzen, kann unsere Wirtschaft in Wahrheit ohne Vertrauen schlichtweg nicht funktionieren. Ich erläutere, weshalb dies so ist, wie Ungleichheit diese äußerst kostbare Ressource beschädigt hat und weshalb sie sich, sobald sie einmal beschädigt wurde, vielleicht nur schwer wiederherstellen lässt.

Die falsche Lehre aus dem Bankrott Detroits

ALS ICH IN GARY, INDIANA, AUFWUCHS, waren fast ein Viertel der amerikanischen Arbeitnehmer in der verarbeitenden Industrie beschäftigt. Damals gab es sehr viele gut bezahlte Arbeitsplätze, die es einem Verdiener – mit nur einem Job – erlaubten, den amerikanischen Traum für seine vierköpfige Familie zu verwirklichen. Er konnte im Schweiße seines Angesichts seinen Lebensunterhalt verdienen, es sich leisten, seine Kinder aufs College zu schicken, und so mit ansehen, wie sie in die Akademikerschicht aufstiegen.

Städte wie Detroit und Gary erlebten mit dieser industriellen Basis eine Blütezeit, nicht nur hinsichtlich des dadurch geschaffenen Wohlstands, sondern auch dank des großen sozialen Zusammenhalts, solider Steuereinnahmen und der guten Infrastruktur. Nachdem ich Garys ausgezeichnete öffentliche Schulen besucht hatte, die von den Ideen des progressiven Reformers John Dewey beeinflusst waren, und eine solide Grundbildung erhalten hatte, ging ich zuerst aufs Amherst College und anschließend ans MIT.

Heute sind weniger als 8 Prozent der amerikanischen Arbeitnehmer im verarbeitenden Gewerbe beschäftigt, und viele Städte im sogenannten »Rust Belt«, der ältesten und größten Industrieregion, sind zu Geisterstädten geworden. Die traurigen Tatsachen über Detroit sind mittlerweile schon beinah ein Klischee: 40 Prozent der Straßenlaternen funktionierten in diesem Frühjahr nicht, Zehntausende von Gebäuden stehen leer, Schulen haben geschlossen, und die Anzahl der Einwohner ist allein in den letzten zehn Jahren um 25 Prozent zurückgegangen. Die Quote der Gewaltver-

New York Times, 11. August 2013.

brechen war im letzten Jahr die höchste aller US-amerikanischen Großstädte. Im Jahr 1950, als in Detroit 1,85 Millionen Menschen lebten, gab es in der Stadt 296 000 Arbeitsplätze im verarbeitenden Gewerbe, während es im Jahr 2011 weniger als 27 000 bei einer Bevölkerungszahl von knapp über 700 000 waren.

In dem dramatischen Niedergang Detroits – der größten Pleite einer Kommune in der amerikanischen Geschichte – verdichten sich viele Entwicklungen. Es lohnt sich, einmal innezuhalten und darüber nachzudenken, was dieses Ereignis über den Wandel unserer Wirtschaft und Gesellschaft aussagt und was es für unsere Zukunft bedeutet.

Allgemein bekannt sind die nationalen und kommunalen politischen Versäumnisse: unzureichende Investitionen in Infrastruktur und öffentliche Dienstleistungen, geografische Isolation, die zur Ausgrenzung armer und afroamerikanischer Gemeinschaften im »Rust Belt« führte, generationenübergreifende Armut, die die Chancengleichheit ausgehebelt hat, und die Privilegierung finanzieller Interessen (etwa jener von hochrangigen Führungskräften und Finanzdienstleistern) gegenüber den Belangen von Arbeitnehmern.

Einerseits mag man mit den Schultern zucken: Unternehmen sterben jeden Tag und neue entstehen, das ist ein Teil der Dynamik des Kapitalismus. Und das gilt auch für Städte. Vielleicht befinden sich Detroit und andere Städte einfach am falschen Ort für die Güter und Dienstleistungen, die das Amerika des 21. Jahrhunderts nachfragt.

Aber eine solche Diagnose wäre falsch, und man sollte unbedingt erkennen, dass der Niedergang Detroits nicht bloß ein unvermeidliches Ergebnis der Eigendynamik des Marktes ist.

Zum einen ist die Beschreibung unvollständig, denn die gravierendsten Probleme Detroits sind auf die Stadt an sich beschränkt. Jenseits ihrer Grenzen, im Großraum Detroit selbst, gibt es rege ökonomische Aktivitäten. In Vororten wie Bloomfield Hills, Michigan, liegt das mittlere Haushaltseinkommen bei über 125 000 Dollar. Nur 45 Fahrminuten von Detroit entfernt befindet sich Ann

Arbor, Sitz der University of Michigan und eines der bedeutendsten Zentren der Forschung und der Wissensproduktion weltweit.

Die Probleme Detroits sind zum Teil die Folge eines besonderen Aspekts der wirtschaftlichen und sozialen Spaltung Amerikas. So haben die Soziologen Sean F. Reardon und Kendra Bischoff darauf hingewiesen, dass die wirtschaftliche Segregation in den USA stark zunimmt und sich noch negativer auswirken kann als die Segregation nach Rassen. Detroit ist das Beispiel par excellence für die Abschottung der wohlhabenden (überwiegend weißen) Eliten in vorstädtischen Enklaven. Es gibt gute Gründe dafür, die Schotten zu schließen: So stellen die Reichen sicher, dass sie sich nicht an der Finanzierung lokaler öffentlicher Güter und Dienstleistungen für ihre weniger wohlhabenden Nachbarn beteiligen und dass ihre Kinder nicht mit Personen von niedrigerem sozioökonomischem Status verkehren müssen.

Der Trend zu einer sich selbst verstärkenden Ungleichheit wird im Bildungssektor besonders deutlich, denn dort werden die sozialen Aufstiegschancen immer kleiner. Schulen in sozial schwachen Stadtvierteln werden immer schlechter, Eltern, die es sich leisten können, wandern in reichere Viertel ab, und die Schere zwischen den Besitzenden und den Besitzlosen – nicht nur in dieser Generation, sondern auch in der nächsten – öffnet sich immer weiter.

Die Wohnsegregation nach ökonomischen Verhältnissen verstärkt ebenfalls die Ungleichheit unter Erwachsenen. Die Armen müssen es irgendwie schaffen, von ihren Wohngegenden zu den immer spärlicheren und zudem schlecht bezahlten Teilzeitstellen an entfernten Arbeitsstätten zu gelangen. Nimmt man zu dieser Zersiedlung die unzureichenden öffentlichen Verkehrssysteme hinzu, erhält man eine Blaupause für die Umwandlung von Arbeitervierteln in entvölkerte Ghettos.

Verschärft werden die Probleme, die zwangsläufig in solchen schlecht geplanten Verdichtungsräumen auftreten, dadurch, dass die Verwaltungs- und politischen Zuständigkeiten in der Metropolregion Detroit stark zersplittert sind. Die Armen sind daher nicht nur geografisch isoliert, sondern auch politisch ghettoisiert. Daraus folgt eine abgesonderte, ärmere Innenstadt, die unter chronischer Finanznot leidet. Das verschlimmert sich noch dadurch, dass die Industriebetriebe schließen, die das Gros der Steuereinnahmen lieferten.

Die Entscheidung, als Kommune Konkurs anzumelden, traf Kevyn D. Orr, der nicht gewählte, von dem republikanischen Gouverneur Rick Snyder eingesetzte Sonderfinanzverwalter der Stadt. Dave Bing, amtierender Bürgermeister und Demokrat, beschloss, sich nicht um eine zweite Amtszeit zu bewerben. Das kann kaum überraschen, wenn man bedenkt, dass er und andere kommunale Amtsträger tatenlos zusehen müssen, wie die Zukunft ihrer Stadt – und die angehäuften Verbindlichkeiten, die sie ihren Gläubigern schuldet – vor Gericht verhandelt wird.

Historiker wie Thomas J. Sugrue haben nachgewiesen, dass der Verfall Detroits schon vor den Auseinandersetzungen um Sozialhilfeprogramme und die Zuspitzung des Rassenkonflikts (einschließlich der Unruhen im Jahr 1967) begann und in die Nachkriegsjahrzehnte zurückreicht – damals wurde die Saat der Deindustrialisierung, Rassendiskriminierung und geografischen Absonderung gesät. Und wir ernteten nur das, was wir gesät haben.

Ohne regionale politische Einheit gibt es keine übergeordnete Organisationsstruktur, die es ermöglicht, die Infrastruktur und die öffentlichen Dienstleistungen so zu verbessern, dass die Unterschiede zwischen armen Innenstädten und wohlhabenden Vororten abnehmen. Die Armen greifen daher auf die Mittel zurück, die sie haben – die aber bei weitem nicht ausreichen. Autos haben irgendwann zwangsläufig eine Panne und Busse Verspätung, mit der Folge, dass die Beschäftigten als »unsolide« erscheinen. Wirklich unsolide ist aber nur die skandalöse Planung der Stadt. Da ist es nicht weiter verwunderlich, dass Amerika zu dem fortgeschrittenen Industrieland mit der geringsten Chancengleichheit wird.

Den verfehlten Prioritäten, die Detroit auf kommunaler Ebene zugrunde richteten, entspricht ein Vakuum auf nationaler politischer Ebene. Jedes Land und jede Gesellschaft hat Regionen und Branchen, deren Sterne aufgehen, und andere, deren Sterne verblassen. Das Silicon Valley war eine Zeitlang Amerikas aufgehender Stern – so, wie es der Mittlere Westen vor hundert Jahren war. Doch im Zuge des technologischen Fortschritts und der Globalisierung hat der Vorteil des Mittleren Westens als globales Zentrum der industriellen Fertigung schnell abgenommen – und zwar aus allzu bekannten Gründen. Märkte verstehen sich jedoch meistens nicht besonders gut darauf, sich selbst zu verjüngen.

Statt auf die sich wandelnden ökonomischen Rahmenbedingungen mit nützlichen, zielführenden politischen Maßnahmen, die das Wachstum anderer Branchen fördern, zu reagieren, verschwendete unsere Regierung viele Jahrzehnte damit, die zunehmenden Schwächen zu kaschieren, indem sie dem Finanzsektor erlaubte, Amok zu laufen und auf Spekulationsblasen fußendes »Wachstum« zu schaffen. Wir haben nicht einfach den Markt sich selbst überlassen, sondern uns vielmehr bewusst für kurzfristige Gewinne und weitreichende Ineffizienz entschieden.

Der Strukturwandel, der dazu führte, dass die verarbeitende Industrie nicht mehr die zentrale Bedeutung für unsere Wirtschaft hat wie zuvor, mag unvermeidlich gewesen sein. Aber die Verschwendung, das Leid und die Hoffnungslosigkeit in Städten, die mit diesem Wandel einhergingen, sind alles andere als unvermeidlich. Es gibt politische Alternativen, die solche Übergänge abfedern können, weil sie den Wohlstand erhalten und die Chancengleichheit fördern. Die Stadt Pittsburgh, nur vier Autostunden von Detroit entfernt, war ebenfalls mit dem Problem der massiven Abwanderung von Weißen konfrontiert. Aber sie beschäftigte sich schneller mit dem wirtschaftlichen Strukturwandel, sodass heute statt Kohle und Stahl vielmehr Bildung, Gesundheitsversorgung, Rechts- und Finanzdienstleistungen die Eckpfeiler der städtischen Wirtschaft sind. Die Stadt Manchester, über einhundert Jahre lang der Mittelpunkt der britischen Textilindustrie, hat sich als ein Zentrum der Bildung, Kultur und Musik neu erfunden. Die USA haben zwar ein Programm zur Stadterneuerung, aber es zielt mehr auf die Restaurierung von Gebäuden und auf Gentrifizierung ab als auf die Bewahrung und Erneuerung von Gemeinden, und selbst dabei kommt es kaum voran. Den amerikanischen Arbeitnehmern wurde die »Freihandelspolitik« mit dem Versprechen verkauft, die Gewinne würden die Verluste wettmachen. Die Verlierer warten noch immer.

Die Große Rezession und die politischen Maßnahmen, die sie herbeiführten, haben dies und vieles andere noch erheblich verschlimmert. Die Hypothekenbanken entdeckten plötzlich die Innenstädte und deren Bewohner, in denen sie geeignete Opfer für ihre ausbeuterischen und diskriminierenden Kreditpraktiken erkannten. Nachdem die Blase geplatzt war, wurden diese Städte dann von allen verlassen, abgesehen von Schuldeneintreibern und Gerichtsvollziehern. Statt unsere Kommunen zu sanieren, konzentrierten sich die Politiker stärker darauf, die Banken, ihre Aktionäre und ihre Anleihegläubiger zu retten.

Die Lage mag düster sein, aber noch ist nicht alles verloren, weder für Detroit noch für andere Städte, die mit ähnlichen Problemen konfrontiert sind. Heute muss sich Detroit fragen, wie mit der Insolvenz umgegangen werden soll.

Aber auch hier müssen wir uns vor dem Einfluss des »Wissens« wohlhabender Interessenvertreter vorsehen. In den letzten Jahren haben unsere »Finanzgenies« bei Privatbanken – die angeblich wissen, wie man Risiken absichert – Detroit einige clever durchdachte Finanzprodukte (Derivate) verkauft und dadurch die finanzielle Notlage der Stadt um weitere Hunderte von Millionen Dollar verschlechtert.

Bei einer herkömmlichen Insolvenz würden Derivate-Gläubiger Vorrang vor den aktiven und pensionierten städtischen Bediensteten erhalten. Glücklicherweise messen die Vorschriften in Abschnitt 9 des Insolvenzgesetzes dem Gemeinwohl einen höheren Stellenwert bei. Wenn eine öffentliche Körperschaft in Konkurs geht, besteht immer eine gewisse Unklarheit über ihre Vermögenswerte und ihre Verbindlichkeiten. Zu ihren Verpflichtungen gehört auch ein ungeschriebener »Gesellschaftsvertrag«, der soziale Dienstleistungen für ihre Beschäftigten umfasst. Sie haben nur beschränkte Möglichkeiten, die Einnahmen zu steigern, da höhere Steuern eine

Todesspirale beschleunigen können, die noch mehr Firmen und Hausbesitzer in den Ruin treibt.

Den Banken wären andere Prioritäten selbstverständlich lieber. Angesichts der Tatsache, dass ausstehende Derivate im Volumen von 300 Millionen Dollar auf dem Spiel standen, mögen sie gemeinsame Sache machen, um bei der Rückzahlung als Erste bedient zu werden. Das Insolvenzverfahren nach Abschnitt 9 ermöglicht es, die Banken dort zu platzieren, wo sie sein sollten: am Schluss der Warteschlange. Es war schlimm genug, dass diese undurchsichtigen Finanzinstrumente dazu benutzt wurden, Investoren zu verwirren und zu täuschen. Es hätte dem Ganzen die Krone aufgesetzt, wenn das Verhalten der Banken auch noch belohnt worden wäre. Vorrangiges Ziel des Insolvenzverfahrens muss es sein, Detroit als Stadt wiederzubeleben, nicht nur, sie aus den roten Zahlen zu holen. Das Grundprinzip von Abschnitt 11 unseres Insolvenzgesetzes (das sich auf Kapitalgesellschaften bezieht) lautet, dass die Insolvenz einen Neuanfang ermöglichen soll: Dies ist von zentraler Bedeutung, um Arbeitsplätze zu erhalten und die Funktionstüchtigkeit unserer Wirtschaft zu sichern. Aber wenn Städte sich bankrott erklären, ist es noch wichtiger, die Gemeinschaften zu erhalten.

Banken und Anleiheinhaber werden darauf hinweisen, dass Rentenzahlungen für städtische Bedienstete eine unzumutbare Belastung seien und begrenzt oder annulliert werden sollten, um die Verluste der Banken zu vermindern. Aber die hohe Priorität, die Arbeitnehmer üblicherweise bei der Insolvenz von Kommunen erhalten, ist vollauf gerechtfertigt. Schließlich haben sie ihre Arbeitsleistungen unter der stillschweigenden Voraussetzung erbracht, dafür bezahlt zu werden, und Renten sind nichts anderes als »aufgeschobene Vergütung«. Anders als Investoren sind Arbeitnehmer nicht in die komplizierte Aufgabe der Risikobewertung einbezogen. Und anders als Investoren können sie ihre Kapitalanlagen kaum breit streuen. Daher sollte Beschäftigten nicht gesagt werden dürfen: Tut uns leid, aber wir bezahlen euch nicht das, was wir euch für bereits geleistete Arbeit versprochen haben. Vor allem, weil ihre Altersversorgung keineswegs üppig ist – anders als die von Topmanagern. Die meisten pensionierten städtischen Bediensteten erhalten etwa 1600 Dollar pro Monat.

Ein Großteil der finanziellen Belastungen infolge der Insolvenz muss also von denen getragen werden muss, die Detroit Kredite gewährten, und von denen, die diese Kreditgeber versicherten. So sollte es sein. Sie erhielten einen Ertrag, der ihrer subjektiven Einschätzung des Risikos entsprach, das sie eingingen. Selbstverständlich würden sie gern hohe Erträge kassieren, ohne ein Risiko zu tragen. Aber so funktionieren Märkte nun einmal nicht – jedenfalls sollten sie so nicht funktionieren.

Wachsamkeit ist notwendig, um sicherzustellen, dass die Insolvenz für Detroit sinnvoll über die Bühne geht, und dies ist nur der erste Schritt auf dem Weg zur Erholung. Längerfristig müssen wir ändern, wie wir unsere Metropolregionen verwalten. Wir müssen das öffentliche Verkehrssystem verbessern, ein Bildungssystem mit einem Minimum an Chancengleichheit aufbauen und ein System verantwortungsvoller Verwaltungsstrukturen und -prozesse für großstädtische Räume einführen, das nicht nur für das 1 Prozent oder auch nur die oberen 20 Prozent, sondern für alle Bürger funktioniert.

Und auf nationaler Ebene benötigen wir politische Maßnahmen – Investitionen in Bildung, Berufsausbildung und Infrastruktur –, die für einen möglichst reibungslosen Übergang der amerikanischen Wirtschaft in einen Zustand geringerer Abhängigkeit von der verarbeitenden Industrie für die Schaffung von Arbeitsplätzen sorgen. Wenn wir das nicht tun, werden Insolvenzen wie in Jefferson County, Alabama, Vallejo, Kalifornien, Central Falls, Rhode Island und jetzt in Detroit viel zu häufig geschehen.

Die Pleite Detroits erinnert uns daran, wie gespalten unsere Gesellschaft mittlerweile ist und wie viel getan werden muss, um die Wunden zu heilen. Und sie richtet eine eindringliche Warnung an alle, die in den heutigen Boomtowns leben: Es könnte auch euch passieren.

Niemandem vertrauen wir

MANCHMAL VERMITTELT MAN UNS in den USA heute das Gefühl, es sei naiv, sich Gedanken über Vertrauen zu machen. Unsere Songs warnen davor, die Geschichten unserer Fernsehserien zeigen seine Vergeblichkeit, und nicht enden wollende Berichte über Finanzskandale erinnern uns daran, dass es nicht schlau wäre, es unseren Banken entgegenzubringen. Der letzte Punkt mag sogar zutreffend sein, aber das bedeutet nicht, dass wir aufhören sollten, nach etwas mehr Vertrauen in unserer Gesellschaft und unserer Wirtschaft zu streben. Vertrauen ist das, was Verträge, Pläne und alltägliche Transaktionen ermöglicht, es erleichtert den demokratischen Prozess, von der Stimmabgabe bis hin zur Gesetzgebung, und es ist notwendig für soziale Stabilität. Es ist von zentraler Bedeutung für unser Leben. Mehr noch als Geld regiert Vertrauen die Welt.

In unserer volkswirtschaftlichen Gesamtrechnung messen wir Vertrauen nicht, aber Investitionen in Vertrauen sind nicht weniger wichtig als solche in Humankapital oder Maschinen.

Doch leider wird Vertrauen zu einem weiteren Opfer der erschütternden Ungleichheit in unserem Land: Je weiter sich die Schere zwischen den Amerikanern öffnet, umso schwächer werden die Verbindungen, die die Gesellschaft zusammenhalten. Und wenn immer mehr Menschen den Glauben an ein System verlieren, das scheinbar unabänderlich zu ihrem Nachteil gestaltet ist, und das 1 Prozent in immer unerreichbareren Höhen des Reichtums zu entschwinden scheint, wird dieser Stützpfeiler unserer Institutionen und unserer Lebensweise ebenfalls ausgehöhlt.

New York Times, 21. Dezember 2013.

Die Bedeutung von Vertrauen zu unterschätzen wurzelt in unseren traditionsreichsten und bekanntesten ökonomischen Lehren. Adam Smith behauptete nachdrücklich, wir täten besser daran, dem eigennützigen Streben zu vertrauen, als den guten Absichten all jener, die das Gemeinwohl unterstützen wollten. Wenn sich jeder nur um sich selbst kümmere, würden wir ein Gleichgewicht erreichen, das nicht nur angenehm, sondern auch produktiv sei und in dem die Wirtschaft vollkommen effizient funktionieren würde. Für die moralisch Uninspirierten ist es eine verlockende Idee: Selbstsucht als höchste Form der Selbstlosigkeit. (Andernorts, insbesondere in seiner *Theorie der ethischen Gefühle*, vertrat Smith einen viel ausgewogeneren Standpunkt, auch wenn die meisten seiner neuzeitlichen Anhänger dem Beispiel nicht gefolgt sind.)

Doch Ereignisse – und die wirtschaftswissenschaftliche Forschung – in den letzten dreißig Jahren haben gezeigt, dass wir uns nicht auf den Eigennutz verlassen können. Aber sie haben auch gezeigt, dass keine Volkswirtschaft, nicht einmal eine moderne, marktbasierte Volkswirtschaft wie die US-amerikanische, ohne ein Mindestmaß an Vertrauen gut funktionieren kann – und dass ungemilderte Selbstsucht zwangsläufig das Vertrauen beeinträchtigt.

Nehmen wir etwa die Kreditwirtschaft, die die Krise hervorgebracht hat, die uns so teuer zu stehen kam.

Gerade diese Branche basierte lange Zeit in ganz besonderem Maße auf Vertrauen. Sie zahlten Ihr Geld bei einer Bank ein und vertrauten darauf, dass es da sein würde, wenn Sie es irgendwann in der Zukunft abheben wollen. Dies soll nicht heißen, dass Banker nie versucht haben, sich gegenseitig oder ihre Kunden zu täuschen. Aber die allermeisten ihrer Geschäfte tätigten sie auf der Grundlage einer unausgesprochenen wechselseitigen Rechenschaftspflicht, hinlänglicher Transparenz und von Verantwortungsbewusstsein. Im Idealfall waren Banken treue, gemeindenahe Institutionen, die nach umsichtiger Prüfung Kredite an vielversprechende kleine Firmen und solide Hausbesitzer vergaben.

Doch in den Jahren vor der Krise wandelten sich unsere traditionsreichen Banken dramatisch und stiegen fortan aggressiv in andere Geschäftsfelder ein, einschließlich solcher, die traditionell mit dem Investmentbanking verbunden waren. Vertrauen ging immer mehr verloren. Gewerbliche Kreditgeber drehten Familien, die es sich nicht leisten konnten, Hypothekendarlehen an, wobei sie sie mit falschen Zusicherungen köderten. Sie mochten ihre Kunden noch so sehr ausbeuten und noch so hohe Risiken eingehen – sie konnten sich immer mit dem Gedanken trösten, dass neue »Versicherungsprodukte« – Derivate und andere Tricks – ihre Banken vor den Folgen schützen würden. Falls sich irgendjemand von ihnen Gedanken über die sozialen Folgen seines Handelns gemacht haben sollte – ob es sich dabei um unlautere Kreditgeschäfte, missbräuchliche Kreditkartenpraktiken oder Marktmanipulation handelte –, hätte er sich mit dem Diktum Adam Smiths trösten können: Ihre anschwellenden Bankkonten ließen demnach darauf schließen, dass sie zweifelsohne die gesamtgesellschaftliche Wohlfahrt steigerten.

Selbstverständlich wissen wir, dass dies alles ein Trugbild war und es für unsere Wirtschaft wie auch für unsere Gesellschaft ein schlechtes Ende nahm. Während und nach der Krise verloren Millionen von Amerikanern ihre Eigenheime, und das mittlere Vermögen ging in drei Jahren um fast 40 Prozent zurück. Auch die Banken wären von der Krise schwer gebeutelt worden, hätten ihnen nicht die umfangreichen Rettungspakete der Regierungen Bush und Obama aus der Bedrängnis geholfen.

Diese Kaskade der Zerstörung von Vertrauen setzte sich unablässig fort. Das Platzen der Immobilienpreisblase führte unter anderem deshalb zu einer so großen Krise, weil sich die Banken gegenseitig nicht mehr trauen konnten. Jede Bank kannte die Tricks, die sie selbst angewandt hatte – die bilanzielle Verschleierung von Verbindlichkeiten, die ausbeuterische und leichtfertige Kreditvergabe –, und wusste daher, dass sie keiner anderen Bank vertrauen konnte. Die Kreditgeschäfte zwischen den Banken kamen zum Erliegen, und das Finanzsystem stand am Rande des Zusammenbruchs – es wurde nur durch das entschlossene Handeln der Allgemeinheit gerettet, deren Vertrauen am schlimmsten missbraucht worden war.

Schon in der Vergangenheit hat es Ereignisse gegeben, die zeigten, wie zerbrechlich das Vertrauen im Finanzsektor ist. Besonders denkwürdig war der Börsenkrach von 1929, der zur Verabschiedung neuer Gesetze führte, die die schlimmsten Missbräuche – von Betrug bis Marktmanipulation – verhindern sollten. Wir vertrauten darauf, dass die Aufsichtsbehörden die Gesetze vollziehen würden, und wir vertrauten darauf, dass die Banken die Gesetze einhalten würden: Der Staat konnte nicht überall sein, aber Banken würden zumindest nicht aus der Reihe tanzen, da sie die Folgen von Regelverstößen fürchteten.

Doch Jahrzehnte später machten die Banken ihren politischen Einfluss geltend, um Gesetzesvorschriften auszuhöhlen und für Aufseher zu sorgen, die nicht viel von Regulierung hielten. Regierungsvertreter und Wissenschaftler beruhigten Abgeordnete und die Öffentlichkeit, indem sie ihnen versicherten, dass sich die Banken selbst regulieren könnten.

Aber das alles erwies sich als ein einziger Schwindel. Wir hatten ein Belohnungssystem geschaffen, das kurzsichtiges Verhalten und übermäßige Risikobereitschaft förderte. Tatsächlich waren wir in eine Zeit eingetreten, in der moralischen Werten wenig Beachtung geschenkt und der Stellenwert von Vertrauen selbst unterschätzt wurde.

Der Bankensektor ist nur ein Beispiel für eine von mehreren konservativen Politikern und Theoretikern vorangetriebene allgemeine Agenda, die darauf abzielt, den Stellenwert von Vertrauen in unserer Wirtschaft zu unterminieren. Diese Bewegung befürwortet eine Politik, die von einem bestimmten Standpunkt ausgeht: Man dürfe sich für jegliches Verhalten, in jedem Kontext, nicht auf Vertrauen als Motivation verlassen. Demnach zählen allein die Anreize.

Folglich müsse man Vorstandschefs (auch) mit Aktienbezugsrechten vergüten, damit sie hart arbeiten. Ich finde diese Logik befremdlich: Wenn ein Unternehmen jemandem 10 Millionen Dollar zahlt, damit er dieses Unternehmen führt, sollte er oder sie alles geben, um dessen Erfolg sicherzustellen. Er sollte dies nicht nur dann tun, wenn man ihm eine große Menge des gestiegenen Börsenwertes des Unternehmens verspricht, zumal wenn sich diese Wertsteigerung ausschließlich einer durch die niedrigen Leitzinsen der Fed geschaffenen Aktienblase verdankt.

Ebenso müsste man auch Lehrer nach ihrer Leistung bezahlen, um sie dazu zu bringen, sich anzustrengen. Aber Lehrer arbeiten bereits hart für niedrige Gehälter, weil sie sich mit ganzer Kraft dafür einsetzen, ihren Schülern die bestmöglichen Lebensperspektiven zu eröffnen. Glauben wir tatsächlich, sie würden sich noch mehr anstrengen, wenn wir ihnen eine Leistungszulage in Höhe von 50 oder auch 500 Dollar zahlen würden? Stattdessen sollten wir die Gehälter der Lehrer grundsätzlich erhöhen, weil wir den Wert ihres Engagements würdigen und ihrer Professionalität vertrauen. Für die Befürworter einer Kultur der Anreize liefe dies auf eine Leistung ohne Gegenleistung hinaus.

In der Praxis aber hat sich die Fokussierung der politischen Rechten auf Anreize nachteilig auf das langfristige Denken ausgewirkt und so viele Gelegenheiten zu raffgieriger Selbstbereicherung geschaffen. Damit säten sie schließlich sowohl in der Gesellschaft als auch innerhalb von Unternehmen Misstrauen. Bankmanager und Konzernvorstände wenden kreative Buchführungstricks an, um ihre Unternehmen kurzfristig gut dastehen zu lassen, selbst wenn ihre langfristigen Aussichten alles andere als erfreulich sind.

Selbstverständlich sind Anreize eine wichtige Komponente des menschlichen Verhaltens. Aber die Anreizbewegung hat sie zu einer Art Religion verklärt und dabei alle anderen Faktoren einfach ausgeblendet, die unser Verhalten beeinflussen: soziale Bindungen, moralische Motive und Mitgefühl.

Dies ist nicht bloß eine kaltherzige Sicht der menschlichen Natur. Es ist geradezu unmöglich, jedes Mal, wenn Vertrauen erforderlich ist, dafür zu bezahlen. Ohne Vertrauen wäre das Leben absurd teuer: Man könnte sich so gut wie keine verlässlichen Informationen beschaffen, Betrug wäre noch weiter verbreitet, als er es ohnehin schon ist, und Transaktions- wie auch Prozesskosten würden sprunghaft ansteigen. Unsere Gesellschaft wäre so gelähmt, wie es die Banken waren, als ihr jahrelanges unlauteres Geschäftsgebaren so eskalierte, dass im Jahr 2007 die Krise ausbrach.

Die USA müssen eine weitere gewaltige Herausforderung bewältigen, wenn wieder ein Klima des Vertrauens geschaffen werden soll: die außer Kontrolle geratene Ungleichheit. Das Verhalten der Banken und die von der Rechten beeinflusste Regierungspolitik haben nicht nur Vertrauen untergraben, sondern in erheblichem Umfang auch zu dieser Ungleichheit beigetragen.

Wenn 1 Prozent der Bevölkerung mehr als 22 Prozent des Nationaleinkommens – und 95 Prozent der Einkommenssteigerungen in der Erholung nach der Krise – vereinnahmt, dann stehen einige recht elementare Dinge auf dem Spiel. Vernünftige Menschen, auch wenn sie nichts von diesem Labyrinth unfairer politischer Maßnahmen wissen, das diese Realität schuf, müssten beim Anblick der absurden Verteilung zu dem Schluss kommen, dass die Spielregeln manipuliert wurden.

Aber unsere Wirtschaft und unsere Gesellschaft können nur dann funktionieren, wenn ihre Mitglieder darauf vertrauen, dass das System einigermaßen fair ist. Vertrauen zwischen Personen beruht normalerweise auf Gegenseitigkeit. Aber wenn ich glaube, dass ich betrogen werde, werde ich eher Vergeltung üben und meinerseits versuchen zu betrügen. (Diese Zusammenhänge werden in einem Teilgebiet der Volkswirtschaftslehre, der »Theorie wiederholter Spiele« eingehend erforscht.) Wenn Amerikaner ein Steuersystem sehen, das die Einkommen der Reichsten prozentual viel niedriger belastet als ihr eigenes, weitaus geringeres Einkommen, dann haben sie das Gefühl, selbst schuld zu sein, wenn sie sich an die Spielregeln halten. Dies umso mehr, wenn die Reichsten ihr Kapital in Steueroasen schaffen können. Die Tatsache, dass sie dies tun können, ohne gegen Gesetze zu verstoßen, zeigt, dass das Finanz- und das Rechtssystem von den und für die Reichen gestaltet wurden.

Wenn dieser Vertrauensmangel länger andauert, setzt ein tiefgreifender Verfall ein: Einstellungen und Normen wandeln sich.

Wenn niemand mehr vertrauenswürdig ist, sind es nur noch Narren, die vertrauen. Der Begriff der Fairness selbst wird seines Sinnes beraubt. Eine letztes Jahr von der National Academy of Sciences veröffentlichte Studie deutet darauf hin, dass Angehörige der Oberschicht sich eher in einer traditionell als unmoralisch geltenden Weise verhalten. Vielleicht ist dies für manche der einzige Weg, um ihre Weltsicht mit ihrem befremdlichen finanziellen Erfolg in Einklang zu bringen, den sie oftmals Verhaltensweisen verdanken, die eine Art moralische Verkommenheit offenbaren.

Es lässt sich schwer sagen, wo genau wir heute auf dem Weg zu einem völligen Verfall des Vertrauens stehen, aber die Indizien sind nicht ermutigend.

Ökonomische Ungleichheit, politische Ungleichheit und ein die Ungleichheit förderndes Rechtssystem verstärken sich gegenseitig. Unser Rechtssystem räumt den Reichen und Mächtigen Sonderrechte ein. Gelegentlich wird das besonders auffällige Fehlverhalten Einzelner bestraft (man denke an den Anlagebetrüger Bernard L. Madoff), aber von denen, die an der Spitze unserer mächtigen Banken standen, wurde niemand zur Rechenschaft gezogen.

Wie immer sind es die Armen und alle ohne einflussreiche Beziehungen, die am stärksten darunter leiden und die am häufigsten betrogen werden. Dies zeigte sich besonders deutlich in der Zwangsversteigerungskrise. Wer mit hochriskanten Hypothekenangeboten auf Kundenfang ging und sich dabei als Finanzexperte ausgab, versicherte Kreditinteressenten, die die Voraussetzungen für ein Darlehen nicht erfüllten, dass die Rückzahlung kein Problem sei. Später sollten Millionen ihre Häuser verlieren. Die Banken fanden heraus, dass sie vor Gericht eidliche Versicherungen abgeben konnten, die ihre Mitarbeiter gewissermaßen in Tausenderpacks unterzeichneten (eine Praxis, die später auch »Robo-Signing« genannt wurde). Darin bestätigten sie, dass sie nach sorgfältiger Prüfung ihrer Geschäftsunterlagen zu dem Schluss gekommen seien, dass benannte Privatpersonen ihnen Geld schuldeten (und mit der Rückzahlung in Verzug waren) – und daher ihre Häuser zu verlassen hatten. Die Banken logen in großem Stil, doch sie wussten, wenn sie nicht erwischt würden, könnten sie ungeschoren riesige Gewinne einfahren, und ihre Topmanager könnten sich die Taschen mit Boni füllen. Und sollten sie erwischt werden, dann müssten ihre Aktionäre die Zeche zahlen. Der durchschnittliche Eigenheimbesitzer hatte schlichtweg nicht die Mittel, um sich juristisch gegen sie zu wehren. Dies war nur ein Beispiel von vielen und zeigt, dass die Banken im Zuge der Krise scheinbar juristisch unantastbar waren.

Ich habe über viele Dimensionen der Ungleichheit in unserer Gesellschaft geschrieben – Vermögens- und Einkommensungleichheit, ungleicher Zugang zu Bildung und Gesundheitsversorgung, nicht zu vergessen Chancenungleichheit. Aber noch mehr als Chancengleichheit schätzen Amerikaner wohl die Gleichheit vor dem Gesetz. Hier unterhöhlt die Ungleichheit den Kern unserer Ideale.

Ich vermute, dass es nur einen Weg gibt, um das Vertrauen wiederherzustellen. Wir müssen strenge Rechtsvorschriften erlassen, die Normen guten Verhaltens verkörpern, und unerschrockene Aufseher ernennen, die sie durchsetzen. Genau das haben wir getan, nachdem die Goldenen Zwanziger in einem Börsenkrach ihr jähes Ende fanden. Hingegen waren unsere Anstrengungen seit 2007 halbherzig und lückenhaft. Unternehmen müssen ebenfalls mehr tun, als Regulierungen zu umgehen. Wir müssen höhere Maßstäbe an zulässiges Verhalten anlegen, wie etwa jene, die in den »Leitprinzipien für Wirtschaft und Menschenrechte« der Vereinten Nationen niedergelegt sind. Aber wir benötigen auch Regulierungsmaßnahmen, um diesen Normen Geltung zu verschaffen – eine neue Version von »Vertrauen ist gut, Kontrolle ist besser«. Keine Regeln werden streng genug sein, um jeden Missbrauch unmöglich zu machen, aber sachgerechte, strikte Regulierungen können das Schlimmste verhindern.

Starke Werte befähigen uns, einträchtig miteinander zu leben. Ohne Vertrauen gibt es keine Eintracht und keine starke Wirtschaft. Die Ungleichheit in den USA zersetzt das gesellschaftliche Vertrauen, und um künftiger Generationen willen ist es an der Zeit, es wieder aufzubauen. Dass man überhaupt darauf hinweisen muss, zeigt, was für ein weiter Weg vor uns liegt.

TEIL VI
Politik

PRAKTISCH JEDE POLITISCHE MASSNAHME, die eine Regierung ergreift, wirkt sich auf die Ungleichheit aus – das ist eine zentrale Botschaft dieses Buches. Ökonomen diskutieren für gewöhnlich darüber, welche Folgen eine politische Maßnahme für die *Effizienz* hat, ob sie womöglich die Anreize verzerrt. Aber insbesondere in unserer gespaltenen Gesellschaft sollten politische Maßnahmen, die diese Schere weiter öffnen würden, gründlich überprüft werden. Ich schrieb diese Aufsätze als Reaktion auf unterschiedliche politische Debatten, die in den USA zu verschiedenen Zeitpunkten geführt wurden und in denen den Verteilungseffekten der zur Diskussion stehenden politischen Maßnahmen oftmals kaum Beachtung geschenkt wurde.

Der Aufsatz »Wie die Politik zur ökonomischen Spaltung beigetragen hat« vermittelt einen Überblick darüber, wie politische Maßnahmen – insbesondere die makroökonomische Politik eines Landes, die den Output und die Beschäftigung bestimmt – die Spaltung noch vergrößert haben.

»Warum nicht Larry Summers, sondern Janet Yellen die Fed führen sollte« ist einer von mehreren Artikeln, die ich geschrieben habe, um den Zusammenhang zwischen Geldpolitik und Ungleichheit zu verdeutlichen, und zugleich einer der pointiertesten. (Diesem Thema widmete ich auch Kapitel 9 von *Der Preis der Ungleichheit*.) Im Sommer 2013 war das Land gespalten: Wer sollte nach dem Ende der Amtszeit von Ben Bernanke die Leitung der US-Notenbank übernehmen? Bernankes Erfolgsbilanz war durchwachsen, so hatte die Geldpolitik der Fed vor der Krise maßgeblich zu deren Entstehung beigetragen. Dazu zählt sowohl der Zeitraum ab 2006, in dem er an ihrer Spitze stand, als auch eine frühere Phase, von 2002 bis 2005, als er ein aktives Mitglied des Federal Reserve System war. Den beispiellosen Maßnahmen, die die Fed während der Krise ergriffen hat, wird oftmals das Verdienst zugeschrieben, die Wirtschaft vor einer neuen Großen Depression bewahrt zu haben. Aber es ist unverkennbar, dass die Fed mehr daran interessiert war, die großen Wall-Street-Banken zu retten, als den lokalen und regionalen Banken unter die Arme zu greifen, die die mittelständische Wirtschaft mit Krediten versorgen. Sie war mehr daran interessiert, die Banken und ihre Aktionäre und Obligationäre zu retten, als einfachen Eigenheimbesitzern dabei zu helfen, ihre Häuser zu behalten. Nachweislich lag ihr auch nichts an demokratischer Transparenz, so half sie beispielsweise dem Versicherungskonzern American International Group (AIG) mit Notkrediten – Gelder, die schließlich bei Goldman Sachs und anderen Großbanken landeten. Aus einleuchtenden Gründen wollte die Fed vermeiden, dass amerikanische Bürger erfahren, wohin die Gelder fließen.

Die Auseinandersetzung war komplexer und facettenreicher, als es solche Entscheidungen oftmals sind. Es gab zwei Hauptkandidaten, Larry Summers und Janet Yellen, die ich beide gut kannte. Mit Larry Summers hatte ich im Weißen Haus eng zusammengearbeitet, und Janet war in Yale eine meiner ersten Doktorandinnen gewesen. Beide sind hochintelligent. Beide sind erfahren. Die meisten, die eng mit den beiden zusammengearbeitet hatten, waren überzeugt davon, dass Yellen für die schwierigen Aufgaben, die mit der Leitung der vielleicht einflussreichsten Finanzinstitution der Welt verbunden seien, die bessere Wahl wäre. In einem früheren Artikel hatte ich erklärt, welche Qualifikation diese Position verlangt, und dabei durchblicken lassen, dass ich Yellen für die bessere Wahl hielt.[39] Viele Senatoren sahen dies genauso und forderten Präsident Obama in einem Brief auf, Yellen zu nominieren. Niemand wollte, dass die Auseinandersetzung persönlich wurde. Aber aus irgendeinem Grund ist Obama diesem Rat nicht gefolgt. Anscheinend behagte ihm die Strategie der »Seilschaft« mehr, und er zog es vor, jemanden zu ernennen, den er von dessen Zeit als Vorsitzender des Nationalen Wirtschaftsrates gut kannte. Eine zunächst geräuschlose Auseinandersetzung wurde immer lauter, und mein Artikel hat vielleicht zu dem Meinungsumschwung beigetragen.[40] Eine Sperrminorität von Senatoren im Bankenausschuss des Senats (der solche Ernennungen bestätigen muss) stellte klar, dass sie Summers Ernennung nicht mittragen würde, und damit war der Fall erledigt.

In dem Streit ging es auch um sogenannte »gläserne Decken«, die ein weiterer Aspekt der Ungleichheit in den USA sind, der sich in Einkommens- und Chancenunterschieden zwischen den Geschlechtern widerspiegelt. Yellen hatte sich nicht nur als Chefin der regionalen Federal-Reserve-Bank von San Francisco und als Vizepräsidentin der Fed, sondern auch durch Prognosen hervorgetan, die zutreffender waren als die anderer Experten. (Die Prognosen der Regierung, die maßgeblich von Summers beeinflusst waren, lagen bekanntlich oft daneben. Summers sah ständig zarte Knospen einer wirtschaftlichen Erholung, die tatsächlich erst Jahre später eintreten sollte. Wir haben bereits erwähnt, dass die Regierung dadurch, dass sie den Schweregrad des Abschwungs unterschätzte, weitreichende politische und wirtschaftliche Fehlentscheidungen traf.) Yellens Objektivität und ihre Klugheit haben ihr an der Wall Street enormen Respekt eingetragen.

Aber im Grunde ging es in dieser Auseinandersetzung um Wirtschaftsphilosophie und Werte. Summers war zur Personifikation der Finanzmarktderegulierung geworden. Er rühmte sich für seine Rolle bei der Verabschiedung des Gesetzes, das gewährleistete, Derivate – die Finanzprodukte, die bei der Entstehung der Krise eine so große Rolle gespielt hatten und die für das AIG-Rettungspaket in Höhe von 180 Milliarden Dollar verantwortlich waren – nicht zu regulieren. Die Strategie der Regierung zur Rettung der Wirtschaft konzentrierte sich auf die Rettung der Banken, während die Hausbesitzer nicht nennenswert unterstützt wurden. Das von der Regierung beschlossene Konjunkturprogramm war zu klein, schlecht ausgestaltet und zu kurz angelegt.

Ich dachte, Yellen würde vielleicht einige grundlegende Veränderungen in der Zentralbankpolitik herbeiführen – nicht nur in den Vereinigten Staaten, sondern auch andernorts. Notenbankchefs haben sich mit ihren Meinungen über Themen, die weit über die Grenzen der Geldpolitik hinausgehen, lange nicht zurückgehalten. Während Greenspan den Finanzsektor ins Chaos stürzte, erteilte er großzügig Ratschläge zur Finanzpolitik. (So befürwortete er die Steuersenkungen für die Reichen mit der wahrlich bemerkenswerten Begründung, ohne eine solche Steuersenkung laufe das Land Gefahr, die gesamten Staatsschulden zurückzahlen zu müssen, was wiederum die geldpolitische Entscheidungsfindung erschweren würde!) In Europa hat der Präsident der Europäischen Zentralbank das Finanzsystem der Eurozone ähnlich schlecht gemanagt, aber erteilte hingegen großzügig Ratschläge zur Arbeitsmarktpolitik: So sprach er sich etwa für eine höhere Lohnflexibilität aus – womit er letztlich, wenn auch indirekt, Lohnsenkungen empfiehlt, was die wirtschaftliche Spaltung Europas noch weiter vertiefen würde.

Das Augenmerk der Zentralbanken richtet sich normalerweise ausschließlich auf die Inflation. Zwar *soll* die US-amerikanische Notenbank auch die Arbeitslosigkeit und das Wirtschaftswachstum (und mittlerweile, reichlich verspätet, die Stabilität der Finanzmärkte) im Auge haben, de facto aber konzentriert sie sich auf die Inflation. Yellen hat dazu beigetragen, dies zu ändern. In den letzten Jahren hat die Fed immer wieder erklärt, dass sie die Zinssätze erst dann anheben werde, wenn sich die Lage auf dem *Arbeitsmarkt* bessere.

Drastischer war die Rede zum Thema Ungleichheit und insbesondere Chancenungleichheit, die Yellen am 17. Oktober 2014 bei einer Konferenz der Bostoner Federal Reserve Bank hielt. Während einer Debatte in der *New York Times* behaupteten einige,[41] die Fed überschreite damit ihre Zuständigkeiten – dabei wurde diese Kritik nicht geübt, wenn andere Notenbankchefs ihre Meinung zu weiteren Aspekten der Wirtschaftspolitik äußerten. Ich bin fest davon überzeugt, dass Yellen völlig zu Recht über Ungleichheit gesprochen hat, weil die Fed einen so großen Einfluss hat. Wenn die Fed die geldpolitischen Zügel allzu sehr strafft – die Zinsen zu stark anhebt oder das Kreditangebot zu sehr drosselt –, treibt sie dadurch die Arbeitslosigkeit in die Höhe, was Arbeitnehmern sowohl direkt als auch indirekt, durch den daraus folgenden Druck auf die Löhne, schadet. Wenn sie zu früh auf die geldpolitischen Bremsen steigt – sobald sich inflationäre Tendenzen abzeichnen –, wird die Lohnquote wahrscheinlich nach unten gedrückt, denn während eines Abschwungs erleiden Arbeitnehmer oftmals Wohlstandseinbußen, und man muss ihnen erlauben, ihre Verluste wieder auszugleichen.

Während das wichtigste Ziel der Politik der Fed ist, die Vollbeschäftigung wiederherzustellen – ein für alle Arbeitnehmer überaus erfreuliches Ziel –, mag manches von dem, was die Fed getan hat, die Ungleichheit verstärkt haben. Einer der Haupteffekte der Quantitativen Lockerung – einer geldpolitischen Maßnahme zum Kauf langfristiger Anleihen, um den langfristigen Zins zu senken – bestand darin, die Kurse am Aktienmarkt zu stützen. Davon profitieren vor allem die Reichen. Und der Umstand, dass sie nicht getan hat, was sie hätte tun können und sollen, um die Finanzmärkte stärker für die Interessen der Durchschnittsamerikaner einzuspannen – den Wettbewerb gewährleisten, die überhöhten Gebühren begrenzen, die Kredit- und Debitkarten Händlern in Rechnung stellen (die diese letztlich an ihre Kunden weiterreichen), die Kreditvergabe an die mittelständische Wirtschaft wieder ankurbeln sowie einen Hypothekenmarkt schaffen, der den Interessen der amerikanischen Verbraucher und nicht denen der Banken dient – hat den mittleren und unteren Einkommensbeziehern geschadet, während es zugleich die Kassen der Banken füllte.

Yellen weist auch zu Recht auf die Grenzen der Geldpolitik hin (wie ich es auch in diesem Buch mache). Sie kann kaum aus eigener Kraft Vollbeschäftigung wiederherstellen. Tatsächlich fördert sie womöglich jenes beschäftigungsfreie Wachstum, das wir gerade erleben (der Prozentsatz der Personen im erwerbsfähigen Alter, die einer Beschäftigung nachgehen, ist seit der Krise zwar wieder geringfügig angestiegen, aber immer noch niedriger als zu einem beliebigen Zeitpunkt seit 1984). Niedrige Zinsen ermuntern Firmen, in sehr kapitalintensive Technologien zu investieren – die Ersetzung gering qualifizierter Arbeitnehmer durch Maschinen ist in einer Zeit nicht sinnvoll, in der so viele ungelernte Arbeitskräfte nach Beschäftigung suchen.

In einigen Politikfeldern sind die Auswirkungen auf die Lage der Armen geradezu offensichtlich. In »Der Wahnsinn unserer

Lebensmittelpolitik« geht es um ein solches Feld – um unsere Lebensmittelprogramme, auf die fast jeder siebte Amerikaner angewiesen ist. Zur gleichen Zeit berät der Kongress über einschneidende Kürzungen dieser Programme. Aber die Republikaner im Repräsentantenhaus, die sich für diese Kürzungen aussprachen, befürworteten gleichzeitig die Beibehaltung massiver Agrarsubventionen für reiche Farmer. Selten sieht man so deutlich die großen Widersprüche, die mit der Regierung des 1 Prozents, durch das 1 Prozent und für das 1 Prozent verbunden sind. Die rhetorischen Bekenntnisse zur freien Marktwirtschaft enthüllen sich als das, was sie sind: bloße Rhetorik. Das von den Republikanern kontrollierte Repräsentantenhaus erhält ein Sicherheitsnetz für die Reichen aufrecht, indem es die großzügige Konzernwohlfahrt für landwirtschaftliche Großbetriebe verlängert, während es gleichzeitig das Sicherheitsnetz für die Armen zurückstutzt.

Arbeitnehmer machen oftmals die Globalisierung für ihre sich zusehends verschlechternden Lebensperspektiven verantwortlich, und in mehreren meiner früheren Bücher erläuterte ich, wie eine fehlgesteuerte Globalisierung die Ungleichheit sowohl in den Industrie- als auch in den Entwicklungsländern erhöhen kann.[42] Handelsabkommen wurden immer damit gerechtfertigt, dass sie Arbeitsplätze schaffen – wenn das zutreffen würde, sollten Arbeitnehmer zu den entschiedensten Befürwortern dieser Abkommen gehören. Die Wirklichkeit sieht jedoch oft anders aus. Die Tatsache, dass unsere führenden Politiker (nicht nur Republikaner, sondern auch Clinton und Obama) versucht haben, Handelsabkommen derart falsch darzustellen, untergräbt das Vertrauen in sie und erinnert die Bürger ein weiteres Mal an das Ausmaß, in dem unsere Regierung die Interessen der Vermögenden repräsentiert.

Die »Logik«, nach der Handelsabkommen Arbeitsplätze schaffen, basiert auf mindestens drei wesentlichen Denkfehlern. Regierungen aller politischen Richtungen weisen zu Recht darauf hin, dass Exportsteigerungen Arbeitsplätze schaffen. Aber das Handelsgleichgewicht erfordert es, dass die Einfuhren ungefähr den Ausfuhren entsprechen – und unsere Handelspartner würden kein unausgewogenes Abkommen unterzeichnen, das dazu führte, dass unsere Ausfuhren steigen, ihre dagegen (unsere Einfuhren) nicht im gleichen Umfang. Aber so, wie Ausfuhren Arbeitsplätze schaffen, werden diese von Einfuhren vernichtet. Und hier muss man eine sehr sorgfältige und komplizierte Rechnung durchführen: Werden mehr Arbeitsplätze geschaffen oder vernichtet? Da wir vor allem Waren aus arbeitsintensiven Wirtschaftszweigen einführen (aus Branchen, in denen viele Arbeitskräfte benötigt werden, um einen bestimmten Wert an Output zu erzeugen) und vornehmlich solche aus Hochtechnologie-Branchen ausführen (wie Flugzeuge), die vergleichsweise wenige – und zudem hochqualifizierte – Arbeitskräfte benötigen, ist es unter dem Strich eine plausible Annahme, dass ausgewogene Handelsabkommen Arbeitsplätze vernichten.

Die genannte Analyse geht von der Annahme aus, dass Märkte gut funktionieren. Aber in den letzten Jahren hat die amerikanische Wirtschaft nicht gut funktioniert: Es gibt ein hohes Maß an offener und verdeckter Arbeitslosigkeit. Arbeitsplätze zu vernichten ist leichter, als neue zu schaffen. Die Konkurrenz durch Einfuhren kann Arbeitsplätze über Nacht vernichten. Die Ausweitung der Exporte erfordert die Vergrößerung bestehender und die Schaffung neuer Unternehmen. Aber wenn Finanzmärkte nicht gut funktionieren – und unsere haben nicht gut funktioniert –, erhalten Firmen, die gern expandieren würden, oftmals nicht das dafür notwendige Kapital.

Am wichtigsten aber ist vielleicht der Punkt, dass die Verantwortung für die Aufrechterhaltung der wirtschaftlichen Stabilität nicht bei Handels-, sondern bei Währungs- und Finanzbehörden liegen sollte. Zugegebenermaßen haben sie keine gute Arbeit geleistet. Doch es ist unwahrscheinlich, dass der Handel ihre Versäumnisse ausgleichen wird. Wenn die Fed ihre Sache gut machen würde und wenn die Regierung recht hätte mit ihrer Behauptung, dass ein Handelsabkommen unter dem Strich neue Arbeitsplätze schafft, dann würde die Fed mit einer Anhebung der Zinsen reagieren. Dadurch würden die vermeintlichen positiven Beschäftigungseffekte des Handelsabkommens vollständig kompensiert werden.

Unaufrichtigkeit ist niemals die beste Strategie, und das unaufrichtige »Verkaufen« von Handelsabkommen stellt einen moralischen Tiefpunkt der Politik dar.

Die beiden Artikel »Auf der falschen Seite der Globalisierung« und »Die Freihandelsfarce« wurden geschrieben, als Präsident Obama für neue transpazifische und -atlantische Handelsabkommen warb. Auch wenn Handelsabkommen womöglich keine Arbeitsplätze schaffen – vermutlich eher welche vernichten –, liegen ihre eigentlichen Auswirkungen auf anderen Feldern. Einer dieser Effekte ist die Verschlimmerung der ohnehin schon hohen Ungleichheit in den USA. Diese Gefahr ist lange bekannt – aber Politiker erwähnen dies nur ungern. Ironischerweise gehörten einige der engagiertesten Befürworter des Freihandels zu all jenen, die am wenigsten bereit waren, politische Maßnahmen zu unterstützen, um einige dieser negativen Effekte abzumildern.

Handelsabkommen erhöhen die Ungleichheit aus einem einfachen Grund. Diese Auswirkungen sind in einer Welt vollkommener Märkte am deutlichsten zu sehen, in jener Art von Welt, die sich viele Globalisierungsbefürworter als ideal vorstellen. In einer solchen Welt würden sich Güter, Kapital und, ja, auch Arbeitskräfte frei über Grenzen hinweg bewegen. Es sollte daher offensichtlich sein, dass ungelernte Arbeitskräfte (beziehungsweise alle Produktionsfaktoren) überall auf der Welt denselben Preis haben. Und das bedeutet, dass ungelernte Arbeitskräfte in den Vereinigten Staaten den gleichen Lohn erhalten würden wie ungelernte Arbeitskräfte in China oder Indien. Und die Höhe dieses Lohns würde zweifellos eher dem Lohn in Indien oder China ähneln als dem US-amerikanischen. Es war eine bahnbrechende Erkenntnis der modernen Volkswirtschaftslehre, dass der internationale Waren- und Dienstleistungsverkehr tatsächlich ein Ersatz für die Freizügigkeit der Arbeitskräfte und den freien Kapitalverkehr ist: Wenn China arbeitsintensive Güter an die Vereinigten Staaten verkauft, steigert dies die Nachfrage nach Arbeitskräften in China, während es die in den USA senkt, sodass die Löhne dort steigen, während sie hier sinken. Infolge der Handelsliberalisierung nähern sich die Löhne ungelernter

Arbeitskräfte in den beiden Ländern an. Und die Löhne unserer Arbeitnehmer werden wahrscheinlich stärker sinken, als die ihren steigen werden.

Während Ökonomen lange Zeit über den relativen Stellenwert dieses Effekts – verglichen mit anderen, welche die Einkommensungleichheit steigern – kontrovers diskutiert haben, besteht heute wachsendes Einvernehmen darüber, dass der Handel erhebliche Auswirkungen auf Löhne und Ungleichverteilungen haben kann. Regionen innerhalb der USA, deren Produktion von Gütern sich nach China verlagerte, verzeichneten Beschäftigungs- und Lohnrückgänge.

Leider sind unsere Handelsabkommen so unausgewogen, dass sich die Effekte verschlimmern, die zu mehr Ungleichheit führen. Befürworter dieser Abkommen haben sich intensiv darum bemüht, den freien Fluss nicht nur von Gütern und Dienstleistungen, sondern auch von Kapital zu fördern. Aber das hat die Verhandlungsposition der Arbeitnehmer fundamental verändert. Wenn sie angemessene Löhne fordern, kann der Arbeitgeber einfach damit drohen, die Fabrik ins Ausland zu verlagern – in dem Wissen, dass es keine Schranken für diese Verlagerung seiner Firma und den umgekehrten Güterstrom gibt. Auch dies schwächt zweifellos die Löhne.

Ironischerweise haben viele der Globalisierungsbefürworter nicht nur nicht die Absicht, den Leidtragenden dieser Entwicklung zu helfen, vielmehr sagen sie, Arbeitnehmer sollten sich mit der abnehmenden Sicherheit von Arbeitsplätzen und dem Abbau staatlicher Leistungen abfinden: die Globalisierung verlange dies, wenn wir unsere Wettbewerbsfähigkeit erhalten wollten, so das Argument. Tatsächlich *geben sie zu*, dass Arbeitnehmer durch die Globalisierung Einbußen erleiden. Aber wenn die Globalisierung dem Land *insgesamt* nützt und wenn Arbeitnehmer *insgesamt* schlechter gestellt werden, was bedeutet das dann? Es bedeutet, dass die gesamten positiven Einkommenseffekte der Globalisierung den Vermögenden, den Konzernen und ihren Eigentümern zufließen. In diesen beiden Aufsätzen wird nun die Auffassung vertreten, dass die vorgeschlagenen *neuen* Handelsabkommen sogar noch schädlicher sind. Vermutlich ist dies einer der Gründe dafür, dass die Verhandlungen unter so großer Geheimhaltung geführt werden. Da die Zölle bereits sehr niedrig sind, geht es bei den neuen Abkommen vor allem um eine Stärkung der Rechte am geistigen Eigentum. Das treibt die Preise für Medikamente in die Höhe, da die Abkommen versuchen, Generika gegenüber Originalpräparaten zu benachteiligen – und um die Unterminierung von Rechtsvorschriften zum Schutz der Umwelt, der Arbeitnehmer, der Verbraucher und auch der Wirtschaft durchzusetzen.

Noch viel beunruhigender sind jene Vertragsbestimmungen, die unter dem beschönigenden Etikett der »Investitionsbestimmungen« firmieren und scheinbar dem Schutz von Eigentumsrechten dienen. Wer könnte etwas dagegen haben? Doch als die Vereinigten Staaten weitgehend die gleichen Bestimmungen in einem transatlantischen Abkommen mit den Europäern durchsetzen wollten, führte dies zu Stirnrunzeln. Es zeigte sich, dass etwas anderes im Gange war. Denn Europa hat gute Eigentumsrechte – die genauso gut sind wie die in den Vereinigten Staaten. Und wenn etwas an dem europäischen System der Eigentumsrechte nicht in Ordnung sein sollte, weshalb würde man dies nur für ausländische und nicht auch für europäische Unternehmen korrigieren wollen? Auch Europa hat ein gutes Regulierungs- und Gerichtssystem. Weshalb will man ein System der gerichtlichen Beilegung von Streitigkeiten (in diesem Fall zwischen Unternehmen und Staaten), das sich bewährt hat und gut durchdacht ist (mit sachgerechten Rechtsschutzgarantien für beide Streitparteien und einem transparenten Verfahren auf der Basis einer gefestigten Rechtsprechung), durch ein unter Ausschluss der Öffentlichkeit stattfindendes Schiedsgerichtsverfahren mit Schiedsrichtern ersetzen, die oftmals Interessenkonflikte mit Positionen in anderen Fällen haben, ohne ausreichende Möglichkeiten zur Berufung und richterlicher Nachprüfung vorzusehen? Wenn die eigenartige Form von Gerichtsverfahren, das diese Abkommen fordern, tatsächlich überlegen ist, weshalb wenden wir sie dann nicht in größerem Rahmen an? Und wenn dem so ist, sollte dann nicht im

Kongress eine breite nationale Debatte geführt werden, wobei die Beratungen vom Justizminister und den Rechtsausschüssen geleitet werden sollten – nicht vom US-Handelsbevollmächtigten und den mit Handelsfragen befassten Kongressausschüssen?

In den Aufsätzen vertrete ich die These, dass die neuen Handelsabkommen lediglich ein Ausweichmanöver von Konzerninteressen sind, um über ein Handelsabkommen ein regulatorisches Regime durchzusetzen, das sie unter den Bedingungen einer offenen demokratischen Debatte niemals durchsetzen könnten. Die Abkommen sollen Schutzgarantien unterlaufen, die in den letzten fünfzig Jahren eingeführt wurden – und sogar die neueren Schutzklauseln, die die schlimmsten Auswüchse des Finanzsektors eindämmen sollen. Denn die Abkommen scheinen sogar unsere Befugnisse zur Regulierung des Finanzsektors und die unserer Handelspartner einzuschränken.

Außerdem enthalten diese Handelsabkommen nachteilige Bestimmungen über geistiges Eigentum. Schutzrechte für geistiges Eigentum sind wichtig, aber als ich selbst als Mitglied der Regierung Clinton während Diskussionen über die Uruguay-Handelsrunde erstmals mit diesen Fragen befasst war, erkannte ich ganz deutlich, dass die Bestimmungen in unseren Handelsabkommen *nicht* der Förderung des wissenschaftlichen Fortschritts dienen. Vielmehr sollen sie die Kassen der Konzerne füllen, insbesondere in der Pharma- und der Unterhaltungsbranche. Tatsächlich steht zu befürchten, dass die gegenwärtigen Bestimmungen den wissenschaftlichen Fortschritt *bremsen*.

Die in diesen neuen Handelsabkommen enthaltenen Bestimmungen über den Schutz des geistigen Eigentums richten sich insbesondere gegen Generika. Es liegt eine bittere Ironie darin, dass Obama, der so entschlossen für ein effizienteres Gesundheitssystem gekämpft hat – das die Gesundheitskosten senken sollte –, jetzt seine eigenen Anstrengungen mit einem Abkommen konterkariert, das höchstwahrscheinlich die Preise für die Medikamente in die Höhe treiben würde. In »Wie geistiges Eigentum die Ungleichheit verstärkt« setzte ich die Diskussion über die Rolle des geistigen

Eigentums bei der Verschärfung sozialer Ungleichheit fort. Ich beziehe mich dort auf das dramatische Beispiel eines Privatunternehmens, das sich um die Patentierung einer Reihe von Genen bemühte, die eng mit Brustkrebs zusammenhängen. Es wollte jede Frau, die wissen will, ob sie diesem Risiko ausgesetzt war, dazu zwingen, seine Tests zu nutzen (die nicht so aussagekräftig waren wie die von anderen Unternehmen) und dafür einen überhöhten Preis zu zahlen. Die schlimmste Ungleichheit von allen besteht darin, das Leben zu entziehen – und genau das hat unser Schutzsystem des geistigen Eigentums getan. Zum Glück hat der Oberste Gerichtshof in diesem Fall die Patente für ungültig erklärt. Bemerkenswert ist, dass selbst nach dieser Entscheidung Firmen, die erschwinglichere Tests für diese Gene anbieten wollten, verklagt wurden.

Das Gesetz zum Schutz geistigen Eigentums ist nicht gottgegeben. Es ist von Menschen gemacht, es ist eine soziale Konstruktion, die vermeintlich Innovation und die Verbreitung von Wissen fördern soll. Aber das Gesetz basiert auf vielen Details, und wenn man diese Details nicht richtig regelt, kann das Gesetz zum Schutz geistigen Eigentums Innovationen hemmen. Zum Beispiel sollte man nur für *neue* Ideen ein Patent erhalten, und aus diesem Grund fordern Patentgesetze einen bestimmten Grad der Neuheit. Eine Erfindung muss *hinreichend* neu sein. Außerdem gelten Patente nur eine begrenzte Zeit, nämlich zwanzig Jahre. Pharmaunternehmen versuchen ihre Monopolmacht dadurch zu erweitern, dass sie geringfügige Verbesserungen an vorhandenen Wirkstoffen vornehmen. Dies wird »Evergreening« genannt. Indien nahm eine kompromisslose Haltung ein und weigerte sich, einer offensichtlich geringfügigen Variante eines Wirkstoffs, die lediglich bezweckte, das bestehende Patent zu verlängern, Patentschutz zu gewähren. »Indiens kluge Patententscheidung« erklärt, weshalb diese Vorgehensweise richtig war. Seither hat die US-Regierung Druck auf Indien ausgeübt, seine Politik zu ändern, und hofft, seine neue, wirtschaftsfreundliche Regierung unter Premierminister Narendra Modi stehe einem Deal aufgeschlossener gegenüber.

So schlimm die Ungleichheit in den Vereinigten Staaten auch

sein mag – und ihr Ausmaß ist in den Vereinigten Staaten (nach Steuern und Transferleistungen) höher als in jedem anderen Industrieland –, ist sie in einigen Entwicklungs- und Schwellenländern noch dramatischer. (Auf etliche dieser Länder gehe ich im nächsten Teil des Buches ein.) Und einige der vielen Formen von Ungleichheit (Vermögens-, Einkommens-, Chancenungleichheit sowie ungleicher Zugang zur Gesundheitsversorgung) haben möglicherweise negativere soziale Folgen als andere. »Die Beseitigung extremer Armut: ein nachhaltiges Entwicklungsziel, 2015–2030« habe ich mit dem ebenfalls an der Columbia University lehrenden Politikwissenschaftler Michael Doyle, einem ehemaligen stellvertretenden UN-Generalsekretär, geschrieben. Es soll dafür plädiert werden, ein Maß für die Verminderung extremer Ungleichheit in die nachhaltigen Entwicklungsziele aufzunehmen, die damals bei den Vereinten Nationen diskutiert wurden. Zur Jahrhundertwende hatten die Vereinten Nationen eine Reihe von *Millenniums-Entwicklungszielen* formuliert, um das Augenmerk der internationalen Gemeinschaft auf Ziele zu lenken, die in den folgenden fünfzehn Jahren erreicht werden könnten, unter anderem die Halbierung der Armut bis zum Jahr 2015. Diese Ziele waren erfolgreicher, als es selbst ihre entschiedensten Befürworter erhofft hatten, nicht nur, weil sie ins öffentliche Bewusstsein gehoben haben, wie wichtig es ist, die Armut in allen ihren Formen zu bekämpfen, sondern auch, was die Verwirklichung dieser Ziele betrifft.

Als das Jahr 2015 näher kam, war man sich darüber einig, dass neue Ziele formuliert werden sollten. Aber es wurde intensiv und kontrovers darüber diskutiert, welche Ziele in die Liste aufgenommen werden sollten. Da ich fest davon überzeugt bin, dass Ungleichheit – insbesondere die in vielen Ländern zu beobachtende extreme Ungleichheit – ein großes wirtschaftliches und gesellschaftliches Übel ist, war ich selbstverständlich dafür, in unsere globalen Ziele die Forderung nach Bekämpfung der Ungleichheit aufzunehmen. Ich habe mich mit Professor Doyle zusammengetan, um nicht nur die wirtschaftlichen, sondern auch die politischen und allgemeinen sozialen Folgen der Ungleichheit zu verdeutlichen. Ein Aspekt, auf den wir aufmerksam machen, ist die Ungleichheit zwischen ethnischen Gruppen. In Entwicklungsländern ist diese Art von Ungleichheit systematisch mit zivilen Konflikten verbunden. In den USA gibt es enorme ungleiche Verteilungen dieser Art – Unterschiede zwischen Afroamerikanern, Latinos und anderen Gruppen sind sehr groß. Während es gewisse Fortschritte an der Spitze der Einkommenspyramide gab, haben sich die Unterschiede bei den Durchschnittswerten kaum verbessert. Tatsächlich verschlimmerte die Große Rezession die Vermögensungleichheiten.

Anlass für den vorletzten Artikel in diesem Abschnitt, »Die Krisen nach der Krise«, war meine Sorge, dass wir zu wenig gegen schon lange schwelende Probleme taten, weil wir der Großen Rezession und ihren Nachwirkungen zu viel Aufmerksamkeit schenkten. Wenn wir uns ihnen nicht endlich zuwandten, kämen zwangsläufig viele weitere Krisen auf uns zu, etwa der Klimawandel.

In einigen Fällen waren diese Krisen eine vertane Chance – wir hätten sie dazu nutzen können und sollen, um Investitionen zu tätigen, die uns dabei geholfen hätten, die Herausforderungen des Klimawandels zu bewältigen. Wenn wir das getan hätten, wäre unser Abschwung nicht so tief gewesen, Wachstum und Beschäftigung lägen höher, und wir wären besser gerüstet, um das Problem der globalen Erwärmung in den Griff zu bekommen.

In anderen Fällen verschlimmerte die Krise die Situation. Vor allem hinsichtlich der Ungleichheit, die in den letzten dreißig Jahren und insbesondere seit der Jahrhundertwende deutlich zugenommen hat. Weil die US-Notenbank und die Regierung sich darauf konzentrierten, den Banken zu helfen und für einen Boom am Aktienmarkt zu sorgen, aber wenig gegen die Immobilienkrise unternahmen, nahm die Vermögensungleichheit weiter zu.[43]

Den letzten Artikel in diesem Abschnitt, »Ungleichheit ist nicht unvermeidlich«, habe ich als letzten Beitrag für die Serie »Great Divide« der *New York Times* geschrieben; er greift zurück auf meinen früheren Aufsatz »Ungleichheit ist eine Wahl« und sollte die zentralen Botschaften und Erkenntnisse der von mir betreuten Serie zusammenfassen. Eine der wichtigsten davon ist, dass das hohe Maß an Ungleichheit in den Vereinigten Staaten nicht nur oder auch nicht überwiegend das Produkt grundlegender ökonomischer Kräfte ist, sondern vielmehr das Ergebnis der *politischen* Gestaltung dieser Kräfte – durch unsere Gesetze und Verordnungen sowie unsere Geld-, Steuer- und Ausgabenpolitik. Tatsächlich haben einige andere Länder genauso viel oder fast genauso viel Ungleichheit vor Steuern und Transfers. Aber diese Länder haben den Marktkräften erlaubt, sich in dieser Weise zu entfalten, und anschließend die Ungleichheit durch Steuern und Transfers sowie die Bereitstellung öffentlicher Dienstleistungen verringert. Es gibt jedoch viele Länder, denen es gelungen ist, die vom Markt erzeugte Einkommensungleichheit auf einem viel niedrigen Niveau zu halten – und diese Länder sind, wie ich an anderer Stelle ausführte, insgesamt wirtschaftlich genauso leistungsstark wie die Vereinigten Staaten. Ungleichheit ist also nicht nur vermeidlich, vielmehr würden uns bestimmte politische Maßnahmen ermöglichen, den bestehenden Wohlstand gleichmäßiger zu verteilen. Und eine gleichmäßigere Verteilung könnte sogar unseren zukünftigen Wohlstand steigern.

Wie die Politik zur ökonomischen Spaltung beigetragen hat

DIE VEREINIGTEN STAATEN BEFINDEN SICH mitten in einem Teufelskreis aus Ungleichheit und Rezession: Die Ungleichheit verlängert den Abschwung, und der Abschwung vertieft die Ungleichheit. Leider wird die von den Konservativen befürwortete Sparpolitik beides nur noch schlimmer machen.

Wie gravierend das wachsende Problem der Ungleichheit in den Vereinigten Staaten ist, belegen von der US-Notenbank in diesem Monat veröffentlichte Daten – sie zeigen die verheerenden Auswirkungen der Rezession auf Vermögen und Einkommen der unteren und mittleren Einkommensbezieher. Der Rückgang des mittleren Vermögens, das in nur drei Jahren um fast 40 Prozent gesunken ist, löschte einen Großteil des über zwanzig Jahre angehäuften Vermögens vieler Amerikaner aus. Wenn der Durchschnittsamerikaner in den letzten beiden Jahrzehnten tatsächlich an dem scheinbar steigendem Wohlstand des Landes teilgehabt hätte, dann hätte sein Vermögen nicht stagniert, sondern um etwa 75 Prozent zugenommen.

In mancher Hinsicht bestätigten die Daten das, was bereits bekannt war, trotzdem schockierten sie. Wir wussten, dass die Preise von Häusern – die wichtigste Vermögensanlage der meisten Amerikaner – abrupt gefallen waren und Billionen von Dollar an (schuldenfreiem) Immobiliarvermögen ausgelöscht hatten. Aber wenn wir den Zusammenhang zwischen Ungleichheit und volkswirt-

Washington Post, 22. Juni 2012.

schaftlicher Leistungsfähigkeit nicht verstehen, laufen wir Gefahr, eine beides verschlimmernde Politik zu verfolgen.

Die USA haben spätestens seit dem Beginn des neuen Jahrtausends bei der Ungleichheit »eine Spitzenstellung errungen«. Die Ungleichheit ist hier größer als in jedem anderen Industrieland. Die Daten erinnern uns daran, wie eine Kombination von geld-, finanz- und ordnungspolitischen Maßnahmen zu diesen Ergebnissen beigetragen hat. Marktkräfte spielen dabei eine Rolle, aber sie entfalten auch in anderen Ländern ihre Wirkung. Die Politik hat erheblichen Einfluss auf die unterschiedlichen Ergebnisse.

Die Große Rezession hat diese Ungleichheit verschärft, was den Abschwung wahrscheinlich verlängern wird. Die obersten Einkommensbezieher geben einen geringeren Teil ihres Einkommens aus als die unteren und mittleren Einkommensgruppen – die heute ihr gesamtes Einkommen ausgeben müssen, nur um über die Runden zu kommen. Die Umverteilung von unten nach oben, wie sie in den Vereinigten Staaten zu beobachten ist, drückt die Gesamtnachfrage. Und die Schwäche der US-Wirtschaft beruht auf der unzulänglichen Gesamtnachfrage. Die unter Präsident George W. Bush in den Jahren 2001 und 2003 verabschiedeten, speziell auf die Reichen abzielenden Steuersenkungen waren eine besonders ineffektive Strategie, um die Lücke zu schließen: Sie erlegten der US-Notenbank die Last auf, wieder Vollbeschäftigung zu erreichen, und diese wiederum entging der Aufgabe dadurch, dass sie durch nachlässige Regulierung und eine lockere Geldpolitik eine Spekulationsblase schuf. Die Blase veranlasste die unteren 80 Prozent der Amerikaner dazu, über ihre Verhältnisse zu konsumieren. Für die Politik führte das zum gewünschten Erfolg, aber es war eine vorübergehende und nicht nachhaltige Notlösung.

Die Fed hat den Zusammenhang zwischen Ungleichheit und gesamtwirtschaftlicher Leistungsfähigkeit einfach nicht verstanden. Vor der Krise schenkte sie der Ungleichheit zu wenig Aufmerksamkeit, weil sie sich stärker auf die Inflation als auf die Beschäftigung konzentrierte. Viele der in der Makroökonomik üblichen Modelle besagen, dass die Einkommensverteilung keine Rolle spielt. Der unter den Entscheidungsträgern der Fed tief verwurzelte Glaube an unregulierte Märkte hielt sie davon ab, etwas gegen die unlauteren Machenschaften der Banken zu unternehmen. Sogar Ed Gramlich, ein ehemaliges Vorstandsmitglied der Fed, sprach sich 2007 in einem eindrucksvollen Buch dafür aus, etwas zu tun. Aber nichts geschah. Die Fed weigerte sich, von den Vollmachten zur Regulierung des Hypothekenmarktes Gebrauch zu machen, die ihr im Jahr 1994 vom Kongress übertragen worden waren. Als die Fed nach der Krise die Zinsen senkte – in dem absehbar scheiternden Bestreben, die Investitionstätigkeit anzukurbeln –, ignorierte sie die verheerenden Auswirkungen dieser niedrigen Zinssätze auf jene Amerikaner, die sich besonnen verhalten und in kurzfristige Staatsanleihen investiert hatten, sowie die makroökonomischen Effekte des verminderten Konsums dieser Personen. Die Verantwortlichen der Fed hofften, niedrige Zinsen würden zu hohen Aktienkursen führen, die ihrerseits reiche Aktienbesitzer zu vermehrtem Konsum anregen würden. Heute ermuntern anhaltend niedrige Zinssätze Unternehmen, die investieren, kapitalintensive Technologien zu nutzen und beispielsweise gering qualifizierte Kassierer in Supermärkten durch Maschinen zu ersetzen. So mag die Fed zu einer beschäftigungsfreien Erholung beitragen, wenn diese irgendwann einmal beginnt.

Die Lage mag sich noch weiter verschlimmern. Die von einigen Republikanern befürwortete Sparpolitik wird zu höherer Arbeitslosigkeit führen, was die Löhne drückt, da Arbeitnehmer um Stellen konkurrieren. Weniger Wachstum bedeutet weniger einzelstaatliche und kommunale Steuereinnahmen, mit der Folge, dass Dienstleistungen abgebaut werden, die für die meisten Amerikaner wichtig sind (einschließlich Stellen für Lehrer, Polizisten und Feuerwehrleute). Dies wird weitere Erhöhungen der Studiengebühren notwendig machen – gerade veröffentlichte Daten zeigen, dass die durchschnittlichen Studiengebühren für eine öffentliche Hochschule zwischen 2008 und 2010 um 15 Prozent gestiegen sind, während im gleichen Zeitraum Einkommen und Vermögen der meisten Amerikaner zurückgingen. Die Schulden aufgrund von Studiendarlehen werden ebenso steigen wie die Gewinne der Banken – während es die unteren und mittleren Einkommensbezieher ausbaden müssen. Einige sahen, welche Folgen die Verschuldung ihrer Eltern hatte, und werden nicht bereit sein, Darlehen in einer Höhe aufzunehmen, die für eine College-Ausbildung notwendig ist – sodass sie ihr Leben lang weniger verdienen werden. Selbst in der Mitte war die Einkommensentwicklung kläglich, das inflationsbereinigte mittlere Einkommen männlicher Arbeiter ist heute niedriger als 1968. Die Chancen in den USA werden weiter zurückgehen – schon heute sind sie das Land mit der geringsten Chancengleichheit unter allen Industrieländern, hier hängen die Lebensperspektiven eines Kindes stärker vom Einkommen und Bildungsniveau seiner Eltern ab als im angeblich so verknöcherten Europa.

Wenn wir die wirtschaftliche Erholung wollen, bleibt uns nichts anderes übrig, als fiskalpolitische Maßnahmen zu ergreifen. Glücklicherweise können wohldurchdachte Staatsausgaben gleichzeitig zu mehr Beschäftigung, Wachstum und Gleichheit führen. Weitere Investitionen in die Bildung, insbesondere für die unteren und mittleren Einkommensgruppen, von der Vorschule bis zu staatlichen Studienbeihilfen, würden die Wirtschaft stimulieren, die Chancengleichheit verbessern und das Wachstum steigern.

Würde überschuldeten Hausbesitzern mit nur einem Bruchteil des Geldes geholfen, mit dem die US-Bundesregierung den Banken unter die Arme griff – oder würde die Bezugsdauer des Arbeitslosengeldes für all jene verlängert, die lange erfolglos nach einer Stelle gesucht haben –, dann würde dies zugleich die Belastung für alle unter der Rezession Leidenden verringern und dazu beitragen, die Rezession zu beenden. Das höhere Wachstum würde seinerseits zu höheren Steuereinnahmen führen und damit unsere Haushaltslage verbessern. Eine Vielzahl von Investitionen würde sich von selbst auszahlen.

Wenn wir dagegen den Pfad der Sparpolitik einschlagen, laufen wir Gefahr, erneut in eine Rezession zurückzufallen, insbesondere wenn sich die Krise in Europa verschärft. Zumindest würde unser Abschwung sehr viel länger dauern, als es sonst der Fall wäre.

Unser zukünftiges Wachstum wird wahrscheinlich schwächer ausfallen. Aber was vielleicht am wichtigsten ist: Die Spaltung in unserem Land wird weiter zunehmen, und wir werden einen hohen wirtschaftlichen Preis für unsere wachsende Ungleichheit und abnehmende Chancengerechtigkeit zahlen. Die Folgen für unsere Demokratie, für unsere Identität als ein Land der unbegrenzten Möglichkeiten und des Fair Plays sowie für unsere Gesellschaft werden noch gravierender sein.

Warum nicht Larry Summers, sondern Janet Yellen die Fed führen sollte

DER STREIT DARÜBER, wer nächster Präsident der US-Notenbank werden sollte, ist ungewöhnlich heftig geworden. Dabei kann sich das Land glücklich schätzen, eine höchst qualifizierte Kandidatin zu haben: die gegenwärtige Vizepräsidentin der Fed, Janet L. Yellen. Es wird befürchtet, dass sich Präsident Obama für einen anderen Kandidaten entscheidet, Lawrence H. Summers. Da ich mit beiden Personen sowohl innerhalb als auch außerhalb der Regierung über dreißig Jahre lang zusammengearbeitet habe, habe ich vielleicht eine etwas detailliertere Sicht der Dinge als andere.

Aber man könnte fragen, wieso dies überhaupt ein Thema für eine Kolumne ist, deren Anliegen doch normalerweise darin besteht, die wachsende Kluft zwischen Reich und Arm in den Vereinigten Staaten und in anderen Ländern zu verstehen? Das hat einen einfachen Grund: Die Maßnahmen der Fed haben weitreichende Auswirkungen auf die Ungleichheit. Die gute Nachricht ist, dass beide der führenden Kandidaten sich so äußern, als wäre die Ungleichheit ein wichtiges Anliegen für sie. Die schlechte Nachricht: Die politischen Maßnahmen, für die sich einer der Kandidaten – nämlich Larry Summers – eingesetzt hat, haben viel mit den Nöten der Menschen in den mittleren und unteren Einkommensgruppen zu tun.

Die Zuständigkeiten der Fed erstrecken sich sowohl auf Regulierung als auch auf das makroökonomische Management. Das Versagen der Regulierung steht im Zentrum der Krise Amerikas. Als ein hochrangiger Entscheidungsträger im Finanzministerium unter der Regierung Clinton unterstützte Larry Summers die

New York Times, 6. September 2013.

Deregulierung des Bankensektors, unter anderem die Aufhebung des Glass-Steagall Acts, was sich entscheidend auf die Finanzkrise in den USA auswirkte. Seine bedeutendste »Leistung« als Finanzminister von 1999 bis 2001 war die Verabschiedung eines Gesetzes, um sicherzustellen, dass Derivate nicht reguliert wurden – eine Entscheidung, die mit dazu beitrug, die Finanzmärkte zu zerrütten. (Warren E. Buffett hat diese Derivate völlig zu Recht »finanzielle Massenvernichtungswaffen« genannt. Einige von denen, die für diese gravierenden politischen Fehlentscheidungen verantwortlich waren, haben eingeräumt, dass sie grundlegende »Fehler« in ihren Analysen gemacht haben. Meines Wissens hat Mister Summers dies nicht getan.)

Ein Versagen hinsichtlich der Regulierung stand auch im Zentrum früherer Krisen. Während er in den 1990er-Jahren im Finanzministerium tätig war, empfahl beziehungsweise drängte Larry Summers Regierungen anderer Länder – gegen den Rat des wirtschaftswissenschaftlichen Beirats des Weißen Hauses (den ich von 1995 bis 1997 leitete) –, zügig ihre Kapitalmärkte zu öffnen, damit Kapital unbeschränkt in ihre Länder hinein- und wieder herausfließen könne. Dies trug mehr als alles andere zur Finanzkrise in Asien bei. Nur wenige politische Maßnahmen oder Handlungen trifft eine größere Schuld an der Asienkrise und an der Weltfinanzkrise von 2008 als die von Summers befürworteten Deregulierungsmaßnahmen.

Anhänger von Larry Summers behaupten, er sei ein außerordentlich fähiger Krisenmanager – und auch wenn wir hofften, dass es in den nächsten vier Jahren zu keiner Krise komme, verlange es die Weitsicht, in dieses Amt eine Person zu berufen, die in kritischen Momenten Herausragendes zu leisten fähig ist. Fairerweise muss man anmerken, dass Mister Summers in mehrere Krisen eingebunden war. Doch kommt es nicht darauf an, während einer Krise einfach nur »anwesend zu sein«, sondern vielmehr darauf, bei der Krisenbewältigung Augenmaß und ein gutes Urteilsvermögen zu zeigen. Noch wichtiger ist es, sich für Maßnahmen einzusetzen, die eine weitere Krise unwahrscheinlicher machen –

was in deutlichem Gegensatz zu einem politischen Handeln steht, das eine erneute Krise beinahe unvermeidlich macht.

Mister Summers' Verhalten und Urteilsvermögen in den Krisen waren genauso unzulänglich wie sein fehlendes Engagement in dieser Hinsicht. Sowohl in Asien als auch in den Vereinigten Staaten schien er die Schwere der Abschwünge zu unterschätzen, und da die Vorhersagen so weit danebenlagen, war es nicht weiter verwunderlich, dass auch die Maßnahmen unzureichend waren. Die für die Bewältigung der Asienkrise verantwortlichen Personen im Finanzministerium zeigten eine, gelinde gesagt, recht enttäuschende Leistung – sie trugen dazu bei, dass aus Abschwüngen Rezessionen und aus Rezessionen wirtschaftliche Depressionen wurden. Und das Gleiche gilt für die USA: Während das Bankensystem gerettet wurde und die Wirtschaft vor dem Abgleiten in eine weitere Depression bewahrt wurde, kann man jenen, die für die Bewältigung der Krise von 2008 verantwortlich waren, nicht das Verdienst zuschreiben, eine robuste Erholung zuwege gebracht zu haben. Stümperhafte Bemühungen zur Umschuldung von Hypothekendarlehen, das Unvermögen, den Kreditfluss an die mittelständischen Unternehmen wieder in Gang zu bringen, sowie schlecht konzipierte und umgesetzte Rettungspakete sind alle hinlänglich dokumentiert – ebenso die Tatsache, dass die Schwere des wirtschaftlichen Zusammenbruchs nicht richtig vorhergesehen wurde.

Aus vier Gründen sind diese Probleme für jeden bedeutsam, der aufgrund der Ungleichheit besorgt ist. Erstens haben Krisen und die Art des Krisenmanagements einen großen Einfluss auf Armut und Ungleichheit. Betrachten wir nur, welche verheerenden Schäden diese Krise angerichtet hat: Das mittlere Vermögen fiel um 40 Prozent, das Einkommen der mittleren Einkommensgruppen ist noch immer nicht auf dem Stand vor der Krise, und sämtliche Früchte der Erholung (und noch einiges mehr) sind dem oberen 1 Prozent zugeflossen. Die einfachen Arbeitnehmer haben am stärksten gelitten: Sie sind von hoher Arbeitslosigkeit betroffen, sie müssen Lohnkürzungen hinnehmen, und sie sind die Hauptleidtragenden des Abbaus öffentlicher Dienstleistungen infolge der Sparhaushalte. Millionen von ihnen haben ihre Eigenheime verloren. Die Regierung Obama hätte mehr, sehr viel mehr tun können, um Hausbesitzern zu helfen und um Kommunen dabei zu unterstützen, öffentliche Dienstleistungen aufrechtzuerhalten (zum Beispiel durch die Art von Finanzausgleich mit Bundesstaaten und Kommunen, auf die ich zu Beginn der Krise drang).

Zweitens trug die Deregulierung zur Finanzialisierung der Wirtschaft bei. Sie führte Marktverzerrungen ein und gewährte all jenen, die die Spielregeln zu ihrem Vorteil manipulieren, größere Gestaltungsspielräume. Wie James K. Galbraith überzeugend dargelegt hat, sind aufgeblähte und unterregulierte Finanzsektoren weltweit eng mit höherer Ungleichheit verbunden. All jene, die wie Großbritannien der US-amerikanischen Deregulierungspolitik blind nacheiferten, haben ebenfalls einen sprunghaften Anstieg der Ungleichheit verzeichnet.

Der dritte und unerfreulichste Aspekt dieser Ungleichverteilung aufgrund der Deregulierung hängt mit den missbräuchlichen Praktiken des Finanzsektors zusammen – und durch ausbeuterische Kreditvergabe, Marktmanipulation, missbräuchliche Kreditkartenpraktiken oder auch Ausnutzung seiner Monopolmacht im Bereich des Zahlungssystems auf Kosten des amerikanischen Durchschnittsbürgers prosperiert dieser Sektor. Die Fed verfügt über sehr weitreichende Befugnisse, um solche Missstände zu vermeiden, und dies erst recht nach Verabschiedung des Dodd-Frank Acts von 2010. Doch die Notenbank hat hierbei wiederholt versagt, da sie sich systematisch darauf konzentrierte, die Bankbilanzen zu stärken – und zwar auf Kosten der gewöhnlichen Amerikaner.

Und viertens hat der US-amerikanische Finanzsektor nicht nur Dinge getan, die er nicht tun sollte, er hat auch unterlassen, was er hätte tun sollen. Noch immer versorgt er die mittelständische Wirtschaft nicht ausreichend mit Krediten. Eine sachgerechte Regulierung würde die Banken von Spekulation und Marktmanipulation abbringen und dafür sorgen, dass sie sich wieder dem zuwenden, was ihr Kerngeschäft sein sollte: der Vergabe von Krediten.

Wer auch immer nach Ben S. Bernanke an der Spitze der Fed stehen wird, muss immer wieder schwierige Entscheidungen über die Anhebung oder Senkung der Zinssätze – die Hebel der Geldpolitik – treffen.

Zwei Faktoren gehen in diese Urteile ein. Der erste sind Prognosen. Falsche Vorhersagen führen zu falschen Entscheidungen. Ohne ein gutes Gespür dafür, in welche Richtung sich die Wirtschaft entwickelt, kann man keine geeigneten Maßnahmen ergreifen. Janet Yellen hat die wirtschaftliche Entwicklung nachweislich immer wieder äußerst treffsicher vorhergesagt – laut *Wall Street Journal* zuverlässiger als jeder andere bei der Fed. Wie bereits erwähnt, lässt Larry Summers dagegen viel zu wünschen übrig.

Diese hervorragende Leistung von Janet Yellen sollte niemanden überraschen. Yellen, die ich in Yale unterrichtete, war eine der besten Studentinnen, die ich während meiner 47-jährigen Tätigkeit als Hochschullehrer an den Universitäten Columbia, Princeton, Stanford, Yale, Oxford und dem MIT hatte. Sie ist eine Ökonomin von klugem Verstand, die sich hervorragend darauf versteht, Konsens herzustellen, und die als Vorsitzende des wirtschaftswissenschaftlichen Beirats des Präsidenten (sie war meine Nachfolgerin in dieser Rolle), als Präsidentin der Federal Reserve Bank von San Francisco (von 2004 bis 2010) und in ihrer gegenwärtigen Rolle als die Nummer zwei der Fed bewiesen hat, was in ihr steckt.

Janet Yellen verfügt nicht nur über profunde Kenntnisse der Finanzmärkte und der Geldpolitik, sondern versteht auch bestens die Arbeitsmärkte – was zu einer Zeit, in der Arbeitslosigkeit und Lohnstagnation zentrale Anliegen sind, von größter Wichtigkeit ist.

Der zweite wichtige Faktor der geldpolitischen Entscheidungsfindung der Fed besteht darin, Risiken zu bewerten: Wenn man zu fest auf die Bremsen tritt, riskiert man eine überhöhte Arbeitslosigkeit, wenn man zu behutsam bremst, kann es zu einer Inflation kommen. Miss Yellen hat gezeigt, dass sie sich nicht nur hervorragend auf Vorhersagen versteht, sondern auch ausgewogen ist. Es wurden legitime Fragen gestellt: Würde Larry Summers mit seinen engen Kontakten zur Wall Street nicht, wie die Finanzmärkte, sein alleiniges Augenmerk auf die Inflation richten und sich stärker für die Auswirkungen auf die Anleihekurse interessieren als für das, was die Folgen für die durchschnittlichen Amerikaner sind? In der Vergangenheit haben die Zentralbanken der Inflationsbekämpfung einen zu großen Stellenwert eingeräumt. Tatsächlich hat diese ausschließliche Ausrichtung auf die Inflation unter weitgehender Vernachlässigung der Finanzstabilität nicht nur die Krise mitverursacht, sondern, wie ich in meinem Buch *Im freien Fall* erläuterte, auch zu dem rückläufigen Anteil der Arbeitnehmer am Volkseinkommen beigetragen.

Auch wenn die Bereitschaft, Maßnahmen zur Krisenvorbeugung zu ergreifen, und ein gutes Urteilsvermögen in einer Krise zweifellos wesentliche Kriterien für die Auswahl des nächsten Präsidenten der US-Notenbank sind, sind weitere wichtige Punkte zu bedenken. Die Fed ist eine große Organisation, die erfolgreich geführt werden muss – und Miss Yellen hat ihre Führungsfähigkeiten bei der regionalen Federal Reserve Bank von San Francisco unter Beweis gestellt. Man muss in dieser Funktion Einvernehmen unter einer breit gefächerten Gruppe willensstarker Personen herstellen, von denen einige eher die Inflation und andere eher die Arbeitslosigkeit bekämpfen wollen. Wir brauchen jemanden, der weiß, wie man Einvernehmen herstellt, nicht jemanden, der herumkommandiert; wir brauchen eine Person, die zuhören kann und die Meinungen anderer respektiert. Als ich Vorsitzender des Ausschusses für Wirtschaftspolitik der Organisation für wirtschaftliche Zusammenarbeit und Entwicklung (OECD) war, erlebte ich selbst, wie erfolgreich Miss Yellen die Vereinigten Staaten repräsentierte. Und ich bemerkte auch den Respekt, der ihr entgegengebracht wurde. In den folgenden Jahren gewann sie an Statur, und heute genießt sie die enorme Wertschätzung von Notenbankpräsidenten aus aller Welt. Sie besitzt die Urteilskraft, die Klugheit und die Würde, die man von einem Präsidenten der Fed erwartet.

Schließlich ist die Fed eine äußerst wichtige Institution, doch leider hat sie durch ihre Handlungsweise in den Jahren, bevor Miss Yellen ihr Amt in Washington antrat – sowohl ihre Versäumnisse bei der Bekämpfung der Vermögenspreisblase als auch gewisse Aspekte ihres Gebarens unmittelbar nach der Krise (wie etwa mangelnde Transparenz) –, das Vertrauen in sie untergraben. Es ist wichtig, dass die von Präsident Obama nominierte Persönlichkeit nicht auf Geheiß der Finanzmärkte handelt – oder besser: gar nicht erst in den Verdacht gerät, dies zu tun. Diese Persönlichkeit darf niemand sein, der durch den Vorwurf von Interessenkonflikten belastet werden könnte. Dieser Vorwurf ist, angesichts der »Drehtür« (dem einfachen Wechsel zwischen Privatwirtschaft und öffentlichen Ämtern), die allzu oft mit der Regulierung dieses Sektors in Verbindung gebracht wird, unvermeidlich. Und es sollte auch niemand sein, der an »kognitiver Vereinnahmung« durch die Wall Street leidet. Gleichzeitig benötigt diese Persönlichkeit das Vertrauen der Finanzmärkte und ein tiefes Verständnis dieser Märkte. Miss Yellen ist dies gelungen, was schon, für sich genommen, eine beeindruckende Leistung ist.

Ein Land könne sich vielleicht glücklich schätzen, zwei Kandidaten zu haben, die, wie der Harvard-Ökonom Kenneth S. Rogoff, ein ehemaliger Chefvolkswirt des Internationalen Währungsfonds, schreibt, »brillante Wissenschaftler mit umfangreichen Erfahrungen im Staatsdienst« sind. Aber Brillanz allein sagt noch nichts über die mögliche Leistung. Es kommt auch auf Werte, Urteilskraft und Persönlichkeit an.

Die Entscheidung war selten so folgenreich, und selten stand so viel auf dem Spiel. Da ist es nicht weiter verwunderlich, dass die Auswahl des Fed-Präsidenten zu heftigen Reaktionen führt. Janet Yellen hat in all ihren Positionen eindrucksvolle Leistungen gezeigt. Das Land hat die Wahl zwischen einem Kandidaten, der einen entscheidenden Anteil an den wirtschaftlichen Problemen hat, denen wir uns heute gegenübersehen, und einer Kandidatin von enormer Statur, Erfahrung und Urteilskraft.

Der Wahnsinn unserer Lebensmittelpolitik

DIE AMERIKANISCHE LEBENSMITTELPOLITIK ist schon lange derart widersprüchlich, dass man nur den Kopf darüber schütteln kann. Wir geben jedes Jahr Milliarden für Agrarsubventionen aus, von denen viele den reichen landwirtschaftlichen Großbetrieben helfen, mehr Nutzpflanzen anzubauen, als wir für unseren Eigenbedarf benötigen. Das Überangebot drückt die Weltmarktpreise für Agrarrohstoffe und schadet Landwirten in der Dritten Welt. Gleichzeitig leben Millionen von Amerikanern nahe an der Hungergrenze, woran auch die staatlichen Lebensmittelhilfeprogramme nur wenig ändern, die den meisten Begünstigten kaum mehr als 4 Dollar pro Tag zuwenden.

Daher kann man kaum glauben, dass die Republikaner im Repräsentantenhaus ein Agrargesetz fordern, das all diese Probleme verschlimmern würde. Für den vermeintlichen Zweck eines ausgeglichenen Haushalts würden die Maßnahmen, auf welche die republikanische Fraktion im Repräsentantenhaus in Verhandlungen mit dem Senat drängt – während der Kongress versucht, eine schon lange blockierte Verlängerung des Agrargesetzes zu verabschieden –, die sowieso schon sehr knapp bemessenen Hilfen für die schutzbedürftigste Bevölkerungsgruppe unseres Landes kürzen und die dadurch frei werdenden Haushaltsmittel dafür verwenden, weiterhin eine kleine Gruppe wohlhabender amerikanischer Farmer zu mästen.

Das Repräsentantenhaus hat vorgeschlagen, die Lebensmittelhilfe um 40 Milliarden Dollar über zehn Jahre zu kürzen – und dies

New York Times, 16. November 2013.

zusätzlich zu den Kürzungen in Höhe von 5 Milliarden Dollar, die mit den auslaufenden Aufstockungen des Programms zur Lebensmittelhilfe, die in das Gesetz zur konjunkturellen Ankurbelung von 2009 aufgenommen worden waren, bereits in diesem Monat in Kraft getreten sind. Gleichzeitig lassen die Republikaner im Repräsentantenhaus die Agrarsubventionen unangetastet, die sich im letzten Jahr auf insgesamt 14,9 Milliarden Dollar beliefen. Die Vorschläge der Republikaner würden die staatliche Beihilfe von direkten Zahlungen – die jedes Jahr in fester Höhe an Landwirte geleistet werden, um sie zu ermuntern, unabhängig von Marktschwankungen bestimmte Nutzpflanzen anzubauen – auf Zuschüsse zu Ernteversicherungsprämien umstellen. Aber das dürfte so gut wie nichts einsparen. Schlimmer noch, denn direkte Zuschüsse zu Ernteversicherungsprämien sind nicht mit Einkommensgrenzen für die Landwirte verbunden, die diese Form großzügiger Unterstützung erhalten.

Dieser Vorschlag ist ein perfektes Beispiel dafür, wie die wachsende Ungleichheit durch das gefördert wurde, was Ökonomen Rent-Seeking nennen. Wenige Amerikaner sind unglaublich reich geworden, und ihre politische Macht hat ebenfalls unverhältnismäßig stark zugenommen. Kleine, mächtige Interessen – in diesem Fall wohlhabende kommerzielle Farmer – setzen marktverzerrende politische Maßnahmen durch, die nur ihnen selbst nutzen und es ihnen erlauben, sich ein größeres Stück vom wirtschaftlichen Kuchen der Nation anzueignen. Ihr größeres Stück bedeutet, dass alle anderen ein kleineres Stück bekommen – der Kuchen selbst wird nicht größer –, auch wenn die Rent-Seeker normalerweise geschickt genug sind, den einzelnen Amerikanern so wenig wegzunehmen, dass diese den Verlust kaum merken. Während sie nur wenig Geld aus der Tasche jedes einzelnen Amerikaners entnehmen, ist der Gesamtbetrag für den Rent-Seeker riesig. Und dies wiederum vertieft die Ungleichheit.

Die widersinnige Regelung, die die Republikaner im Repräsentantenhaus in ihrem Agrargesetzentwurf vorschlagen, ist eine besonders empörende Spielart dieses Verfahrens. Sie nimmt den ärmsten Amerikanern echtes Geld – Geld, das sie zum Überleben brauchen – weg und schenkt es als Gegenleistung für Wahlkampfspenden und politische Unterstützung einer kleinen Gruppe von Reichen, die es nicht verdient hat. Es gibt keine ökonomische Rechtfertigung dafür: Das Gesetz verzerrt unsere Wirtschaft, indem es die nicht benötigte Art von Produktion fördert und den Konsum der Einkommensschwächsten schrumpfen lässt. Und es gibt keine moralische Rechtfertigung: Denn es erhöht die alltägliche Not und Unsicherheit von Millionen von Amerikanern.

Agrarsubventionen waren viel sinnvoller, als sie 1933 eingeführt wurden; damals lebten über 40 Prozent der Amerikaner in ländlichen Gebieten. Das Agrareinkommen war in den ersten drei Jahren der Großen Depression um etwa die Hälfte gefallen. In dieser Situation waren die Subventionen ein Programm zur Armutsbekämpfung.

Doch mittlerweile dienen die Agrarsubventionen einem ganz anderen Zweck. Von 1995 bis 2012 erhielt 1 Prozent der landwirtschaftlichen Betriebe jeweils etwa 1,5 Millionen Dollar, was laut der gemeinnützigen Umweltforschungsorganisation Environmental Working Group über ein Viertel aller Subventionen ist. Ungefähr drei Viertel der Subventionen fließen 10 Prozent der landwirtschaftlichen Betriebe zu. Diese Farmen erhalten durchschnittlich 30 000 Dollar pro Jahr – etwa das Zwanzigfache dessen, was im letzten Jahr die durchschnittlichen Empfänger von Leistungen des Lebensmittelhilfeprogramms des Bundes (SNAP) erhielten.

Heute sind Lebensmittelgutscheine eine der tragenden Säulen unserer Bemühungen zur Armutsbekämpfung. Über 80 Prozent der rund 45 Millionen Amerikaner, die 2011 Leistungen aus dem SNA-Programm erhielten – dem letzten Jahr, für das es umfassende Daten des US-Landwirtschaftsministeriums gibt –, hatten ein Haushaltsbruttoeinkommen unterhalb der Armutsgrenze. (Seither hat sich die Gesamtzahl der Leistungsempfänger auf fast 48 Millionen erhöht.) Selbst mit dieser Unterstützung sind viele von Ernährungsunsicherheit betroffen, das heißt, irgendwann im Lauf eines Jahres fällt es ihnen schwer, Essen auf den Tisch zu bringen.

In der Vergangenheit waren Programme zu Lebensmittelhilfe und Agrarsubventionen eng miteinander verbunden. Es mag so aussehen, als würden sie nicht zusammenpassen, aber diese Verknüpfung ist durchaus sinnvoll, denn man muss beide Seiten der Lebensmittelökonomik angehen – Produktion und Konsum. Ein reichliches Angebot innerhalb eines Landes stellt nicht sicher, dass die dortigen Bürger gut ernährt sind. Das radikale Ungleichgewicht zwischen Agrarsubventionen für die Reichen und Lebensmittelhilfe für die Bedürftigsten – ein Ungleichgewicht, das die Agrargesetzentwürfe unmittelbar fördern würden – belegt außerdem sehr schmerzlich diese erwiesene ökonomische Tatsache.

Der mit dem Nobelpreis ausgezeichnete Wirtschaftswissenschaftler Amartya Sen hat uns daran erinnert, dass Hungersnöte nicht unbedingt durch ein unzureichendes Angebot an Nahrungsmitteln verursacht werden, sondern dadurch, dass die vorhandenen Nahrungsmittel die Bedürftigen nicht erreichen. Das war bei der Hungersnot in Bengalen von 1943 nicht anders als bei der Großen Hungersnot in Irland hundert Jahre zuvor: Das unter britischer Herrschaft stehende Irland exportierte Nahrungsmittel, während seine eigenen Bürger verhungerten.

Eine ähnliche Dynamik entfaltet sich in den Vereinigten Staaten. Die amerikanischen Landwirte werden als die effizientesten der Welt gepriesen. Unser Land ist der größte Produzent und Exporteur von Mais und Sojabohnen, um nur zwei der meistangebauten Nutzpflanzen zu nennen. Trotzdem hungern noch immer Millionen von Amerikanern, und weitere Millionen würden es, wären da nicht die unverzichtbaren staatlichen Programme zur Vermeidung von Hunger und Mangelernährung – eben jene Programme, die die Republikaner jetzt beschneiden wollen.

Und die amerikanische Lebensmittelpolitik hat noch eine weitere unerfreuliche Konsequenz: Während sie die Überproduktion fördert, schenkt sie der Qualität und Vielfalt der Nahrungsmittel unserer landwirtschaftlichen Betriebe nur wenig Beachtung. Die hohe Subventionierung von Mais bedeutet beispielsweise, dass ungesunde Lebensmittel vergleichsweise günstig sind. Wenn jemand für den Einkauf von Lebensmitteln nur über wenig Geld verfügt, entscheidet er sich normalerweise für wenig nahrhafte Lebensmittel. Dies ist einer der Gründe dafür, dass die Amerikaner mit dem Paradox eines Mangels an Nahrungsmitteln konfrontiert sind, der in keinem Verhältnis zu ihrem Reichtum steht, während sie gleichzeitig einer der höchsten Fettleibigkeitsraten der Welt und eine der höchsten Raten von Typ-2-Diabetes haben. Vor allem arme Amerikaner haben ein hohes Risiko für Fettleibigkeit.

Vor ein paar Jahren war ich in Indien, einem Land mit einer Bevölkerung von 1,2 Milliarden Menschen, in dem Dutzende von Millionen jeden Tag Hunger leiden. Damals verkündete eine Schlagzeile auf der Titelseite einer Zeitung, dass jeder siebte Amerikaner der Ernährungsunsicherheit ausgesetzt sei, weil er es sich nicht leisten könne, seinen lebensnotwendigen Bedarf zu decken. Indische Freunde, die ich am gleichen Tag und in der folgenden Woche traf, waren fassungslos über diese Neuigkeiten: Wie war es möglich, dass im reichsten Land der Erde noch immer Menschen hungerten?

Ihre Fassungslosigkeit war verständlich, denn Hunger muss in diesem reichen Land nicht sein. Was meine indischen Freunde nicht wussten: 15 Prozent der Amerikaner – und 22 Prozent der Kinder in den USA – leben in Armut. Jemand, der Vollzeit arbeitet (2080 Stunden pro Jahr) und den Mindestlohn von 7,25 Dollar erhält, würde ungefähr 15 000 Dollar pro Jahr verdienen und bliebe damit weit unterhalb der Armutsschwelle für eine vierköpfige Familie (23 492 Dollar im Jahr 2012) und sogar unterhalb der Armutsgrenze einer dreiköpfigen Familie.

Dieses düstere Bild ergibt sich aus politischen Entscheidungen, die in Washington getroffen werden und die mit dazu beigetragen haben, ein Wirtschaftssystem zu schaffen, in dem die Geringqualifizierten außergewöhnlich hart arbeiten müssen, nur um arm zu bleiben.

So sollte es in den USA nicht sein. In seiner berühmten Rede »Four Freedoms« aus dem Jahr 1941 hat Franklin D. Roosevelt den Grundsatz formuliert, dass alle Amerikaner grundlegende ökonomische Rechte haben sollten, einschließlich der »Freiheit von Not«. Diese Ideen wurden später von der internationalen Gemeinschaft in der Allgemeinen Erklärung der Menschenrechte aufgegriffen, in der auch das Recht auf ausreichende Versorgung mit Nahrungsmitteln verankert ist. Aber während die Vereinigten Staaten sich auf internationaler Ebene nachdrücklich für diese grundlegenden ökonomischen Menschenrechte – und ihre Ratifizierung – einsetzten, haben sie diese ihrer eigenen Bevölkerung nur begrenzt zugestanden.

Es ist selbstverständlich nicht weiter verwunderlich, dass sich aufgrund der hohen Armut Millionen von Amerikanern an den Staat wenden mussten, um ihre grundlegenden Lebensbedürfnisse zu befriedigen. Und mit dem Beginn der Großen Rezession sind diese Zahlen noch drastisch gestiegen. Die Anzahl der auf Lebensmittelhilfe angewiesenen Amerikaner hat sich zwischen 2007 und 2013 um über 80 Prozent erhöht.

Wenn man sagt, dass diese Amerikaner gemäß amtlicher Definition arm sind, vermittelt das nur eine sehr grobe Vorstellung von dem tatsächlichen Ausmaß ihrer Bedürftigkeit. Im Jahr 2012 zum Beispiel hatten 40 Prozent der Empfänger von Lebensmittelhilfe (SNAP) Bruttoeinkommen, die weniger als 50 Prozent der Armutsgrenze betrugen. Der Betrag, der ihnen im Rahmen dieses Programms zusteht, ist sehr gering – 4,39 Dollar pro Tag pro Empfänger. Dies reicht kaum zum Überleben, aber für all jene, die diese Hilfe bekommen, bedeutet sie unglaublich viel. Das Center on Budget and Policy Priorities – eine Denkfabrik, die die Auswirkungen haushaltspolitischer Maßnahmen auf die Lebenssituation einkommensschwacher Personen untersucht – schätzt, dass SNAP, das Programm zur Lebensmittelhilfe, im Jahr 2010 vier Millionen Amerikaner aus der Armut herausholte.

Angesichts der Unzulänglichkeiten der bestehenden Programme zur Bekämpfung von Hunger und Mangelernährung und angesichts des Ausmaßes der Armut nach der Großen Rezession hätte man meinen können, dass unsere führenden Politiker ganz selbstverständlich Programme zur Verbesserung der Ernährungssicherheit ausweiten würden. Doch Mitglieder der republikanischen Fraktion im Repräsentantenhaus sehen die Dinge anders. Sie scheinen den Opfern die Schuld geben zu wollen – den Armen, die vom öffentlichen Bildungssystem vernachlässigt wurden und die daher keine marktgerechten Qualifikationen besitzen. Und auch jenen, die ernsthaft nach Arbeit suchen, aber wegen einer ins Stocken geratenen Wirtschaft keine finden: Fast jeder siebte Amerikaner, der gern eine Vollzeitbeschäftigung hätte, sucht vergeblich. Die Vorschläge der Republikaner würden die Auswirkungen dieser Probleme keineswegs abmildern, sondern Entbehrung und Ungleichheiten verstärken. Und die katastrophalen Folgen des Vorschlags der Republikaner würden sich sogar über unsere Grenzen hinaus bemerkbar machen.

Aus einer umfassenderen Perspektive betrachtet, erhöhen die Agrarsubventionen zusammen mit den Kürzungen der Lebensmittelhilfe Armut und Hunger weltweit. Dies hängt damit zusammen, dass aufgrund des verringerten amerikanischen Inlandskonsums bei gleichzeitiger Produktionsausweitung die Nahrungsmittelexporte zwangsläufig steigen werden. Eine Ausweitung der Exporte treibt die Weltmarktpreise nach unten, sodass arme Landwirte weltweit sinkende Einkommen erleiden. Die Landwirtschaft ist die Haupterwerbsquelle für die 70 Prozent der Armen der Welt, die überwiegend in ländlichen Regionen der Entwicklungsländer leben.

Wenn der Plan der Republikaner im Repräsentantenhaus angenommen wird, wird dies mehrfach Rückwirkungen auf unsere Wirtschaft haben. Erstens werden arme Familien, die über geringere finanzielle Mittel verfügen und daher ihren Konsum einschränken, das Wachstum hemmen. Schädlicher ist die Tatsache, dass das Agrargesetz der Republikaner die Ungleichheit vertiefen würde – und zwar nicht nur durch die direkten Geschenke an reiche Landwirte und entsprechende Kürzungen der Leistungen an die Armen. An falscher Ernährung leidende Kinder – egal, ob sie hungrig oder durch ungesunde Ernährung krank sind – lernen nicht so gut wie Kinder, die eine bessere Ernährung erhalten.

Dadurch, dass wir die Lebensmittelhilfe kürzen, erhalten wir die Ungleichheit aufrecht und außerdem noch eine ihrer schlimmsten Erscheinungsformen: die Chancenungleichheit. Hinsichtlich der Chancengerechtigkeit geben die USA eine erschreckend schlechte Figur ab, wie ich in einigen anderen Artikeln bereits gezeigt habe. Wir gefährden unsere Zukunft, weil eine große Gruppe von Menschen mit niedrigem Einkommen ihr Potenzial nicht ausschöpfen kann und nicht in der Lage sein wird, den Beitrag zum Wohlstand des Landes zu leisten, der ihnen andernfalls möglich gewesen wäre.

All dies enthüllt das Argument der Republikaner für diese Maßnahmen der Lebensmittelpolitik – die Sorge um unsere Zukunft, insbesondere die Auswirkungen der Staatsverschuldung auf unsere Kinder – als einen unehrlichen und zutiefst zynischen Vorwand. Nicht nur wurden die intellektuellen Grundlagen des Schuldenfetischismus zunichtegemacht (dadurch, dass Arbeiten der Harvard-Ökonomen Carmen M. Reinhart und Kenneth S. Rogoff widerlegt wurden, die niedrigeres Wachstum mit einer staatlichen Schuldenquote von über 90 Prozent in Verbindung brachten). Das Agrargesetz der Republikaner würde zweifellos auch vielfach den Kindern in den USA und auf der ganzen Welt schaden.

Sollten diese Vorschläge Gesetz werden, wäre dies ein moralischer und wirtschaftlicher Misserfolg für unser Land.

Auf der falschen Seite der Globalisierung

HANDELSABKOMMEN SIND EIN THEMA, über das man gern mal hinwegliest, aber wir alle sollten gut aufpassen. Gerade jetzt werden Entwürfe für Handelsabkommen erarbeitet, die dazu führen könnten, dass sich die meisten Amerikaner auf der falschen Seite der Globalisierung wiederfinden.

Die gegensätzlichen Ansichten zu den Abkommen setzen die Demokratische Partei einer wahren Zerreißprobe aus, auch wenn die Rhetorik von Präsident Obama nichts davon verrät. In seiner Rede zur Lage der Nation zum Beispiel sprach er vage von »neuen Handelspartnerschaften«, die mehr Arbeitsplätze schaffen würden. Unmittelbar zur Debatte steht dabei zunächst die Transpazifische Partnerschaft (TPP), die zwölf Länder des pazifischen Raums in der größten Freihandelszone der Welt zusammenbringen würde.

Die Verhandlungen für TPP begannen 2010, laut dem US-Handelsbeauftragten zu dem Zweck, durch Senkung von Zöllen und anderen Handelsschranken zwischen den Teilnehmerstaaten den Handel und die Investitionen auszuweiten. Aber die TPP-Verhandlungen fanden im Geheimen statt, sodass wir darauf angewiesen sind, der Öffentlichkeit zugespielte Entwürfe zu prüfen, um einen Einblick in die vorgeschlagenen Vertragsbestimmungen zu erhalten. Gleichzeitig wurde ein Gesetzentwurf in den Kongress eingebracht, der dem Weißen Haus Sondervollmachten übertragen würde, die sich durch die »Filibuster« genannten Kniffe nicht brechen lassen. Diese Sondervollmachten würden es dem Kongress nur noch erlauben, das vorgelegte Handelsabkommen entweder zu

New York Times, 15. März 2014.

billigen oder abzulehnen, aber er kann keine Änderungen oder Ergänzungen vornehmen.

Eine Kontroverse ist entbrannt, und dies zu Recht. Aus den durchgesickerten Dokumenten – und der Geschichte der Vereinbarungen in den vergangenen Handelspakten – lässt sich leicht die Grundausrichtung des ganzen TPP erkennen, und diese sieht nicht gut aus. Es besteht das ernstzunehmende Risiko, dass die reichste Gruppe der amerikanischen und globalen Elite auf Kosten aller anderen profitieren wird. Die Tatsache, dass ein solcher Plan überhaupt zur Diskussion steht, beweist, wie tief die Rückwirkungen der Ungleichheit auf unsere Wirtschaftspolitik sind.

Schlimmer noch, Abkommen wie TPP sind nur ein Aspekt eines größeren Problems: unseres eklatanten Missmanagements der Globalisierung.

Betrachten wir zunächst die Geschichte. Ganz allgemein unterscheiden sich die heutigen Handelsabkommen deutlich von jenen, die in den Jahrzehnten nach dem Zweiten Weltkrieg geschlossen wurden, als sich die Verhandlungen auf den Abbau von Zöllen konzentrierten. Als die Zölle allseits gesenkt wurden, expandierte der Handel, und jedes Land konnte die Sektoren entwickeln, in denen es Stärken besaß. In der Folge stieg der Lebensstandard. Einige Arbeitsplätze gingen verloren, aber neue wurden geschaffen.

Heute wird mit Handelsabkommen etwas anderes bezweckt. Die Zölle weltweit sind bereits niedrig. Der Schwerpunkt hat sich auf »nichttarifäre Handelshemmnisse« verlagert, und die wichtigsten davon sind – für die Konzerninteressen, die auf Abkommen drängen – Regulierungen. Multinationale Konzerne beklagen sich darüber, dass ihnen uneinheitliche Regulierungen unnötige Kosten auferlegen. Aber die meisten Regulierungen haben einen Grund, auch wenn sie unvollkommen sind: Sie sollen Arbeitnehmer, Verbraucher, die Wirtschaft und die Umwelt schützen. Zudem wurden diese Regulierungen oftmals von Regierungen erlassen, die damit auf die demokratischen Forderungen ihrer Bürger reagieren.

Die neuen Antreiber von Handelsabkommen behaupten beschönigend, es gehe ihnen einzig um eine Angleichung des Regulierungsrahmens, eine hübsch klingende Phrase, die an einen arglosen Plan zur Steigerung der Effizienz denken lässt. Natürlich ließen sich die Regulierungsvorschriften dadurch vereinheitlichen, dass man die Regulierungen überall entsprechend den höchsten Standards verschärft. Aber wenn Konzerne nach Vereinheitlichung rufen, dann meinen sie eigentlich eine Anpassung nach unten.

Wenn Abkommen wie TPP den internationalen Handel regeln – wenn sich alle Länder auf ähnliche Mindestregulierungen verständigt haben –, dann können multinationale Konzerne zu den Praktiken zurückkehren, die üblich waren, bevor der Clean Air Act (Gesetz zur Luftreinhaltung) und der Clean Water Act (Gesetz zur Wasserreinhaltung) in den Jahren 1970 beziehungsweise 1972 in Kraft traten und bevor die jüngste Finanzkrise ausbrach. Konzerne weltweit mögen einhellig der Auffassung sein, die Abschaffung von Regulierungen würde ihre Ertragskraft steigern. Die Unterhändler sind vielleicht davon überzeugt, dass diese Handelsabkommen gut für den Handel und die Unternehmensgewinne wären. Aber es gäbe einige große Verlierer – nämlich der Rest von uns.

Dass so viel auf dem Spiel steht, erklärt, weshalb es besonders riskant ist, wenn Handelsgespräche im Geheimen stattfinden. Überall auf der Welt sind Handelsministerien von Unternehmens- und Finanzinteressen vereinnahmt. Und wenn die Verhandlungen geheim geführt werden, kann der demokratische Prozess nicht die Kontrollen und den Interessenausgleich ausüben, die erforderlich sind, um die negativen Auswirkungen dieser Abkommen in Grenzen zu halten.

Die Geheimhaltung mag schon dafür genügen, heftige Kontroversen um TPP hervorzurufen. Und was wir über die Details wissen, macht das Ganze noch unangenehmer. Besonders schlimm sind die Bestimmungen, die Unternehmen erlauben, vor einem internationalen Gericht Entschädigung zu fordern, nicht nur für ungerechtfertigte Enteignung, sondern auch für die angebliche Schmälerung ihrer potenziellen Gewinne infolge von Regulierungsmaßnahmen. Dies ist kein theoretisches Problem. Philip Morris International hat diese Taktik bereits gegen Uruguay ausprobiert; der Konzern machte geltend, die Anti-Raucher-Regulierungen, die dem Land das Lob der Weltgesundheitsorganisation eintrugen, hätten den Konzerngewinn in unzulässiger Weise geschmälert und dadurch gegen ein bilaterales Handelsabkommen zwischen der Schweiz und Uruguay verstoßen. Die jüngsten Handelsabkommen erinnern damit auch an die Opiumkriege, in denen westliche Mächte erfolgreich von China verlangten, die Einfuhr von Opium zuzulassen, weil sie dies als unverzichtbar erachteten, um ein ansonsten drohendes enormes Handelsbilanzdefizit auszugleichen.

Bereits in andere Handelsabkommen aufgenommene Bestimmungen dienen dazu, Umwelt- und sonstige Regulierungen in anderen Ländern auszuhebeln. Entwicklungsländer zahlen einen hohen Preis dafür, dass sie sich mit diesen Bestimmungen einverstanden erklären. Zugleich sind die Belege dafür, dass sie im Gegenzug mehr Investitionen anlocken, dürftig und umstritten. Und obwohl diese Länder die offensichtlichsten Opfer sind, könnte der gleiche Punkt auch zu einem Problem für die Vereinigten Staaten werden. Amerikanische Unternehmen könnten womöglich eine Tochtergesellschaft in einem Teilnehmerstaat des TPP gründen, über diese Tochtergesellschaft in den Vereinigten Staaten investieren und dann die US-Regierung verklagen – als »ausländische« Unternehmen erhielten sie Rechte, die sie als amerikanisches Unternehmen nicht hätten. Auch das ist keineswegs eine nur theoretische Möglichkeit: Schon jetzt gibt es einige Anhaltspunkte dafür, dass Unternehmen ihre Gelder in die Länder leiten, in denen ihre Rechtsstellung gegenüber Behörden am stärksten ist.

Es gibt weitere schädliche Bestimmungen. Die USA haben darum gerungen, die Kosten im Gesundheitswesen zu senken. Aber TPP würde die Einführung von Generika erschweren und so Medikamente verteuern. In den ärmsten Ländern geht es nicht nur darum, Gelder in die Konzernkassen zu spülen; vielmehr würden Tausende von Menschen unnötig sterben. Selbstverständlich müssen die Forscher dafür eine angemessene Vergütung erhalten. Aus diesem Grund haben wir ein Patentsystem. Aber das Patentsystem soll den Nutzen des Schutzes von geistigem Eigentum sorgfältig gegen ein anderes wichtiges Ziel abwägen: den leichten Zugang zu neuen Erkenntnissen. Ich habe in einem anderen Artikel beschrieben, wie das System von denen missbraucht wurde, die sich Gene patentieren lassen wollten, die bei Frauen mit einem erhöhten Brustkrebsrisiko verbunden sind. Der Oberste Gerichtshof hat diese Patentanträge schließlich abgelehnt, aber bis dahin haben viele Frauen unnötigerweise gelitten. Handelsabkommen bieten noch mehr Gelegenheiten zum Patentmissbrauch.

Die Sorgen nehmen zu. Man kann die durchgesickerten Verhandlungsdokumente so interpretieren, dass TPP es amerikanischen Banken erleichtern würde, weltweit riskante Derivate zu verkaufen. Und damit wäre vielleicht die nächste Krise jener Art vorprogrammiert, die zur Großen Rezession führte. Trotzdem gibt es leidenschaftliche Befürworter von TPP und ähnlichen Abkommen, darunter auch viele Ökonomen. Was diese Unterstützung ermöglicht, ist eine falsche, widerlegte Wirtschaftstheorie, die vor allem deshalb weiterhin in Umlauf ist, weil sie den Interessen der Superreichen so dienlich ist.

Der Freihandel war ein zentrales Dogma der Wirtschaftswissenschaften in der Anfangszeit der Disziplin. Es gebe Gewinner und Verlierer, so die Theorie, aber die Gewinner würden die Verlierer immer aufwiegen, sodass alle vom Freihandel (oder auch einem freieren Handel) profitieren. Leider stützt sich diese Schlussfolgerung auf zahlreiche Annahmen, von denen viele schlichtweg falsch sind. Die älteren Theorien haben beispielsweise Risiken einfach ausgeklammert und angenommen, Arbeitnehmer könnten problemlos von einer Stelle auf eine andere wechseln. Außerdem gingen sie von Vollbeschäftigung aus, sodass durch die Globalisierung verdrängte Arbeitnehmer schnell von Sektoren mit geringer Produktivität (die einfach deshalb florierten, weil ausländische Wettbewerber durch Zölle und andere Handelsbeschränkungen ferngehalten wurden) in Sektoren mit hoher Produktivität wechseln könnten. Aber bei hoher Arbeitslosigkeit und insbesondere bei hoher Langzeitarbeitslosigkeit (wie wir sie gegenwärtig haben) ist diese Annahme unrealistisch.

Heute gibt es 20 Millionen Amerikaner, die vergeblich nach einer Vollzeitstelle suchen. Viele von ihnen haben die Suche aufgegeben. Es besteht also die Gefahr, dass Arbeitskräfte, die von Arbeitsplätzen mit geringer Produktivität in einen geschützten Bereich verdrängt wurden, schließlich im Heer der Arbeitslosen landen werden. Das zieht auch all jene in Mitleidenschaft, die ihre Arbeitsplätze behalten, da eine höhere Arbeitslosigkeit die Löhne unter Druck setzt.

Wir können darüber streiten, weshalb unsere Wirtschaft nicht so funktioniert, wie sie funktionieren sollte – ob das auf eine unzureichende Gesamtnachfrage zurückzuführen ist oder ob es damit zusammenhängt, dass unsere Banken nicht genügend Kredite für mittelständische Firmen bereitstellen, weil sie sich mehr für Spekulation und Marktmanipulation als für Kreditvergabe interessieren. Was auch immer die Gründe sein mögen, Tatsache ist, dass diese Handelsabkommen zu wachsender Arbeitslosigkeit beitragen können.

Unsere Wirtschaft ist unter anderem deshalb in einer so schlechten Form, weil wir die Globalisierung nicht so gestaltet haben, wie es wünschenswert wäre. Unsere Wirtschaftspolitik fördert die Verlagerung von Arbeitsplätzen ins Ausland: Mit billigen Arbeitskräften im Ausland hergestellte Güter können preiswert in die Vereinigten Staaten zurückgebracht werden. Amerikanische Arbeitnehmer verstehen, dass sie mit ausländischen Arbeitnehmern konkurrieren, und ihre Verhandlungsmacht ist entsprechend geschwächt. Dies ist einer der Gründe dafür, dass das mittlere Realeinkommen männlicher Vollzeitkräfte heute niedriger ist als vor vierzig Jahren.

Die heutige amerikanische Politik verschärft diese Probleme. Die alte Freihandelstheorie sagte lediglich, dass die Gewinner selbst unter optimalen Umständen die Verlierer aufwiegen *könnten*, nicht, dass sie es tatsächlich tun würden. Und das haben sie auch nicht – ganz im Gegenteil. Befürworter von Handelsabkommen beteuern gern, dass nicht nur die Löhne, sondern auch Steuern und Ausgaben, insbesondere für Programme, die gewöhnlichen Bürgern zugutekommen, gekürzt werden müssten, um die USA wettbewerbsfähig zu machen. Wir sollten uns mit den kurzfristigen Unannehmlichkeiten abfinden, so sagen sie, weil langfristig alle profitieren werden. Aber es gibt nur wenige Anhaltspunkte dafür, dass Handelsabkommen zu schnellerem oder robusterem Wachstum führen oder dass die meisten Arbeitnehmer langfristig profitieren.

Die Kritiker des TPP sind so zahlreich, weil sowohl der Prozess als auch die Theorie, auf denen das Abkommen basiert, unhaltbar sind. In den Vereinigten Staaten wie auch in Asien, wo die Gespräche ins Stocken geraten sind, nimmt der Widerstand stark zu.

Der Mehrheitsführer im Senat, Harry Reid, hat die Sondervollmachten des Präsidenten für die TPP-Verhandlungen kategorisch abgelehnt und dadurch allen eine kurze Verschnaufpause gewährt. Wer der Meinung ist, dass Handelsabkommen Großunternehmen auf Kosten der 99 Prozent bereichern, scheint dieses Gefecht gewonnen zu haben. Aber es gibt eine umfassendere Auseinandersetzung mit dem Ziel, sicherzustellen, dass die Handelspolitik – und die Globalisierung ganz allgemein – so gestaltet wird, dass sie den Lebensstandard der meisten Amerikaner erhöht. Wie diese Auseinandersetzung ausgehen wird, ist ungewiss.

In diesen Artikeln habe ich immer wieder auf zwei Punkte hingewiesen: Erstens auf die Tatsache, dass die hohe Ungleichheit in den Vereinigten Staaten heute und ihre enorme Zunahme in den letzten dreißig Jahren das Ergebnis einer ganzen Reihe von politischen Maßnahmen, Programmen und Gesetzen sind. In Anbetracht der Tatsache, dass der Präsident selbst betont hat, die Bekämpfung der Ungleichheit sollte die oberste Priorität des Landes sein, sollte jede neue politische Maßnahme, jedes Programm und Gesetz daraufhin untersucht werden, wie es sich auf die Ungleichheit auswirkt. Abkommen wie TPP haben erheblich zu dieser Ungleichheit beigetragen. Die Konzerne werden vielleicht davon profitieren, und es ist sogar möglich, wenn auch keineswegs sicher, dass das Bruttoinlandsprodukt, so, wie es herkömmlicherweise gemessen wird, ansteigen wird. Aber den Durchschnittsbürgern wird es wahrscheinlich schlechter gehen.

Und dies bringt mich zu dem zweiten Punkt, den ich mehrfach betont habe: Der Trickle-Down-Ansatz – die Annahme, dass Einkommenseffekte von selbst von den Reichen zu den Armen »durchsickern« – ist ein Mythos. Wenn man Unternehmen reich macht – wie es das TPP tun würde –, wird das nicht unbedingt der Mittelschicht, geschweige denn den einkommensschwachen Gruppen helfen.

Die Freihandelsfarce

OBWOHL DIE DOHA-ENTWICKLUNGSAGENDA der Welthandelsorganisation seit ihrem Start vor fast zwölf Jahren keine greifbaren Ergebnisse gebracht hat, ist eine weitere Gesprächsrunde in Vorbereitung. Aber dieses Mal werden die Verhandlungen nicht auf einer globalen, multilateralen Basis stattfinden, vielmehr sollen zwei äußerst weitreichende regionale Abkommen ausgehandelt werden – ein transpazifisches und ein transatlantisches. Werden die kommenden Gespräche erfolgreicher sein?

Die Doha-Runde wurde dadurch gestört, dass sich die Vereinigten Staaten weigerten, Agrarsubventionen abzubauen – eine Grundvoraussetzung für eine echte Entwicklungsrunde, wenn man bedenkt, dass 70 Prozent der Menschen in der Dritten Welt direkt oder indirekt von der Landwirtschaft abhängig sind. Die US-Position war wirklich unerhört, denn die WTO hatte die Baumwollsubventionen, die Amerika weniger als 25 000 reichen Farmern zahlt, bereits als rechtswidrig eingestuft. Daraufhin brachten die USA Brasilien, das die Beschwerde eingereicht hatte, dazu, die Angelegenheit nicht weiterzuverfolgen. Die Leidtragenden sind Millionen armer Baumwollanbauer im subsaharischen Afrika und in Indien, die aufgrund der Großzügigkeit der USA gegenüber ihren wohlhabenden Farmern mit niedrigeren Preisen zurechtkommen müssen.

In Anbetracht dieser Erfahrungen aus jüngster Vergangenheit scheint klar, dass es bei den Verhandlungen über die Schaffung einer Freihandelszone zwischen den USA und Europa sowie einer

Project Syndicate, 4. Juli 2013.

weiteren zwischen den USA und einem Großteil der Anrainer des Pazifiks (außer China) nicht darum geht, ein echtes Freihandelssystem zu errichten. Ziel ist vielmehr ein gesteuertes Handelsregime, das den Sonderinteressen dienen soll, die die Handelspolitik im Westen schon seit langem beherrschen.

All jene, die an den Gesprächen teilnehmen, sollten sich einige grundlegende Prinzipien zu Herzen nehmen. Erstens muss jedes Handelsabkommen symmetrisch sein. Wenn die USA im Rahmen der Transpazifischen Partnerschaft (TPP) von Japan verlangen, seine Reissubventionen abzuschaffen, sollten die USA ihrerseits anbieten, ihre Produktions- (und Wasser-) Subventionen nicht nur für Reis (der in den USA keine große Rolle spielt), sondern auch für andere agrarische Rohstoffe zu streichen.

Zweitens sollte kein Handelsabkommen Wirtschaftsinteressen über allgemeine nationale Interessen stellen, insbesondere wenn es um Fragen wie Finanzregulierung und geistiges Eigentum geht, also um Fragen, die nicht auf den Handel bezogen sind. So schränkt etwa das Handelsabkommen der USA mit Chile die Freiheit Chiles ein, Kapitalverkehrskontrollen einzuführen – obgleich der Internationale Währungsfonds mittlerweile anerkennt, dass Kapitalverkehrskontrollen ein wichtiges Instrument der makroprudenziellen Politik (Regulierungsmaßnahmen zur Stabilisierung des gesamten Finanzsystems) sein können.

Andere Handelsabkommen haben ebenfalls auf Öffnung der Finanzmärkte und Deregulierung bestanden, obwohl uns die Krise von 2008 gelehrt haben sollte, dass es den ökonomischen Wohlstand gefährden kann, wenn die Wirtschaft nicht entsprechend reguliert wird. Der US-Pharmaindustrie, die erheblichen Einfluss auf das Amt des Handelsbeauftragten der Vereinigten Staaten (U.S. Trade Representative, USTR) hat, ist es gelungen, anderen Ländern ein unausgewogenes Regime zum Schutz geistigen Eigentums aufzudrängen. Das ist darauf angelegt, Generika zu bekämpfen, und stellt Profite über die Rettung von Menschenleben. Selbst der Oberste Gerichtshof der USA hat jetzt entschieden, dass das US-Patentamt zu weit ging, als es Patente auf Gene erteilte.

Schließlich muss es ein Bekenntnis zu Transparenz geben. Aber all jene, die sich auf diese Handelsgespräche einlassen, sollten vorgewarnt sein: Die US-Regierung hat sich *mangelnder* Transparenz verschrieben. Das Amt des USTR legt seine Verhandlungsposition selbst gegenüber Mitgliedern des US-Kongresses nur widerstrebend offen – und nach allem, was bisher durchgesickert ist, ist das verständlich. Das Amt des USTR nimmt Abstand von Prinzipien – zum Beispiel dem Zugang zu Generika –, die der Kongress in frühere Handelsabkommen aufgenommen hat, wie etwa in das mit Peru.

Im Fall des TPP besteht noch ein weiterer Grund zur Sorge. Asien hat eine effiziente Lieferkette entwickelt, so fließen im Prozess der Herstellung von Fertigerzeugnissen Güter ungehindert über Landesgrenzen hinweg. Aber TPP könnte dies stören, wenn China nicht mit von der Partie ist.

Da die Zölle schon jetzt sehr niedrig sind, werden sich die Unterhändler weitgehend auf nichttarifäre Handelshemmnisse konzentrieren – etwa regulatorische Schranken. Aber das Amt des USTR vertritt Konzerninteressen, weswegen es höchstwahrscheinlich auf den niedrigsten gemeinsamen Standard drängen und daher die Standards *absenken* und nicht anheben wird. So haben zum Beispiel viele Länder steuerliche und Regulierungsbestimmungen, die ihre Bürger vom Kauf großer Autos abhalten sollen – nicht weil sie US-Produkte benachteiligen wollen, sondern aus Gründen des Umweltschutzes und der Energieeinsparung.

Der von mir bereits kurz erwähnte allgemeine Punkt ist der, dass Handelsabkommen normalerweise Wirtschaftsinteressen Vorrang vor anderen Belangen einräumen – dem Recht auf ein gesundes Leben und dem Umweltschutz, um nur zwei zu nennen. Frankreich zum Beispiel verlangt eine »kulturelle Ausnahmeklausel« in Handelsabkommen, die es dem Land erlaubt, weiterhin seine Filmindustrie zu subventionieren – von deren Produkten die ganze Welt profitiert. Diese und andere allgemeine Werte sollten nicht verhandelbar sein.

Tatsächlich liegt die Ironie darin, dass der soziale Nutzen dieser Subventionen enorm ist, während die Kosten zu vernachlässigen sind. Glaubt denn wirklich jemand, dass die französische Filmkunst eine ernsthafte Bedrohung für einen Hollywood-Blockbuster darstellt? Doch Hollywoods Gier kennt keine Grenzen, und die amerikanischen Verhandlungsführer machen keine Gefangenen. Und genau deshalb sollten solche Streitpunkte schon *vor* Beginn der Verhandlungen vom Tisch sein. Andernfalls wird hoher Druck ausgeübt werden, und es besteht die echte Gefahr, dass ein Übereinkommen grundlegende Werte für Wirtschaftsinteressen opfert.

Wenn die Unterhändler ein echtes Freihandelsregime schaffen würden, in dem das öffentliche Interesse an erster Stelle stünde und die Anliegen der gewöhnlichen Bürger mindestens so viel Gewicht hätten wie die von Konzernlobbyisten, wäre ich vielleicht optimistisch, dass das, was bei den Verhandlungen herauskommt, die Wirtschaft stärken und das Gemeinwohl fördern würde. Tatsächlich aber haben wir ein gelenktes Handelsregime, in dem die Konzerninteressen Vorrang haben, und einen Verhandlungsprozess, der undemokratisch und nicht transparent ist.

Die Wahrscheinlichkeit ist gering, dass bei den kommenden Gesprächen etwas herauskommt, das den Interessen der amerikanischen Durchschnittsbürger dient – und die Aussichten für die einfachen Bürger anderer Länder sind noch düsterer.

Wie geistiges Eigentum die Ungleichheit verstärkt

IN DEM KRIEG GEGEN UNGLEICHHEIT haben wir uns so sehr an schlechte Neuigkeiten gewöhnt, dass wir fast überrascht sind, wenn etwas Positives geschieht. Hätte noch jemand, nachdem der Oberste Gerichtshof bekräftigt hat, dass reiche Privatpersonen und Unternehmen ein verfassungsmäßig garantiertes Recht haben, Wahlen in den USA zu kaufen, erwartet, dass von ihm positive Nachrichten kommen? Aber eine Entscheidung in der gerade zu Ende gegangenen Sitzungsperiode gab den Durchschnittsbürgern etwas, das wertvoller als Geld allein ist – das Recht auf Leben.

Auf den ersten Blick könnte man meinen, in dem Fall »Association for Molecular Pathology v. Myriad Genetics« gehe es um rein wissenschaftliche Fragen: Das Gericht hat einstimmig entschieden, dass menschliche Gene nicht patentierbar sind, im Labor erzeugte synthetische DNA hingegen schon. Im Grunde aber ging es um viel mehr, und die Streitpunkte waren viel grundlegender, als gemeinhin angenommen wird. Der Fall war ein Kampf zwischen all jenen, die Gesundheit privatisieren und sie zu einem Privileg machen wollen, das man entsprechend seinen Vermögensverhältnissen genießen kann, und denen, die darin ein Recht für alle sehen – und einen zentralen Bestandteil einer gerechten Gesellschaft sowie einer gut funktionierenden Wirtschaft. Auf einer noch tieferen Ebene ging es darum, wie die Ungleichheit unsere Politik, unsere rechtlichen Institutionen und die Gesundheit unserer Bevölkerung prägt.

New York Times, 14. Juli 2013.

Anders als die erbitterten Schlachten zwischen Samsung und Apple – bei denen die Schiedsrichter (amerikanische Gerichte) zwar so tun, als wären sie unparteiisch, aber durchweg das Heimteam zu begünstigen scheinen –, war dies ein Fall, der mehr war als nur eine Schlacht zwischen Riesenkonzernen. Er ist eine Linse, durch die wir die weitreichenden, schädlichen Folgen der Ungleichheit betrachten können, wie ein Sieg über das eigennützige Verhalten eines Konzerns aussieht und – genauso wichtig – wie viel wir bei diesen Auseinandersetzungen verlieren könnten.

Selbstverständlich haben das Gericht und die Prozessparteien die Streitfragen in ihren Plädoyers und der Entscheidung nicht in dieser Weise formuliert. Das im Bundesstaat Utah ansässige Unternehmen Myriad Genetics hatte zwei menschliche Gene isoliert, BRCA1 und BRCA2. Diese können Mutationen aufweisen, welche ihre Trägerinnen einem erhöhten Brustkrebsrisiko aussetzen – das sind für die Früherkennung und die Vorbeugung entscheidende Informationen. Das Unternehmen hatte sich die Gene erfolgreich patentieren lassen. Das »Eigentum« an den Genen gab ihm das Recht, anderen zu verbieten, Tests zum Nachweis der mutierten Gene durchzuführen. Die zentrale Frage des Falles war scheinbar technischer Natur: Sind isolierte, natürlich vorkommende Gene etwas, das man patentieren kann?

Aber die Patente hatten verheerende praktische Folgen, weil sie die Preise für die Diagnostik künstlich hochhielten. Gentests lassen sich zu niedrigen Kosten durchführen – tatsächlich kann eine Person all ihre 20 000 Gene für rund 1000 Dollar sequenzieren lassen, einmal ganz zu schweigen von viel billigeren Tests für eine Vielzahl spezifischer Krankheitsbilder. Myriad jedoch berechnete etwa 4000 Dollar dafür, nur zwei Gene umfassend zu testen. Wissenschaftler haben behauptet, die Methoden von Myriad seien weder einzigartig noch anderen Verfahren überlegen – sie testeten lediglich Arten von Genen, die angeblich Eigentum des Unternehmens waren, und es stützte sich dabei auf Daten, die wegen der Patente anderen nicht zugänglich waren. Nur Stunden nach der Entscheidung des Obersten Gerichtshofs zugunsten der Kläger – einer

Gruppe von Universitäten, Forschern und Patientenorganisationen, die von der American Civil Liberties Union und der Public Patent Foundation vertreten wurden – kündigten andere Pharmaunternehmen an, ebenfalls Tests für die Brustkrebsgene anzubieten. Dabei hoben sie die Tatsache hervor, dass die »Innovation« von Myriad darin bestand, vorhandene Gene zu identifizieren, nicht darin, einen Test für sie zu entwickeln. (Myriad hat allerdings den Kampf noch nicht aufgegeben. Das Unternehmen hat in diesem Monat zwei neue Prozesse angestrengt, um den Unternehmen Ambry Genetics und Gene by Gene verbieten zu können, eigene BRCA-Tests auf den Markt zu bringen, mit der Begründung, dass sie andere Patente Myriads verletzten.)

Es sollte einen nicht sonderlich überraschen, dass Myriad alles in seiner Macht Stehende getan hat, um zu verhindern, dass der Einnahmestrom seiner Tests durch Wettbewerber unter Druck gerät. Auch nachdem es sich von dem 30-prozentigen Rückgang nach der Gerichtsentscheidung etwas erholt hat, ist sein Aktienkurs noch immer fast 20 Prozent niedriger als zuvor. Es sah die Gene als sein Eigentum an und wollte nicht, dass irgendjemand sein Eigentum verletzt. Myriads Bemühungen um Patentschutz schienen, wie die der meisten Konzerne, stärker von Gewinnstreben motiviert zu sein als davon, Menschenleben zu retten. Wenn es ihm wirklich um Letzteres gegangen wäre, hätte es mehr tun können, um Tests zu niedrigeren Kosten anzubieten und um andere zu ermuntern, bessere, zuverlässigere und günstigere Tests zu entwickeln. Wie nicht anders zu erwarten, rechtfertigte es sich mit dem fadenscheinigen Argument, seine Patente, die monopolistische Preise und Ausschlusspraktiken erlaubten, seien unverzichtbare Anreize für die zukünftige Forschung. Doch als sich die verheerenden Auswirkungen seiner Patente zeigten und es weiterhin darauf bestand, seine Monopolrechte uneingeschränkt auszuüben, enthüllte sich dieses vermeintliche Interesse am übergeordneten Wohl als bloß vorgeschoben.

Die Pharmaindustrie behauptete – wie immer – ohne Patentschutz gebe es keine Anreize für die Forschung, und die Leidtragenden wären wir alle. Ich reichte beim Gericht (unentgeltlich) ein

Sachverständigengutachten ein, in dem ich erläuterte, weshalb die Argumente der Industrie falsch waren und warum dieses und ähnliche Patente die Innovation eher behinderten als förderten. Andere Gruppen reichten fachliche Stellungnahmen ein, welche die Position der Kläger stützten, etwa die amerikanische Senioren-Lobby AARP, und wiesen darauf hin, dass die Patente von Myriad Patienten davon abhielten, Zweitmeinungen einzuholen und Bestätigungstests durchführen zu lassen. Kürzlich sicherte Myriad zu, solche Tests nicht zu blockieren – es machte dieses Versprechen, während es gleichzeitig die Prozesse gegen Ambry Genetics und Gene by Gene anstrengte.

Myriad verwehrte den Test zwei Frauen, deren Medicaid-Versicherung das Unternehmen nicht akzeptierte – aus Sicht der Kläger, weil die Rückerstattungsbeträge zu gering waren. Andere Frauen mussten nach dem ersten Test von Myriad qualvolle Entscheidungen darüber treffen, ob sie eine einseitige oder zweiseitige Mastektomie beziehungsweise eine Entfernung ihrer Eierstöcke vornehmen lassen wollten. Sie mussten dies auf der Basis völlig unzureichender Informationen tun: Entweder war Myriads Test auf zusätzliche BRCA-Mutationen für sie unerschwinglich (Myriad verlangt 700 Dollar zusätzlich für Informationen, die laut nationalen Richtlinien Patienten zur Verfügung gestellt werden sollten), oder sie konnten wegen der Patente von Myriad keine Zweitmeinungen einholen.

Die gute Nachricht kam vom Obersten Gerichtshof und besagte, dass in den Vereinigten Staaten Gene nicht patentierbar sind. Gewissermaßen gab der Gerichtshof den Frauen etwas zurück, das ihrer Meinung nach sowieso ihnen gehörte. Dies hatte enorme praktische Konsequenzen: Unter anderem konnte es jetzt einen Wettbewerb um die Entwicklung besserer, zuverlässigerer und kostengünstigerer Tests auf das Gen geben. Wir konnten wieder Wettbewerbsmärkte als Triebkräfte der Innovation haben. Und zweitens hätten arme Frauen wieder annähernd gleiche Überlebenschancen – in diesem Fall die Chance, Brustkrebs zu besiegen. Aber so wichtig dieser Sieg auch ist, stellt er letztlich nur eine kleine Facette einer globalen Landschaft des geistigen Eigentums dar, die stark von Konzerninteressen geprägt ist – normalerweise amerikanischen. Und die USA haben versucht, ihr Regime zum Schutz geistigen Eigentums durch die Welthandelsorganisation und bilaterale sowie multilaterale Handelsregime anderen Ländern aufzuzwingen. Heute tun sie dies bei den Verhandlungen im Rahmen der sogenannten Transpazifischen Partnerschaft. Handelsabkommen sollen ein wichtiges Instrument der Außenpolitik sein, denn eine engere Handelsverflechtung bringt engere Beziehungen in anderen Dimensionen mit sich. Doch Bemühungen seitens des Amts des US-Handelsbeauftragten, Vertreter anderer Länder davon zu überzeugen, dass Konzerngewinne wichtiger seien als Menschenleben, untergraben das internationale Ansehen des USA: Sie verstärken allenfalls das Stereotyp des maßlosen Amerikaners.

Wirtschaftliche Macht hat jedoch oft mehr Gewicht als moralische Werte, und in den vielen Fällen, in denen sich amerikanische Konzerninteressen bei geistigen Eigentumsrechten durchsetzen, trägt unsere Politik dazu bei, die Ungleichheit in anderen Ländern zu erhöhen. In den meisten Ländern ist es genauso wie in den Vereinigten Staaten: Grundlegende Interessen der Armen werden auf dem Altar von Konzerngewinnen geopfert. Aber selbst in den Ländern, in denen der Staat einen Test wie den von Myriad zu erschwinglichen Preisen für alle anbieten würde, fallen Kosten an: Wenn der Staat Monopolpreise für einen medizinischen Test zahlt, wendet er dafür Gelder auf, die für andere lebensrettende Gesundheitsausgaben verwendet werden könnten.

Der Myriad-Fall veranschaulicht drei Kernaussagen in meinem Buch *Der Preis der Ungleichheit*. Erstens behauptete ich, dass gesellschaftliche Ungleichheit ein Resultat nicht allein ökonomischer Gesetzmäßigkeiten, sondern auch unserer Gestaltung der Wirtschaftsordnung sei – durch die Politik einschließlich fast aller Aspekte unseres Rechtssystems. Hier ist es unser Regime zum Schutz geistigen Eigentums, das unnötigerweise zur schlimmsten Form von Ungleichheit beiträgt. Das Recht auf Leben sollte nicht von der Zahlungsfähigkeit abhängig sein.

Zweitens sind einige der skandalösesten Aspekte der Erzeugung von Ungleichheit innerhalb unseres Wirtschaftssystems ein Ergebnis von Rent-Seeking: Gewinne und Ungleichverteilungen, die durch Manipulation sozialer und politischer Verhältnisse generiert werden, und zwar mit dem Ziel, sich ein größeres Stück vom wirtschaftlichen Kuchen zu sichern, statt den Kuchen selbst zu vergrößern. Besonders empörend ist diese Vermögensaneignung, wenn die Vermögenszuwächse der Reichen auf Kosten der Armen gehen. Die Bemühungen Myriads erfüllten beide Bedingungen: Die Gewinne, die das Unternehmen mit seinen Einnahmen aus dem Test erwirtschaftete, haben das Wachstum und die Dynamik der Wirtschaft in keiner Weise stimuliert und zugleich das Wohlergehen all jener vermindert, die sich den Test nicht leisten konnten.

Während alle Versicherten zu den Gewinnen von Myriad beitrugen – die Prämien mussten steigen, um die Testgebühren zu decken, und Millionen von nicht krankenversicherten Amerikanerinnen mit mittlerem Einkommen, die die Monopolpreise von Myriad zahlen mussten, mussten sogar noch tiefer in die Tasche greifen, wenn sie sich für den Test entschieden –, waren es die Nichtversicherten am unteren Ende der Einkommensskala, die den höchsten Preis bezahlten. Da der Test unerschwinglich für sie war, hatten sie ein höheres Risiko, vorzeitig zu sterben.

Verfechter strenger Schutzrechte für geistiges Eigentum sagen, dies sei schlicht der Preis, den wir zahlen müssten, wenn wir auf lange Sicht den Nachschub an lebensrettenden Innovationen sicherstellen wollten. Es ist ein Abwägen: das Leben vergleichsweise weniger armer Frauen heute gegenüber dem Leben von viel mehr Frauen irgendwann in der Zukunft. Aber diese Behauptung ist in vielerlei Hinsicht falsch. In diesem konkreten Fall ist sie besonders falsch, weil die beiden Gene im Rahmen des Humangenomprojekts wahrscheinlich ohnehin bald isoliert (»entdeckt«, wie Myriad behauptete) worden wären. Aber sie ist auch in anderer Hinsicht falsch. Genetiker haben versichert, das Patent behindere tatsächlich die Entwicklung besserer Tests und hemme daher den wissenschaftlichen Fortschritt. Alles Wissen basiert auf früherem Wissen, und Innovationen werden behindert, wenn der Zugang zu diesem Vorwissen eingeschränkt wird. Myriad machte sich bei seiner eigenen Entdeckung – wie in der Wissenschaft üblich – von anderen entwickelte Technologien und Ideen zunutze. Wäre dieses Vorwissen nicht öffentlich zugänglich gewesen, hätte Myriad nicht tun können, was es getan hat.

Und das ist das dritte große Thema. Ich habe meinem Buch absichtlich diesen Titel gegeben, weil ich betonen wollte, dass Ungleichheit nicht nur moralisch abstoßend ist, sondern auch materielle Kosten hat. Wenn das Rechtsregime zum Schutz geistigen Eigentums nicht sachgerecht gestaltet wird, erleichtert es Rent-Seeking – und unseres ist schlecht gestaltet, auch wenn diese Entscheidung und weitere des Obersten Gerichtshofs in jüngster Zeit ein Schutzrechtssystem geschaffen haben, das besser ist, als es ansonsten gewesen wäre. Und dies führt schließlich zu weniger Innovation und mehr Ungleichheit.

Tatsächlich war eine der wichtigsten Erkenntnisse des mit dem Nobelpreis ausgezeichneten Wirtschaftshistorikers Robert W. Fogel, dass eine Synergie zwischen verbessertem Gesundheitszustand der Bevölkerung und technischen Fortschritten einen Großteil des schwungvollen Wirtschaftswachstums seit dem 19. Jahrhundert erklärt. Es ist also anzunehmen, dass Monopolrenten erzeugende Regime des geistigen Eigentums, die den Zugang zur Gesundheitsversorgung einschränken, sowohl Ungleichheit erzeugen als auch das Wachstum allgemein hemmen.

Es gibt Alternativen. Befürworter geistiger Eigentumsrechte haben deren Rolle bei der Förderung von Innovationen überbewertet. Die meisten Schlüsselinnovationen – von den Grundideen, auf denen der Computer basiert, über Transistoren und Laser bis zur Entdeckung der DNA – verdanken sich nicht monetären Anreizen. Vielmehr verdanken sie sich dem Streben nach Erkenntnis. Selbstverständlich müssen Gelder zur Verfügung gestellt werden. Aber das Patentsystem ist nur eine Möglichkeit und oft nicht die beste, um diese Mittel bereitzustellen. Staatlich finanzierte Forschung, Stiftungen und das Belohnungssystem (das jedem, der eine Entdeckung macht, eine Prämie bietet, anschließend das Wissen allgemein zugänglich macht und auf die Macht des Marktes setzt, um die Früchte zu ernten) sind Alternativen mit erheblichen Vorteilen und ohne die Nachteile des gegenwärtigen Schutzrechtssystem des geistigen Eigentums, die die Ungleichheit verstärken.

Myriads Bemühungen, menschliche DNA patentieren zu lassen, war eine der schlimmsten Manifestationen des ungleichen Zugangs zur Gesundheitsversorgung, der seinerseits eine der schlimmsten Manifestationen der wirtschaftlichen Ungleichheit des Landes ist. Dank der Entscheidung des Gerichts, wodurch unsere hochgeschätzten Rechte und Werte bestätigt wurden, können wir erleichtert aufatmen. Aber es ist nur ein Sieg in dem größeren Kampf um mehr gesellschaftliche und wirtschaftliche Gleichheit.

Indiens kluge Patententscheidung

Mit Arjun Jayadev

DASS SICH DER OBERSTE GERICHTSHOF INDIENS weigerte, das Patent für Gleevec zu bestätigen – ein erfolgreiches Krebsmedikament des schweizerischen Pharmariesen Novartis –, ist eine gute Nachricht für viele Kranke jenes Landes. Wenn andere Entwicklungsländer dem indischen Beispiel folgen, wird auch ihre Bevölkerung profitieren, denn dann gäbe es mehr Geld für andere wichtige Aufgaben, seien es der Kampf gegen Aids, ein besseres Bildungssystem oder Investitionen in Wachstum und Armutsbekämpfung.

Aber die Entscheidung der indischen Richter bedeutet auch, dass die großen multinationalen Pharmakonzerne weniger Geld verdienen werden. Wie nicht anders zu erwarten, haben die Unternehmen und ihre Lobbyisten heftig reagiert: Das Urteil, argumentierten sie, raube den Unternehmen den Anreiz zur Innovation und werde den Gesundheitssystemen aller Welt schweren Schaden zufügen.

Dieses Schreckensszenario ist maßlos übertrieben. Die Entscheidung des indischen Gerichts ist sowohl wirtschaftlich als auch sozialpolitisch vernünftig. Abgesehen davon handelt es sich lediglich um einen lokal begrenzten Versuch, das globale Regime zum Schutz des geistigen Eigentums, das den Interessen der Pharmaindustrie Vorrang vor dem gesellschaftlichen Wohlergehen gibt, wieder etwas sozial ausgewogener zu gestalten. Tatsächlich sind die

Project Syndicate, 8. April 2013.

Ökonomen zunehmend überzeugt davon, dass die Bestimmungen zum Schutz des geistigen Eigentums in ihrer gegenwärtigen Form die Innovation sogar unterdrücken.

Ein strenger Schutz des geistigen Eigentums hat zwei gegensätzliche Auswirkungen auf die gesellschaftliche Wohlfahrt. Das Versprechen von Monopolrechten kann tatsächlich die Innovation anregen (obwohl die bedeutendsten Entdeckungen wie jene der DNA normalerweise an Universitäten und in staatlich finanzierten Forschungsstätten gemacht werden). Aber sie verursachen oft auch hohe Kosten: höhere Preise für die Konsumenten, eine Lähmung der Anschlussinnovation durch einen beschränkten Zugang zum Wissen und im Fall von lebensrettenden Medikamenten den Tod all jener Menschen, die sich die Innovation nicht leisten können.

Welches Gewicht jedem einzelnen dieser Faktoren beigemessen wird, hängt von den Umständen und Prioritäten ab und sollte je nach Land und Zeitpunkt unterschiedlich sein. Die hoch entwickelten Industrieländer profitierten in einer früheren Entwicklungsphase von einem beschleunigten Wirtschaftswachstum und größerer sozialer Wohlfahrt, weil sie das geistige Eigentum weniger streng schützten, als sie dies heute von den Entwicklungsländern verlangen. Selbst in den Vereinigten Staaten ist man zunehmend besorgt, dass sogenannte »Hold-up«-Patente und »Me-too«-Patente – sowie das undurchdringliche Patentdickicht, in dem sich Innovationen in den geistigen Eigentumsansprüchen anderer verheddern – knappe Forschungsmittel von den produktivsten Verwendungszwecken weglenken.

Auf Indien entfallen nur 1 bis 2 Prozent des globalen Arzneimittelmarkts. Trotzdem ist das Land schon lange ein Brennpunkt der Auseinandersetzungen über die sich global ausweitenden geistigen Eigentumsrechte der Pharmaunternehmen. Das liegt daran, dass Indien über eine dynamische Industrie verfügt, die Generika herstellt und bereit ist, Patentansprüche sowohl auf dem Binnenmarkt als auch international anzufechten.

Der Widerruf des Patentschutzes für Arzneimittel im Jahr 1972 machte grundlegende Medikamente für große Bevölkerungsgruppen zugänglich und sorgte dafür, dass eine auf dem Weltmarkt wettbewerbsfähige indische Pharmaindustrie entstand, die oft als »Apotheke der Dritten Welt« bezeichnet wird. Beispielsweise hat die Produktion von sogenannten antiretroviralen Medikamenten durch indische Hersteller wie Cipla die Kosten der lebensrettenden Aids-Therapie im subsaharischen Afrika innerhalb eines Jahrzehnts um sage und schreibe 99 Prozent gesenkt.

Ein Großteil dieser für die ganze Welt wertvollen Produktionskapazität wurde dank eines Systems aufgebaut, in dem pharmazeutische Patente praktisch keinen Schutz genießen. Aber mittlerweile ist Indien an das TRIPS-Abkommen der Welthandelsorganisation gebunden und musste sein Patentrecht entsprechend überarbeiten, was in den Entwicklungsländern dazu geführt hat, dass man sich große Sorgen macht, weil erschwingliche Medikamente möglicherweise nicht mehr global verfügbar sind.

Tatsächlich ist die Entscheidung im Fall von Gleevec lediglich ein kleiner Rückschlag für die westlichen Pharmakonzerne. In den vergangenen zwei Jahrzehnten haben die Lobbyisten auf die Einführung sehr viel strengerer und global durchsetzbarer einheitlicher Rechtsnormen zum Schutz des geistigen Eigentums gedrängt. Mittlerweile gibt es für pharmazeutische Unternehmen zahlreiche sich überschneidende Schutzmechanismen, die sich in den meisten Entwicklungsländern nur sehr schwierig anfechten lassen. Oft kollidieren die internationalen Verpflichtungen dieser Länder mit ihrer nationalen Verpflichtung, das Leben und die Gesundheit ihrer eigenen Bürger zu schützen.

Nach Auffassung des indischen Obersten Gerichtshofs haben die sozialen Ziele im geänderten Patentrecht des Landes immer noch einen höheren Stellenwert als in den Vereinigten Staaten und anderen Ländern: Um ein Patent zu erhalten, müssen die Erfordernisse der Nichtoffensichtlichkeit und Neuheit erfüllt sein. Sie werden in Indien insbesondere bei Medikamenten strenger ausgelegt, und es ist verboten, bestehende Patente durch »Evergreening« – Patente auf geringfügige Anschlussinnovationen – zu verlängern. Damit hat das Gericht bestätigt, dass der indische Staat das Recht hat, dem Schutz des Lebens und der Gesundheit seiner Bevölkerung Vorrang einzuräumen.

Die Entscheidung verdeutlicht auch eine wichtige Tatsache: Trotz erheblicher Mängel enthält das TRIPS-Abkommen einige (nur selten genutzte) Bestimmungen, die Entwicklungsländern einen gewissen Spielraum geben, den Patentschutz zu beschränken. Aus diesem Grund haben die Pharmaindustrie, die Vereinigten Staaten und andere Länder von Anfang an auf ergänzende Vereinbarungen gedrängt, die umfassendere und strengere Bestimmungen enthalten.

Solche Vereinbarungen würden es beispielsweise erschweren, Patentanträge anzufechten, den nationalen Aufsichtsbehörden die Zulassung von Generika vor Patentablauf untersagen, die Datenexklusivität aufrechterhalten und damit die Zulassung biogenerischer Medikamente verzögern sowie neue Schutzbestimmungen wie Maßnahmen gegen Produktfälschungen vorsehen.

Das Argument, die Entscheidung der indischen Richter untergrabe die Eigentumsrechte, widerspricht sich selbst: Eine unverzichtbare institutionelle Grundlage für einen funktionierenden Schutz des geistigen Eigentums ist eine unabhängige Justiz, die diese Eigentumsrechte durchsetzen kann. Der Oberste Gerichtshof Indiens hat bewiesen, dass er unabhängig ist, das Gesetz sorgfältig auslegt und nicht bereit ist, sich den Interessen der multinationalen Konzerne widerstandslos zu unterwerfen. Jetzt liegt es an der indischen Regierung, die Schutzklauseln im TRIPS-Abkommen zu nutzen, um dafür zu sorgen, dass das indische System das geistige Eigentum sowohl der Innovation als auch der öffentlichen Gesundheit schützt.

Weltweit setzt sich die Erkenntnis durch, dass die Schutzrechtssysteme des geistigen Eigentums ausgewogener gestaltet werden müssen. Aber sich darum bemühend, ihre Gewinne abzusichern, drängt die Pharmaindustrie auf immer härtere und einseitigere Bestimmungen. Länder, die darüber nachdenken, Freihandelsabkommen wie der Transpazifischen Partnerschaft beizutreten oder bilaterale »Partnerschaftsvereinbarungen« mit den Vereinigten Staaten und Europa zu schließen, müssen sich bewusst sein, dass dies eines der verborgenen Ziele ist. Die sogenannten »Freihandelsabkommen« beinhalten Bestimmungen zum Schutz des geistigen Eigentums, die den Zugang zu erschwinglichen Medikamenten verhindern können, was erheblichen Einfluss auf Wirtschaftswachstum und Entwicklung haben kann.

Die Beseitigung extremer Armut: ein nachhaltiges Entwicklungsziel, 2015–2030

Mit Michael Doyle

AUF DEM MILLENNIUM-GIPFEL der Vereinten Nationen im September 2000 machten die UN-Mitgliedstaaten einen dramatischen Schritt, indem sie Menschen statt Staaten ins Zentrum der UN-Agenda rückten. In ihrer Millenniums-Erklärung[44] verständigten sich die versammelten Staats- und Regierungschefs der Welt auf eine Reihe ehrgeiziger allgemeiner Ziele, die sich auf Friedensstiftung durch Entwicklung, die Umwelt, Menschenrechte, den Schutz der Bedürftigsten, die besonderen Bedürfnisse Afrikas und Reformen der UN-Institutionen bezogen. Besonders einflussreich war es, die entwicklungsbezogenen Ziele der Erklärung zu kodifizieren, die im Sommer 2001 als die mittlerweile wohlbekannten acht Millenniums-Entwicklungsziele (MEZ) formuliert wurden. Sie sollten bis 2015 realisiert werden:[45]

1. Extreme Armut und Hunger bekämpfen.
   Den Prozentsatz der Menschen halbieren, die weniger als den Gegenwert von 1 Dollar pro Tag zum Leben zur Verfügung haben, und all jener, die Hunger leiden.[46]
2. Primarschulbildung für alle.
   Sicherstellen, dass alle Jungen und Mädchen eine Primarschule abschließen.

Ethics and International Affairs, 20. März 2014. Die Autoren wurden bei der Recherche von Alicia Evangelades, Eamon Kircher-Allen und Laurence Wilse-Samson unterstützt.

3. Die Gleichstellung der Geschlechter fördern und die Rolle der Frauen stärken.
   Das Geschlechtergefälle in der Primar- und Sekundarschulbildung beseitigen, möglichst bis 2005 und auf allen Ebenen bis 2015.
4. Die Kindersterblichkeit senken.
   Die Sterblichkeit von Kindern unter fünf Jahren um zwei Drittel senken.
5. Die Gesundheitsversorgung der Mütter verbessern.
   Die Rate der Frauen, die bei der Entbindung sterben, um drei Viertel verringern.
6. HIV/AIDS, Malaria und andere Krankheiten bekämpfen.
   Die Ausbreitung von HIV/AIDS, Malaria und anderen schweren Krankheiten zum Stillstand bringen und eine Trendumkehr erreichen.
7. Ökologische Nachhaltigkeit sicherstellen.
   Die Grundsätze der nachhaltigen Entwicklung in der Politik und in den Programmen der Staaten verankern und den Verlust von Umweltressourcen eindämmen.
   Bis 2015 den Anteil der Menschen ohne Zugang zu hygienisch einwandfreiem Trinkwasser halbieren.
   Bis 2020 die Lebensbedingungen von mindestens 100 Millionen Slumbewohnern deutlich verbessern.
8. Eine globale Partnerschaft für Entwicklung aufbauen.
   Weitere Fortschritte bei der Entwicklung eines offenen Handels- und Finanzsystems erreichen, das eine Verpflichtung zu Good Governance, Entwicklung und Armutsbekämpfung auf nationaler und internationaler Ebene umfasst.
   Die besonderen Bedürfnisse der am wenigsten entwickelten Länder und die besonderen Bedürfnisse der Binnen- und kleinen Inselentwicklungsstaaten berücksichtigen.
   Umfassende Anstrengungen zur Bewältigung der Schuldenprobleme der Entwicklungsländer unternehmen.
   Auskömmliche und produktive Arbeitsplätze für Jugendliche schaffen.

In Zusammenarbeit mit Pharmaunternehmen Zugang zu erschwinglichen unentbehrlichen Medikamenten in Entwicklungsländern gewährleisten.

In Zusammenarbeit mit dem privaten Sektor die Vorteile neuer Technologien – insbesondere Informations- und Kommunikationstechnologien – zugänglich machen.

Der damalige UN-Generalsekretär Kofi Annan beschrieb die MEZ später als Ergebnis bemerkenswerter internationaler Koordinierungsbemühungen. Sie bildeten die gemeinsame Basis konkurrierender Entwicklungsorganisationen, spornten internationale Organisationen und nationale Regierungen zu abgestimmtem Handeln an und boten Bürgern die Gelegenheit, darauf zu bestehen, dass sich Regierungen auf »das Volk«, das sie angeblich repräsentierten, und seine Belange konzentrierten. Sie veränderten von Grund auf die Agenda der Staats- und Regierungschefs der Welt.[47]

Vierzehn Jahre später war die MEZ-Bilanz durchwachsen. Einige Ziele, etwa den Anteil der Menschen in extremer Armut zu halbieren, wurden auf globaler Ebene erreicht, aber keines ist in allen Ländern verwirklicht worden. Andere, etwa der Zugang zur Primarschulbildung für alle, werden wahrscheinlich bis 2015 nicht erreicht werden.[48]

Doch obschon die Verwirklichung dieser Ziele eine eindrucksvolle Leistung wäre, ergeben sie auch zusammengenommen keine vollständige oder umfassende Vision der menschlichen Entwicklung. Sie waren das Ergebnis dessen, worauf sich die Mitgliedstaaten im Jahr 2000 verständigen konnten. Vor allem fehlte das Zukunftsziel einer *gerechten* Entwicklung.[49] Während die internationale Gemeinschaft über die Ziele nachdenkt, die auf die MEZ folgen sollen, ist es an der Zeit, dieses Defizit dadurch zu beheben, dass man das Ziel »Beseitigung extremer Ungleichheit« in die ursprünglichen acht Ziele aufnimmt.

Warum Ungleichheit von Bedeutung ist

JEDES LAND HAT eine eigene politische Ökonomie, die das Ausmaß und die Auswirkungen von Ungleichheiten prägt, und jedes erfordert eine gesonderte Betrachtung. Die deutlichen Unterschiede in dem Ausmaß und der Natur der Ungleichverteilungen zwischen den einzelnen Ländern zeigen, dass Ungleichheit nicht nur von wirtschaftlichen Kräften bestimmt wird, sondern vielmehr von politischen Maßnahmen und Prozessen geprägt ist.

Vollständige Gleichheit ist nicht das Ziel. Gewisse ökonomische Ungleichheiten mögen dem Wirtschaftswachstum förderlich sein. Gegen andere Ungleichheiten wird man vielleicht deshalb nichts unternehmen, weil man ansonsten hochgeschätzte Freiheitsrechte einschränken würde. Während der genaue Punkt, an dem Ungleichheiten schädlich werden, von Land zu Land unterschiedlich sein mag, treten schädliche soziale, wirtschaftliche und politischen Folgen zutage, sobald die Ungleichheit extrem wird. Extreme Ungleichheiten beeinträchtigen tendenziell das Wirtschaftswachstum und untergraben sowohl die politische Gleichheit als auch die gesellschaftliche Stabilität. Und weil Ungleichheiten kumulative wirtschaftliche, soziale und politische Auswirkungen haben, erfordert jeder dieser Faktoren eine gesonderte, eingehende Betrachtung. Wir wenden uns zunächst den ökonomischen Argumenten für die Verringerung extremer Ungleichheiten zu und anschließend den politischen und sozialen Argumenten.

Ökonomische Argumente[50]

ÖKONOMEN SEHR UNTERSCHIEDLICHER philosophischer Standpunkte sind sich darin einig, dass Einkommens- und Vermögensungleichheiten negative ökonomische Auswirkungen haben. Zunehmende Ungleichheiten mit kopflastigen Einkommensverteilungen verringern die Gesamtnachfrage (die Reichen geben im Schnitt einen kleineren Teil ihres Einkommens aus als die Armen), was das Wirtschaftswachstum bremsen kann. Der Versuch der Währungsbehörden, diese Effekte auszugleichen, kann die Entstehung von Kreditblasen fördern, und diese Blasen führen ihrerseits zu ökonomischer Instabilität. Daher geht Ungleichheit oftmals mit ökonomischer Instabilität einher. So gesehen ist es keine Überraschung, dass die Ungleichheit vor der Großen Rezession von 2008 und vor der Großen Depression der 1930er-Jahre ein hohes Niveau erreichte.[51] Aktuelle Studien des Internationalen Währungsfonds zeigen, dass hohe Ungleichheit mit kürzeren Wachstumszyklen einhergeht.[52]

Ein Großteil der Ungleichheit, die weltweit beobachtet wird, hängt mit Rent-Seeking (zum Beispiel der Ausübung von Monopolmacht) zusammen, und diese Ungleichheit untergräbt offensichtlich die ökonomische Effizienz. Die vielleicht schlimmste Dimension der Ungleichheit ist jedoch die Chancenungleichheit, die sowohl die Ursache als auch die Folge von Ergebnisungleichheit ist und ökonomische Ineffizienz sowie verminderte Entwicklungschancen mit sich bringt, da viele Menschen ihr Potenzial nicht ausschöpfen können.[53] Länder mit hoher Ungleichheit investieren in der Regel weniger in öffentliche Güter wie Infrastruktur, Technologie und Bildung, die zu langfristigem wirtschaftlichem Wohlstand und Wachstum beitragen.

Andererseits hat es eindeutig positive ökonomische und soziale Auswirkungen, wenn die Ungleichheit verringert wird. Dadurch stärkt sich das soziale Gerechtigkeitsgefühl der Menschen, verbessern sich der soziale Zusammenhalt und die soziale Mobilität, erhöhen sich die Chancen, dass mehr Bürger ihr Potenzial ausschöpfen, und erweitert sich die Unterstützung für Wachstumsinitiativen. Politische Maßnahmen, die das Wachstum fördern sollen, aber zugleich die Ungleichheit ignorieren, mögen letztlich wirkungslos verpuffen. Hingegen wirken sich politische Maßnahmen, die die Ungleichheit etwa durch Förderung von Beschäftigung und Bildung verringern, positiv auf das Humankapital aus, das moderne Volkswirtschaften in wachsendem Maße benötigen.[54]

Politische und soziale Argumente

DIE KLUFT ZWISCHEN REICH UND ARM ist teils das Ergebnis ökonomischer Kräfte, aber in gleichem Maße – oder vielleicht sogar noch mehr – die Folge politischer Entscheidungen, wie etwa hinsichtlich der Besteuerung, der Höhe des Mindestlohns und der Investitionen in Gesundheit und Bildung. Daher können Länder mit ansonsten ähnlichen ökonomischen Verhältnissen sehr unterschiedliche Grade der Ungleichheit aufweisen. Diese Ungleichverteilungen wiederum können sich auf die politische Entscheidungsfindung auswirken, weil selbst demokratisch gewählte Amtsträger den Interessen wohlhabender Wähler mehr Beachtung schenken als den Anliegen der Armen.[55] Je weniger Beschränkungen die Vermögenden bei der Finanzierung von Wahlkämpfen unterliegen, umso wahrscheinlicher ist es, dass sich wirtschaftliche Ungleichheit in politischer Ungleichheit niederschlägt.

Wie erwähnt untergraben extreme Ungleichheiten nicht nur die ökonomische, sondern auch die gesellschaftliche und politische Stabilität. Allerdings gibt es keinen einfachen kausalen Zusammenhang zwischen ökonomischer Ungleichheit und gesellschaftlicher Stabilität, gemessen an Gewaltkriminalität und gewalttätigen Ausschreitungen. Keine der beiden Formen von Gewalt korreliert mit Gini-Koeffizienten oder Palma-Ratios (der Anteil am Bruttovolkseinkommen [GNI] der reichsten 10 Prozent der Bevölkerung, geteilt durch den Anteil am Bruttovolkseinkommen der ärmsten 40 Prozent).[56]

Allerdings gibt es eindeutige Zusammenhänge zwischen Gewalttätigkeit und »horizontalen Ungleichheiten«, die ökonomische Schichtung mit Rassen- und ethnischer Zugehörigkeit, Religion oder Region verknüpfen. Wenn die Armen einer bestimmten Rasse, ethnischen Gemeinschaft, Religion oder Region entstammen und die Reichen einer anderen, setzt oftmals eine tödliche, destabilisierende Dynamik ein.

Ausgehend von 123 nationalen Erhebungen in 61 Entwicklungsländern dokumentierte eine Studie sorgfältig die Auswirkungen von ungleichen Vermögensverteilungen zwischen ethnischen Gruppen. Für ein typisches Land mit Durchschnittswerten bei allen Variablen, die mit Gewalttätigkeit assoziiert sind, beträgt die Wahrscheinlichkeit für zivile Konflikte in einem gegebenen Jahr 2,3 Prozent. Wenn der Grad der horizontalen ungleichen Vermögensverteilung zwischen ethnischen Gruppen auf das 95. Perzentil erhöht wird – also sehr hoch ist – (und die anderen Variablen auf ihren Durchschnittswerten bleiben), erhöht sich die Konfliktwahrscheinlichkeit auf 6,1 Prozent – ein Anstieg auf mehr als das Doppelte. Ein ähnlicher Vergleich, in dem es um Einkommensunterschiede zwischen Religionsgruppen ging, zeigt eine Zunahme von 2,9 auf 7,2 Prozent – auch das ist mehr als eine Verdoppelung.[57] Eine weitere Studie fand mit ähnlichen Methoden heraus, dass regionale Vermögensdisparitäten im subsaharischen Afrika mit einem besonders hohen Konfliktrisiko verbunden sind.[58]

Andere Autoren bestätigen die Gefahren großer horizontaler Ungleichheiten mit Methoden, die sich nicht auf Erhebungen zur Messung von Ungleichheiten stützen, sondern geografische Einkommensunterschiede heranziehen, die mit ethnischer Differenzierung zusammenhängen. Lars-Erik Cederman, Nils Weidmann und Kristian Gleditsch, die sich auf den Zeitraum nach dem Kalten Krieg (1991–2005) konzentrieren, teilen die Gesamthöhe der ökonomischen Produktionsleistung in einem bestimmten ethnischen Siedlungsgebiet durch die Populationsgröße der Gruppe. Dadurch wollen sie die gruppenspezifischen ethnischen Maße der ökonomischen Produktionsleistung pro Kopf berechnen. Sie haben herausgefunden, dass sowohl vergleichsweise ärmere als auch vergleichsweise reichere ethnische Gruppen mit höherer Wahrscheinlichkeit von Bürgerkriegen betroffen sind. Sie weisen nach, dass dabei nicht nur ethnische Faktoren im Spiel sind, und zeigen auch, dass mit zunehmendem Reichtum (beziehungsweise mit zunehmender Armut) einer ethnischen Gruppe die Wahrscheinlichkeit steigt, dass die extremen Gruppen in einen Bürgerkrieg mit anderen ethnischen Gruppen verwickelt werden.[59]

Die vielen Dimensionen der Ungleichheit

DIE DISKUSSION ÜBER ARMUT und Armutsbekämpfung löste sich von dem engen Fokus auf das *Einkommen* und viele weitere Dimensionen der Entbehrung – einschließlich Gesundheit und Umwelt –, und ebenso hat sich auch die Diskussion über Ungleichheit entwickelt.[60] Tatsächlich scheinen in den meisten Ländern Vermögensungleichheiten größer zu sein als Einkommensungleichheiten. Insbesondere in Ländern ohne bedarfsgerechte öffentliche Gesundheitssysteme würde eine Palma-Ratio, die den Gesundheitszustand abbildet, zweifellos noch größere Ungleichheiten zeigen als eine Palma-Ratio für Einkommen. Eine Palma-Ratio, die auf der Exposition gegenüber Umweltbelastungen basiert, würde wahrscheinlich einen ähnlichen Trend zeigen.

Eine der schädlichsten Formen der Ungleichheit ist die Chancenungleichheit, die sich in mangelnder sozioökonomischer Mobilität niederschlägt und Menschen, die in die unterste Gruppe der ökonomischen Pyramide hineingeboren werden, dazu verdammt, mit hoher Wahrscheinlichkeit dort zu bleiben. Alan Krueger, der ehemalige Vorsitzende des wirtschaftswissenschaftlichen Beirats (des US-Präsidenten), hat auf diesen Zusammenhang zwischen Ungleichheit und mangelnden Aufstiegschancen hingewiesen.[61] Einkommensungleichheit ist vielfach mit geringerer ökonomischer Mobilität und weniger Entfaltungschancen über die Generationen hinweg verbunden. Die Tatsache, dass jene, die in die unterste Gruppe der ökonomischen Pyramide hineingeboren werden, dazu verdammt sind, ihr Potenzial nicht auszuschöpfen, verstärkt den Zusammenhang zwischen Ungleichheit und niedrigerem langfristigem Wirtschaftswachstum.[62]

Dass diese Dimensionen der Ungleichheit miteinander zusammenhängen, spricht dafür, dass die Konzentration auf jeweils nur eine Dimension womöglich das wahre Ausmaß der sozialen Ungleichheiten unterschätzt und eine unzureichende Entscheidungsgrundlage für politische Gegenmaßnahmen darstellt. So ist zum Beispiel die Ungleichheit in der Gesundheitsversorgung sowohl eine Ursache als auch eine Folge der Einkommensungleichheit. Ungleichheiten im Zugang zur Bildung sind einer der wichtigsten Bestimmungsfaktoren von Einkommens- und Chancenungleichheiten. Wenn bei diesen vielfältigen Ungleichheiten (zum Beispiel bei jenen, die mit Rassen- oder ethnischer Zugehörigkeit verbunden sind) ihrerseits bestimmte soziale Muster auftreten, dann verstärkt dies die sozialen Konsequenzen (einschließlich sozialer Instabilität), wie wir bereits betont haben.

Die Zielerreichung messen

WIR SCHLAGEN VOR, das folgende Ziel – wir wollen es »Ziel neun« nennen – in Überarbeitungen und Aktualisierungen der ursprünglichen acht Ziele aufzunehmen: *Beseitigung extremer Ungleichheit auf nationaler Ebene in jedem Land.* Für dieses Ziel schlagen wir die folgenden konkreten Unterziele vor:

- Bis 2030 extreme Einkommensungleichheiten in allen Ländern so weit abbauen, dass das Einkommen nach Steuern der obersten 10 Prozent nicht größer ist als das Einkommen nach Transferleistungen der unteren 40 Prozent.
- Bis 2020 in jedem Land eine öffentliche Kommission einsetzen, die die Auswirkungen nationaler Ungleichheiten beurteilt und darüber Bericht erstattet.

Es besteht wachsendes Einvernehmen darüber, dass der beste Indikator für diese Unterziele die Palma-Ratio ist, die sich tatsächlich auf Extreme der Ungleichheit konzentriert – das Verhältnis der Einkommen in der Spitze zu den Einkommen in der untersten Gruppe.[63] In vielen Ländern der Welt sind die Veränderungen in diesen Extremen am auffälligsten und äußerst empörend, während der Einkommensanteil in der Mitte relativ stabil ist.[64] Alle Länder sollten sich auf ihre »extremen« Ungleichheiten konzentrieren, also die Ungleichheiten, die einem gerechten und nachhaltigen Wirtschaftswachstum am meisten schaden und gesellschaftliche wie auch politische Stabilität unterminieren. Eine Palma-Ratio von 1 ist ein Ideal, das nur in wenigen Ländern erreicht wird. Zum Beispiel scheinen skandinavische Länder, mit Palma-Ratios von 1 oder weniger, nicht unter den negativen Folgen zu leiden, die mit extremer Ungleichheit einhergehen.[65] Tatsächlich scheinen sie in vielfältigen Aspekten ihrer sozioökonomischen Entwicklung von einem positiven »Gleichheitsmultiplikator« zu profitieren, der sie effizienter und flexibler und zugleich gerechter und stabiler macht.[66]

Aber Länder unterscheiden sich nicht nur in dem Ausmaß ihrer Ungleichheit, sondern auch in ihrer Kultur, ihrer Toleranz gegenüber verschiedensten Formen von Ungleichheit und ihrer Fähigkeit zu gesellschaftlichen Veränderungen. Daher ist das zweite Unterziel das wichtigere: bis 2020 einen nationalen Dialog darüber führen, was getan werden sollte, um den für das jeweilige Land entscheidenden Ungleichheiten entgegenzuwirken. Ein solcher Dialog würde die Aufmerksamkeit auf die politischen Strukturen und Mechanismen lenken, die die Ungleichheit verschlimmern (zum Beispiel Mängel im Bildungs-, Rechts-, Steuer- und Transfersystem), sowohl jene, die die Wirtschaft verzerren und gleichzeitig zu ökonomischer, politischer und gesellschaftlicher Instabilität beitragen, wie auch jene, die sich am leichtesten ändern ließen.[67]

Es gibt eine breite Unterstützung für Armutsbekämpfung.[68] In einem Brief an Dr. Homi Kharas – der Leitautor und Geschäftsführer des Sekretariats, das das High-Level Panel of Eminent Persons on the Post-2015 Development Agenda unterstützt – haben neunzig Wirtschaftswissenschaftler, Hochschullehrer und Entwicklungsexperten dazu aufgefordert, die Verringerung der Ungleichheit im Rahmenkonzept für die Entwicklung für die Zeit nach 2015 zu einem vorrangigen Ziel zu machen, und sie haben vorgeschlagen, die Ungleichheit mithilfe der Palma-Ratio zu messen.[69] Sie behaupten – übereinstimmend mit unserer Analyse –, dass Ungleichheit die Beseitigung der Armut, nachhaltige Entwicklung, demokratische Prozesse und den gesellschaftlichen Zusammenhalt gefährde.[70]

Das Bewusstsein für die negativen Folgen von Ungleichheit hat sich über den Kreis von Wissenschaftlern und sozialen Aktivisten hinaus ausgebreitet. Präsident Barack Obama hat in einer Rede im Juli 2013 die Rolle der Ungleichheit bei der Entstehung von Kreditblasen (wie solche, die die Große Rezession auslösten) hervorgehoben und darauf hingewiesen, dass sie Menschen Chancen beraube. Dies wiederum begünstige die Entstehung einer ineffizienten Volkswirtschaft, in der die Begabungen vieler Menschen nicht zum Wohle aller mobilisiert werden könnten.[71] Und Papst Franziskus hat in seiner Rede in der Elendssiedlung Varginha in Rio der Janeiro anlässlich des Weltjugendtages 2013 betont, dass wir mehr Solidarität und mehr soziale Gerechtigkeit brauchen und uns insbesondere stärker um die Lebensverhältnisse junger Menschen kümmern sollten. Und ebenfalls bezogen auf die früher zitierten Studien erklärte er, in Gesellschaften mit hoher Ungleichheit und ausgegrenzten Gemeinschaften lasse sich der Frieden nicht bewahren.[72]

Es gibt viele Dimensionen der Ungleichheit – von denen einige schädlichere Folgen haben als andere – und viele verschiedene Methoden, um diese Ungleichheiten zu messen. Eines ist jedoch gewiss: Nachhaltige Entwicklungen lassen sich nicht erreichen, wenn man extreme Ungleichheiten ignoriert. Es ist daher zwingend erforderlich, dass die Post-2015-Entwicklungsagenda die Bekämpfung der Ungleichheit als einen ihrer zentralen Punkte enthält.

Die Krisen nach der Krise

ANGESICHTS VON EUROKRISE und amerikanischer Haushaltskrise fällt es uns schwer, die langfristigen Probleme der Weltwirtschaft im Auge zu behalten. Aber während wir uns auf die unmittelbaren Probleme konzentrieren, schwelen diese Brandherde weiter, und es wäre gefährlich, sie zu missachten.

Das größte Problem ist die Erderwärmung. Zwar hat sich der *Anstieg* der CO_2-Emissionen aufgrund der schwachen Weltwirtschaft verlangsamt, aber das verschafft uns nur eine kurze Atempause. Und wir hinken der Entwicklung weit hinterher: Wir haben derart spät auf den Klimawandel reagiert, dass wir die Treibhausgasemissionen künftig drastisch verringern müssen, um den globalen Temperaturanstieg auf 2 Grad Celsius zu beschränken.

Manche Stimmen fordern, den Kampf gegen den Klimawandel in Anbetracht der Wirtschaftsflaute hintanzustellen. Sie irren sich: Gerade indem wir die Weltwirtschaft an den Klimawandel anpassen, können wir die Nachfrage und das Wachstum wieder ankurbeln.

Gleichzeitig macht die Geschwindigkeit des technologischen Fortschritts und der Globalisierung sowohl in den Industrie- als auch in den Entwicklungsländern rasche Strukturanpassungen erforderlich. Solche Veränderungen können traumatisch sein, und die Märkte bewältigen sie oft nicht gut.

So wie die Depression der 1930er-Jahre in den Vereinigten Staaten ihren Ursprung teilweise in der schwierigen Transformation einer agrarisch geprägten Wirtschaft in eine urbane Industriewirt-

Project Syndicate, 7. Januar 2013.

schaft hatte, so beruhen die gegenwärtigen Probleme teilweise darauf, dass wir den Übergang von einer industriell geprägten Wirtschaft zu einer Dienstleistungswirtschaft schaffen müssen. Es müssen neue Unternehmen gegründet werden, und die modernen Finanzmärkte verstehen sich besser auf Spekulation und Ausbeutung als auf die Bereitstellung von Kapital für neue, vor allem kleine und mittlere Unternehmen.

Um den Wandel zu meistern, sind zudem Investitionen in Humankapital erforderlich, die sich der Einzelne oft nicht leisten kann. Zu den für die Bürger wichtigen Dienstleistungen gehören Gesundheitsfürsorge und Bildung. In beiden Sektoren spielt der Staat naturgemäß eine wichtige Rolle (die Gründe dafür sind die inhärente Unvollkommenheit der Märkte in diesen Sektoren und die Sorge über die Gleichheit).

Vor der Krise von 2008 war oft von globalen Ungleichgewichten und davon die Rede, dass Länder mit hohen Handelsüberschüssen wie Deutschland und China ihren Konsum ankurbeln sollten. Dieses Problem besteht weiterhin: Tatsächlich hat der Umstand, dass Deutschland nichts gegen seine chronisch überschüssigen Handelsbilanzen unternimmt, wesentlich zur Eurokrise beigetragen. Chinas Leistungsbilanzüberschuss ist gemessen am Bruttoinlandsprodukt zuletzt gesunken, aber es muss sich noch zeigen, welche langfristigen Auswirkungen das hat.

Das Außenhandelsdefizit der Vereinigten Staaten wird nicht verschwinden, wenn die Amerikaner nicht mehr sparen und wenn die globale Währungsordnung nicht verändert wird. Eine Erhöhung der Sparquote würde die wirtschaftliche Stagnation des Landes verschärfen, und keine der beiden Veränderungen ist absehbar. Eine Erhöhung des chinesischen Konsums bedeutet nicht zwangsläufig, dass das Land mehr amerikanische Güter kaufen wird. Tatsächlich dürfte China eher den Konsum von nicht handelbaren Gütern wie Gesundheitsleistungen und Bildung erhöhen, was die globale Lieferkette durcheinanderbringen und vor allem die Länder treffen würde, die bisher das exportierende und verarbeitende Gewerbe Chinas beliefert haben.

Schließlich gibt es eine weltweite Krise der Ungleichheit. Problematisch ist nicht nur, dass sich die Spitzenverdiener einen größeren Teil des Volkseinkommens sichern. Obendrein profitiert die Mittelschicht kaum vom Wirtschaftswachstum, während die Armut in vielen Ländern zunimmt. In den Vereinigten Staaten ist die Chancengleichheit als Mythos entlarvt worden.

Die Große Rezession hat diese Entwicklungen verstärkt, aber sie waren schon lange vor der Finanzkrise unübersehbar. Tatsächlich weisen ich und andere seit langer Zeit darauf hin, dass die zunehmende Ungleichverteilung einer der Gründe für die Drosselung des Wirtschaftswachstums ist. Diese Ungleichheit ist teilweise eine Folge des tiefgreifenden strukturellen Wandels der Weltwirtschaft.

Ein wirtschaftliches und politisches System, von dem die Bevölkerungsmehrheit nicht profitiert, kann auf lange Sicht keinen Bestand haben. Das Vertrauen in die Demokratie und die Marktwirtschaft wird schließlich schwinden, und die Legitimität der bestehenden Institutionen und Vereinbarungen wird hinterfragt werden.

Die gute Nachricht ist, dass die Kluft zwischen den hoch entwickelten Ländern und den Schwellenländern in den vergangenen drei Jahrzehnten deutlich verringert werden konnte. Dennoch leben weiterhin Hunderte Millionen Menschen in Armut, und es wurden nur geringe Fortschritte dabei erzielt, die Schere zwischen den am wenigsten entwickelten Ländern und der übrigen Welt zu verkleinern.

Das liegt teils an unfairen Handelsabkommen einschließlich nicht zu rechtfertigender Agrarsubventionen, welche die Preise drücken, von denen das Einkommen vieler Menschen in den ärmsten Ländern abhängt. Die Industrieländer haben ihr im November 2001 in Doha gegebenes Versprechen nicht gehalten: Sie wollten ein entwicklungsförderndes Welthandelsregime einführen. Auch die 2005 beim G8-Gipfel in Gleneagles gegebene Zusage, die Unterstützung für die ärmsten Länder deutlich zu erhöhen, haben sie nicht in die Tat umgesetzt.

Der Markt wird von sich aus keines dieser Probleme lösen. Die globale Erwärmung ist ein klassisches Beispiel für das Problem der »öffentlichen Güter«. Um die unbedingt erforderlichen strukturellen Veränderungen herbeizuführen, müssen die Regierungen eine aktivere Rolle übernehmen – und das gerade dann, wenn in Europa und den USA Forderungen nach Haushaltskürzungen laut werden.

Angesichts der gegenwärtigen Krisen sollten wir uns fragen, ob unsere Reaktionen auf diese Krisen unsere langfristigen Probleme verschärfen. Der von Defizitgegnern und Anhängern der Sparpolitik vorgezeichnete Weg schwächt die Wirtschaft heute und verringert die Zukunftsaussichten. Dabei gäbe es angesichts der Tatsache, dass die unzureichende Gesamtnachfrage die gegenwärtige Schwäche der Weltwirtschaft verursacht hat, durchaus eine Alternative: Wir können in unsere Zukunft investieren, und zwar so, dass wir uns mit den Problemen des Klimawandels, der globalen Ungleichverteilung und der Armut befassen und gleichzeitig den notwendigen Strukturwandel herbeiführen.

Ungleichheit ist nicht unvermeidlich

SEIT ETWA DREISSIG JAHREN leiden die Vereinigten Staaten an einer schleichenden Krankheit. Eine Gesellschaft, die nach dem Zweiten Weltkrieg gemeinsam vom Wachstum profitiert hatte, begann auseinanderzufallen. Als Ende 2007 die Große Rezession einsetzte, konnte man die durch die amerikanische Wirtschaft laufenden Bruchlinien nicht länger ignorieren. Wie hatte es so weit kommen können, dass sich diese »strahlende Stadt auf dem Hügel« – wie auch John F. Kennedy es 1961 in einer Rede formulierte – in das Industrieland mit dem höchsten Maß an Ungleichheit verwandelte?

Ein Aspekt der außergewöhnlichen Diskussion, die durch Thomas Pikettys wichtiges Buch *Das Kapital im 21. Jahrhundert* angeregt wurde, ist die Vorstellung, dass extreme Vermögens- und Einkommensunterschiede ein fester Bestandteil des Kapitalismus sind. Wenn dem so ist, wären die Jahrzehnte nach dem Zweiten Weltkrieg, die eine Zeit rasch sinkender Ungleichverteilung waren, eine Ausnahme von der Regel. Tatsächlich ist dies eine oberflächliche Interpretation von Pikettys Arbeit. Er hat die im Lauf der Zeit zunehmende Ungleichheit in einen institutionellen Kontext eingeordnet. Leider hat dieser Teil seiner Analyse weniger Aufmerksamkeit gefunden als die fatalistisch wirkenden Aspekte.

In den vergangenen anderthalb Jahren wurden in »The Great Divide«, einer von mir moderierten Diskussionsreihe in der *New York Times*, zahlreiche Beispiele vorgelegt, die an der Vorstellung zweifeln ließen, dass es irgendwelche grundlegenden Gesetze des

New York Times, 27. Juni 2014.

Kapitalismus gibt. Die Dynamik des imperialen Kapitalismus des 19. Jahrhunderts ist nicht auf die Demokratien des 21. Jahrhunderts anwendbar. Eine derart große Ungleichheit sollten wir in den Vereinigten Staaten vermeiden.

Die gegenwärtige Form des Kapitalismus ist ein Ersatzkapitalismus. Den Beweis dafür liefert unsere Reaktion auf die Große Rezession, in der wir die Verluste vergemeinschaftet und die Gewinne privatisiert haben. Bei vollkommenem Wettbewerb sollten die Gewinne zumindest theoretisch auf null sinken, aber es gibt Monopole und Oligopole, die beständig hohe Profite erzielen. Die durchschnittlichen Einkommen amerikanischer Spitzenmanager sind im Durchschnitt 295-mal so hoch wie die des durchschnittlichen Arbeitnehmers. Das Verhältnis ist sehr viel höher als früher, ohne dass die Produktivität entsprechend gestiegen wäre.

Wenn es keine unausweichlichen Gesetze der Ökonomie sind, die zur tiefen Spaltung der Vereinigten Staaten geführt haben, was ist es dann? Die klare Antwort lautet: Es ist unsere Politik. Die Leute wollen zwar keine skandinavischen Erfolgsgeschichten mehr hören, aber es ist eine Tatsache, dass die Pro-Kopf-Einkommen in Schweden, Finnland und Norwegen ebenso schnell oder sogar schneller gestiegen sind als in den Vereinigten Staaten. Vor allem aber sind sie sehr viel gerechter verteilt.

Warum haben sich die Vereinigten Staaten also für eine Politik entschieden, die die Ungleichheit erhöht? Zum Teil liegt es daran, dass die durch den Zweiten Weltkrieg geweckte Solidarität in dem Maße schwand, wie die Erinnerung an diese Zeit vergessen wurde. Als die USA im Kalten Krieg die Oberhand behielten, schien es keine echte Konkurrenz zu unserem Wirtschaftsmodell mehr zu geben. Ohne diesen internationalen Wettbewerb mussten wir nicht länger beweisen, dass unser System für die Mehrheit der Bürger vorteilhaft war.

Ideologie und Sonderinteressen gingen ein unseliges Bündnis ein. Einige zogen die falschen Lehren aus dem Zusammenbruch des sowjetischen Systems. Das Pendel schlug vom übermächtigen Staat dort zum machtlosen Staat hier aus. Die Großunternehmen forderten ein Ende der staatlichen Regulierung, obwohl die staatlichen Vorschriften viel dazu beigetragen hatten, unsere Umwelt zu schützen sowie unsere Sicherheit, unsere Gesundheit und die Wirtschaft selbst zu verbessern.

Es war eine heuchlerische Ideologie. Die Bankiers, die zu den entschiedensten Befürwortern einer Laisser-faire-Wirtschaftspolitik zählen, nahmen bereitwillig Hunderte Milliarden Dollar an öffentlichen Geldern über Rettungspakete an, die seit dem Beginn der Thatcher-Reagan-Ära der »freien« Märkte und der Deregulierung auf globaler Ebene immer wieder notwendig waren.

Das politische System der Vereinigten Staaten wird vom Geld beherrscht. Wirtschaftliche Ungleichheit führt zu politischer Ungleichheit, und politische Ungleichheit führt zu wachsender wirtschaftlicher Ungleichheit. Pikettys Argument stützt sich auf die Reichen, die dafür sorgen können, dass ihre Kapitalerträge nach Steuern im Verhältnis zum Wirtschaftswachstum hoch bleiben. Wie erreichen sie das? Indem sie die Spielregeln entsprechend gestalten – also durch politische Einflussnahme.

So wird die staatliche »Konzernwohlfahrt« ständig ausgebaut, während wir die Sozialleistungen für die Armen kürzen. Der Kongress erhält die Subventionen für große Agrarbetriebe aufrecht, während er die Lebensmittelhilfe für die Bedürftigen herabsetzt. Die Pharmaunternehmen erhalten Hunderte Milliarden Dollar, während die Leistungen der Medicaid-Versicherung für einkommensschwache Amerikaner eingeschränkt werden. Die Banken, die die globale Finanzkrise auslösten, haben Milliarden bekommen, während die Eigenheimbesitzer und Opfer der räuberischen Kreditpraktiken dieser Institute mit Almosen abgespeist wurden. Diese Entscheidung war besonders kurzsichtig. Es hätte Alternativen dazu gegeben, den Banken das Geld in den Rachen zu werfen und zu hoffen, sie würden es durch eine Reaktivierung des Kredits wieder in Umlauf bringen. Man hätte den überschuldeten Hausbesitzern und den Opfern der ausbeuterischen Kreditpraktiken direkt helfen können. So hätte man nicht nur die Wirtschaft ankurbeln, sondern auch eine nachhaltige Erholung einleiten können.

Die Spaltung reicht tief. Die wirtschaftliche und geografische Segregation hat die Vermögenden gegen die Probleme der sozial schwachen Gruppen immunisiert. Wie die Könige früherer Zeiten betrachten sie ihre privilegierte Position praktisch als naturgegebenes Recht. Wie sonst kann man die jüngsten Kommentare des Wagniskapitalisten Tom Perkins erklären, der die Kritik am Reichtum des 1 Prozent mit nationalsozialistischer Hetze gleichsetzte. Oder wie soll man die Äußerungen des Private-Equity-Moguls Stephen A. Schwarzman verstehen, der die Forderung, Financiers sollten einen ebenso hohen Anteil ihres Einkommens wie gewöhnliche Erwerbstätige an den Fiskus abführen, mit dem deutschen Überfall auf Polen verglich?

Unsere Wirtschaft, unsere Demokratie und unsere Gesellschaft haben für diese extreme Ungleichverteilung bezahlt. Der wirkliche Maßstab für die Leistungsfähigkeit einer Volkswirtschaft ist nicht, wie viel Geld die Reichsten in Steueroasen anhäufen können, sondern wie gut es dem Durchschnittsbürger geht. Und nirgendwo gilt das mehr als in den Vereinigten Staaten, deren Selbstverständnis auf der Annahme beruht, sie seien *das* Land der Mittelschicht. Aber das mittlere Einkommen ist heute niedriger als vor einem Vierteljahrhundert. Einkommenszuwächse haben nur die reichsten Amerikaner verzeichnet, deren Anteil am Volkseinkommen sich seit 1980 fast vervierfacht hat. Geld, das eigentlich zu den Einkommensschwächeren hätte durchsickern sollen, ist in Tresore auf den Cayman Islands geflossen.

Fast ein Viertel der amerikanischen Kinder unter fünf Jahren lebt in Armut, und die Vereinigten Staaten unternehmen sehr wenig für ihre Armen. Die Entbehrungen einer Generation werden an die nächste weitergegeben. Selbstverständlich ist es noch keinem Land gelungen, all seinen Bürgern gleiche Chancen zu geben. Aber warum zählen die Vereinigten Staaten zu den Industrieländern, in denen die Lebensaussichten junger Menschen besonders stark von Einkommen und Bildung ihrer Eltern abhängen?

Zu den aufschlussreichsten Beiträgen aus der Reihe »Great Divide« zählten jene über die Enttäuschungen der jungen Menschen, die sich danach sehnen, einen Weg in die schrumpfende Mittelschicht zu finden. Ständig steigende Studiengebühren und sinkende Einkommen bürden ihnen höhere Schulden auf. Die Einkommen von Erwerbstätigen, die lediglich die Highschool abgeschlossen haben, sind in den vergangenen 35 Jahren um 13 Prozent gesunken.

Auch in der Justiz klafft ein tiefer Graben. In den Augen der übrigen Welt und eines beträchtlichen Teils der amerikanischen Bevölkerung ist die massenhafte Inhaftierung von Bürgern zu einem typischen Merkmal der Vereinigten Staaten geworden: Das Land stellt 5 Prozent der Weltbevölkerung, aber rund ein Viertel aller weltweiten Strafgefangenen.

Gerechtigkeit ist zu einer Ware geworden, die sich nur wenige leisten können. Während die teuren Anwälte der Wall-Street-Manager dafür sorgten, dass ihre Klienten nicht für ihr Fehlverhalten während der Krise von 2008 zur Rechenschaft gezogen wurden, missbrauchten die Banken unser Rechtssystem, um Zwangsversteigerungen aus Hypotheken durchzuführen und Menschen aus ihren Häusern zu vertreiben – und einige dieser Hausbesitzer hatten nicht einmal Schulden.

Vor mehr als einem halben Jahrhundert trugen die Vereinigten Staaten entscheidend dazu bei, die Menschenrechtserklärung der Vereinten Nationen zu verabschieden. Heute zählt eine angemessene medizinische Versorgung zumindest in den fortschrittlichen Ländern zu den allgemein anerkannten Rechten. Trotz der Umsetzung des Affordable Care Act gilt das nicht für die USA, die beim Zugang zu medizinischer Versorgung, bei der Lebenserwartung und beim Gesundheitszustand tief gespalten sind.

Die Erleichterung darüber, dass sich der Oberste Gerichtshof dazu entschied, den Affordable Care Act nicht zu kippen, sorgte dafür, dass sich viele Leute der Folgen der Entscheidung für Medicaid nicht vollkommen bewusst waren: Das Ziel von Obamacare – das Programm soll allen Amerikanern Zugang zur Gesundheitsversorgung verschaffen – wurde verfehlt: 24 Bundesstaaten haben das erweiterte Medicaid-Programm nicht eingeführt, mit dem Obamacare den Ärmsten zugänglich gemacht werden sollte.

Wir brauchen nicht nur einen neuen Krieg gegen die Armut, sondern einen Krieg zum Schutz der Mittelschicht. Die Lösungen für diese Probleme müssen nicht grundlegend neu sein. Es wäre schon ein guter Anfang, die Märkte dazu zu bewegen, sich wie Märkte zu verhalten. Wir müssen das Rent-Seeking-System beseitigen, das die Reichen bevorzugt, die die Spielregeln manipulieren, um sich zusätzliche Einnahmen zu sichern.

Das Problem der Ungleichverteilung ist weniger eine technische Frage der Ökonomie als eine Frage der praktischen Politik. Es ist gleichermaßen pragmatisch und fair, dafür zu sorgen, dass die an der Spitze ihren fairen Anteil an der Steuerlast tragen – dafür müssten die Privilegien von Spekulanten, Großunternehmen und Reichen beseitigt werden. Man redet keiner Politik des Neids das Wort, wenn man eine Abkehr von der Politik der Gier fordert. Die Ungleichheit betrifft nicht nur den Grenzsteuersatz, sondern auch die ausreichende Versorgung von Kindern mit Nahrungsmitteln und das Recht auf Gerechtigkeit für alle. Wenn wir mehr für Bildung, Gesundheit und Infrastruktur ausgäben, würden wir unsere Wirtschaft jetzt und in Zukunft stärken. Dass wir das schon gehört haben, bedeutet nicht, dass wir es nicht erneut probieren sollten.

Wir haben den Ursprung des Problems entdeckt: politische Ungerechtigkeiten und politische Maßnahmen, die unsere Demokratie korrumpiert und unsere Grundrechte zu einer Ware gemacht haben. Nur engagierte Bürger können ein faireres Amerika wiederherstellen, und das auch nur, wenn sie das Ausmaß der Herausforderung verstehen. Es ist nicht zu spät, um unsere Position in der Welt zurückzugewinnen und unser Selbstverständnis als Nation wiederherzustellen. Eine sich ausweitende und vertiefende Ungleichheit ist nicht das Ergebnis unveränderlicher ökonomischer Gesetze. Sie ist das Resultat von Gesetzen, die wir selbst geschrieben haben.

TEIL VII
Regionale Perspektiven

UNGLEICHHEIT IST zu einem internationalen Problem geworden. Dabei zeigt sich ein allgemeines Muster: Den Ländern, die dem US-amerikanischen Wirtschaftsmodell gefolgt sind – auch hinsichtlich der starken Finanzialisierung der Wirtschaft –, erging es über kurz oder lang ganz ähnlich wie den USA. So hat Großbritannien, das dem US-amerikanischen Modell besonders beflissen nacheiferte (und dieses in einigen Fällen sogar seinerseits inspirierte, denn schließlich gab es große politische und ideologische Übereinstimmungen zwischen Premierministerin Thatcher und Präsident Reagan), nach den Vereinigten Staaten den höchsten Grad an Ungleichheit unter den Industriestaaten. Länder zahlen einen hohen Preis dafür, und es geht dabei nicht nur um Einkommens-, sondern auch um Chancenungleichheit.

Im Lauf der letzten 25 Jahre hatte ich das Glück, bei meinen Reisen um die Welt mit Regierungsvertretern, Studenten, anderen Wirtschaftswissenschaftlern, Gewerkschaftsfunktionären, Mitgliedern der Zivilgesellschaft und Geschäftsleuten diskutieren zu dürfen. Besonders hat mich dabei interessiert, wie unterschiedlich Ökonomie und Politik in verschiedenen Ländern miteinander wechselwirken: Wieso ist es einigen Ländern gelungen, höhere soziale Gleichheit und größere Chancengerechtigkeit zu verwirklichen?

Die in diesem Abschnitt zusammengestellten Artikel geben einen Überblick über diese verschiedenen Entwicklungen weltweit. Ich beginne mit »Das Wunder von Mauritius«. Man kann nicht vorhersagen, wann ein Artikel einen Nerv trifft, aber dieser hat es getan. Der kleine Inselstaat Mauritius im Indischen Ozean östlich von Afrika gilt hinsichtlich der Entwicklung schon lange als eine echte Erfolgsgeschichte. Die Wirtschaft ist zügig gewachsen. Ich habe die Insel unter anderem deshalb besucht, weil ich die Gründe dafür besser verstehen wollte. Die wenig überraschende Antwort des Präsidenten, der zu Beginn des schnellen Wachstums des Landes Ministerpräsident war, lautete: Die Regierung sei stark vom ostasiatischen Entwicklungsmodell beeinflusst worden, in dem der Staat eine zentrale Rolle bei der Entwicklungsförderung spielt (damals wurde der Begriff »Entwicklungsstaat« geprägt).[73]

Vor allem interessierte mich jedoch die Frage, wie es diesem vergleichsweise armen Land gelungen war, all seinen Bürgern eine kostenlose Gesundheitsversorgung und Hochschulbildung zu bieten – während die Vereinigten Staaten so tun, als könnten sie sich dies nicht leisten. Junge Menschen und Senioren dürfen in dem Inselstaat sogar die öffentlichen Verkehrsmittel kostenlos benutzen – Erstere, weil sie die Zukunft des Landes sind, Letztere, weil sie etwas für das Land geleistet haben. Ich wollte in diesem Artikel ein einfaches Argument darlegen: Wir *könnten* es uns leisten, diese Dienstleistungen allen Amerikanern zur Verfügung zu stellen. Die Investitionen in unsere jungen Menschen würden unser Land stärker machen. In den meisten Ländern gilt der Zugang zur gesundheitlichen Grundversorgung als ein grundlegendes Menschenrecht. Dass wir nicht dafür sorgen, ist das Ergebnis einer bewussten *Wahl*, in der sich Prioritäten widerspiegeln – Prioritäten, die in einem politischen Prozess festgelegt werden, in dem den Interessen und Ansichten der Reichen ein unverhältnismäßig großes Gewicht eingeräumt wird.

Nichts verdeutlichte dies stärker als die Ereignisse während der jüngsten Finanzkrise. Kurz vor ihrem Ausbruch hatte Präsident Bush sein Veto gegen einen Gesetzentwurf eingelegt, der armen Kindern Krankenversicherungsschutz gewährt hätte, und er begründete dies damit, *dass wir es uns nicht leisten könnten*. Aber zugleich war es dann überhaupt kein Problem, ganz schnell 700 Milliarden Dollar aufzutreiben, um den Banken zu helfen – und über 150 Milliarden Dollar, um ein unberechenbares Unternehmen zu retten. Wir hatten Geld, um für die Reichen ein Sicherheitsnetz zu spannen, nicht aber für die Armen. Dies wurde damit begründet, dass die Wirtschaft so vor dem Zusammenbruch gerettet werden könne und davon alle profitieren würden. Dies war nichts anderes als eine unverhüllte Version der Trickle-Down-Theorie – jener davon ausgehenden wirtschaftspolitischen Anschauung, dass Einkommenseffekte automatisch von den Reichen zu den Armen »durchsickern« würden. Aber so funktionierte es nicht – den obersten Einkommensbeziehern ging es prächtig, während der typische Amerikaner heute schlechter dasteht als vor 25 Jahren.

Die Erfahrung von Mauritius zeigt, dass es sich – ganz im Gegenteil – auszahlt, in Menschen zu investieren.

Wie bereits erwähnt, ist Ostasien die Region der Welt, in der die größten Entwicklungsfortschritte gemacht wurden – mit Pro-Kopf-Einkommen, die sich im Verlauf von dreißig Jahren fast verachtfachten. Tatsächlich hatte zuvor niemand, nicht einmal der optimistischste Ökonom, derart hohe Wachstumsraten für möglich gehalten. Da ist es nicht weiter verwunderlich, dass das, was sich in diesen Ländern ereignete, intensiv erforscht wurde. Fest steht, dass diese Länder nicht dem marktfundamentalistischen Modell folgten. Märkte spielten bei ihrem Erfolg zwar eine entscheidende Rolle, aber es waren gesteuerte Märkte, die zum Wohl der Gesamtgesellschaft gelenkt wurden, nicht zum Wohl einiger weniger Aktionäre oder Manager. Es war eine Marktwirtschaft, in der die Regierung die Rolle eines Dirigenten einnahm, das Wachstum ankurbelte und massiv in Technologien, Bildung und Infrastruktur investierte.

Ein zentrales Merkmal der meisten dieser Länder war geteilter Wohlstand – die Ungleichheit, wie sie herkömmlicherweise gemessen wird, war niedrig, und es gab hohe Investitionen in die Mädchen- und Frauenbildung. Sie schufen jene Mittelschichtgesellschaft, die die USA ihrer eigenen Überzeugung nach gewesen waren – in den Jahren nach dem Zweiten Weltkrieg.

Zu den *wirtschaftlich* erfolgreichsten ostasiatischen Ländern gehört auch Singapur, ein kleiner Inselstaat mit heute schätzungsweise fünfeinhalb Millionen Einwohnern. Als Singapur 1965 aus der damaligen Föderation mit Malaya ausgeschlossen wurde, war es ein bitterarmes Land mit einer Arbeitslosigkeit von 25 Prozent. Der damalige Premierminister Lee Kuan Yew hat bekanntlich im Fernsehen Tränen vergossen, als er die düsteren Zukunftsaussichten des Landes beschwor. Aber der Entwicklungsstaat hat sich im Fall von

Singapur bewährt, und zwar so sehr, dass das Pro-Kopf-Einkommen heute mehr als 55 000 Dollar beträgt, womit Singapur den neunten Platz unter den einkommensstärksten Ländern der Welt einnimmt. Und das Land hat (einmal abgesehen von jenen Reichen, die nach Singapur gezogen sind, weil es vielen als ein sicherer Hafen in einer turbulenten Region der Welt gilt) eine vergleichsweise niedrige Ungleichheit.

Der Artikel über Singapur hat wie der Beitrag über Mauritius heftige Reaktionen ausgelöst. Viele Amerikaner mögen es offensichtlich gar nicht, wenn man ihr Land in ein schlechtes Licht rückt. Die Vorstellung, dass andere *in einigen Dimensionen* besser abschneiden als die USA (insbesondere hinsichtlich der Begrenztheit ihrer Mittel), war für viele geradezu unerträglich. Im Falle Singapurs kam ein weiteres Problem hinzu. Die Demokratiedefizite Singapurs sind schon lange bekannt, und ich habe in meinem Artikel deutlich darauf hingewiesen. Doch äußern sich heute immer mehr Menschen in anderen Ländern kritisch über die Defizite *unsere* Demokratie, die der Macht des Geldes so viel Einfluss zugesteht.

Die nächsten beiden Artikel befassen sich mit Japan. Das japanische Wirtschaftswunder endete gerade zu der Zeit, als ich meine Studie über das ostasiatische Wunder durchführte – Ende der 1980er-, Anfang der 1990er-Jahre.[74] Die japanische Wirtschaft leidet seit über 25 Jahren an einer gravierenden Wachstumsschwäche – auch »japanische Malaise« genannt. Aber selbst in diesen schwierigen Zeiten ist es dem Land irgendwie gelungen, die Arbeitslosigkeit niedrig zu halten (in der Regel um die 5 Prozent, die Hälfte des Höchststandes, den die Vereinigten Staaten in ihrem Abschwung erreichten). Die Ungleichheit in Japan ist niedriger und das soziale Sicherungsnetz viel leistungsfähiger als das der Vereinigten Staaten (einschließlich der Gesundheitsversorgung), sodass man den Eindruck hat, dass es deutlich weniger menschliches Leid gibt. Dennoch weist »Japan sollte auf der Hut sein« auf die Gefahren wachsender Ungleichheit hin.[75] In den letzten 25 Jahren kam es zu großen Veränderungen in der japanischen Volkswirtschaft, und Japan stand unter Druck, einige der »marktwirtschaftlichen Reformen« durchzuführen, die andernorts zu einer wachsenden Ungleichheit beigetragen haben. Es gibt Anzeichen für eine beunruhigende Zunahme der Ungleichheit – die Situation könnte sich weiter verschlechtern.

Dennoch glaube ich, dass Japan, unter dem Strich, »ein Vorbild – kein abschreckendes Beispiel« ist. Das Bild von Japans Wachstumsschwäche wird verzerrt durch den Rückgang seiner Erwerbsbevölkerung. Wenn man diesen Faktor herausrechnet, gehört Japan mit zur internationalen Spitzengruppe – auch wenn das viele angesichts der Kritik, die an Japan geübt wurde, kaum glauben können. Überdies hat Japan, wie erwähnt, ein inklusiveres Wachstum zustande gebracht als die USA.

Dieser Artikel wurde kurz nach dem Amtsantritt von Ministerpräsident Shinzō Abe geschrieben. In den ersten Monaten seiner Regierung flog ich zweimal nach Tokio, um mit ihm und seinen Beratern über seine wirtschaftspolitische Agenda zu sprechen, die heute unter dem Stichwort »Abenomics« bekannt ist. Es hat mich beeindruckt, dass sie anerkannten, dass man sich nicht allein auf die Geldpolitik stützen könne. Vielmehr müsse die Wirtschaft mit fiskalpolitischen Maßnahmen (Ausgaben und/oder Steuersenkungen) und einer wachstumsfreundlichen Strukturpolitik stimuliert werden. Die Geldpolitik (unter der Verantwortung meines guten Freundes Haruhiko Kuroda) war bemerkenswert erfolgreich. Die Fiskalpolitik dagegen folgte leider einem Zickzackkurs. Auf eine anfängliche expansive Politik folgte eine Steuererhöhung, welche die vorhergesagte Wirkung hatte: Das Wachstum geriet ins Stocken. Andere wirtschaftspolitische Maßnahmen wären vielleicht weitaus erfolgreicher gewesen – eine CO_2-Steuer hätte Einnahmen gebracht und zugleich Unternehmen einen Anreiz für Investitionen in energiesparende Maßnahmen gegeben und so der Makroökonomie geholfen. Aber die politischen Machtverhältnisse ließen dies anscheinend nicht zu.

Die strukturpolitischen Maßnahmen kamen viel langsamer in Gang. Einige davon waren vielleicht eher symbolischer Natur (auch wenn sie reale Effekte auf bestimmte Wirtschaftszweige haben mochten). So schlug Ministerpräsident Abe beispielsweise vor, den Gesprächen über die Transpazifische Partnerschaft beizutreten, einem Handelsabkommen, zu dem die USA mehrere Anrainerstaaten des Pazifiks drängten. Einer der Gründe dafür war angeblich seine Hoffnung, dies würde die Umstrukturierung des hochsubventionierten Agrarsektors erleichtern. Die Ironie lag selbstverständlich darin, dass die Vereinigten Staaten selbst ihren Agrarsektor sehr hoch subventionierten – wie könnte man auch sonst Reis in einem Gebiet anbauen, das ohne intensive künstliche Bewässerung eine Wüste wäre? Aber selbst wenn es ihm gelänge, die Landwirtschaft umzustrukturieren, ist der Sektor so klein, dass sich dies nur geringfügig auf die Gesamtwirtschaft auswirken würde.

Interessanterweise würde eine der vielversprechendsten Strukturreformen auch die Gleichheit fördern. Wir haben oben bereits auf die schrumpfende Erwerbsbevölkerung hingewiesen, die auf den Bevölkerungsrückgang und den Widerstand gegen Zuwanderung zurückzuführen ist. Abe schlug vor, einen wichtigen, bislang zu wenig genutzten Teil der erwerbsfähigen Bevölkerung zu erschließen – die hoch qualifizierten Frauen Japans.

Die nächsten beiden Kapitel befassen sich mit China. Seit Beginn der Transformation von einer Zentralverwaltungs- in eine Marktwirtschaft habe ich die Entwicklung Chinas aktiv begleitet. Ich habe erstmals 1981 eine längere Zeit in dem Land verbracht. Ein zweiter längerer Aufenthalt war Teil meines Forschungsprojekts über das ostasiatische Wirtschaftswunder. Seit Mitte der 1990er-Jahre hatte ich die Gelegenheit, jedes Jahr einmal oder auch mehrmals nach China zu reisen und dort mit dem Ministerpräsidenten und anderen hohen Regierungsvertretern zusammenzutreffen – erst als Mitglied der US-Regierung, dann als Chefökonom der Weltbank und schließlich als Teilnehmer des jährlichen China Development Forum, wo ich oft gebeten wurde, meine Sicht der neuen wirtschaftspolitischen Strategien zu erläutern.

»Chinas Fahrplan« wurde 2006 geschrieben, kurz nachdem der elfte Fünfjahresplan bekannt gegeben wurde. (China formuliert alle fünf Jahre einen »Fahrplan« mit den grundlegenden Richtlinien für die wirtschaftliche Entwicklung in den kommenden Jahren.) Wie ich in dem Artikel erläuterte, stand im Mittelpunkt dieses Plans die Schaffung einer harmonischen Gesellschaft – das Bestreben, die Spaltungen, die mittlerweile die amerikanische Gesellschaft prägen, zu *verhindern*. Im Fall Chinas sorgt man sich nicht nur aufgrund der Schere zwischen Arm und Reich, sondern auch wegen des Gefälles zwischen Stadt und Land sowie der Küstengebiete – wo der Übergang zu einer Marktwirtschaft begann – und der westlichen Regionen.

»Die Reform des Gleichgewichts zwischen Staat und Markt in China« entstand acht Jahre später, kurz nachdem die neue Regierung das Ruder übernommen und begonnen hatte, die Wirtschaftsstrategie auszuarbeiten, die das Land durch das kommende Jahrzehnt leiten sollte. Chinas Bilanz hinsichtlich der gleichmäßigen Teilhabe aller Bürger am steigenden Wohlstand des Landes war durchwachsen. Der Regierung war es einerseits gelungen, rund 500 Millionen Menschen aus der Armut herauszuführen – es war das erfolgreichste Programm zur Armutsbekämpfung *aller Zeiten*, und zwar weltweit. Gleichzeitig war der Grad der Ungleichheit, gemessen in den Standardkenngrößen (dem Gini-Koeffizienten), vergleichbar mit dem der Vereinigten Staaten. Es war eine durchaus eindrucksvolle Leistung, denn dreißig Jahre zuvor war das Ausmaß der Ungleichheit noch relativ niedrig gewesen. Die USA hatten sehr viel länger gebraucht, um jenes Ausmaß der Ungleichheit zu erreichen, wofür China nur dreißig Jahre benötigte!

Aber es ist wichtig, den Unterschied zwischen den entwickelten Ländern und den Entwicklungsländern zu verstehen. In den Anfangsphasen der Entwicklung wachsen einige Regionen eines Landes stärker als andere. Entwicklung bedeutet fast immer Industrialisierung und Verstädterung, und da die Einkommen in den Städten viel höher sind als in den ländlichen Gebieten, nimmt die Ungleichheit schon frühzeitig zu. Aber mit schwindender Bedeutung der ländlichen Wirtschaftssektoren verringert sich die Ungleichheit. Das ist einer der Gründe dafür, dass Simon Kuznets vorhergesagt hat, die weithin beobachtete Zunahme der Ungleichheit würde in frühen Entwicklungsphasen wieder zurückgehen. China ist bislang keine Ausnahme von diesem Muster. Die Vereinigten Staaten (und zunehmend auch andere fortgeschrittene Länder) sind es. Die Verringerung der Ungleichheit kennzeichnete die Vereinigten Staaten in den ersten 75 Jahren des 20. Jahrhunderts, aber beginnend mit der Ära Reagan kehrte sich diese Entwicklung um.

Meine Botschaft an China in diesem Artikel war eine Warnung, insbesondere darauf bezogen, wie die chinesische Staatsführung den fortdauernden Übergang zur Marktwirtschaft gestalten sollte. In vielen Sektoren wäre dieser tatsächlich zu begrüßen. Aber viele der drängenden Probleme der chinesischen Wirtschaft – einschließlich Ungleichheit und Umweltverschmutzung – waren weitgehend vom privaten Sektor verursacht worden, und es bedürfte aktiver politischer Maßnahmen, um diese beunruhigenden Trends umzukehren.

Auf meinen Reisen rund um die Welt erlebe ich hin und wieder etwas beinahe gänzlich Unerwartetes, etwas, das Hoffnung macht und eine Quelle der Inspiration ist. Meine Reise nach Mauritius war ein solches Erlebnis. Ein Besuch in Medellín, Kolumbien, im April 2014 war ein weiteres. Ich wollte dort an einer Konferenz des World Urban Forum teilnehmen, einem alle drei Jahre stattfindenden Ereignis. Diese Konferenz war die bisher größte – mit etwa 22 000 Teilnehmern, von denen rund 7000 begeistert meiner Rede zuhörten. In »Ein Lichtblick unter den Städten« beschreibe ich den Aufschwung dieser Stadt, die einst berüchtigt für ihre Drogengangs war. Im Zentrum dieser Erfolgsgeschichte steht der Kampf gegen die Ungleichheit. Der Kampf um eine gerechtere und egalitärere Gesellschaft, in welcher der Wohlstand geteilt ist und alle mit einem Mindestmaß an Würde leben, muss zwar überwiegend auf nationaler Ebene geführt werden. Aber Medellín zeigt, dass vieles auf lokaler Ebene erreicht werden kann, insbesondere da viele der unverzichtbaren Dienstleistungen, die für das Wohlergehen aller Menschen äußerst bedeutend sind, auf lokaler Ebene erbracht werden – Wohnraum, öffentliche Verkehrsmittel, Anlagen wie Parks und Bildungseinrichtungen. Dies ist eine wichtige Botschaft für die Vereinigten Staaten, wo der politische Stillstand bedeutet, dass der Fortschritt auf nationaler Ebene minimal sein wird. Tatsächlich sollte man besorgt sein, dass das parteipolitische Gezerre auf nationaler Ebene in den kommenden Jahren zu einer Zunahme der Ungleichheit führen wird. Falls es in diesen Punkten Fortschritte geben soll, müssen sie auf lokaler Ebene stattfinden.

Die Kämpfe zwischen denen, die mehr soziale Gleichheit anstreben, und den anderen, die sich solchen Veränderungen widersetzen, werden überall auf der Welt ausgetragen. Ich werde oft in diese Auseinandersetzungen hineingezogen, selbst auf meinen eher akademischen Vortragsreisen. Dies geschah während meiner Besuche in Australien in den Jahren 2011 und 2014. »Amerikanische Illusionen in Down Under« wurde nach meiner Rückkehr aus Australien Anfang Juli 2014 geschrieben.[76] Tony Abbott war im September des Vorjahres zum Premierminister gewählt worden, und er war entschlossen, die von den Vorgängerregierungen betriebene Politik, die dem Land enorme Erfolge beschert hatte – so sehr, dass das australische Pro-Kopf-Einkommen mittlerweile rund 67000 Dollar betrug (eines der höchsten weltweit und deutlich höher als das der Vereinigen Staaten) –, grundlegend zu revidieren. Dabei hatte diese Politik zu einem breiter geteilten Wohlstand geführt: einem doppelt so hohen Mindestlohn wie in den Vereinigten Staaten, einer (damals) viel niedrigeren Arbeitslosigkeit, einer Staatsverschuldung, die nur einen Bruchteil der US-amerikanischen betrug, einer Art der Studienfinanzierung, die allen jungen Menschen Bildungschancen eröffnet (Studiendarlehen, deren Rückzahlungsbeträge vom individuellen Einkommen abhängig sind), und einem Gesundheitssystem, das zu einer höheren Lebenserwartung und einem besseren Gesundheitszustand der Bevölkerung zu, verglichen mit dem US-System, geringen Kosten geführt hat. Trotz dieser Erfolge wollte Abbott Australien dazu drängen, dem amerikanischen Modell zu folgen – ein Beispiel ideologischer Verblendung, die alles andere in den Hintergrund drängt.

Im selben Jahr wurde ich in die Debatte über die Unabhängigkeit Schottlands hineingezogen. Ich gehörte – mit Sir James Mirrlees, einem engen Freund und Nobelpreisträger – einem beratenden Ausschuss der schottischen Regierung an. Schottland hatte einige meiner Vorschläge zur besseren Messung der wirtschaftlichen Leistung aktiv umgesetzt. Ich hatte die Internationale Kommission zur Messung der Wirtschaftlichen Leistung und des Sozialen Fortschritts geleitet, und wir waren übereinstimmend der Auffassung, dass das BIP ein mangelhaftes – und manchmal irreführendes – Maß der wirtschaftlichen Leistungsfähigkeit sei.[77] Länder, die daran interessiert waren, unsere Vorschläge umzusetzen, begeisterten mich – und Schottland war eines davon. Es gab noch weitere innovative Ideen wie etwa politische Maßnahmen zur Förderung einer besseren Umwelt und eine aktive Industriepolitik, um Arbeitsplätze zu schaffen und Innovationen zu fördern.

Im September 2014 stimmte Schottland über die Unabhängigkeit ab. Die Gegner hatten eine regelrechte Panikmache betrieben und die verheerenden Folgen einer Unabhängigkeit ausgemalt. Obwohl mich die Aussicht auf eine Welt zunehmender nationaler Fragmentierung besorgte, haben mich die Panikmacher nicht überzeugt, und ich war beeindruckt von dem Niveau und Tenor der Diskussion seitens der Unabhängigkeitsbefürworter – die positiven Seiten wurden herausgestellt, die Möglichkeiten, die sich dadurch auftun würden. Dies war weit entfernt von dem engstirnigen Nationalismus vieler ähnlicher Bewegungen in anderen Ländern. Dieses kleine Land war die Wiege der Aufklärung gewesen, jener intellektuellen Bewegung, der wir alle viel verdanken, sowohl was unsere demokratischen Werte anlangt, als auch was die naturwissenschaftlich-technischen Fortschritte betrifft, die daraus hervorgingen. Für dieses Buch ist jedoch die Tatsache am wichtigsten, dass, während England dem amerikanischen Wirtschaftsmodell folgte – mit dem zu erwartenden Resultat steigender Ungleichheit –, Schottland sich am skandinavischen Modell mit seiner größeren Chancengleichheit orientierte. »Die Unabhängigkeit Schottlands« wurde in den Tagen vor der Wahl in Schottland veröffentlicht.

Bei dem Referendum wurde die Unabhängigkeit abgelehnt, obwohl bemerkenswerte 45 Prozent der Wähler – bei einer sehr hohen Wahlbeteiligung – dafür stimmten, die dreihundert Jahre alte Union aufzulösen. Interessanterweise gab es anschließend eine Welle der Unterstützung für die Scottish National Party, und die versprochene Übertragung zusätzlicher Befugnisse wird wohl dazu führen, dass Schottland höchstwahrscheinlich eine auf Förderung der Gleichheit ausgerichtete Politik betreiben wird.

Während Schottland in einer Welt zunehmender Ungleichheit ein positives, optimistisch stimmendes Beispiel abgibt, ist in Spanien das genaue Gegenteil zu beobachten. Ich besuche das Land oft. Von allen Protesten, die im Frühjahr 2011 stattfanden, hatten jene in Spanien besonders großen Zulauf, und dies war angesichts der Not weiter Bevölkerungsgruppen verständlich. Ich sprach mit jungen Demonstranten im Madrider Retiro-Park und gab ihnen recht, dass etwas an unserem wirtschaftlichen und politischen System nicht stimmte: Wir hatten viele Arbeits- und Obdachlose, in einer Welt, in der es enorme unbefriedigte Bedürfnisse und eine Menge leer stehende Häuser gab. Während die einfachen Bürger litten, ging es denen hervorragend, die die Krise verursacht hatten – den Bankern und ihren Helfershelfern.

»Die spanische Depression« schrieb ich als Vorwort zur spanischen Ausgabe von *Der Preis der Ungleichheit*. Spanien war eines der Länder, denen es gelungen war, in den Jahren vor der Großen Rezession die Ungleichheit abzubauen – genau das Gegenteil des Trends in den Vereinigten Staaten. Aber all diese Fortschritte gingen in der Großen Rezession verloren. Auch wenn die meisten Menschen in Europa – und vor allem die politische Führung – das, was sich ereignet hat, nur ungern eine Depression nennen, war es genau das – mit einem sehr hohen Rückgang der Einkommen und einer Jugendarbeitslosigkeit von über 50 Prozent. Ich behaupte hier, dass die Probleme unmittelbar mit der Struktur der Eurozone und der Sparpolitik, die dem Land aufgezwungen wurde, zusammenhängen – und nicht so sehr mit der eigenen Politik Spaniens oder seiner Wirtschaftsstruktur.

Das Wunder von Mauritius

NEHMEN WIR AN, jemand sollte ein kleines Land beschreiben, das all seinen Bürgern eine Universitätsausbildung bezahlt und eine kostenlose medizinische Versorgung für jedermann anbietet – einschließlich Herzoperationen. Man sollte meinen, dass ein solches Land entweder unbeschreiblich reich ist oder auf eine unvermeidliche Haushaltskrise zusteuert.

Schließlich haben die reichen Länder Europas feststellen müssen, dass sie die Hochschulausbildung für ihre Bürger nicht mehr bezahlen können, und verlangen deshalb von jungen Menschen und ihren Familien, die Studienkosten zu übernehmen. Die Vereinigten Staaten haben nie versucht, eine kostenlose Hochschulausbildung für alle anzubieten, und erst nach einer langen und erbitterten Auseinandersetzung gelang es, eine Krankenversicherung für die Armen einzuführen – die Republikaner bemühen sich mittlerweile, diese Garantie mit dem Argument rückgängig zu machen, das Land könne sie sich nicht leisten.

Mauritius, ein kleiner Inselstaat vor der Ostküste Afrikas, ist weder besonders reich noch von einer Haushaltskrise bedroht. Dabei hat dieses Land in den vergangenen Jahrzehnten eine vielfältige Wirtschaft, eine funktionierende Demokratie und obendrein ein leistungsfähiges Sozialsystem aufgebaut. Viele Länder einschließlich der Vereinigten Staaten könnten aus seiner Erfahrung lernen.

Vor kurzem konnte ich mich bei einem Besuch des 1,3 Millionen Einwohner umfassenden tropischen Archipels persönlich davon überzeugen, welche gewaltigen Fortschritte Mauritius gemacht hat. Seine sprunghafte Entwicklung wirkt angesichts der Debatte in den USA und anderswo verblüffend. Man nehme nur das Beispiel des Hausbesitzes: Die amerikanischen Konservativen behaupten, der Versuch der Regierung, 70 Prozent der Amerikaner zu Eigenheimbesitzern zu machen, habe die Finanzkrise ausgelöst – aber in

Project Syndicate, 7. März 2011.

Mauritius besitzen 87 Prozent der Einwohner ihr Haus, ohne dass es zu einer Immobilienpreisblase gekommen wäre.

Und hier kommt eine Zahl, die wirklich schmerzhaft ist: Das Bruttoinlandsprodukt von Mauritius wächst seit fast drei Jahrzehnten um mehr als 5 Prozent pro Jahr. Die Sache muss doch einen Haken haben: Schlummern im Erdreich von Mauritius vielleicht Diamanten, Erdöl oder andere wertvolle Bodenschätze? Weit gefehlt: Das Land verfügt über keine abbaubaren Bodenschätze. Tatsächlich waren seine Zukunftsaussichten wenige Jahre vor der Unabhängigkeit von Großbritannien derart düster, dass der Ökonom und Nobelpreisträger James Meade im Jahr 1961 schrieb: »Es wäre ein großer Erfolg [für das Land], wenn es produktive Beschäftigungen für seine Bevölkerung finden könnte, ohne den Lebensstandard erheblich zu senken … Die Chance auf eine friedliche Entwicklung ist gering.«

Als hätten sie es sich in den Kopf gesetzt, Meade zu widerlegen, haben die Mauritier ihr Pro-Kopf-Einkommen von weniger als 400 Dollar im Jahr der Unabhängigkeit (1968) auf mehr als 6700 Dollar erhöht. Das Land hat sich von einer auf dem Zuckerrohranbau beruhenden Landwirtschaft gelöst und eine diversifizierte Volkswirtschaft aufgebaut, die sich auf Tourismus, Finanzdienstleistungen, Textilproduktion und, sofern seine jüngsten Vorhaben funktionieren, Hochtechnologie stützt.

Im Verlauf meines Besuchs wollte ich herausfinden, wie das »Wunder von Mauritius« möglich geworden war und was andere von diesem Land lernen konnten. Tatsächlich kann man aus der Entwicklung dieses Inselstaats zahlreiche Lehren ziehen, und einige davon sollten sich die Politiker in den USA und anderen Ländern mit erbitterten haushaltspolitischen Auseinandersetzungen hinter die Ohren schreiben.

Erstens lautet die Frage nicht, ob wir uns eine Krankenversicherung oder Bildung für alle leisten oder ob wir allen Bürgern ein Eigenheim gönnen können. Wenn Mauritius sich diese Dinge leisten kann, können die Vereinigten Staaten und Europa – die um vieles reicher sind – das ebenfalls. Die Frage ist eher, wie wir die

Gesellschaft organisieren sollen. Die Mauritier haben einen Weg eingeschlagen, der zu engerem sozialem Zusammenhalt, höherem Wohlstand und mehr Wirtschaftswachstum führt, vor allem aber zu einem geringeren Maß an Ungleichheit.

Zweitens ist Mauritius anders als viele andere Kleinstaaten zu der Überzeugung gelangt, dass die Verteidigungsausgaben im Wesentlichen Verschwendung sind. Die Vereinigten Staaten müssen nicht so weit gehen: Ein Bruchteil des Geldes, das die USA für nicht funktionierende Waffen ausgeben, die gegen nicht existierende Feinde eingesetzt werden sollen, würde genügen, um einer humaneren Gesellschaft näherzukommen und denen die Gesundheitsversorgung und die Bildung zu bezahlen, die es sich nicht leisten können.

Drittens hat Mauritius begriffen, dass angesichts fehlender natürlicher Ressourcen seine Menschen die einzige Ressource sind. Möglicherweise ist es diese Wertschätzung seiner Humanressourcen gewesen, die dem Land vor Augen führte, dass insbesondere mit Blick auf seine religiöse, ethnische und politische Vielfalt (die einige auszuspielen versuchten, um das Land davon abzuhalten, sich von Großbritannien unabhängig zu machen) eine Bildung für alle unerlässlich sei, um den sozialen Zusammenhalt sicherzustellen. Dasselbe galt für ein klares Bekenntnis zu demokratischen Institutionen und für die Zusammenarbeit zwischen Arbeitnehmern, Arbeitgebern und öffentlicher Hand – in deutlichem Gegensatz zu der Spaltung, die von den Konservativen in den Vereinigten Staaten vorangetrieben wird.

Das bedeutet nicht, dass es in Mauritius keine Probleme gäbe. Wie viele erfolgreiche Schwellenländer büßt der Inselstaat aufgrund einer erstarkenden Währung an Wettbewerbsfähigkeit ein. Und da mehr und mehr Länder ihre Wechselkurse drücken, um auf die Abwertung des Dollar durch die Politik der Quantitativen Lockerung zu reagieren, verschlimmert sich das Problem. Mauritius wird sehr wahrscheinlich ebenfalls zu einer Abwertung seiner Währung gezwungen sein.

Zudem kämpft Mauritius wie viele andere Länder mit einer importierten Lebensmittel- und Energieinflation. Die Inflation mit einer Zinserhöhung zu bekämpfen würde die durch steigende Preise verursachten Schwierigkeiten verschlimmern, weil es zu mehr Arbeitslosigkeit und einer weiter an Wettbewerbsfähigkeit verlierenden Währung käme. Das Land muss auch darüber nachdenken, direkte Eingriffe, Beschränkungen für kurzfristige Kapitalzuflüsse, Kapitalertragssteuern und eine strengere Bankenaufsicht einzuführen.

Das Wunder von Mauritius begann mit der Unabhängigkeit. Aber das Land ringt immer noch mit dem Vermächtnis der Kolonialzeit: mit der Ungleichverteilung von Grundbesitz und Vermögen sowie mit seiner geopolitischen Verwundbarkeit. Die Vereinigten Staaten unterhalten auf Diego Garcia, einer der Inseln des Archipels, einen Marinestützpunkt, ohne Entschädigungen zu leisten – offiziell haben sie die Insel vom Vereinigten Königreich gepachtet, das nicht nur die Chagos-Inseln völkerrechtswidrig besetzt hält, sondern seine Bewohner vertrieben hat und ihnen die Heimkehr verwehrt.

Die Vereinigten Staaten sollten sich gegenüber diesem friedlichen und demokratischen Land jetzt loyal verhalten: Sie sollten den berechtigten Anspruch von Mauritius auf Diego Garcia anerkennen, den Pachtvertrag neu verhandeln und vergangene Sünden wiedergutmachen, indem sie einen fairen Preis für das Land zahlen, das sie seit Jahrzehnten illegal besetzt halten.

Was wir von Singapur über die Ungleichheit in den USA lernen können

IN DEN MEISTEN LÄNDERN weltweit hat die Ungleichheit zugenommen, aber sie hat sich in den einzelnen Ländern und Regionen sehr unterschiedlich manifestiert. Den Vereinigten Staaten gebührt, wie zunehmend anerkannt wird, eine zweifelhafte Auszeichnung: das Industrieland mit der höchsten Ungleichheit zu sein. Und das, obwohl sich die Einkommensschere, allerdings in geringerem Maße, auch in Großbritannien, Japan, Kanada und Deutschland immer weiter öffnet. Natürlich ist die Situation in Russland und einigen Entwicklungsländern Lateinamerikas und Afrikas noch schlimmer. Aber dies ist ein Klub, dem anzugehören uns nicht mit Stolz erfüllen sollte.

In einigen großen Ländern – Brasilien, Indonesien und Argentinien – hat die Ungleichheit in den letzten Jahren abgenommen, und andere Länder, wie etwa Spanien, waren bis zur Wirtschaftskrise von 2007 bis 2008 auf einem guten Weg.

Singapur hat sich dadurch hervorgetan, dass es sozialer und wirtschaftlicher Gleichheit einen hohen Stellenwert einräumt, während es gleichzeitig in den vergangenen dreißig Jahren sehr hohe Wachstumsraten erzielte – ein Beispiel par excellence dafür, dass Ungleichheit nicht bloß eine Frage sozialer Gerechtigkeit, sondern auch ökonomischer Leistungsfähigkeit ist. Gesellschaften mit geringeren ökonomischen Ungleichheiten weisen ein stärkeres Wachstum auf und bringen nicht nur den unteren und

New York Times, 18. März 2013.

mittleren Einkommensgruppen, sondern allen höhere Wohlstandsgewinne.

Es ist kaum zu glauben, wie weit es dieser Stadtstaat in den fünfzig Jahren seit seiner Unabhängigkeit von Großbritannien im Jahr 1963 gebracht hat. (Ein Zusammenschluss mit Malaysia endete schon 1965.) Als er in die Unabhängigkeit entlassen wurde, war ein Viertel der erwerbsfähigen Bevölkerung Singapurs arbeitslos oder unterbeschäftigt. Das Pro-Kopf-Einkommen belief sich (inflationsbereinigt) auf weniger als 10 Prozent seines heutigen Stands. Singapur hat vieles getan, um einer der ökonomischen »Tigerstaaten« Asiens zu werden, und die Eindämmung der Ungleichheiten war eine dieser Maßnahmen. Die Regierung sorgte dafür, dass die Löhne in den unteren Lohngruppen nicht auf ein ausbeuterisches Niveau heruntergedrückt wurden, wie es möglich gewesen wäre.

Es wurde bestimmt, dass alle Bürger in einen sogenannten »Vorsorgefonds« einzahlen – 36 Prozent des Lohns junger Arbeitnehmer –, aus dem eine angemessene Gesundheitsversorgung, ein ausreichendes Wohnraumangebot und Rentenleistungen finanziert werden sollten. Singapur führte die allgemeine Schulbildung ein, schickte einige seiner besten Studenten ins Ausland und tat alles, um sie anschließend zur Rückkehr zu bewegen. (Einige meiner intelligentesten Studenten kamen aus Singapur.)

Das singapurische Modell zeichnet sich durch mindestens vier charakteristische Merkmale aus, und diese lassen sich leichter auf die Vereinigten Staaten anwenden, als es sich ein skeptischer amerikanischer Beobachter vielleicht vorstellen kann.

Erstens waren alle Bürger gezwungen, Verantwortung für ihre Bedürfnisse zu übernehmen. So wurden etwa 90 Prozent der Singapurer durch ihre Ersparnisse im Vorsorgefonds zu Wohnungseigentümern, gegenüber – seit dem Platzen der Immobilienblase im Jahr 2007 – nur noch etwa 65 Prozent in den Vereinigten Staaten.

Zweitens erkannte die Regierung von Singapur, dass sie den schädlichen, sich selbst erhaltenden Kreislauf der Ungleichheit unterbrechen musste, der so viele westliche Länder gekennzeichnet hatte. Staatliche Programme waren universell, aber progressiv: Zwar leisteten alle ihren Beitrag, aber die Wohlhabenden leisteten einen größeren Beitrag, um den unteren Einkommensbeziehern zu helfen und so dafür zu sorgen, dass jeder ein menschenwürdiges Leben führen kann. Das definiert sich danach, was sich die singapurische Gesellschaft auf der jeweiligen Stufe ihrer Entwicklung leisten kann. Die Vermögenden haben nicht nur ihren fairen Anteil an den öffentlichen Investitionen gezahlt, sie wurden auch aufgefordert, noch mehr beizusteuern, um den Bedürftigsten zu helfen.

Drittens griff die Regierung in die Verteilung des vorsteuerlichen Einkommens ein, um den unteren Einkommensgruppen zu helfen – nicht den oberen, wie es die US-Regierung tat. Sie schaltete sich behutsam in die Tarifverhandlungen zwischen Arbeitnehmern und Firmen ein und gab damit den Ausschlag zugunsten der Gruppe mit der geringeren ökonomischen Macht – im deutlichen Gegensatz zu den Vereinigten Staaten, wo die Spielregeln, insbesondere in den letzten dreißig Jahren, die Macht von den Gewerkschaften zu den Kapitaleignern verschoben.

Viertens erkannte Singapur, dass der Schlüssel zum zukünftigen Erfolg hohe Bildungsinvestitionen – und, in jüngster Zeit, zudem eine massive Förderung der wissenschaftlichen Forschung – sind und dass der Fortschritt als Nation erforderte, dass alle Bürger, nicht nur die Kinder der Reichen, Zugang zur besten Bildung erhielten, für die sie geeignet waren.

Lee Kuan Yew, er war der erste Premierminister Singapurs und blieb dreißig Jahre lang an der Macht, und seine Nachfolger betrachteten die Frage, wie sich eine leistungsstarke Volkswirtschaft entwickeln lässt, aus einer breiteren Perspektive. Sie konzentrierten sich nicht nur auf das Bruttoinlandsprodukt, auch wenn Singapur, selbst gemessen an diesem unvollkommenen Erfolgsmaßstab, hervorragend abschneidet und seit 1980 5,5-mal schneller gewachsen ist als die Vereinigten Staaten.

In jüngster Zeit hat die Regierung den Umweltschutz zur wichtigsten Priorität gemacht, um sicherzustellen, dass diese extrem dicht besiedelte Stadt von 5,3 Millionen Einwohnern ihre Grünflächen bewahrt, selbst wenn das bedeutet, sie auf Dächer zu verlegen.

In einem Zeitalter, in dem durch Verstädterung und Modernisierung der Familienzusammenhalt geschwächt wird, hat Singapur erkannt, wie wichtig es ist, diesen zu bewahren, zumal über die Generationen hinweg, und die Regierung hat Wohnbauprogramme aufgelegt, um der alternden Bevölkerung zu helfen.

Singapur hat erkannt, dass eine Wirtschaft nicht florieren kann, wenn die meisten Bürger nicht am Wachstum teilhaben oder wenn viele nicht über angemessenen Wohnraum, ausreichende Gesundheitsversorgung und eine passende Altersabsicherung verfügen. Dadurch, dass von jedem einzelnen Bürger ein erheblicher Eigenbeitrag zu seiner sozialen Absicherung verlangt wurde, sah sich die Regierung nicht dem Vorwurf ausgesetzt, einem überfürsorglichen Staat Vorschub zu leisten. Aber weil sie anerkannte, dass die Einzelnen ganz verschieden dazu in der Lage sind, diesen Anforderungen nachzukommen, schuf sie eine Gesellschaft mit starkem innerem Zusammenhalt. Und weil die Regierung einsah, dass sich Kinder ihre Eltern nicht aussuchen können – und dass alle Kinder das Recht haben sollten, ihre angeborenen Fähigkeiten zu entwickeln –, schuf sie eine dynamische Gesellschaft.

Singapurs Erfolg zeigt sich auch in anderen Indikatoren. Die Lebenserwartung liegt bei 82 Jahren, gegenüber 78 in den USA. In Mathematik, Naturwissenschaften und Lesefertigkeit gehören die Schüler Singapurs zu den besten weltweit – sie liegen weit über dem Durchschnitt der Länder der Organisation für Wirtschaftliche Zusammenarbeit und Entwicklung (OECD), dem Klub der reichsten Staaten der Welt, und weit vor den Vereinigten Staaten.

Die Situation ist nicht perfekt: Im letzten Jahrzehnt hat die wachsende Einkommensungleichheit Singapur, wie viele Länder weltweit, vor eine Herausforderung gestellt. Aber die Singapurer haben das Problem erkannt, und es findet eine lebhafte öffentliche Debatte über die besten Methoden zur Abschwächung negativer globaler Trends statt.

In den Augen vieler ist es nur deshalb möglich gewesen, weil Lee Kuan Yew, der 1990 aus dem Amt schied, sich nicht energisch für demokratische Prozesse eingesetzt hat. Es stimmt, dass der hochzentralisierte Staat Singapur seit Jahrzehnten von der People's Action Party von Lee Kuan Yew regiert wird. Kritiker monieren autoritäre Züge: Einschränkungen von Grundrechten, drakonische strafrechtliche Sanktionen, unzureichender Parteienwettbewerb und ein nicht ganz unabhängiges Gerichtssystem. Aber es stimmt auch, dass Singapur regelmäßig als einer der transparentesten und am wenigsten korrupten Staaten der Welt beurteilt wird und dass die Regierung begonnen hat, die demokratische Mitbestimmung zu erweitern.

Zudem gibt es andere Länder, die offenen, demokratischen Prozessen verpflichtet sind und denen es ganz spektakulär gelungen ist, eine dynamische und faire Wirtschaft aufzubauen – mit weitaus weniger Ungleichheit und erheblich mehr Chancengerechtigkeit als in den Vereinigten Staaten.

Jedes der skandinavischen Länder hat einen etwas anderen Weg eingeschlagen, aber jedes hat eindrucksvoll Wachstum mit sozialer Gerechtigkeit verknüpft. Ein Standardmaß der Leistung ist der vom UN-Entwicklungsprogramm veröffentlichte (das Ausmaß der Ungleichheit berücksichtigende) Human Development Index (HDI), der weniger ein Indikator der wirtschaftlichen Produktion als des menschlichen Wohlergehens ist. Er erfasst für jedes Land das Einkommen, den Bildungsstand und die Gesundheit seiner Bürger, und er korrigiert diese Dimensionen danach, wie der Zugang quer durch alle Bevölkerungsgruppen verteilt ist. Die nordeuropäischen Länder (Schweden, Dänemark, Finnland und Norwegen) stehen regelmäßig ganz weit oben. Die Vereinigten Staaten folgen mit deutlichem Abstand auf dem sechzehnten Rang – obwohl sie in dem HDI ohne Berücksichtigung der Ungleichheit an dritter Stelle stehen. Und wenn andere Indikatoren des Wohlbefindens gesondert betrachtet werden, ist die Situation sogar noch schlechter: Auf dem vom Entwicklungsprogramm der Vereinten Nationen erstellten, von Ungleichheiten bereinigten Lebenserwartungsindex stehen die USA direkt hinter Chile an 33. Stelle.

Die wirtschaftlichen Kräfte wirken weltweit. Dass es so deutlich unterschiedliche Ergebnisse gibt (sowohl hinsichtlich des Ausmaßes der Ungleichheit als auch bezüglich der Chancengerechtigkeit), deutet darauf hin, dass lokale Kräfte – insbesondere die Politik – diese globalen wirtschaftlichen Kräfte überformen. Singapur und Skandinavien haben gezeigt, dass sie so gestaltet werden können, um »gerechtes Wachstum« zu gewährleistet.

Wir erkennen heute, dass Demokratie mehr bedeutet, als regelmäßig zur Wahl zu gehen. Gesellschaften mit hoher wirtschaftlicher Ungleichheit entwickeln über kurz oder lang auch ein hohes Maß an politischer Ungleichheit: Die Eliten nutzen das politische System für ihre eigenen Interessen – durch Rent-Seeking-Verhalten, wie die Ökonomen sagen –, statt zur Förderung des Gemeinwohls. Die skandinavischen Demokratien haben so gesehen das verwirklicht, was die meisten Amerikaner anstreben: ein politisches System, in dem die Ansichten und Interessen der Durchschnittsbürger angemessen repräsentiert sind, politische Traditionen Offenheit und Transparenz stärken, Geld nicht den politischen Entscheidungsprozess beherrscht und die Aktivitäten der Regierung transparent sind.

Für mich resultieren die wirtschaftlichen Erfolge der skandinavischen Länder weitgehend aus den starken demokratischen Faktoren dieser Gesellschaften. Es besteht nicht nur zwischen Wachstum und Gleichheit ein positiver Zusammenhang, sondern auch zwischen diesen beiden und der Demokratie. (Umgekehrt bedeutet dies aber auch, dass größere Ungleichheit nicht nur unsere Wirtschaft, sondern auch unsere Demokratie schwächt.)

Ein Maß der sozialen Gerechtigkeit einer Gesellschaft zeigt sich darin, wie sie Kinder behandelt. Viele Konservative und Libertäre in den Vereinigten Staaten behaupten, arme Erwachsene seien an ihrer Not selbst schuld, hätten sich selbst in diese Lage gebracht, indem sie nicht so hart arbeiteten, wie sie es hätten tun können. (Dies setzt selbstverständlich voraus, dass es offene Stellen gibt – eine zunehmend fragwürdige Annahme.)

Aber Kinder können selbstverständlich nicht für ihr Wohlergehen verantwortlich gemacht werden. Nur 7,3 Prozent der Kinder in Schweden sind arm, im Gegensatz zu den Vereinigten Staaten, wo erschreckende 23,1 Prozent in Armut leben. Das ist nicht nur ein grundlegender Verstoß gegen die soziale Gerechtigkeit, sondern es verheißt auch nichts Gutes für die Zukunft: Diese Kinder werden sehr wahrscheinlich ihr Potenzial nicht ausschöpfen und daher nur einen geringen Beitrag zur Zukunft ihres Landes leisten.

Diskussionen dieser alternativen Modelle, in denen der Wohlstand offenkundig gleichmäßiger verteilt ist, enden oftmals mit der entschiedenen Behauptung, diese Länder seien nun einmal anders und ihr Modell lasse sich nicht auf die Vereinigten Staaten übertragen. All dies ist verständlich. Niemand von uns hat gern eine schlechte Meinung von sich oder dem Wirtschaftssystem seines Landes. Wir wollen glauben, dass wir das beste Wirtschaftssystem der Welt haben.

Doch diese Selbstzufriedenheit ergibt sich daraus, dass wir die heutigen Realitäten in den Vereinigten Staaten nicht verstehen. Wenn Amerikaner nach der idealen Einkommensverteilung gefragt werden, erkennen sie an, dass ein kapitalistisches System immer ein gewisses Maß an Ungleichheit erzeugt – ohne diese gäbe es keinen Anreiz zu Sparsamkeit, Innovation und Fleiß. Und sie erkennen, dass wir ihrem »Ideal« nicht gerecht werden. In Wirklichkeit haben wir viel mehr Ungleichheit, als sie glauben, und ihre Idealvorstellung unterscheidet sich nicht allzu sehr von dem, was die skandinavischen Länder geleistet haben.

Unter den Angehörigen der amerikanischen Elite – dem Bruchteil der Amerikaner, die seit Mitte der 1970er-Jahre historische Vermögens- und Einkommenszuwächse verzeichneten, während die Realeinkommen der meisten Amerikaner stagnierten – suchen viele nach Ausreden und Möglichkeiten zur Rationalisierung. So sagen sie etwa, die Bevölkerung dieser Länder sei homogen, und sie hätten nur wenige Einwanderer. Aber Schweden nimmt sehr viele Einwanderer auf (etwa 14 Prozent der Schweden wurden im Ausland geboren, gegenüber 11 Prozent in Großbritannien und 13 Prozent in den Vereinigten Staaten). Singapur ist ein Stadtstaat mit vielen ethnischen Gruppen, Sprachen und Religionen. Was aber ist mit der Größe? Deutschland hat 82 Millionen Einwohner und eine erheblich größere Chancengleichheit als die Vereinigten Staaten, ein Land mit 314 Millionen Einwohnern (aber auch in Deutschland hat die Ungleichheit zugenommen, jedoch nicht im gleichen Umfang wie in den Vereinigten Staaten).

Es stimmt, dass ein Vermächtnis der Diskriminierung – wozu unter anderem die Geißel der Sklaverei zählt, Amerikas Erbsünde – die Aufgabe besonders knifflig macht, eine Gesellschaft mit höherer Gleichheit und Chancengerechtigkeit aufzubauen, die auf einer Stufe mit den erfolgreichsten Ländern weltweit steht. Doch dieses Vermächtnis anzuerkennen, sollte unsere Entschlossenheit stärken – nicht etwa unsere Anstrengungen schmälern –, ein für uns erreichbares Ideal zu verwirklichen, das zudem mit unseren höchsten Werten in Einklang steht.

Japan sollte auf der Hut sein

DIE UNGLEICHHEIT IST EIN GLOBALES PROBLEM, das reichen und armen Ländern auf allen Kontinenten zu schaffen macht. Die sich wandelnde Ungleichverteilung hat viele Gesichter: größere Exzesse an der Spitze, eine Aushöhlung der Mittelschicht und zunehmende Armut in der Unterschicht. Eine der wichtigsten Botschaften dieses Buches ist, dass die Gesellschaften für die Ungleichverteilung einen hohen Preis zahlen: eine geringere Wirtschaftsleistung, eine Schwächung der Demokratie und eine Schwächung anderer grundlegender Werte wie der Rechtsstaatlichkeit. Das bedeutet, ein Land kann sehr davon profitieren, das Wachstum der Ungleichheit zu bremsen und für eine gerechtere Gesellschaft zu sorgen: Abgesehen vom wirtschaftlichen Ertrag werden die Menschen auch das Gefühl haben, dass ihre Gesellschaft auf Fairness und einer gerechten Verteilung beruht. Dieses Gefühl ist in allen Kulturen wichtig. Und es ist machbar, denn es gibt wirtschaftspolitische Instrumente, die die Funktionsweise unserer Wirtschaft und Gesellschaft verbessern können.

Aber während die Länder der Erde zahlreiche Gemeinsamkeiten haben, zeigen sich auch einige wichtige Unterschiede zwischen ihnen. Es gibt ein paar Länder, in denen die Ungleichverteilung statistisch (gemessen am Gini-Koeffizienten) nicht zunimmt. In den Vereinigten Staaten, die im Mittelpunkt dieser Analyse stehen, ist die Ungleichheit größer als in jedem anderen hoch entwickelten Industrieland. Und entgegen einer verbreiteten Überzeugung – sowie dem amerikanischen Selbstbild – sind sie das Land mit der

Vorwort zur japanischen Ausgabe von *Der Preis der Ungleichheit*.

geringsten Chancengleichheit. Natürlich gibt es berühmte Beispiele für Personen, die es mit harter Arbeit von ganz unten nach ganz oben schafften. Aber das sind Ausnahmen. Was zählt, sind die statistischen Daten: Welche Lebensperspektiven hat ein Mensch, der in eine einkommensschwache Familie mit niedrigem Bildungsniveau hineingeboren wird? In den Vereinigten Staaten hängen die Chancen eines Menschen mehr vom Einkommen und der Bildung seiner Eltern ab als in anderen Ländern.

Die Chancen und Ergebnisse werden zwangsläufig ungleich verteilt sein, aber mir geht es darum, dass die Schere nicht so weit auseinanderklaffen muss wie in den USA. Andere Länder haben sich viel erfolgreicher um Chancengleichheit bemüht. Die Tatsache, dass andere erfolgreicher sind und es geschafft haben, eine steigende Ungleichheit zu verhindern, sollte uns Hoffnung geben: Die heutige Ungleichheit ist nicht *einfach* die unvermeidliche Konsequenz des Wirkens der Marktkräfte. Die Märkte existieren nicht in einem Vakuum, sie werden vielmehr von der Politik gestaltet. Die Erfolge anderer Länder im Bemühen, die Ungleichheit zu verringern und den Wohlstand *besser* zu verteilen, zeigen deutlich, dass die hier beschriebenen politischen Eingriffe tatsächlich geeignet sind, die Zunahme der Ungleichheit zu bremsen und das Wirtschaftssystem fairer zu machen.

In den vergangenen vierzig Jahren sind die Länder Ostasiens am stärksten gewachsen. Der Einkommenszuwachs in dieser Region wäre vor einem halben Jahrhundert undenkbar gewesen. Zahlreiche Faktoren haben zu diesem Erfolg beigetragen, darunter eine hohe Sparquote. Aber genau wie andere sehe auch ich den entscheidenden Faktor in den meisten dieser Länder darin, dass es ein hohes Maß an Gleichheit gibt, die sich insbesondere in den hohen Investitionen in die Bildung zeigt, womit für sehr viel mehr Chancengleichheit gesorgt wurde. In diesen Ländern gibt es historisch einen stabilen Gesellschaftsvertrag, der auch die Exzesse an der Spitze begrenzt: So ist das Einkommen von Spitzenmanagern im Verhältnis zu dem der Durchschnittsbeschäftigten sehr viel niedriger als in den Vereinigten Staaten. Dieser Gesellschaftsvertrag galt nicht immer. Vor dem Zweiten Weltkrieg waren die Arbeitsbeziehungen in Japan sehr viel angespannter. Die Tatsache, dass sich das Verhältnis so rasch und deutlich ändern konnte, gibt Anlass zur Hoffnung.

Viele Amerikaner sorgen sich, dass auf dem Weg, den die Vereinigten Staaten beschritten haben und der zu wachsender wirtschaftlicher und politischer Ungleichheit führt, kaum eine Umkehr möglich sein wird. Aber zu anderen Zeiten, als die USA unter einem hohen Grad an Ungleichheit litten, machten sie am Abgrund kehrt: Auf die Blütezeit des Gilded Age (1877 bis zur Jahrhundertwende) folgte die Progressive Era (von den 1890er- bis zu den 1920er-Jahren), und der beispiellosen Ungleichverteilung in den Roaring Twenties (den 1920er-Jahren) wurde mit den Sozialgesetzen der 1930er-Jahre gegengesteuert. Dass Japan, Brasilien und die USA im Lauf ihrer Geschichte mehrfach den Kurs geändert und politische Maßnahmen ergriffen haben, um eine wirtschaftliche und soziale Spaltung ihrer Bevölkerung rückgängig zu machen, sollte uns angesichts wachsender Verzweiflung zuversichtlich stimmen.

Gelingt es den Vereinigten Staaten nicht, den Kurs zu ändern, so werden sie einen hohen Preis für die große und zunehmende Ungleichheit bezahlen. Dieses Buch zeigt, warum Gesellschaften wirtschaftlich erfolgreicher sind, in denen der Wohlstand gerechter verteilt ist. Leider kann es passieren, dass eine Gesellschaft in einen Teufelskreis gerät: Wachsende wirtschaftliche Ungleichverteilung kann zur Aushöhlung des Gesellschaftsvertrags führen und die politischen Machtverhältnisse aus dem Gleichgewicht bringen. Das wiederum kann zu Rechtsvorschriften und politischen Eingriffen führen, durch die sich die wirtschaftliche Ungleichverteilung weiter erhöht.

Die Erfahrungen der Vereinigten Staaten sollten anderen Ländern, zu denen auch Japan gehört, als Warnung dienen. Trotz eines schwächeren Wachstums ist es Japan gelungen, einige der extremen Verzerrungen zu vermeiden, die in jüngster Vergangenheit in den USA zu beobachten waren. Die Daten sind erschreckend: Beispielsweise büßte selbst die amerikanische Mittelschicht in den Jahren

2008 bis 2010 fast 40 Prozent ihres Wohlstands ein, womit zwei Jahrzehnte des Vermögensaufbaus für den Durchschnittsamerikaner ausgelöscht wurden. Als sich die Wirtschaft im Jahr 2010 erholte, flossen 93 Prozent der Zugewinne dem reichsten Prozent der Bevölkerung zu. Während der amerikanische Arbeitsmarkt auf der Stelle trat – fast jeder sechste eine Vollzeitbeschäftigung anstrebende Amerikaner fand keinen Arbeitsplatz –, kostete selbst die langjährige Wirtschaftskrise in Japan relativ wenige Arbeitsplätze. Das amerikanische Sozialsystem zählt zu den schlechtesten in den hoch entwickelten Industrieländern. Und infolge sinkender Steuereinnahmen wurde das ohnehin schon unzureichende soziale Sicherungssystem in den USA noch weiter abgebaut. Öffentliche Dienste, die für das Wohlergehen gewöhnlicher Amerikaner von entscheidender Bedeutung sind, wurden erheblich beschnitten. Als unvermeidliches Resultat führt die Wirtschaftskrise zu wachsender Armut.

In den Vereinigten Staaten ist ein weiterer Teufelskreis zu beobachten: Die ausgeprägte Ungleichverteilung schwächt die Wirtschaft, und die Wirtschaftsschwäche führt ihrerseits zu mehr Ungleichheit. Beispielsweise setzt eine hohe Arbeitslosigkeit Löhne und Gehälter unter Druck, was die Mittelschicht schwächt. Eine höhere Ungleichverteilung verringert die Gesamtnachfrage, und eine schwache Nachfrage hemmt das Wachstum in den Vereinigten Staaten und vielen anderen Ländern.

Zwar können die anderen Länder durchaus zufrieden sein, weil sie sich zumindest in diesem Bereich besser entwickeln als die USA, aber es besteht die Gefahr, dass sie in Selbstgefälligkeit verfallen. Der gegenwärtige Erfolg ist keine Garantie für Erfolg in der Zukunft.

Obwohl die Ungleichheit in Japan immer noch deutlich weniger ausgeprägt ist als in den Vereinigten Staaten, hat sie auch dort zugenommen. Besteht also die Gefahr, in die soziale Zersplitterung zurückzufallen, die Japan vor dem Zweiten Weltkrieg kennzeichnete?

Es ist also eine Warnung an Japan angebracht: Das Land darf sich nicht auf seinen vergangenen Erfolgen im Bemühen um gesellschaftliche und wirtschaftliche Gleichheit und Fairness ausruhen. Es sollte sich Gedanken über die wachsende Ungleichverteilung machen. Es sollte sich Sorgen über die wirtschaftlichen Konsequenzen machen. Und es sollte sich Gedanken über die Auswirkungen auf Politik und Gesellschaft machen.

Noch mehr als die Vereinigten Staaten kämpft Japan mit einer hohen Verschuldung und einer alternden Gesellschaft. Seine Wirtschaft wächst in den letzten Jahren noch langsamer als die amerikanische. Die Regierung könnte versucht sein, die Investitionen in das Gemeinwohl zu kürzen oder das Sozialsystem zurechtzustutzen. Aber mit solchen Maßnahmen würde Japan seine Grundwerte und seine wirtschaftlichen Zukunftsaussichten riskieren.

Es gibt politische Instrumente, mit denen gleichzeitig das Wachstum angeregt und die Gleichheit gefördert werden kann, um Wohlstand für alle zu schaffen. Japan steht so wie die Vereinigten Staaten eher vor einer politischen als vor einer ökonomischen Frage. Wird es dem Land gelingen, dem Rent-Seeking all jener Grenzen zu setzen, die nur ihr Eigeninteresse sehen und auf diese Art zwangsläufig der ganzen Volkswirtschaft schaden? Wird es den Japanern gelingen, einen Gesellschaftsvertrag für das 21. Jahrhundert zu schließen, damit die Erträge des Wachstums fair verteilt werden können?

Die Antworten Japans auf diese Fragen werden über die Zukunft seiner Wirtschaft und seiner Gesellschaft entscheiden.

Japan ist ein Vorbild,
kein abschreckendes Beispiel

IN DEN FÜNF JAHREN, die vergangen sind, seit die Finanzkrise die amerikanische Wirtschaft lahmlegte, war eine beliebte Warnung all jener, die entschlossenes staatliches Handeln forderten – und zu ihnen gehörte auch ich –, dass die USA drohten, in eine langjährige »Malaise japanischen Stils« einzutreten. Die zwei Jahrzehnte währende Wachstumsschwäche Japans nach dem Börsenkrach von 1989 ist das abschreckende Beispiel schlechthin dafür, wie man nicht auf eine Finanzkrise reagieren sollte.

Doch heute geht Japan mit gutem Beispiel voran. Der vor kurzem zum Ministerpräsidenten gewählte Shinzō Abe hat einen Schnellkurs in Quantitativer Lockerung der Geldpolitik, öffentlichen Infrastrukturinvestitionen sowie Förderung von Unternehmensgründungen und ausländischen Investitionen absolviert, um dem entgegenzuwirken, was er »einen tiefen Vertrauensverlust« genannt hat. Die neuen politischen Maßnahmen scheinen ein echter Segen für Japan zu sein. Und was in Japan geschieht, der drittgrößten Volkswirtschaft der Welt, die einst als der erbittertste ökonomische Rivale Amerikas galt, hat weitreichende Folgen für die Vereinigten Staaten und den Rest der Welt.

Selbstverständlich sind nicht alle überzeugt: Auch wenn Japan für das erste Quartal dieses Jahres, auf Jahresbasis umgerechnet, eine robuste Wachstumsrate von 3,5 Prozent meldete, haben sich die Börsenkurse aufgrund von Zweifeln, ob die Abenomics wirklich

New York Times, 9. Juni 2013.

weit genug gehen, wieder weit von ihrem Fünfjahreshöchststand entfernt. Aber wir sollten nichts in kurzfristige Kursschwankungen hineinlesen. Die Abenomics sind zweifelsohne ein riesiger Schritt in die richtige Richtung.

Um wirklich zu verstehen, weshalb es für Japan rosig aussieht, genügt es nicht, Abes Wahlprogramm gründlich zu lesen, man muss auch die gängige Erklärung für die japanische Stagnation genau betrachten. Die letzten zwanzig Jahre sind wohl kaum eine einseitige Geschichte des Scheiterns. Es sieht oberflächlich betrachtet so aus, als hätte sich die japanische Wirtschaft kaum von der Stelle gerührt. Im ersten Jahrzehnt des 21. Jahrhunderts wuchs sie jährlich um gerade einmal 0,78 Prozent, gegenüber den 1,8 Prozent der US-Wirtschaft.

Aber bei näherer Prüfung erweist sich dieses niedrige Wachstum als gar nicht so schlecht. Jeder, der die Leistung einer Volkswirtschaft sachgerecht beurteilen will, sollte nicht das Gesamtwachstum betrachten, sondern vielmehr das Wachstum im Verhältnis zur Größe der Bevölkerung im erwerbsfähigen Alter. Die japanische Erwerbsbevölkerung (zwischen 15 und 64 Jahren) schrumpfte zwischen 2001 und 2010 um 5,5 Prozent, während die Zahl der Amerikaner in diesem Alter um 9,2 Prozent anstieg – sodass wir ein niedrigeres BIP-Wachstum erwarten sollten. Aber schon vor den Abenomics wuchs die reale Wirtschaftsleistung Japans, pro Kopf der Erwerbsbevölkerung, im ersten Jahrzehnt des 21. Jahrhunderts schneller als die der Vereinigten Staaten, Deutschlands, Großbritanniens oder Australiens.

Dennoch wächst die japanische Wirtschaft heute viel langsamer als vor der Krise im Jahr 1989. Aus unseren eigenen jüngsten Erfahrungen in den USA kennen wir die verheerenden Auswirkungen selbst einer kurzen – wenn auch viel tieferen – Rezession: In den Vereinigten Staaten stieg die Ungleichheit sprunghaft an (wobei sich das oberste 1 Prozent sämtliche Wohlstandszuwächse als Folge der »Erholung« sowie einen noch größeren Teil des Volkseinkommens sicherte), erhöhte sich die Arbeitslosigkeit und ergab sich für die Mittelschicht, dass sie immer weiter zurückfiel. Das Beispiel

Japans zeigt, dass eine vollständige Erholung nicht von selbst geschieht. Zum Glück für Japan ergriff die dortige Regierung Maßnahmen, um zu verhindern, dass die extreme Ungleichheit, die sich in der Vereinigten Staaten entwickelte, in Japan auftrat, und mittlerweile betreibt sie auch endlich eine aktive Wachstumspolitik.

Und wenn wir eine erweiterte Palette von Kennzahlen betrachten, sehen wir, dass Japan selbst nach zwanzigjähriger Malaise weitaus besser dasteht als die Vereinigten Staaten.

Nehmen wir zum Beispiel den Gini-Koeffizienten, das Standardmaß der Ungleichheit. Null steht für vollkommene Gleichheit, und 1 steht für vollkommene Ungleichheit. Während der Gini-Koeffizient für Japan heute rund 0,33 beträgt, ist der Wert für die USA laut der Organisation für Wirtschaftliche Zusammenarbeit und Entwicklung 0,38. (Nach anderen Datenquellen ist der Grad der Ungleichheit in der Vereinigten Staaten sogar noch höher.) In den Vereinigten Staaten beträgt das Durchschnittseinkommen der obersten 10 Prozent das 15,9-Fache des Durchschnittseinkommens der untersten 10 Prozent – gegenüber 10,7 Prozent in Japan.

Diese Unterschiede sind auf politische Entscheidungen zurückzuführen und nicht das unvermeidliche Resultat ökonomischer Kräfte. Ebenfalls laut OECD ist der Gini-Koeffizient vor Steuern und Transferzahlungen in beiden Ländern ungefähr gleich: 0,499 beträgt er für die Vereinigten Staaten und 0,488 für Japan. Aber die USA tun nur wenig, um ihre Ungleichheit zu korrigieren, und senken den Koeffizienten lediglich auf 0,38. Japan unternimmt viel mehr und drückt den Gini-Koeffizienten dadurch auf 0,33.

Selbstverständlich ist die Lage Japans nicht perfekt. Das Land muss sich besser um seine Hochbetagten – die über 75-Jährigen – kümmern. Diese Kohorte stellt einen wachsenden Teil der alternden Bevölkerung weltweit dar. Im Jahr 2008 schätzte die OECD, dass 25,4 Prozent der Hochbetagten in Japan in relativer Armut leben – das heißt von Einkommen, die weniger als die Hälfte des nationalen Mittelwerts betragen – eine Zahl, die kaum besser ist als die der Vereinigten Staaten (27,4 Prozent) und weit über dem OECD-Durchschnitt von 16,1 Prozent liegt. Während weder wir noch Japan so reich sein mögen, wie wir früher einmal glaubten, ist es gewissenlos, nichts gegen die Nöte eines so hohen Prozentsatzes unserer Senioren zu unternehmen.

Aber während Japan ein Problem mit der Armut unter den Hochbetagten hat, schlägt es sich an einer anderen Front viel besser, die weitreichende Folgen für die Zukunft eines Landes hat: Etwa 14,9 Prozent der japanischen Kinder sind arm, gegenüber skandalösen 23,1 Prozent der amerikanischen Kinder. Allgemeine Erfolgskennzahlen sind ebenfalls sehr aufschlussreich. Die Lebenserwartung bei der Geburt (ein gutes Maß der »Gesundheit« einer Volkswirtschaft) beträgt 83,6 Jahre in Japan (der weltweite Spitzenwert) gegenüber 78,7 Jahren für Amerikaner. Aber selbst diese Daten enthüllen noch nicht das ganze Ausmaß der Ungleichheit der Lebenserwartung. Man schätzt, dass die langlebigsten 10 Prozent der Amerikaner – die tendenziell identisch mit den vermögendsten Amerikaner sind – fast genauso lang leben wie der durchschnittliche Japaner. Aber die einkommensschwächsten 10 Prozent der Amerikaner leben ungefähr so lange wie der durchschnittliche Mexikaner oder Argentinier. Das Entwicklungsprogramm der Vereinten Nationen schätzt, dass der Effekt der Ungleichheit auf die Lebenserwartung in den USA fast doppelt so hoch ist wie in Japan.

Auch andere Maße zeigen die Stärken Japans. Die dortige Studierquote ist die zweithöchste der Welt, weit vor den Vereinigten Staaten. Und selbst in wachstumsschwachen Phasen hat Japan seine Wirtschaft in einer Weise gesteuert, die die Arbeitslosigkeit unter Kontrolle hielt. Während der Weltfinanzkrise erreichte die Quote mit 5,5 Prozent ihren höchsten Stand; in der seit zwanzig Jahren andauernden Malaise überstieg sie nie 5,8 Prozent. Diese niedrige Arbeitslosigkeit ist einer der Gründe dafür, dass Japan so viel besser dasteht als die USA. Auf diese Zahlen blicken wir heute voller Neid. Die Arbeitslosigkeit in den USA und ein insgesamt schwacher Arbeitsmarkt schaden den mittleren und unteren Einkommensbeziehern in vierfacher Weise.

Erstens leiden Menschen, die arbeitslos werden – und in den USA ganz besonders, weil die meisten von ihnen bis zur Einführung von »Obamacare« nur so lange krankenversichert waren, wie sie erwerbstätig waren. Kommt zum Verlust des Arbeitsplatzes noch eine Erkrankung, ist das für viele Amerikaner der finanzielle Ruin. Zweitens bedeutet ein schwacher Arbeitsmarkt, dass selbst jene, die einen Arbeitsplatz haben, weniger Stunden arbeiten. Die amtliche Arbeitslosenquote verschleiert die Tatsache, dass eine riesige Zahl von Amerikanern Teilzeitstellen angenommen hat, nicht weil sie dies wollen, sondern weil es nichts anderes gibt. Aber selbst wer eigentlich Vollzeit arbeitet, muss Einkommenseinbußen hinnehmen, wenn die Zahl seiner Arbeitsstunden verringert wird. Drittens stehen die Arbeitgeber hinsichtlich so vieler Arbeitssuchender, die keine Arbeit finden, nicht unter Druck, die Löhne anzuheben; die Löhne halten nicht einmal mit der Inflation Schritt. Die Realeinkommen sinken – und so ist es den meisten amerikanischen Mittelschichtfamilien ergangen. Schließlich werden viertens alle möglichen öffentlichen Ausgaben gekürzt – die gerade für die mittleren und unteren Einkommensgruppen so wichtig sind.

Mit seinem Drei-Säulen-Modell aus struktur-, geld- und fiskalpolitischen Maßnahmen hat Ministerpräsident Abe das getan, was Amerika schon vor langer Zeit hätte tun sollen. Obwohl die strukturpolitischen Maßnahmen noch nicht vollständig ausgearbeitet wurden, werden dazu wahrscheinlich Maßnahmen gehören, die auf eine Steigerung der Erwerbsquote abzielen, insbesondere der Frauen, und die hoffentlich auch die Beschäftigungschancen der vielen noch rüstigen Senioren verbessern. Einige sind der Ansicht, Japan solle auch die Zuwanderung fördern. Dies sind Bereiche, in denen die Vereinigten Staaten ihre Sache in der Vergangenheit gut gemacht haben und die Japan unbedingt angehen sollte – um das Wachstum anzukurbeln und auch die Ungleichheit weiter in Grenzen zu halten.

Auch wenn Japan schon lange den gleichen Zugang zur Bildung für Frauen zu einer Priorität gemacht hat – mit dem Erfolg, dass japanische Schülerinnen in Naturwissenschaften heute bessere Leistungen erbringen als Jungen und der Abstand zu den Jungen in Mathematik nicht so groß ist wie bei amerikanischen Schülerinnen –, ist die Erwerbsquote von Frauen noch immer vergleichsweise niedrig (laut Weltbank 49 Prozent, gegenüber 58 Prozent in den Vereinigten Staaten). Und der Prozentsatz von Frauen in hochrangigen Führungspositionen ist erstaunlich gering – 7 Prozent laut einer Studie.

Eine bessere Erwerbsbeteiligung der hoch qualifizierten japanischen Frauen ist selbstverständlich ebenso sehr eine Frage gesellschaftlicher Sitten und Bräuche wie politischen Handelns. Und obgleich der Staat nur einen begrenzten Einfluss auf den Wandel gesellschaftlicher Konventionen hat, kann er doch die Rahmenbedingungen positiv gestalten – indem er es Frauen durch eine familienfreundliche Politik (wie einen gesetzlichen Anspruch auf Schwangerschaftsurlaub und Betreuungseinrichtungen für Kinder) und konsequent vollzogene Antidiskriminierungsgesetze erleichtert, aktiv am Arbeitsmarkt teilzunehmen. Nationale Statistiken erfassen normalerweise die Ungleichheit zwischen Haushalten oder Familien – aber das, was innerhalb von Familien geschieht, bilden sie nicht ab. Dabei können Ungleichheiten innerhalb von Familien sehr ausgeprägt sein, und sie unterscheiden sich zudem erheblich von Land zu Land.

Andere Reformen beruhen auf der Tatsache, dass Japan, wie andere fortgeschrittene Industriestaaten, eine Reihe größerer struktureller Veränderungen durchführen muss: Es muss den Übergang von einer Industrie- in eine Dienstleistungsgesellschaft meistern und sich an die dramatischen Veränderungen des internationalen komparativen Kostenvorteils, an die Realitäten des Klimawandels und die Herausforderungen einer alternden Bevölkerung anpassen. Während der leistungsstarke industrielle Sektor lange Zeit ein hohes Produktivitätswachstum zeigte, haben andere Bereiche hinterhergehinkt. Japan hat das Potenzial, seine erwiesene Fähigkeit, innovative Lösungen zu finden, auf den Dienstleistungssektor auszudehnen.

Angesichts einer alternden Bevölkerung sind Effizienzverbesserungen im Gesundheitssektor unabdingbar. Wenn Japan beispielsweise seine hohe Fertigungs- und Technikkompetenz mit neu entwickelten diagnostischen Geräten verbindet, kann es in diesem Bereich mit bahnbrechenden globalen Innovationen aufwarten. Investitionen in Forschung und Hochschulbildung werden sicherstellen, dass junge Japaner die notwendigen Kompetenzen und inneren Einstellungen besitzen, um in der globalisierten Wirtschaft erfolgreich zu bestehen. Märkte führen diesen Strukturwandel nicht ohne Weiteres von selbst durch. Und daher sind Kürzungen staatlicher Ausgaben in solchen Situationen besonders töricht.

Tatsächlich ist dies ein Grund, weshalb das Konjunkturprogramm – der zweite Eckpfeiler der Abenomics – so wichtig ist. Wie wir alle gelernt haben sollten, ist das Konjunkturprogramm notwendig, um die Gesamtnachfrage zu steigern. Aber es ist auch notwendig, um den Strukturwandel abzuschließen. Investitionen in Infrastruktur, Forschung und Bildung versprechen hohe Erträge. Doch so, wie weitergehende Maßnahmen in den Vereinigten Staaten blockiert werden, behaupten Kritiker, dass Japan mit einer Verschuldung, die mehr als doppelt so hoch ist wie sein BIP, es sich nicht leisten könne, diesen zentralen Aspekt der neuen Politik umzusetzen. Sie weisen darauf hin, dass die hohe Verschuldung Japans mit seiner langen Wachstumsschwäche zusammenfalle. Aber auch hier erzählen die Daten eine differenzierte Geschichte. Nicht die Schulden sind die Ursache der Wachstumsschwäche, sondern die Wachstumsschwäche ist die Ursache des Defizits. Ohne staatliches Konjunkturpaket wäre die Wirtschaft noch langsamer gewachsen. Außerdem ist das Argument widerlegt worden, auf das sich die Befürworter einer Sparpolitik berufen – dass hohe fremdfinanzierte Staatsausgaben das Wachstum immer und überall auf der Welt verlangsamen. Europa zeigt immer deutlicher, dass eine Sparpolitik eine Abwärtsspirale erzeugt, die in Rezession und Depression mündet.

Die letzte Facette der Abenomics ist die Geldpolitik, die das Konjunkturprogramm durch einen monetären Stimulus verstärkt. Wir sollten gelernt haben, dass ein monetärer Stimulus – selbst weitreichende und beispiellose Maßnahmen wie die Quantitative Lockerung – bestenfalls eine begrenzte Wirkung hat. Das Hauptaugenmerk ist darauf gerichtet, die Deflation zu überwinden, die meines Erachtens vor allem deshalb ein Problem ist, weil sie ein Symptom der Unterauslastung darstellt. Während die Schwächung des Yen japanische Güter wettbewerbsfähiger machen und dadurch das Wirtschaftswachstum ankurbeln wird, ist dies die Realität der internationalen Verflechtung der Geldpolitik. Genauso wahr ist es, dass die von der US-Notenbank betriebene Politik der Quantitativen Lockerung den Dollar schwächt. Wir können uns auf den Tag freuen, an dem die globale Koordinierung auf diesem Feld besser wird.

Während sich die Indizien verdichten, ist die vordringliche Frage nicht, ob die Abenomics ein guter Plan sind. Vielmehr muss man überlegen, ob die Vereinigten Staaten einen ähnlich integrierten Plan zustande bringen könnten und welche Konsequenzen es hätte, wenn sie dies nicht tun. Nicht die Wirtschaftswissenschaften sind das Hindernis, sondern – wie üblich – die heftigen parteipolitischen Auseinandersetzungen in den USA. So haben wir es, ungeachtet der zweifelhaften intellektuellen Grundlagen der Befürworter einer Sparpolitik, zugelassen, dass die öffentlichen Ausgaben in allen möglichen Bereichen zurückgefahren wurden, auch dort, wo sie notwendig sind, um eine Zukunft geteilten Wohlstands sicherzustellen. Während sich die Finanzlage einiger Bundesstaaten allmählich bessert, ist die Zahl der Beschäftigten im öffentlichen Dienst daher noch immer um etwa 500 000 Personen niedriger als vor der Krise. Dieser Stellenabbau fand fast ausschließlich auf einzelstaatlicher und kommunaler Ebene statt. Es ist eine enorme Herausforderung, die Beschäftigung und die öffentlichen Dienstleistungen wieder auf das Niveau vor der Rezession zu heben – ganz davon abgesehen, sie dorthin zu bringen, wo sie ohne eine Rezession wären. (Wenn die Wirtschaft normal gewachsen wäre, wäre die Zahl der öffentlichen Bediensteten erheblich gestiegen.) Da die Ungleichheit nach wie vor hoch ist, sind die Leidtragenden dieser Entwicklung vor allem die Schwächsten in unserer Gesellschaft.

Durch meine Forschungen habe ich herausgefunden, dass jedes Land einen hohen Preis für seine Ungleichheit bezahlt. Gesellschaften können höheres Wachstum und mehr Gleichheit miteinander verbinden – beides schließt sich gegenseitig nicht aus. Die Abenomics sehen bereits gewisse politische Maßnahmen vor, die auf beides abzielen. Und es besteht die Hoffnung, dass durch die Ausarbeitung weiterer Details zusätzliche politische Maßnahmen ergriffen werden, die eine größere Gleichheit der Geschlechter am Arbeitsmarkt fördern und eine der Ressourcen des Landes erschließen, die bislang zu wenig genutzt wurde. Dies wird das Wachstum, die Effizienz und die Gleichheit steigern. Der Plan von Abe spiegelt auch die Einsicht wider, dass die Geldpolitik nur von begrenzter Wirksamkeit ist. Notwendig sind koordinierte geld-, fiskal- und strukturpolitische Maßnahmen.

All jene, die die Entwicklung Japans in den letzten Jahrzehnten als ein totales Scheitern betrachten, haben eine zu enge Konzeption von wirtschaftlichem Erfolg. In vielen Punkten steht Japan besser da als die Vereinigten Staaten: größere Einkommensgleichheit, längere Lebenserwartung, niedrigere Arbeitslosigkeit, höhere Investitionen in die Bildung und die Gesundheitsversorgung von Kindern und sogar eine höhere Produktivität im Verhältnis zur Größe der Erwerbsbevölkerung. Wir können vielleicht viel von Japan lernen. Wenn die Abenomics nur halb so erfolgreich sind, wie ihre Befürworter hoffen, können wir sogar noch mehr von dem Land lernen.

Chinas Fahrplan

CHINA STEHT KURZ DAVOR, seinen elften Fünfjahresplan zu verabschieden, mit dem es die vielleicht bemerkenswerteste wirtschaftliche Transformation der Geschichte fortsetzen und das Wohlergehen eines knappen Viertels der Weltbevölkerung heben will. Nie zuvor hat die Welt ein derart lang anhaltendes Wachstum gesehen, nie zuvor wurde die Armut in einem Land derart verringert.

Diesen beständigen Erfolg verdankt China auch einer fast einzigartigen Kombination von Pragmatismus und visionärem Denken. Während ein Großteil der Welt im Sinn des Washington Consensus einem Trugbild des BIP-Wachstums nachrennt, hat China einmal mehr klargestellt, dass es dem Land um einen nachhaltigen und gerechter verteilten Anstieg des realen Lebensstandards geht.

China hat begriffen, dass es in eine Phase des Wirtschaftswachstums eingetreten ist, die mit gewaltigen – und unerträglichen – Belastungen der Umwelt einhergeht. Wenn das Land seinen Kurs nicht ändert, wird der Lebensstandard seiner Bevölkerung irgendwann sinken. Daher steht der Umweltschutz im Mittelpunkt des neuen Fünfjahresplans.

Sogar viele der rückständigeren Regionen des Riesenreichs entwickeln sich mit einer Geschwindigkeit – das würde wie ein Wunder anmuten, wäre da nicht die Tatsache, dass andere Landesteile noch schneller wachsen. Das rasante Wachstum hat die Armut verringert, aber die Ungleichverteilung nimmt zu. Die Kluft zwischen Städten und ländlichen Gebieten wächst, und dasselbe gilt für die

Project Syndicate, 6. April 2006.

Entwicklung von Küstenregionen und dem Landesinnern. Im diesjährigen *World Development Report* der Weltbank wird erklärt, warum sich China nicht nur auf die Armut, sondern auch auf die Ungleichheit konzentrieren sollte, und der elfte Fünfjahresplan befasst sich direkt mit diesem Problem. Die Regierung macht sich seit mehreren Jahren Gedanken darüber, wie eine harmonischere Gesellschaft aufgebaut werden kann, und der neue Fünfjahresplan enthält ehrgeizige Programme, um dies zu erreichen.

China hat auch begriffen, dass zwischen entwickelten und weniger entwickelten Ländern nicht nur eine Ressourcenlücke, sondern auch eine Wissenslücke klafft. Daher hat das Land anspruchsvolle Pläne entwickelt, um nicht nur diese Lücke zu schließen, sondern die Grundlagen für eigenständige Innovationen zu schaffen.

Chinas Rolle in der Welt und in der Weltwirtschaft hat sich geändert, und auch dem trägt der Plan Rechnung. In Zukunft können nicht mehr nur die Exporte das Wachstum des Landes antreiben, vielmehr muss es seine Binnennachfrage stärken, und dazu bedarf es eines höheren Konsums. Tatsächlich hat China ein Problem, das nur selten zu beobachten ist: Seine Sparquote ist zu hoch. Die Chinesen sparen zum Teil, weil das staatliche Sozialsystem nicht leistungsfähig genug ist. Die Sozialversicherung (Renten), das öffentliche Gesundheitswesen und das Bildungswesen zu stärken, wird die soziale Ungleichheit verringern, der Bevölkerung ein Gefühl der Sicherheit geben und den Konsum ankurbeln.

Sollten diese Korrekturen gelingen – und bisher hat China seine hohen Erwartungen fast immer übertroffen –, könnten sie eine Weltwirtschaft zusätzlich belasten, die bereits unter dem gewaltigen Haushalts- und Leistungsbilanzdefizit der Vereinigten Staaten leidet. Wenn China weniger spart – und wenn es seine Währungsreserven stärker diversifiziert, wie Regierungsvertreter angekündigt haben –, wer soll dann das amerikanische Handelsbilanzdefizit finanzieren, das sich auf 2 Milliarden Dollar am Tag beläuft? Diese Frage muss an einem anderen Tag beantwortet werden – der möglicherweise gar nicht mehr fern ist.

Die chinesische Zukunftsvision ist klar, und die Herausforderung besteht darin, diese Vision zu verwirklichen. China ist ein großes Land, dessen Erfolg ohne weitreichende Dezentralisierung nicht möglich gewesen wäre. Aber die Dezentralisierung verursacht ebenfalls Probleme.

So ist etwa der Treibhauseffekt ein globales Problem. Während die USA erklären, sie könnten es sich nicht leisten, etwas gegen die Erderwärmung zu unternehmen, beweist die chinesische Regierung ein größeres Verantwortungsbewusstsein. Kaum einen Monat nach Verabschiedung des Fünfjahresplans wurden neue Umweltsteuern auf Autos, Benzin und Holzprodukte eingeführt: China setzt den Markt ein, um sich an seine eigenen Umweltprobleme und die der Welt zu machen. Aber die örtlichen Funktionäre stehen unter gewaltigem Druck, das Wirtschaftswachstum voranzutreiben und Arbeitsplätze zu schaffen. Für sie ist die Versuchung groß, sich mit einer einfachen Frage aus der Affäre zu ziehen: Wenn es sich die Amerikaner nicht leisten können, ihre Produktion zur Erhaltung des Planeten umzustellen, wie können wir es uns dann leisten? Um ihre Vision zu verwirklichen, muss die chinesische Regierung entschlossene Maßnahmen wie die bereits eingeführten Ökosteuern ergreifen.

Während China zu einer Marktwirtschaft übergeht, hat es Bekanntschaft mit einigen der Probleme gemacht, unter denen die entwickelten Länder leiden: Interessengruppen verschleiern ihre eigennützigen Bestrebungen unter dem Deckmantel der marktwirtschaftlichen Ideologie.

Es gibt Befürworter der Trickle-Down-Theorie: Macht euch keine Gedanken über die Armen, am Ende werden auch sie vom Wachstum profitieren. Andere widersetzen sich wettbewerbspolitischen Eingriffen und strengen Gesetzen zur Unternehmensführung: Überlasst alles der natürlichen Auslese, sie wird Wunder wirken. Das Wirtschaftswachstum wird gegen eine entschlossene Sozial- und Umweltpolitik ins Feld geführt: Höhere Treibstoffsteuern werden unserer jungen Autoindustrie den Garaus machen. Eine solche angeblich wachstumsorientierte Politik würde nicht nur an der Aufgabe scheitern, Wachstum zu bewirken, sondern die gesamte Zukunftsvision Chinas bedrohen. Es gibt nur eine Möglichkeit, das zu vermeiden: eine offene Debatte über die Wirtschaftspolitik, um Irrtümer aufzuspüren und Raum für kreative Lösungen der zahlreichen Herausforderungen zu schaffen, mit denen das Land konfrontiert ist. Die Amtszeit von George W. Bush hat gezeigt, wie gefährlich es ist, übermäßige Geheimhaltung zu betreiben und die Entscheidungsfindung auf einen kleinen Kreis von Speichelleckern zu beschränken. Außerhalb Chinas sieht kaum jemand, dass seine Führung einen intensiven Gedankenaustausch pflegt und zahlreiche Experten (darunter auch Ausländer) befragt, um die großen Probleme zu bewältigen, mit denen das Land konfrontiert ist.

Die Marktwirtschaft reguliert sich *nicht* selbst. Sie kann nicht einfach auf Autopilot umgestellt werden, vor allem nicht, wenn man die wirtschaftlichen Erträge fair auf die Gesellschaft verteilen will. Aber eine Marktwirtschaft zu lenken ist keine leichte Aufgabe. Es ist ein Balanceakt, in dem man auf sich unentwegt ändernde Bedingungen reagieren muss. Chinas elfter Fünfjahresplan ist ein strategischer Fahrplan, an dem sich das Land bei diesem Balanceakt orientieren kann. Voller Ehrfurcht und Hoffnung zugleich sieht die Welt zu, wie das Leben von 1,3 Milliarden Menschen verwandelt wird.

Die Reform des Gleichgewichts zwischen Staat und Markt in China

IN DER GESAMTEN BISHERIGEN GESCHICHTE ist noch kein Land so schnell gewachsen – und hat so viele Menschen aus der Armut befreit – wie China in den letzten dreißig Jahren. Ein Kennzeichen des chinesischen Erfolgs war die Bereitschaft der jeweiligen Regierungen, das Wirtschaftsmodell des Landes ungeachtet des Widerstands mächtiger Interessengruppen bei Bedarf zu korrigieren. Da China jetzt weitere grundlegende Reformen umsetzt, formiert sich erneut Widerstand seitens dieser Interessen. Können die Reformer erneut triumphieren?

Bei dieser Frage sollte man bedenken, dass die derzeitige Reformrunde nicht, wie die früheren, nur die Wirtschaft, sondern auch die Interessengruppen umstrukturiert, die *zukünftige* Reformen gestalten werden (und die sogar darüber entscheiden, ob diese möglich sind). Und während heute spektakuläre Initiativen – etwa die Antikorruptionskampagne der Regierung, die immer weitere Kreise zieht – viel Aufmerksamkeit auf sich ziehen, ist die angemessene Rollenverteilung zwischen Staat und Markt das tiefere von China zu lösende Problem.

Als China vor über dreißig Jahren mit seinen Reformen begann, war die Richtung klar: Der Markt musste bei der Ressourcenzuteilung eine viel größere Rolle spielen. So kam es dann auch und führte dazu, dass der private Sektor heute viel wichtiger ist als damals. Überdies besteht weitgehend Einigkeit darüber, dass der

Project Syndicate, 2. April 2014.

Markt eine von Regierungsvertretern so genannte »entscheidende Rolle« in vielen Sektoren spielen sollte, in denen Staatsbetriebe tonangebend sind. Doch welche Rolle sollte er in anderen Sektoren und in der Wirtschaft allgemein spielen?

Viele der heutigen Probleme Chinas sind das Ergebnis von *zu viel* Markt und *zu wenig* Staat. Anders ausgedrückt: Während die Regierung einige Dinge tut, die sie nicht tun sollte, unterlässt sie zugleich einiges, was sie eher umsetzen sollte.

Die steigende Umweltverschmutzung bedroht beispielsweise den Lebensstandard, während die Einkommens- und Vermögensungleichheit mittlerweile fast schon Ausmaße wie in den USA angenommen hat und die Korruption nicht nur in öffentlichen Institutionen, sondern auch im Privatsektor grassiert. All dies untergräbt das Vertrauen innerhalb der Gesellschaft und in die Regierung – ein Trend, der sich etwa besonders deutlich bei der Lebensmittelsicherheit zeigt.

Mit der Umstrukturierung der chinesischen Wirtschaft weg von exportorientiertem Wachstum, hin zu Dienstleistungen und privatem Konsum könnten sich diese Probleme noch verschärfen. Zweifellos könnte der private Verbrauch noch deutlich zulegen, aber wenn China den verschwenderischen materialistischen Lebensstil der USA übernehmen würde, wäre das eine Katastrophe für das Land – und für den Planeten. Die Luftqualität in China ist schon heute eine Gefahr für die Gesundheit, und eine globale Erwärmung infolge höherer chinesischer CO_2-Emissionen würde die ganze Welt bedrohen.

Es gibt eine bessere Strategie. Zunächst einmal könnte und würde der chinesische Lebensstandard steigen, wenn mehr Ressourcen in das Gesundheits- und Bildungssystem gingen, um deren enorme Mängel zu beseitigen. Hier *sollte* der Staat eine führende Rolle spielen, und das tut er in den meisten Marktwirtschaften aus gutem Grund.

Das weitgehend private Gesundheitssystem der USA ist teuer, ineffizient und kommt zu viel schlechteren Ergebnissen als die vergleichbaren Systeme in europäischen Ländern, die viel weniger ausgeben. China sollte *nicht* den Weg eines stärker marktbasierten Systems einschlagen. In den letzten Jahren hat die Regierung große Fortschritte hinsichtlich der medizinischen Grundversorgung gemacht, insbesondere in ländlichen Gebieten. Das chinesische System wurde auch mit dem britischen verglichen, das private Zusatzleistungen mit einer öffentlichen Grundversorgung verbindet. Man kann darüber streiten, ob dieses Modell besser ist als das überwiegend staatliche System französischen Musters. Wenn man aber das britische System übernimmt, kommt es entscheidend auf das Niveau der Grundversorgung an. Großbritannien verfügt angesichts der vergleichsweise geringen Rolle der privaten Krankenversicherungen im Wesentlichen über ein öffentliches System.

Auch wenn es bereits viele Fortschritte bei der Umstellung von einer industrie- zu einer dienstleistungsbasierten Volkswirtschaft gibt (der Anteil der Dienstleistungen am BIP war im Jahr 2013 erstmals größer als der des verarbeitenden Gewerbes), liegt noch ein langer Weg vor China. Schon heute leiden viele Branchen unter Überkapazitäten, und eine effiziente und reibungslose Umstrukturierung wird ohne staatliche Hilfe nicht leicht sein.

Zugleich findet in China noch eine weitere Umstrukturierung statt: die rasche Urbanisierung. Um zu gewährleisten, dass Städte lebenswert bleiben und ihre ökologische Nachhaltigkeit gesichert wird, sind weitreichende staatliche Maßnahmen notwendig, sodass neben anderen öffentlichen Gütern bedarfsgerechte Verkehrsmittel, Schulen, Krankenhäuser, Parks und effektive Flächennutzungspläne bereitgestellt werden können.

Märkte regeln sich nicht selbst – das gilt als wichtige Lehre aus der 2008 begonnenen Weltwirtschaftskrise. Sie sind anfällig für Vermögenspreis- und Kreditblasen, die unweigerlich platzen – oftmals dann, wenn die grenzüberschreitenden Kapitalströme abrupt ihre Richtung ändern –, was massive soziale Kosten verursacht.

Die Deregulierungsmanie in den USA war die Ursache der Krise. Dabei geht es *nicht* nur, wie einige behaupten, um das Tempo und die Abfolge der Liberalisierungsschritte, es kommt auch auf das Endergebnis an. Die Freigabe der Einlagenzinsen führte zum

Debakel der Bausparkassen in den 1980er-Jahren. Die Freigabe der Kreditzinsen ermunterte zur skrupellosen Ausbeutung armer Verbraucher. Die Deregulierung der Banken führte nicht zu mehr Wachstum, sondern lediglich zu mehr Risiken.

Es ist zu hoffen, dass China nicht denselben Weg wie die USA einschlägt, der so verheerende Konsequenzen hatte. Die Herausforderung für die chinesische Führung besteht darin, für regulatorische Ordnungsrahmen zu sorgen, die auf die jeweilige wirtschaftliche Entwicklungsstufe zugeschnitten sind.

Dazu wird sich die Regierung mehr Mittel beschaffen müssen. Die gegenwärtige Abhängigkeit der örtlichen Gebietskörperschaften von Grundstückverkäufen ist eine der Ursachen für die vielen wirtschaftlichen Verzerrungen – und auch für einen Großteil der Korruption. Stattdessen sollten die Behörden ihre Einnahmen dadurch erhöhen, dass sie Umweltsteuern (einschließlich einer CO_2-Steuer), eine umfassendere progressive Einkommensteuer (einschließlich Veräußerungsgewinnen) und eine Vermögenssteuer einführen. Zudem sollte sich der Staat über Dividenden einen größeren Teil der Wertschöpfung der Staatsbetriebe aneignen (was durchaus auch zu Lasten der Manager dieser Betriebe gehen wird).

Die Frage lautet: Kann China sein rasches (wenn auch nicht mehr ganz so rasantes) Wirtschaftswachstum aufrechterhalten, wenn es die Kreditexpansion zügelt (was zu einem jähen Verfall der Vermögenspreise führen könnte), einer schwachen globalen Nachfrage ausgesetzt ist, die Wirtschaft umstrukturiert und die Korruption bekämpft? In anderen Ländern führten diese gewaltigen Herausforderungen nicht zu Fortschritten, sondern zu einem Stillstand.

Die wirtschaftlichen Erfolgsfaktoren lassen sich klar benennen: Durch Steuererhöhungen finanzierte höhere Ausgaben für Urbanisierung, Gesundheitsversorgung und Bildung könnten das Wachstum stützen, die Umweltsituation verbessern und die Ungleichheit verringern. Wenn es der chinesischen Politik gelingt, diese Agenda umzusetzen, dann wird es China und der ganzen Welt besser gehen.

Medellín: Ein Lichtblick unter den Städten

VERGANGENEN MONAT war das kolumbianische Medellín Schauplatz einer bemerkenswerten Versammlung. Beim World Urban Forum kamen dort rund 22 000 Menschen zusammen, um über die Zukunft der Städte zu diskutieren. Es ging darum, wie »Städte zum Leben« geschaffen werden können: Wie lässt sich eine gerechte Entwicklung in den städtischen Räumen fördern, die bereits heute die Mehrheit der Weltbevölkerung beherbergen und bis zum Jahr 2050 zwei Drittel der Menschheit aufnehmen werden?

Der Schauplatz der Konferenz war symbolträchtig: Medellín, das noch vor wenigen Jahren als Hauptstadt des Drogenhandels berüchtigt war, steht mittlerweile in dem durchaus verdienten Ruf, eine der innovativsten Städte der Welt zu sein. Die Geschichte der Verwandlung dieser Stadt bietet wichtige Lehren für urbane Räume in aller Welt.

In den 1980er- und 1990er-Jahren beherrschten Drogenbarone wie der gefürchtete Pablo Escobar die Straßen Medellíns und lenkten ihre Politiker. Escobar verdankte seine Macht nicht nur dem äußerst lukrativen internationalen Drogenhandel (der sich auf die Nachfrage der Vereinigten Staaten stützte), sondern auch der extremen Ungleichverteilung des Reichtums in dieser Stadt und in Kolumbien insgesamt. In den weitläufigen Elendsvierteln an den steilen Hängen des Tals, in dem die Stadt liegt, konnten die Drogenkartelle aus einem unerschöpflichen Reservoir von »Soldaten« schöpfen. Da es in den vom Staat verlassenen Slums kaum öffentliche Dienste gab, gewann der Drogenbaron ihre Bevölkerung mit

Project Syndicate, 7. Mai 2014.

großzügigen Geldgeschenken für sich, obwohl er gleichzeitig die Stadt terrorisierte.

Diese früheren Elendsviertel sind heute kaum wiederzuerkennen. Die neue, aus drei Linien bestehende Seilbahn Metrocable befördert auch die Einwohner des Armenviertels Santo Domingo mehrere Hundert Meter hinauf und hinab, womit sie nicht länger vom Leben in der Stadt ausgeschlossen sind. Die Reise ins Zentrum dauert nur noch ein paar Minuten, und die gesellschaftlichen und wirtschaftlichen Hindernisse zwischen den behelfsmäßigen Siedlungen und der übrigen Stadt werden nach und nach abgerissen.

Die Probleme der Armenviertel sind nicht beseitigt, aber wie vorteilhaft sich die verbesserte Infrastruktur auswirkt, ist deutlich an den gepflegten Häusern, den Wandmalereien und den Fußballfeldern im Umkreis der Seilbahnstationen zu sehen. Die Seilbahn ist nur das auffälligste einer Reihe von Projekten, für die Medellín im vergangenen Jahr mit dem Veronica Rudge Green Prize für Stadtgestaltung der Harvard University ausgezeichnet wurde, dem prestigeträchtigsten Preis in diesem Bereich.

Seit Sergio Fajardo (der mittlerweile Gouverneur des Departements Antioquia ist) im Jahr 2004 zum Bürgermeister gewählt wurde, hat Medellín beträchtliche Anstrengungen unternommen, um Wohlstand in die Elendsviertel zu bringen, die Bildung zu verbessern und die Entwicklung voranzutreiben. (Der gegenwärtige Bürgermeister Aníbal Gaviria setzt den von Fajardo eingeschlagenen Weg fort.)

Die Stadtverwaltung hat in den verwahrlostesten Gegenden avantgardistische öffentliche Gebäude errichtet, den Bewohnern der ärmeren Bezirke Farbe zur Verfügung gestellt, damit sie ihre Häuser anstreichen konnten, und die Straßen gereinigt und ausgebessert. Diesen Initiativen liegt der Glaube zugrunde, dass die Menschen ihre Umgebung respektieren und stolz auf ihre Gemeinde sein werden, wenn man sie mit Respekt behandelt. Diese Einschätzung hat sich als zutreffend erwiesen.

Überall auf der Erde sind die Städte sowohl der Ort als auch das Thema der gesellschaftlichen Debatte, und das aus gutem Grund.

Wenn Menschen auf engem Raum zusammenleben, können sie sich den gesellschaftlichen Problemen – wachsender Ungleichverteilung, Umweltzerstörung und unzureichenden öffentlichen Investitionen – nicht entziehen.

Die Teilnehmer des Forums wurden daran erinnert, dass lebenswerte Städte Planung erfordern, eine Botschaft, die der vorherrschenden Einstellung in vielen Teilen der Welt widerspricht. Ohne Planung und öffentliche Investitionen in Infrastruktur, Nahverkehr und Erholungsgebiete, ohne eine gute Wasserversorgung und eine funktionierende Abwasser- und Abfallentsorgung können die Städte keine lebenswerten Orte sein. Und es sind die Armen, die am meisten unter den fehlenden öffentlichen Gütern leiden.

Auch die Vereinigten Staaten können einiges von Medellín lernen. Neuere Studien haben gezeigt, dass eine mangelhafte Planung die wirtschaftliche Spaltung in den USA begünstigt hat. In Städten ohne ausreichende öffentliche Verkehrsmittel lassen sich Arbeitsplätze deutlich schwieriger erreichen, was immer häufiger zu Armutsfallen führt.

Aber die Konferenz ging über diese Probleme hinaus und kam zu dem Ergebnis, dass es nicht genügt, die Städte »lebenswert« zu machen. Wir brauchen urbane Räume, in denen die Menschen gedeihen und innovativ werden können. Es ist kein Zufall, dass sich die Aufklärung, die zum schnellsten und größten Anstieg des Lebensstandards in der Geschichte der Menschheit führte, in den Städten entfaltete. Neue Ideen sind eine natürliche Folge einer hohen Bevölkerungsdichte, sofern die Bedingungen geeignet sind – zu diesen Bedingungen zählen öffentliche Räume, in denen die Menschen interagieren und die Kultur aufblühen kann, sowie eine demokratische Grundhaltung, welche die öffentliche Beteiligung begrüßt und begünstigt.

Ein Schlüsselthema des Forums war die Notwendigkeit einer ökologisch, sozial und wirtschaftlich nachhaltigen Entwicklung. All diese Aspekte der Nachhaltigkeit hängen zusammen und ergänzen einander, und besonders deutlich tritt dies in den Städten zutage.

Eines der größten Hemmnisse für Nachhaltigkeit ist die Ungleichverteilung. Unsere Volkswirtschaften, unsere Demokratien und unsere Gesellschaften zahlen einen hohen Preis für die wachsende Kluft zwischen Reich und Arm. Und die vielleicht heimtückischste Begleiterscheinung der in vielen Ländern immer weiter auseinandergehenden Einkommens- und Vermögensschere ist die schwindende Chancengleichheit.

Einige Städte haben gezeigt, dass dieses vielerorts zu beobachtende Muster gesellschaftlicher Segregation nicht das Ergebnis unveränderlicher wirtschaftlicher Gesetzmäßigkeiten ist. Selbst in dem hoch entwickelten Land, in dem die Ungleichheit am ausgeprägten ist – in den USA –, können sich einige Städte, darunter San Francisco und San Jose, hinsichtlich der Chancengleichheit mit den leistungsfähigsten Volkswirtschaften messen.

Da viele Zentralregierungen weltweit in einem Reformstau festsitzen, richten sich viele Hoffnungen auf Städte, die in die Zukunft schauen. Eine tief gespaltene amerikanische Politik scheint unfähig zu sein, an die alarmierende Zunahme der Ungleichheit heranzugehen. Aber in New York verdankte Bürgermeister Bill de Blasio seine Wahl dem Versprechen, etwas dagegen zu unternehmen.

Die Möglichkeiten für Gegenmaßnahmen auf lokaler Ebene sind beschränkt – so sind etwa die Steuereinnahmen auf nationaler Ebene sehr viel höher als auf Gemeindeebene –, aber die Städte können dazu beitragen, ihre Bewohner mit erschwinglichem Wohnraum zu versorgen. Und sie haben eine besondere Verantwortung für eine hochwertige öffentliche Bildung und vom Einkommen unabhängige öffentliche Einrichtungen.

Medellín und das World Urban Forum haben gezeigt, dass dies kein unerreichbarer Traum ist. Eine andere Welt ist möglich. Wir brauchen nur den politischen Willen, sie zu verwirklichen.

Amerikanische Illusionen in Down Under

DIE WIRTSCHAFTSPOLITISCHEN DEBATTEN in den Vereinigten Staaten finden – ob sie nun bedeutsam sind oder nicht – oft einen Widerhall in anderen Ländern. Die Politik der gerade gewählten australischen Regierung von Premierminister Tony Abbott ist ein gutes Beispiel dafür.

In vielen Ländern sprechen sich konservative Regierungen dafür aus, die Staatsausgaben zu kürzen. Die Begründung: Das Haushaltsdefizit bedrohe die Zukunft des Landes. Im Fall Australiens klingt diese Behauptung besonders wenig überzeugend – obwohl dies Abbotts Regierung nicht davon abgehalten hat, genau das überall zu verkünden. Selbst wenn man die Behauptung der Harvard-Ökonomen Carmen Reinhart und Kenneth Rogoff akzeptiert, dass sehr hohe Staatsschulden zu schwächerem Wachstum führen – eine Einschätzung, die sie nie wirklich belegten und die von zahlreichen Volkswirten angezweifelt wurde –, ist Australien weit von dieser Schwelle entfernt. Seine Staatsschuldenquote macht nur einen Bruchteil der amerikanischen aus und zählt zu den niedrigsten unter den OECD-Ländern.

Wichtiger für das langfristige Wachstum sind Investitionen in die Zukunft einschließlich unverzichtbarer öffentlicher Ausgaben für Bildung, Technologie und Infrastruktur. Solche Investitionen gewährleisten, dass *alle* Bürger unabhängig davon, wie arm ihre Eltern sind, ihr Potenzial ausschöpfen können.

Die Hochachtung, die Abbott bei seinem Plädoyer für die »Reformen« seiner Regierung für das amerikanische Modell an den

Project Syndicate, 9. Juli 2014.

Tag legt, ist durchaus widersinnig. Schließlich hat das amerikanische Wirtschaftsmodell den meisten Amerikanern nichts gebracht. Das mittlere Einkommen in den Vereinigten Staaten ist heute geringer als vor einem Vierteljahrhundert – und das liegt nicht an einer stagnierenden Produktivität, sondern daran, dass die Löhne und Gehälter stagnieren.

Das australische Modell hat sich sehr viel besser bewährt. Tatsächlich zählt Australien zu den wenigen rohstoffabhängigen Volkswirtschaften, die nicht vom Fluch der Bodenschätze ereilt wurden. Der Wohlstand wurde relativ breit verteilt. Das mittlere Haushaltseinkommen ist in den letzten Jahrzehnten im Durchschnitt um mehr als 3 Prozent pro Jahr gestiegen – das ist fast das Doppelte des OECD-Durchschnitts.

Allerdings sollte der Wohlstand Australiens hinsichtlich des Überflusses an Bodenschätzen gerechter verteilt sein. Schließlich sollten die natürlichen Ressourcen eines Landes all seinen Bewohnern gehören, und die »Renteneinkommen«, die der Gemeinschaft aus dem Verkauf von Rohstoffen zufließen, könnten verwendet werden, um die Ungleichheit zu verringern. Und eine hohe Besteuerung von Rohstoffrenten hat keine so negativen Konsequenzen wie die Besteuerung von Ersparnissen oder Arbeit (Eisenerz- oder Erdgasvorkommen können nicht in ein anderes Land gebracht werden, um der Besteuerung zu entgehen). Aber der Gini-Koeffizient Australiens, ein üblicher Maßstab für die Ungleichverteilung, ist um ein Drittel höher als der des rohstoffreichen Norwegens, dem es besonders gut gelungen ist, seinen Reichtum auf *alle* Bürger zu verteilen.

Man fragt sich, ob Abbott und seine Regierung wirklich verstanden haben, was in den Vereinigten Staaten geschehen ist. Ist ihnen bewusst, dass sich das Wachstum des Bruttoinlandsprodukts in den USA seit Beginn der Deregulierung und Liberalisierung Ende der 1970er-Jahre deutlich verlangsamt hat und dass das Wachstum vor allem den Reichen zugutegekommen ist? Wissen sie, dass es bis zu diesen »Reformen« in den Vereinigten Staaten ein halbes Jahrhundert lang keine Finanzkrise gab – mittlerweile ein regelmäßiges Ereignis rund um den Erdball – und dass die Deregulierung einen Finanzsektor aufblähte, der viele talentierte junge Menschen anlockte, die ihr Berufsleben ansonsten vielleicht produktiveren Tätigkeiten gewidmet hätten? Ihre Finanzinnovationen machten sie ungeheuer reich, trieben die amerikanische und die Weltwirtschaft jedoch fast in den Ruin.

Australien wird in aller Welt für seine öffentlichen Dienstleistungen beneidet. Sein Gesundheitswesen liefert zu einem Bruchteil der Kosten bessere Ergebnisse als das amerikanische. An das Einkommen gekoppelte Ausbildungskredite ermöglichen den Kreditnehmern, ihre Rückzahlungen gegebenenfalls über viele Jahre zu strecken, und wenn das Einkommen besonders niedrig ist (zum Beispiel weil sie eine wichtige, aber schlecht bezahlte Tätigkeit etwa im Bildungswesen oder in einer religiösen Einrichtung wählen), erlässt ihnen der Staat einen Teil der Schulden.

Der Kontrast zu den Vereinigten Staaten ist frappierend. Dort verwandeln sich die Studiendarlehensschulden, die mittlerweile 1,2 Billionen Dollar übersteigen (das ist mehr als die Kreditkartenschulden), in eine Belastung für Absolventen und die Volkswirtschaft. Das gescheiterte amerikanische Finanzierungsmodell für die Hochschulbildung ist einer der Gründe dafür, dass es in den USA mittlerweile schlechter um die Chancengleichheit bestellt ist als in allen anderen hoch entwickelten Ländern. Einkommen und Bildungsstand der Eltern wirken sich mittlerweile stärker auf die Lebensaussichten junger Amerikaner aus als in anderen hoch entwickelten Ländern.

Abbotts Vorstellungen von der höheren Bildung verdeutlichen, dass er auch nicht versteht, warum die besten amerikanischen Universitäten erfolgreich sind. Es liegt weder am Preiswettbewerb noch am Gewinnstreben, dass Harvard, Yale und Stanford großartige Hochschulen sind. Keine der herausragenden amerikanischen Universitäten ist eine gewinnorientierte Einrichtung. Sie arbeiten allesamt ohne Gewinnzweck und finanzieren sich entweder aus öffentlichen Geldern oder aus den Beiträgen von Ehemaligen und Stiftungen.

Es gibt durchaus Wettbewerb, aber es ist eine andere Art von Wettbewerb. Diese Universitäten bemühen sich um Inklusion und Vielfalt, um staatliche Forschungszuschüsse. Die unzureichend regulierten gewinnorientierten Universitäten in den USA besitzen zwei herausragende Fähigkeiten: Sie verstehen sich darauf, junge Menschen aus armen Familien auszubeuten, indem sie ihnen hohe Studiengebühren abknöpfen, ohne einen Gegenwert dafür zu bieten. Und sie betreiben erfolgreich Lobbying, um *ohne Regulierung* an staatliche Mittel heranzukommen und ihre ausbeuterischen Praktiken fortzusetzen.

Australien sollte stolz auf seine Erfolge sein, aus denen die übrige Welt viel lernen kann. Es wäre eine Schande, würde eine Fehleinschätzung der Entwicklung in den Vereinigten Staaten, kombiniert mit einer kräftigen Dosis Ideologie, die australische Regierung dazu verleiten, etwas zu reparieren, das nicht kaputt ist.

Die Unabhängigkeit Schottlands

WÄHREND SCHOTTLAND DARÜBER NACHDENKT, ob es unabhängig werden soll, zweifeln manche, auch Paul Krugman, am »wirtschaftlichen Sinn« der Eigenständigkeit.

Würde Schottland auf sich allein gestellt einen Rückgang des Lebensstandards oder ein sinkendes Bruttoinlandsprodukt riskieren? Zweifellos birgt jede Entscheidung Risiken: Sollte Schottland im Vereinigten Königreich bleiben und sollte das Vereinigte Königreich aus der EU austreten, so würde es in fast jeder Hinsicht sinkenden Wohlstand riskieren. Sollte Schottland in einem Vereinigten Königreich bleiben, das eine Politik fortsetzt, die zu wachsender Ungleichheit geführt hat, so könnte der Lebensstandard der meisten Schotten sinken, selbst wenn das BIP geringfügig stiege.

Kürzungen der öffentlichen Mittel für Bildung und Gesundheit könnten Schottland mit vielen unangenehmen Entscheidungen konfrontieren – auch wenn das Land eine beträchtliche Entscheidungsfreiheit über die Verwendung seiner Gelder genießt.

Aber die Schreckensszenarien, die entworfen werden, entbehren eigentlich jeder Grundlage. Krugman zum Beispiel meint, es gebe beträchtliche Skaleneffekte: Anscheinend will er damit sagen, dass eine kleine Volkswirtschaft wahrscheinlich nicht erfolgreich sein wird. Aber ein unabhängiges Schottland bliebe ein Teil der Europäischen Union, und der große Erfolg der EU ist der Aufbau einer riesigen Wirtschaftszone.

Abgesehen davon haben sich auch kleine Staaten wie Schweden, Singapur und Hongkong sehr gut entwickelt, während dies

The Herald, 13. September 2014.

viel größeren Staaten nicht gelungen ist. Sehr viel wichtiger als die Größe ist, dass ein Land eine gute Politik betreibt.

Ein weiteres Problem, das in Wahrheit keines ist, ist die Währung. Hier hat Schottland mehrere Möglichkeiten, die alle funktionieren würden. Zum Beispiel könnte es weiter das Pfund verwenden, und zwar mit oder ohne Zustimmung Englands.

Da die Volkswirtschaften Englands und Schottlands so große Ähnlichkeit haben, wird eine gemeinsame Währung auf der Insel wahrscheinlich sehr viel besser funktionieren als der Euro – und das auch ohne gemeinsame Haushaltspolitik. Aber viele kleine Länder haben eigene Währungen, die entweder frei schwanken, an eine andere Währung gebunden sind oder »gemanagt« werden.

Das wesentliche Problem, das Schottland lösen muss, ist anderer Natur. Es ist klar, dass es in Schottland eine gemeinsame Vision und geteilte Wertvorstellungen gibt: eine Vorstellung vom Land, von der Gesellschaft, von der Politik und der Rolle des Staates, von Werten wie Fairness, Gleichheit und Chancengleichheit. Natürlich haben nicht alle Bürger dieselbe Vorstellung, was die geeigneten politischen Maßnahmen und das Gleichgewicht zwischen den verschiedenen Zielen betrifft.

Aber die Vision und die Wertvorstellungen der Schotten unterscheiden sich von denen, die südlich der Grenze vorherrschen. In Schottland gibt es ein kostenloses Studium für alle, während England die Studiengebühren erhöht und Studenten aus Familien mit beschränkten Mitteln gezwungen hat, Studienkredite aufzunehmen.

Schottland befürwortet ein öffentliches Gesundheitssystem, während England zahlreiche Schritte zur Privatisierung der Gesundheitsversorgung unternommen hat. Einige Unterschiede zwischen den beiden Ländern bestehen seit langem: Schon vor zweihundert Jahren war die Alphabetisierungsrate der männlichen Bevölkerung in Schottland 50 Prozent höher als in England, und die schottischen Universitäten verlangten nur ein Zehntel der Studiengebühren, die in Cambridge und Oxford zu entrichten waren.

Die Unterschiede in diesen und anderen Politikbereichen können im Lauf der Zeit nicht nur zu sehr unterschiedlichen

Wachstumsraten, sondern auch zu ganz anderen Entwicklungen des Pro-Kopf-BIP führen. Vor allem aber können sie zu einer unterschiedlichen Verteilung von Einkommen und Vermögen führen. Wenn das Vereinigte Königreich seinen gegenwärtigen Kurs fortsetzt und weiter das amerikanische Modell imitiert, wird es vermutlich ähnliche Resultate wie die Vereinigten Staaten ernten – dort stagniert seit einem Vierteljahrhundert das Einkommen der Durchschnittsfamilie, während die Reichen immer reicher werden.

Die Unabhängigkeit mag ihren Preis haben (obwohl diese Kosten erst noch überzeugend nachgewiesen werden müssen), aber sie wird auch Vorteile mit sich bringen.

Schottland kann in Gezeitenkraftwerke oder in seine jungen Menschen investieren. Es kann sich bemühen, die Erwerbsbeteiligung von Frauen zu erhöhen und eine Vorschulbildung für alle Kinder anzubieten – beides ist unerlässlich, um eine fairere Gesellschaft aufzubauen. Der schottische Staat kann diese Investitionen in dem Wissen vornehmen, dass er durch Steuern später an ihren Erträgen teilhaben wird.

Gegenwärtig trägt Schottland zwar die Kosten dieser sozialen Investitionen, aber ein Großteil der zusätzlichen Steuereinnahmen, die der Staat dank des durch diese Investitionen erhöhten Wachstums erzielen wird, wird nach London fließen.

Die schwierige Frage, die Schottland beantworten muss, betrifft also nicht undurchsichtige Themen wie monetäre Regelungen, Größenvorteile oder die geringfügigen kurzfristigen Gewinne und Verluste. Die entscheidende Frage lautet, ob Schottlands Zukunft, ob die gemeinsame Vision und die geteilten Wertvorstellungen der schottischen Gesellschaft, die sich zusehends von den südlich der Grenze vorherrschenden unterscheiden, in einem unabhängigen Land besser zu verwirklichen sind.

Die spanische Depression

SPANIEN STECKT IN EINER DEPRESSION. Dies ist das einzige Wort, mit dem man seine wirtschaftliche Lage beschreiben kann. Fast ein Viertel seiner Erwerbsbevölkerung ist arbeitslos, und die Jugendarbeitslosigkeit liegt gegenwärtig bei 50 Prozent. In nächster Zukunft dürfte sich die Lage kaum bessern, vielleicht wird sie sich noch weiter verschlechtern. Die Prognose ist schlecht, obwohl die Regierung und die internationalen Institutionen, die den Spaniern das Spardiktat auferlegten, versprochen haben, dass das Land zu diesem Zeitpunkt auf den Wachstumspfad zurückkehren werde. Sie haben wiederholt das Ausmaß des Abschwungs unterschätzt, das ihre Politik herbeigeführt hat. Das bedeutet, dass sie die positiven Auswirkungen auf die Staatsfinanzen überschätzt haben, denn ein stärkerer Rückgang der Wirtschaftsaktivität führt zwangsläufig zu geringeren Steuereinnahmen und höheren Ausgaben für Arbeitslosenversicherung und Sozialprogramme. Obwohl sie versuchen, Spanien mit der Begründung die Schuld zuzuschieben, es habe seine Budgetziele verfehlt, sollten sie für ihre Fehldiagnose des Problems und dafür zur Rechenschaft gezogen werden, dass sie die falsche Medizin verordnet haben.

In diesem Buch erkläre ich, wie eine falsche Wirtschaftspolitik zu mehr Ungleichheit und gleichzeitig zu weniger Wachstum führen kann – und die in Spanien und anderen europäischen Ländern angewandten politischen Rezepte liefern ein gutes Anschauungsbeispiel dafür. In den Jahren vor der Krise (insbesondere zwischen 1985 und 2000) hob sich die Entwicklung in Spanien deutlich von

Vorwort zur spanischen Ausgabe von *Der Preis der Ungleichheit*.

der in anderen Ländern ab, denn die Ungleichverteilung der Nettoarbeitseinkommen und des verfügbaren Haushaltseinkommens ging zurück.[78] Schon bevor die Ungleichverteilung vor Steuern verringert wurde, »korrigierte« der Staat die Verteilung des Einkommens durch sozialpolitische Eingriffe und Maßnahmen zur Verbesserung der öffentlichen Gesundheit. An dieser Politik hielt die öffentliche Hand bis in die ersten Krisenjahre fest.[79] Aber mittlerweile hat die langjährige Rezession dazu geführt, dass die Ungleichverteilung dramatisch anstieg.[80]

Aber wie wir in Kapitel 1 erklären, verschärft ein Wirtschaftsabschwung – insbesondere eine Depression wie die, unter der Spanien gegenwärtig leidet – die Ungleichheit. Wer seine Arbeit verliert, rutscht leichter in die Armut ab, vor allem, wenn er lange arbeitslos bleibt. Die hohe Arbeitslosenquote setzt die Löhne unter Druck, und insbesondere die niedrigsten Löhne sinken. Aufgrund der Sparpolitik werden Sozialprogramme gekürzt, die unverzichtbar für das Wohlergehen der Mittel- und Unterschicht sind. Wie in den Vereinigten Staaten werden diese Auswirkungen durch einen Rückgang der Immobilienpreise verschärft, da das Eigenheim für die Haushalte mit mittlerem und geringem Einkommen der wichtigste Vermögenswert ist.

Die Auswirkungen der zunehmenden Ungleichheit und der tiefen Wirtschaftskrise überschatten Spaniens Zukunft. Abgesehen davon, dass Ressourcen vergeudet werden, schmilzt das Humankapital des Landes zusammen. Qualifizierte Arbeitskräfte, die in Spanien keinen Arbeitsplatz finden, wandern aus, denn es gibt einen globalen Markt für die talentierten Menschen des Landes. Ob diese Migranten zurückkehren, wenn sich die heimische Wirtschaft erholt, wird auch davon abhängen, wie lange die Krise dauert.

Die heutigen Probleme Spaniens sind vor allem auf dieselbe Mischung von Ideologie und Sonderinteressen zurückzuführen, die zur Liberalisierung und Deregulierung der Finanzmärkte und anderen marktfundamentalistischen Eingriffen in den Vereinigten Staaten geführt haben. Dazu zählen Maßnahmen, die zur ausgeprägten Ungleichheit und Instabilität in den USA beitrugen, woraus folgte, dass sich das Wachstum gegenüber den vorangegangenen Jahrzehnten erheblich verlangsamte. (Diese marktfundamentalistische Politik wird auch als Neoliberalismus bezeichnet. Wie ich erkläre, beruht sie nicht auf einem soliden Verständnis der modernen ökonomischen Theorie, sondern auf einer naiven Interpretation der Volkswirtschaftslehre und der Annahme, der Wettbewerb und die Märkte seien vollkommen.)

Oftmals diente diese Ideologie lediglich dazu, die Versuche bestimmter Interessengruppen zu verschleiern, sich einen größeren Teil des Reichtums anzueignen. Es entstand ein Bündnis zwischen Banken, Bauherren und Politikern: Umweltschutzbestimmungen und Vorschriften für die Raumplanung wurden ignoriert und/oder nicht wirksam durchgesetzt, und die Bankenaufsichtsbehörden nahmen ihre Kontrollfunktionen nicht richtig wahr. Das Land versank in einem Immobilienrausch, das Geld sprudelte nur so. Ein Teil dieses Geldes floss Politikern, die dem Treiben tatenlos zusahen, in die Taschen – sei es in Form von Wahlkampfspenden oder von einträglichen Posten nach dem Ende ihrer Amtszeit. Sogar die Steuereinnahmen stiegen, und die Politiker konnten sich sowohl mit dem Wachstum infolge der Immobilienblase als auch mit den Erträgen für den Staatshaushalt brüsten. Aber es war alles nur ein Trugbild: Die Wirtschaftsblüte beruhte auf einem instabilen Fundament.

In Europa wurden die neoliberalen, marktfundamentalistischen Vorstellungen fest in der wirtschaftlichen Grundstruktur der Europäischen Union und insbesondere der Eurozone verankert. Diese Prinzipien sollten größere Effizienz und Stabilität gewährleisten, und man nahm an, dass alle von dem erhöhten Wachstum profitieren würden, weshalb man die Auswirkungen der neuen Regeln auf die Verteilung des Wohlstands kaum beachtete.

Tatsächlich haben sie zu geringerem Wachstum und größerer Instabilität geführt. Und in den meisten Ländern der Europäischen Union haben die Unter- und die Mittelschicht unter der Krise gelitten, obwohl sich ihre Situation schon vorher verschlechterte. In diesem Buch beschreiben wir zahlreiche Mängel der marktfundamentalistischen Ideologie und erklären, warum die darauf beruhende

Politik wiederholt gescheitert ist. Aber wir sollten uns genauer ansehen, wie sich die Dinge in Europa entwickelt haben.

Nehmen wir das Prinzip der Freizügigkeit von Arbeitskräften. Die Freizügigkeit sollte zu einer effizienten Verteilung von Arbeitskräften führen, und in manchen Situationen dürfte das tatsächlich der Fall sein. Aber da die Schuldenlast in vielen Ländern so hoch ist, können sich junge Menschen der Verpflichtung zur Rückzahlung der von ihren Eltern angehäuften Schulden entziehen, indem sie einfach umziehen. Die Steuern, die zur Rückzahlung dieser Schulden erhoben werden, führen zu einer ineffizienten Migration. Dazu kommt eine negative Dynamik: Wenn die Jungen abwandern, steigt die Steuerbelastung für die Zurückgebliebenen, was die Anreize zu einer ineffizienten Migration weiter erhöht.

Oder nehmen wir den Grundsatz des freien Güterverkehrs, der nicht damit verknüpft wurde, eine Harmonisierung der Steuern zu erreichen. Unternehmen (und Einzelpersonen) sind daran interessiert, sich an einem Standort mit niedrigeren Steuern niederzulassen, von wo aus sie ihre Güter innerhalb der EU bewegen können. Unter diesen Umständen hängt die Standortwahl nicht davon ab, wo die Produktion am effizientesten ist, sondern von den niedrigsten Steuern. Das wiederum löst eine Abwärtsspirale aus, erhöht es doch den Druck, nicht nur die Kapital- und Gewerbesteuern, sondern auch die Löhne zu senken und die Arbeitsbedingungen zu verschlechtern. Die Steuerlast wird den Arbeitskräften aufgebürdet. Und da die Ungleichverteilung von Kapital und Unternehmensgewinnen derart viel Ungleichheit verursacht, steigt zwangsläufig die Ungleichverteilung der Einkommen (nach Steuern und Transferleistungen).

Das Prinzip des einheitlichen Binnenmarkts – es erlaubt einer von einem europäischen Staat zugelassenen Bank, sich in jedem anderen Mitgliedsland der EU niederzulassen – ist in Kombination mit der Freizügigkeit des Kapitals möglicherweise das schlimmste Ergebnis der neoliberalen Politik. In den Jahren vor der Krise sahen wir einen Aspekt dieser Politik: Finanzprodukte und Einlagen aus nicht regulierten Ländern richteten schwere Schäden in anderen

Ländern an, und die Gastländer wurden ihrer Verantwortung nicht gerecht, ihre Bürger und ihre Volkswirtschaft zu schützen. Ebenso führte die Doktrin von der Effizienz der Märkte – und das Gebot, der Staat dürfe nicht in die wunderbaren Marktmechanismen eingreifen – dazu, dass nichts gegen die Immobilienblasen in Irland, Spanien und den Vereinigten Staaten unternommen wurde. Aber die Märkte werden immer wieder von irrationalem Optimismus oder Pessimismus erfasst: In den Jahren nach der Einführung des Euro waren sie übermäßig optimistisch, sodass Unsummen in die Immobilienmärkte Spaniens und Irlands flossen, und heute sind sie übermäßig pessimistisch, weshalb das Geld abfließt. Dieser Kapitalabfluss schwächt die Wirtschaft weiter. Und das Prinzip des einheitlichen Binnenmarkts vergrößert das Problem: Es ist relativ einfach für einen Griechen, Spanier oder Portugiesen, sein Geld auf ein Bankkonto in Deutschland zu verschieben.

Aber das Bankensystem ist, so wie die anderen Elemente der Wirtschaft der Eurozone, verzerrt. Die Bedingungen sind nicht überall gleich. Das Vertrauen in eine Bank hängt von der Fähigkeit des Staates ab, die Bankeinlagen zu garantieren, wenn etwas misslingt. Und das gilt umso mehr, seit wir die Entstehung von riesigen Banken zugelassen haben, die mit komplexen, undurchschaubaren und schwer zu bewertenden Finanzprodukten handeln dürfen. Die deutschen Banken sind gegenüber den spanischen Instituten bevorteilt, weil der Markt Deutschland eher zutraut, seine Banken zu retten. Hier haben wir es mit einer versteckten Subvention zu tun. Aber auch diese Situation begünstigt, dass es zu einer Abwärtsspirale kommt: Wenn das Geld aus einem Land abfließt, schwächt das die Wirtschaft dieses Landes. Dadurch verringert sich das Vertrauen in die Fähigkeit der Regierung, die einheimischen Banken retten zu können, was wiederum den Kapitalabfluss zusätzlich erhöht.

Es gibt weitere Merkmale der europäischen Wirtschaftsordnung, die zu den gegenwärtigen Problemen der Eurozone beitragen: Die Europäische Zentralbank konzentriert sich vor allem darauf, die Inflation zu kontrollieren (im Gegensatz zur amerikanischen Federal Reserve, die auch die Aufgabe hat, das Wirtschaftswachstum, die Beschäftigung und die finanzielle Stabilität zu fördern). In Kapitel 9 wird erklärt, warum es zu mehr Ungleichheit beiträgt, wenn man sich nur auf die Inflation konzentriert. Aber besonders nachteilig für Europa sind die *ungleichen* Mandate. Da die Vereinigten Staaten – entgegen der EU – die Zinsen praktisch auf null gesenkt haben, verteuert der stärkere Euro die Exporte und treibt die Importe, was zum Verlust weiterer Arbeitsplätze führt.

Das grundlegende Problem des Euro ist, dass er die Europäer zweier unverzichtbarer Mechanismen beraubte: Zinsen und Wechselkurs. Damit konnten die Mitgliedsstaaten zuvor Schocks auffangen, die sich auf die einzelnen Länder unterschiedlich auswirkten. Und es wurden keine Mechanismen eingeführt, um diese zu ersetzen. Die Eurozone ist nicht, was die Ökonomen einen »optimalen Währungsraum« nennen: eine Gruppe von Ländern, die mit Erfolg dieselbe Währung teilen können. Eine Abwertung der eigenen Währung ist eine mögliche Reaktion auf einen wirtschaftlichen Schock. Das gilt sogar für ähnliche Länder wie die Vereinigten Staaten und Kanada: Der Wechselkurs zwischen ihren Währungen schwankt deutlich. Aber die Mitglieder der Eurozone haben aufgrund der gemeinsamen Währung nur beschränkte Anpassungsmöglichkeiten.

Eine Alternative zur Abwertung der eigenen Währung besteht darin, die Löhne und Preise innerhalb einzelner Länder der Währungsunion zu senken. Diese Maßnahme wird als *interne Abwertung* bezeichnet. Wäre die interne Abwertung einfach, so hätte der Goldstandard in der Weltwirtschaftskrise der 1930er-Jahre kein Hindernis für die Anpassung dargestellt. Es ist leichter für Länder wie Deutschland, sich durch eine reale Aufwertung ihrer Währung anzupassen (genau das tut China derzeit), als es für ihre Handelspartner ist, dies durch eine reale Abwertung ihrer Währung zu tun. Eine reale Aufwertung ist durch Inflation zu bewerkstelligen, und eine moderate Inflation ist leichter zu erreichen als eine entsprechende Deflation. Aber Deutschland sträubt sich dagegen.

Aus dem zu niedrigen *realen* Wechselkurs Deutschlands ergibt sich dasselbe wie im Fall Chinas: Deutschland erzielt einen

Handelsbilanzüberschuss (wie China), während seine Handelspartner (wie Spanien) ein Handelsdefizit aufweisen. Das Land mit dem Überschuss ist genauso für das Ungleichgewicht verantwortlich wie das Land mit dem Defizit, weshalb die Seite die Last der Anpassung tragen sollte, der dies am leichtesten fällt. Dies ist die Doktrin, die der Rest der Welt in den Diskussionen mit China vertritt. China hat mit einer bemerkenswert deutlichen Aufwertung seines realen Wechselkurses ab dem Jahr 2005 reagiert. Innerhalb Europas hingegen hat die notwendige Anpassung nicht stattgefunden.

Es ist unmöglich, dass alle Länder einen Handelsüberschuss erwirtschaften, weshalb der Vorschlag mancher Stimmen in Deutschland, andere sollten seine Politik nachahmen, einfach inkohärent ist. Jedem Überschuss muss irgendwo ein Defizit gegenüberstehen. Und insbesondere in diesen Tagen ergeben sich durch die Länder mit einem Handelsüberschuss Kosten für andere: Das globale Problem ist derzeit eine unzureichende Gesamtnachfrage, und Handelsüberschüsse tragen dazu bei.

Ein Vergleich zwischen Europa und den Vereinigten Staaten ist aufschlussreich. Die fünfzig Bundesstaaten der USA haben eine gemeinsame Währung. Einige Gegensätze zwischen den Vereinigten Staaten, wo die gemeinsame Währung funktioniert, und der Eurozone verdeutlichen das Problem. In den USA entfallen zwei Drittel aller öffentlichen Ausgaben auf den Bund. Die dortige Bundesregierung trägt die Hauptlast der Sozialleistungen, der Arbeitslosenversicherung und der Kapitalinvestitionen (zum Beispiel in Infrastruktur sowie Forschung und Entwicklung). Sie ist für kontrazyklische Eingriffe verantwortlich. Die amerikanische Bundesregierung sichert die Banken einschließlich der meisten einzelstaatlichen Institute durch die Einlagensicherung der Federal Deposit Insurance Corporation (FDIC) ab. Es herrscht völlige Freizügigkeit innerhalb der Vereinigten Staaten, aber niemand kümmert sich darum, ob einer der Staaten – zum Beispiel North Dakota – infolge massiver Abwanderungsbewegungen seine Bevölkerung einbüßt. Tatsächlich wird dadurch »der Kauf« der Kongressabgeordneten dieses Staates günstiger.

Der Euro war ein politisches Projekt, aber die Politik war nicht stark genug, es »fertigzustellen« und das Notwendige zu tun, um eine Währungszone mit derart unterschiedlichen Mitgliedern funktionsfähig zu machen. Die Politiker hofften, das Projekt dank der einigenden Wirkung des Euro irgendwann abschließen zu können. Tatsächlich hat die gemeinsame Währung jedoch das Gegenteil bewirkt. Alte Wunden wurden wieder aufgerissen, und neue Feindseligkeiten sind entstanden.

Solange alles gut lief, machte sich niemand Gedanken über diese Probleme. Ich hatte gehofft, dass die griechische Schuldenkrise, die im Januar 2010 ausbrach, zu grundlegenden Reformen führen würde. Aber es geschah kaum etwas. Während dieses Buch in Druck geht, kämpft Spanien mit einem unerträglich hohen Zinsniveau – ohne Aussicht auf eine baldige Erholung.

Der größte Fehler Europas und insbesondere Deutschlands besteht darin, dass es die Schwierigkeiten der Länder an der Peripherie, darunter Spanien, auf übermäßige Ausgaben zurückgeführt hat. Zwar stimmt es, dass Griechenland in den Jahren vor der Krise hohe Haushaltsdefizite anhäufte, aber Spanien und Irland erzielten Überschüsse und wiesen eine (gemessen am BIP) niedrige Verschuldung auf. Daher hätte die Konzentration auf Sparmaßnahmen nicht einmal eine Rückkehr der Krise verhindern, geschweige denn die aktuelle Krise Europas lösen können.

Ich habe bereits erklärt, wie eine hohe Arbeitslosigkeit die Ungleichheit verschärft. Aber da die Reichsten einen kleineren Teil ihres Einkommens ausgeben als die Ärmsten, denen nichts anderes übrig bleibt, als alles auszugeben, schwächt wachsende Ungleichverteilung die Wirtschaft. Sie gerät in eine Abwärtsspirale. Und die sogenannte Austeritätspolitik macht alles nur noch schlimmer.

Heute ist das Problem in Europa eine zu geringe Gesamtnachfrage. In der andauernden Wirtschaftskrise halten sich die Banken bei der Kreditvergabe zurück, die Hauspreise sinken, das Vermögen der Haushalte schrumpft, und angesichts der unsicheren Zukunftsaussichten schränken diese ihren Konsum weiter ein.

Noch nie hat sich eine große Volkswirtschaft – und Europa ist eine große Volkswirtschaft – mit einer Sparpolitik aus einer Krise befreien können. Austerität verschlechtert jedenfalls die Lage, das ist unvermeidlich und vorhersehbar. Beispiele für eine Erholung dank Haushaltskürzungen gibt es nur in kleinen Ländern, die normalerweise ihre Wechselkurse flexibel gestalten konnten und kräftig wachsende Handelspartner hatten, sodass die durch Kürzungen der Staatsausgaben entstandenen Lücken mit Exporteinnahmen gefüllt werden konnten. Aber Spanien ist nicht in dieser Lage: Seine wichtigsten Handelspartner stecken in einer Rezession, und das Land kann seine Währung nicht abwerten.

Die europäischen Politiker haben begriffen, dass sie die Probleme nicht ohne Wachstum lösen können. Sie haben auch erkannt, dass sie das Vertrauen wiederherstellen müssen. Die Sparpolitik wird weder Wachstum noch Vertrauen bringen. Die gescheiterte europäische Politik der vergangenen zwei Jahre beruht auf einer Fehldiagnose der Probleme sowie auf wiederholten Notlösungen und hat das Vertrauen untergraben. Da die Austeritätspolitik das Wachstum zerstört hat, hat sie auch das Vertrauen zerstört und wird es weiter tun, egal wie viele Reden über die Bedeutung von Vertrauen und Wachstum gehalten werden.

Die Sparmaßnahmen sind vollkommen wirkungslos, weil der Markt verstanden hat, dass sie zu Rezession und politischen Turbulenzen führen und infolge sinkender Steuereinnahmen die Haushaltslage kaum verbessern. Zu Recht haben die Ratingagenturen jene Länder herabgestuft, die Sparmaßnahmen ergriffen haben. Spaniens Bonität wurde heruntergesetzt, als das Land die ersten Einsparungen beschloss: Die Ratingagentur glaubte, dass Spanien seine Versprechen halten würde, und sie wusste, dass das zu geringem Wachstum und zunehmenden wirtschaftlichen Problemen führen würde.

Während mit der Sparpolitik erreicht werden sollte, die »Staatsschuldenkrise« zu lösen, griff Europa auf eine Reihe gleichermaßen unwirksamer temporärer Maßnahmen zurück, um das Bankensystem zu retten. Im vergangenen Jahr hat die Eurozone eine kostspielige, ergebnislose Operation durchgeführt, um sich gewissermaßen am eigenen Schopf aus dem Sumpf zu ziehen: Es wurde Geld in das Bankensystem gepumpt, damit die Banken Staatsanleihen kaufen und damit die Staatshaushalte stützen konnten, und den Staaten wurde mehr Geld zur Verfügung gestellt, damit sie den Banken unter die Arme greifen konnten. Aber das waren lediglich ökonomische Taschenspielertricks. Den Banken wurde ein versteckstes Geschenk von vielen Milliarden Euro gemacht, aber die Märkte durchschauten das Spiel ganz schnell. Die Maßnahmen schufen nur für kurze Zeit Abhilfe, und ihre Wirkung verpuffte noch schneller, als die Experten befürchtet hatten. Nachdem nun klar ist, dass der Rettungseinsatz ein Fehlschlag war, steht das Finanzsystem der Krisenländer auf der Kippe. Fast anderthalb Jahre nach Ausbruch der Krise scheinen die Verantwortlichen endlich zu begreifen, dass ihre Strategie durchaus riskant ist. Aber auch jetzt finden sie keine alternative Lösung, die funktionieren könnte.

Die Strategie der Eurozone dient noch einem weiteren Ziel neben der Sanierung der Staatshaushalte: Die notleidenden Volkswirtschaften sollen durch Strukturreformen wettbewerbsfähiger gemacht werden. Tatsächlich sind Strukturreformen nötig, aber sie brauchen Zeit und wirken angebotsseitig. Und gegenwärtig wird die Produktion durch die mangelnde Nachfrage eingeschränkt. Die fälschlich als angebotsseitig bezeichneten Maßnahmen – die zu einer Verringerung der Einkommen führen – können die Nachfragekrise verschärfen. Daher dürften Maßnahmen, die die Lage auf dem Arbeitsmarkt verbessern sollen, nicht zu einer höheren Beschäftigung führen, wenn es keine Nachfrage nach den von den Unternehmen produzierten Gütern gibt. Die schwächer gewordenen Gewerkschaften und die schwindende Arbeitsplatzsicherheit können zu niedrigeren Löhnen, sinkender Nachfrage und höherer Arbeitslosigkeit führen. Die neoliberale Doktrin besagt, dass man das Wachstum ankurbeln und die Effizienz erhöhen kann, indem man Arbeitskräfte aus subventionierten in produktivere Sektoren umleitet. Aber angesichts einer bereits hohen Arbeitslosigkeit wie jener in Spanien werden die Arbeitskräfte insbesondere dann, wenn der Finanzsektor schwach ist, lediglich aus subventionierten Sektoren mit geringer Produktivität in die Arbeitslosigkeit wechseln. Durch den daraus resultierenden Rückgang des Konsums kommt es zu einer weiteren Schwächung der Wirtschaft.

Europa kämpft mittlerweile seit Jahren mit der Krise, und das einzige Resultat besteht darin, dass nicht nur die Krisenländer in die Rezession geschlittert sind, sondern die gesamte Eurozone. Dabei gäbe es andere politische Maßnahmen, die funktionieren könnten – zumindest könnten sie die wirtschaftliche Depression und die zersetzende Zunahme von Armut und Ungleichheit beenden. Vielleicht könnten sie darüber hinaus sogar neues Wachstum ermöglichen.

Ein schon lange allgemein anerkanntes Prinzip lautet, dass eine ausgewogene Erhöhung der Steuern und Staatsausgaben die Wirtschaft ankurbelt, und wenn ein solches Stimulationsprogramm gut gestaltet ist (höhere steuerliche Belastung der hohen Einkommen, höhere Ausgaben für Bildung), ist ein deutlicher Anstieg des BIP und der Beschäftigung möglich.

Aber Spaniens Handlungsspielraum ist beschränkt. Europa muss so handeln, als würde der Euro überleben. Die Haushaltslage Europas ist insgesamt betrachtet nicht schlecht: Gemessen am BIP ist die Verschuldung geringer als in den Vereinigten Staaten. Trügen die Einzelstaaten der USA die alleinige Verantwortung für ihre Budgets einschließlich der Arbeitslosenunterstützung, so befände sich das Land ebenfalls in einer Haushaltskrise. Daraus können wir diese Lehre ziehen: Das Ganze ist mehr als die Summe seiner Einzelteile. Europa könnte über das hinaus, was es bereits getan hat, viele gemeinsame Maßnahmen ergreifen.

Es gibt bereits Einrichtungen wie die Europäische Investitionsbank, die bei der Finanzierung erforderlicher Investitionen in den unter Kapitalknappheit leidenden Volkswirtschaften helfen könnten. Die Investitionsbank sollte ihre Kredite ausweiten. Die Mittel, um kleine und mittlere Unternehmen zu unterstützen, sollten erhöht werden, während sich die Großunternehmen an die Banken wenden können. Eine Einschränkung der Kreditvergabe durch die Banken trifft die kleineren Unternehmen besonders schwer, doch in allen Ländern schaffen vor allem diese Unternehmen die Arbeitsplätze. Entsprechende Maßnahmen werden bereits diskutiert, aber sie dürften kaum genügen.

Benötigt wird eher eine gemeinsame Kasse: ein großer europäischer Solidaritätsfonds oder Eurobonds. Wenn die Eurozone (und insbesondere die EZB) Kredite aufnehmen und die aufgenommenen Mittel ihrerseits verleihen würde, sänken die Kosten für den europäischen Schuldendienst, was den Ländern Spielraum für derartige Ausgaben geben würde, die das Wachstum und die Beschäftigung fördern.

Aber die gemeinsamen Maßnahmen, über die gerade diskutiert wird, sind wenig mehr als eine Vereinbarung zum gemeinschaftlichen Selbstmord – eine Vereinbarung, die Ausgaben sogar in einer Rezession auf die Einnahmen zu beschränken, ohne dass sich die leistungsfähigen Länder bereit erklären, den schwächeren zu helfen. Zu den größten Erfolgen der Regierung Clinton gehörte es, dass sie einen ähnlichen Versuch der Republikaner vereitelte, einen ausgeglichenen Staatshaushalt in der Verfassung festzuschreiben. Natürlich hatte niemand vorausgesehen, wie ausgabefreudig die Regierung Bush war, wie sie verantwortungslose Deregulierung und eine unzureichende Aufsicht zuließ, was zum sprunghaften Anstieg der amerikanischen Staatsschulden führte. Aber selbst wenn wir das vorausgesehen hätten, wären wir wohl zum selben Schluss gelangt. Es ist falsch, die einem Land zur Verfügung stehenden Werkzeuge nicht einzusetzen: In einer modernen Volkswirtschaft besteht eine der vorrangigen Verpflichtungen des Staates darin, für Vollbeschäftigung zu sorgen. Und die Geldpolitik allein genügt oftmals nicht, um das zu erreichen.

In Deutschland sagen einige, Europa sei keine Transferunion. Viele Wirtschaftsabkommen begründen keine Transferunion – ein Beispiel dafür ist die Freihandelszone. Aber die Währungsunion wollte darüber hinausgehen. Europa und Deutschland werden sich der Realität stellen müssen: Wenn sie nicht bereit sind, den wirtschaftlichen Rahmen über eine Einigung auf strenge Haushaltsdisziplin hinaus zu erweitern, wird der Euro nicht funktionieren.

Vielleicht kann er sich noch eine Weile halten und in seinem Todeskampf furchtbares Unheil anrichten. Aber er wird nicht überleben.

Auch aus der Bankenkrise gibt es nur einen Ausweg: eine Bankenunion, eine europaweite Absicherung des Finanzsystems. Es überrascht nicht, dass die Banken, die implizite Subventionen von jenen Staaten erhalten, die sich in einer besseren finanziellen Lage befinden, eine solche Bankenunion ablehnen. Sie genießen einen Wettbewerbsvorteil. Und die Bankiers genießen überall einen unangemessen großen Einfluss auf die Regierungen.

Die Konsequenzen werden tiefgreifend und dauerhaft sein. Junge Menschen, die lange Zeit keine Arbeit zu angemessenen Bedingungen finden, wenden sich vom System ab. Wenn sie schließlich doch einen Arbeitsplatz finden, werden sie ein sehr viel geringeres Gehalt beziehen. Normalerweise ist die Jugend eine Zeit, in der Kenntnisse gesammelt werden. Heute ist sie eine Zeit, in der die Kenntnisse verkümmern. Die wertvollste Ressource der Gesellschaft, das Talent ihrer Menschen, wird vergeudet und teilweise sogar zerstört.

Es gibt schon genug Naturkatastrophen wie Erdbeben, Überschwemmungen, Taifune, Hurrikane oder Tsunamis – da ist es eine Schande, noch eine vom Menschen gemachte Katastrophe hinzuzufügen. Und genau das tut Europa. Die wissentliche Weigerung, aus der Vergangenheit zu lernen, ist tatsächlich kriminell. Es ist unnötig, dass vor allem die Armen und Jungen in Europa derart leiden.

Es gibt eine Alternative, wie ich bereits gezeigt habe. Aber Spanien kann nicht allein handeln. Die erforderlichen Maßnahmen müssen von allen Europäern gemeinsam ergriffen werden. Je länger Europa diese Maßnahmen hinauszögert, desto höher werden die Kosten sein.

Leider werden jene Reformen, mit denen die Währungsunion auf ein solides Fundament gestellt werden könnte, derzeit nicht diskutiert, zumindest nicht offen. Wir hören nur leere Phrasen über eine verantwortungsvolle Haushaltspolitik und die Wiederherstellung von Wachstum und Vertrauen. Im Hintergrund beginnen

Wissenschaftler und andere, über einen alternativen Plan zu sprechen: Was geschieht, wenn der Mangel an politischem Willen, der bei der Gründung der Eurozone zutage trat – der mangelnde Wille, geeignete institutionelle Strukturen für eine funktionstüchtige Gemeinschaftswährung zu errichten –, weiterhin die Entscheidungen prägt? Wie es so schön heißt: Man kann aus einem Omelett kein Ei machen. Dasselbe gilt für die mangelhaften institutionellen Regelungen, die gegenwärtig gelten. Im Lauf der Geschichte sind immer wieder schlecht gestaltete Währungssysteme zusammengebrochen. Für einen solchen Zusammenbruch ist ein hoher Preis zu zahlen. Aber auch nach Überschuldung und Abwertung geht das Leben weiter. Und dieses Leben kann sehr viel besser sein als die anhaltende Wirtschaftskrise, in der einige europäische Länder gefangen sind. Es wäre etwas anderes, wenn man Licht am Ende dieses Tunnels sehen könnte. Aber die Sparpolitik verspricht keine Besserung in absehbarer Zukunft, und die Geschichte wie auch die Erfahrung geben ebenfalls kaum Hoffnung.

Und wenn die wirtschaftliche Depression anhält, werden die Armen und die Mittelschicht diejenigen sein, die am meisten leiden.

TEIL VIII
Die Arbeitslosigkeit in den USA bekämpfen

ICH BEGANN DIESES BUCH mit einem kurzen Abschnitt darüber, wie die Große Rezession »gemacht wurde«, wobei ich mich auf die Zusammenhänge zwischen dieser Rezession und dem Ausmaß der Ungleichheit konzentrierte – dass Ungleichheit eine Folge und zugleich eine Ursache davon gewesen ist. Zum Schluss kehre ich zu diesen Themen zurück.

Ende 2009 war klar, dass wir die Banken gerettet und eine weitere Große Depression abgewendet hatten. Aber es war mir damals auch klar, dass wir nicht die Weichen für eine schnelle Erholung der Wirtschaft gestellt hatten. Wie ich in der Einleitung zum Auftakt und insbesondere in »Ein Weg aus der Finanzkrise« dargelegt habe, brauchten wir ein wirkungsvolles, vernünftig ausgestaltetes, massives und langfristig angelegtes Konjunkturprogramm. Wir brauchten ein Rettungspaket, aber eines, das die Banken dazu bewogen hätte, Kredite an die mittelständische Wirtschaft zu vergeben. Sachgerechte regulatorische Reformen wären dabei hilfreich gewesen, da sie den Spielraum der Banken für Spekulationsgeschäfte und Marktmanipulation eingeschränkt hätten. Wir benötigten eine vernünftige Wohnungspolitik, die Millionen von Amerikanern, die ihre Eigenheime zu verlieren drohten, geholfen hätte. Nichts davon haben wir getan. Während wir die Banken retteten, haben wir nicht verhindert, dass Millionen und Abermillionen von Amerikanern ihre Häuser und weitere Millionen ihre Arbeitsplätze verloren haben. Die Regierung Obama und die US-Notenbank schienen optimistischer zu sein als ich und zu glauben, schon bald die Kurve zu kriegen. Aber Mitte 2011 setzte Ernüchterung ein. Um mehr Amerikaner wieder in Arbeit zu bringen, musste ganz klar mehr getan werden. »Wie wir den Amerikanern wieder Arbeit geben können« habe ich für *Politico* geschrieben, um eine alternative Strategie zu präsentieren.

Es war 2013, und die Konjunktur blieb weiterhin schwach. Eine neue nationale Debatte entbrannte: Gab es eine neue Normalität?

Sollten wir einfach eine höhere Arbeitslosigkeit hinnehmen? Für mich war der Hauptgrund für unsere schwächelnde Konjunktur weiterhin die unzureichende Nachfrage, und ein Hauptgrund dafür wiederum war unsere Ungleichheit – die sich seit Beginn der Rezession noch verschlimmert hatte. In »Ungleichheit bremst die Erholung« erläutere ich ein weiteres Mal sehr ausführlich, warum Ungleichheit so negative Auswirkungen auf die Wirtschaft hat, was wir dagegen tun und wie wir unsere wirtschaftliche Leistungsfähigkeit steigern und die Ungleichheit verringern können.

Während die Erholung nur schleppend vorankam, wurde die ursprüngliche Diagnose der wirtschaftlichen Probleme hinterfragt: Lief mit unserer Wirtschaft vielleicht etwas Grundlegendes falsch? Zur Zeit der Krise lautete die gängige Diagnose, die Banken hätten sich durch unlautere Kreditpraktiken bereichert, sie seien bankrott, und ohne funktionstüchtiges Bankensystem könne die Wirtschaft selbst nicht richtig funktionieren. Das von den Banken bereitgestellte Geld sei das Blut des Wirtschaftskörpers. Daher habe man gar keine andere Wahl, als die Banken zu retten. Man tue dies nicht, weil man die Banken und die Banker besonders möge, sondern weil wir auf sie angewiesen seien. Die von Bush und Obama verordnete Therapie ergab sich zwangsläufig aus dieser Diagnose: Man schaffe die Banken in die Notaufnahme, verabreiche ihnen eine massive Transfusion (oder, genauer gesagt, eine *Infusion* von Geld), und innerhalb von einem oder zwei Jahren werde sich alles wieder normalisieren. Bis dahin benötige die Wirtschaft eine kurzfristige Ankurbelung – ein Konjunkturprogramm. Da das Konjunkturprogramm jedoch lediglich eine zeitlich befristete Maßnahme sei, die nur so lange notwendig sei, bis sich die Banken wieder erholt hätten, dürfe man in den Details nicht zu übertrieben gewissenhaft sein. Und so bekamen wir schließlich ein Konjunkturpaket, das zu klein, zu kurzfristig und nicht besonders gut durchdacht war.

Wie ich in meinem Buch *Im freien Fall* und weiter vorn in diesem Buch erläutere, hätte man die Banken retten können, ohne die Banker, die Aktionäre und die Anleihegläubiger der Banken zu retten. Die Ironie bestand darin, dass unsere Maßnahmen für den

Steuerzahler unnötig teuer und weniger effektiv waren, als sie hätten sein können oder sollen.

Zwei Jahre nach dem Zusammenbruch von Lehman Brothers waren die Banken weitgehend gesundet. Die Kreditvergabe an die mittelständische Wirtschaft bewegte sich zwar noch deutlich unter dem vor der Krise herrschenden Niveau, aber dies war auch darauf zurückzuführen, dass wir unsere Rettungsbemühungen auf die Großbanken konzentriert hatten und es zuließen, dass Hunderte der kleineren Lokal- und Regionalbanken geschlossen werden mussten, die in diesem Geschäft mit Mittelstandskrediten besonders aktiv sind. Trotzdem ging es der amerikanischen Wirtschaft weiterhin nicht gut, und insbesondere nicht, wenn man sich die Lage des Durchschnittsamerikaners vergegenwärtigt. Tatsächlich liegt das mittlere Einkommen heute, rund acht Jahre nach dem Platzen der Blase und dem Beginn der Großen Rezession, noch immer unter dem Niveau, das es vor 25 Jahren erreichte.

Der Beitrag »Das Buch der Jobs« wurde geschrieben, um zu erklären, was eigentlich vor sich ging. Dabei beziehe ich mich auf einen historischen Präzedenzfall, der uns interessante Aufschlüsse vermittelt. So lassen sich erstaunliche Parallelen zwischen der Großen Depression in den 1930er-Jahren und den heutigen Vorgängen erkennen. Produktivitätszuwächse in der Landwirtschaft hatten damals zu einem dramatischen Einkommensrückgang der Landwirte geführt, der sich auf 50 Prozent und mehr belief. Diese Landwirte konnten es sich nicht leisten, in den Städten hergestellte Güter zu kaufen, und so sanken die Einkommen auch dort. Landwirte mit sinkenden Einkommen saßen auf ihren Farmen fest – sie konnten nicht umziehen. Interessanterweise waren jene Stadtbewohner, die keine Arbeit finden konnten, gezwungen, zurück aufs Land zu ziehen. Und wegen der Mechanisierung in den wohlhabenderen Agrargebieten mussten sie sich in einigen der ärmeren Gebiete ansiedeln. Notwendig war ein Strukturwandel von der Landwirtschaft hin zur industriellen Produktion, aber Märkte vollbringen diesen Wandel von sich aus nicht besonders gut. All jene, deren Häuser massiv an Wert verloren hatten, konnten es sich nicht einmal leisten, in die Städte zu ziehen. Staatliche Hilfe war notwendig – und mit dem Zweiten Weltkrieg kam sie *endlich*: Wir mussten Menschen in die Städte umsiedeln, damit sie dort die Rüstungsgüter und andere Dinge herstellten, die notwendig waren, um den Krieg zu gewinnen. Und nach dem Krieg boten wir jedem, der im Krieg gekämpft hatte – und das war praktisch jeder junge Mann –, ein kostenloses College-Studium an und bereiteten ihn dadurch auf die »neue Wirtschaft« vor, die sich damals herausbildete.

In den Artikeln behaupte ich, dass der heutigen wirtschaftlichen Malaise ähnliche Ereignisse zugrunde liegen: ein Produktivitätsschub im verarbeitenden Gewerbe, der das Nachfragewachstum weit hinter sich gelassen hat, sodass die globale Beschäftigung im verarbeitenden Gewerbe rückläufig ist; Veränderungen des komparativen Vorteils und die – von uns forcierte – Globalisierung, mit der Folge, dass der Anteil der Vereinigten Staaten an dieser abnehmenden Beschäftigung weltweit sinkt. Wie die Menschen damals sind auch wir Opfer unseres eigenen Erfolgs. Und ebenfalls wie damals bringen die Märkte diesen Strukturwandel aus eigener Kraft nicht besonders gut zuwege.

Aber heute ist die Lage noch schlimmer: Die neuen Sektoren, die wachsen sollten, sind Dienstleistungssektoren, wie das Gesundheits- und Bildungswesen, in denen der Staat eine zentrale Rolle spielt. Doch statt sich stärker zu engagieren, um bei diesem Strukturwandel zu helfen, zieht sich der Staat tatsächlich zurück.

Wenn diese Analyse zutreffend ist, verheißt sie eine düstere Zukunft. Und in den Jahren, die seit der Veröffentlichung dieses Artikels vergangen sind, haben sich die Vorhersagen weitgehend bewahrheitet. Die US-Wirtschaftsleistung ist ungeachtet von Kräften, die eigentlich zu einem starken Aufschwung hätten führen müssen, nur mittelmäßig: ein Hightech-Sektor, um den uns der Rest der Welt beneidet, und ein Boom bei der Förderung von Schiefergas und -öl, der die Gaspreise auf neue Tiefstände gedrückt hat. Obwohl es gerade so aussieht, als würde die Wirtschaft endlich wieder wachsen – volle acht Jahre nach dem Beginn der Rezession im Jahr 2007 –, ist das Wachstum kaum robust genug, um ausreichend

Arbeitsplätze für all jene zu schaffen, die neu auf den Arbeitsmarkt drängen. Die Arbeitslosenquote ist niedrig, aber vor allem deshalb, weil die Erwerbsquote auf das niedrigste Niveau seit fast vierzig Jahren gesunken ist – Millionen von Amerikanern haben sich vom Erwerbsleben verabschiedet.

Doch wie ich bereits weiter vorn darlegte, ist diese lang anhaltende Stagnation (die gelegentlich auch *säkular* genannt wird), in welche die US-Wirtschaft offenbar eingetreten ist, nicht so sehr eine Folge grundlegender ökonomischer Gesetzmäßigkeiten als vielmehr eine unserer Politik: der Tatsache, dass die Regierung den Strukturwandel nicht gefördert, und dass sie nichts gegen unsere zunehmende Ungleichheit getan hat.

Die Schlusskapitel dieses Teils befassen sich etwas eingehender mit den Folgen des technologischen Wandels und mit den Rätseln, die scheinbar damit verbunden sind. Die ersten beiden wurden vor der Großen Rezession geschrieben, als es für mich jedoch bereits unverkennbar war, dass etwas mit unserer Wirtschaft im Argen lag. In »Knappheit in einer Zeit des Überflusses« frage ich, wie es in diesem Zeitalter des Überflusses mit all seinen technologischen Fortschritten, die wir unentwegt hinausposaunen, möglich ist, dass es so vielen Menschen in den USA und anderswo offenbar zunehmend schlechter geht. Ein Faktor ist dabei die zunehmende Ungleichheit: Die Früchte des Fortschritts werden so ungleich verteilt, dass die Mittelschicht in den Vereinigten Staaten sinkenden Wohlstand verzeichnet.

Auf globaler Ebene gab es zwei weitere Probleme. Einige politische Maßnahmen der US-Regierung halfen den Reichen im reichsten Land der Welt, und zwar auf *Kosten* der Ärmsten in den ärmsten Ländern: Unsere Agrarsubventionen ließen dringend benötigte Gelder, die wir viel sinnvoller hätten verwenden können – für Investitionen in Infrastruktur, Technologie oder Bildung –, wohlhabenden Farmern zukommen, was die Weltmarktpreise drückte und arme Bauern in Entwicklungsländern noch ärmer machte.

Und ein Teil unserer Leistungen für die »Konzernwohlfahrt« bereicherte unsere Kohle- und Ölkonzerne auf Kosten zukünftiger

Generationen. Wir subventionierten diese Umweltverschmutzer, die den Klimawandel verschlimmerten, und auch dies mit Geldern, die anderweitig viel sinnvoller hätten eingesetzt werden können. Noch gravierender aber war, dass sie auch die Innovation verzerrten. Unsere Innovationen waren zu sehr darauf ausgerichtet, Arbeitskräfte einzusparen – in einer Welt, in der es ein großes Überangebot an Arbeitskräften im Verhältnis zu den Stellen gab –, und zu wenig darauf, unsere Umwelt zu schützen.

Die langfristige Steigerung unseres Lebensstandards hängt vom Wachstum ab – vom richtigen Wachstum, das dazu beiträgt, den Wohlstand zu teilen und die Umwelt zu schützen. In »Zum Wachstum links abbiegen« erkläre ich, wie sich dieses Wachstum verwirklichen lässt, weshalb unbeschränkte Märkte dieses Wachstum nicht von sich aus erzeugen und was der Staat tun kann. Die Krise hat ja gerade gezeigt, dass Märkte nicht einmal effizient oder stabil sind. Selbst als die Zinsen sehr niedrig waren, trug das nicht dazu bei, gut bezahlte Arbeitsplätze zu schaffen und die Produktivität in wirtschaftlichen Schlüsselsektoren zu steigern – und das Gleiche gilt für die Innovation. Vielmehr flossen sie in den Bau minderwertiger Häuser inmitten der Wüste Nevadas und in Spekulationsgeschäfte. Die Innovation war darauf ausgerichtet, neue Finanzprodukte zu schaffen, die Risiken erhöhten, statt sie besser abzusichern. Der Artikel skizziert die Grundzüge einer umfassenden Wachstumsagenda, die weitaus vielversprechender ist als die Instabilität und Stagnation der letzten Jahrzehnte.

In »Das Rätsel der Innovation« frage ich: Wie kommt es, dass wir behaupten, eine Innovationsökonomie zu sein, obwohl sich diese Innovation nicht in den makroökonomischen Daten wie dem BIP pro Kopf niederschlägt? Meines Erachtens hängt das auch damit zusammen, dass unsere BIP-Statistiken wichtige Aspekte des Wirtschaftsgeschehens nicht erfassen (das zentrale Thema der von mir geleiteten Internationalen Kommission zur Messung der Wirtschaftsleistung und des sozialen Fortschritts).[81] Aber es ist teilweise auch darauf zurückzuführen, dass ein gewisser Hype um Innovationen gemacht wurde. Es ist wichtig, Werbung zielgenauer und effizienter zu gestalten, wie es Google und Facebook tun. Aber sind diese Innovationen überhaupt mit der Entdeckung der Elektrizität und der Entwicklung des Computers, des Lasers oder des Transistors zu vergleichen?

Die Kehrseite der Innovation ist jedoch durchaus real: Wenn die Produktivität schneller wächst als die Nachfrage, kommt es zum Abbau von Arbeitsplätzen und zu Einkommensverlusten. Genau das geschah in der Großen Depression. Früher einmal waren 70 Prozent aller Erwerbstätigen nötig, um für die Nahrungsmittel zu sorgen, die wir zum Überleben brauchen. Heute können 3 Prozent mehr produzieren, als selbst eine fettleibige Gesellschaft konsumieren kann. Wer seinen Arbeitsplatz verliert, findet nicht automatisch woanders einen Job. Technik-Optimisten führen gern das Auto als Beispiel an: Wer zuvor die Peitschen für Pferdekutschen herstellte, wurde arbeitslos, aber dieser Verlust wurde mehr als wettgemacht durch die vielen Arbeitsplätze, die Autohersteller und Reparaturwerkstätten schufen. Das ist allerdings nicht zwangsläufig so. Und die neuen Arbeitsplätze werden auch nicht geschaffen, wenn die Gesamtnachfrage schwach ist, wie es gegenwärtig der Fall ist.

Wie wir den Amerikanern wieder Arbeit geben können

DAS LAND KONZENTRIERT SICH DARAUF, Arbeitsplätze zu schaffen – zumindest sollte es das tun. Rund 25 Millionen Amerikaner, die eine Vollzeitbeschäftigung anstreben, können keine finden. Die Jugendarbeitslosigkeit ist doppelt so hoch wie der ohnehin unerträglich hohe nationale Durchschnitt.

Die Vereinigten Staaten betrachten sich seit jeher als Land, das den Menschen Chancen eröffnet. Aber welche Chancen haben junge Menschen, die so schlechte Zukunftsaussichten haben? Früher fanden Amerikaner, die ihre Arbeit verloren, rasch einen neuen Arbeitsplatz, aber ein wachsender Teil der Beschäftigungslosen – mittlerweile sind es mehr als 40 Prozent – sucht mehr als sechs Monate lang vergeblich nach Arbeit.

Präsident Barack Obama wird am Donnerstag in einer Rede erklären, was seiner Meinung nach getan werden kann, um das Problem zu lösen. Andere sollten dasselbe tun.

Im ganzen Land wächst der Pessimismus. Es ist richtig, den Menschen Mut zu machen. Aber gibt es angesichts der gewaltigen Schulden und des Haushaltsdefizits wirklich etwas, das man tun kann? Die Antwort der Volkswirtschaftslehre ist: Ja, wir können sehr viel tun, um Arbeitsplätze zu schaffen und das Wachstum anzuregen.

Es gibt politische Maßnahmen, mit denen wir das erreichen und obendrein mittel- und langfristig den Schuldenstand im Verhältnis

Politico, 7. September 2011.

zum Bruttoinlandsprodukt senken können. Es gibt sogar Maßnahmen, mit denen wir das Defizit kurzfristig verringern könnten, obwohl sie weniger gut geeignet sind, um Arbeit zu schaffen.

Es ist eine andere Frage, ob es trotz der parteipolitischen Auseinandersetzungen möglich sein wird, das zu tun, was getan werden kann – und getan werden sollte.

Der Pessimismus ist verständlich. Die Geldpolitik, eines der wichtigsten makroökonomischen Instrumente, hat sich als wirkungslos erwiesen – und das wird sich wohl auch nicht ändern. Wir machen uns etwas vor, wenn wir glauben, sie könnte uns aus den Schwierigkeiten herausholen, zu denen sie beigetragen hat. Das müssen wir uns eingestehen.

Gleichzeitig schließen die hohen Defizite und die Schuldenlast aus, dass die Fiskalpolitik sinnvoll eingesetzt werden kann. Zumindest wird das behauptet. Und es gibt keinen Konsens über eine geeignete Fiskalpolitik.

Sind wir also wie Japan zu einer langjährigen Stagnation verurteilt? Müssen wir warten, bis der übermäßige Verschuldungsgrad sinkt und wir die reale Kapazität erreichen? Für mich ist die Antwort ein klares »Nein«. Genauer gesagt: Diese Entwicklung ist nicht unvermeidlich.

Zunächst müssen wir mit zwei Mythen aufräumen. Der eine besagt, dass die Verringerung des Defizits zu einer wirtschaftlichen Erholung führt. Aber man schafft keine Arbeitsplätze und regt kein Wachstum an, indem man Beschäftigte entlässt und die Ausgaben kürzt. Unternehmen mit Zugang zu Kapital investieren nicht und stellen keine Arbeitskräfte ein, weil die Nachfrage nach ihren Produkten zu gering ist. Die Schwächung der Nachfrage – und das ist eigentlich mit Austerität gemeint – verringert nur die Anreize zu Investitionen und zur Aufstockung der Belegschaft.

Wie Paul Krugman erklärt hat, gibt es keine »Zuversichtsfee«, welche die Investoren mit ihrem Zauberstab dazu bewegt, wieder aktiv zu werden, sobald sie sehen, dass das Defizit schrumpft. Dieses Experiment wurde wieder und wieder gemacht. Mit seiner Sparpolitik machte Präsident Herbert Hoover aus einem Börsenkrach die Große Depression. Ich habe selbst gesehen, wie das Spardiktat des Internationalen Währungsfonds den Wirtschaftsabschwung der ostasiatischen Länder in eine Rezession und die Rezession in eine Depression verwandelte.

Angesichts der klaren Beweislage verstehe ich nicht, warum sich noch irgendein Land auf dieses Experiment einlässt. Selbst der IWF hat mittlerweile begriffen, dass es unterstützender Haushaltsmaßnahmen bedarf.

Dem zweiten Mythos nach habe es nicht funktioniert, die Konjunktur anzukurbeln. Der Beleg für diese These ist einfach: Die Arbeitslosigkeit erreichte einen Höchstwert von 10 Prozent und steht immer noch bei über 9 Prozent. (Genauere Messungen ergeben einen sehr viel höheren Wert.) Die Regierung hatte jedoch angekündigt, dass sie mit dem Stimulusprogramm einen Wert von 8 Prozent erreichen würde.

Die Regierung hat einen großen Fehler begangen, den ich in meinem Buch *Im freien Fall* beschrieben habe: Sie hat das Ausmaß der Krise, die sie geerbt hat, erheblich unterschätzt.

Aber ohne das Konjunkturprogramm wäre die Arbeitslosigkeit auf über 12 Prozent gestiegen. Zweifellos hätte das Programm besser gestaltet werden können. Aber es sorgte dafür, dass die Arbeitslosigkeit sehr viel geringer ausfiel, als es ohne diese Maßnahmen der Fall gewesen wäre. Das Programm zur Ankurbelung der Wirtschaft funktionierte. Es war nur zu klein und dauerte nicht lang genug: Die Regierung unterschätzte die Dauer und die Tiefe der Krise.

Wenn wir uns mit dem Defizit beschäftigen, müssen wir zehn Jahre zurückgehen: Damals erzielte der amerikanische Staat einen so großen Haushaltsüberschuss (2 Prozent des BIP), dass sich der Präsident der US-Notenbank Sorgen machte, die Vereinigten Staaten würden bald ihre gesamten Schulden zurückgezahlt haben, was die Geldpolitik erschweren würde. Eine Analyse des Wegs, der uns von der damaligen zur gegenwärtigen Situation geführt hat, zeigt uns, wie wir das Problem des Defizits lösen können.

Vier wichtige Veränderungen trugen dazu bei, dass des Defizit anstieg: Erstens setzte die Regierung Steuersenkungen durch, die sich das Land nicht leisten konnte. Zweitens führten die USA zwei kostspielige Kriege und erhöhten ihre Verteidigungsausgaben deutlich – beides zusammen steigerte unsere Schulden um etwa 2,5 Billionen Dollar. Dann war da Medicare Part D samt der Bestimmung, die der öffentlichen Hand, dem größten Abnehmer von Medikamenten, untersagte, mit den Pharmaunternehmen Rabatte auszuhandeln – die Kosten belaufen sich auf mehrere Hundert Milliarden Dollar in einem Zeitraum von zehn Jahren. Und viertens begann die Rezession.

Würden diese vier Entwicklungen rückgängig gemacht, so würde das Land rasch wieder auf den Pfad der verantwortungsvollen Haushaltspolitik zurückkehren. Aber das Wichtigste ist, den Amerikanern wieder Arbeit zu geben, denn höhere Einkommen bedeuten höhere Steuereinnahmen.

Doch wie können wir in dieser Situation Arbeitsplätze schaffen? Die beste Lösung besteht darin, die Chance der extrem niedrigen langfristigen Zinsen zu nutzen, um jene langfristigen Investitionen in Infrastruktur, Technologie und Bildung vorzunehmen, die das Land so dringend braucht.

Wir sollten uns auf öffentliche Investitionen konzentrieren, die hohe Erträge bringen und zugleich arbeitsintensiv sind. Solche Investitionen ergänzen auch die des Privatsektors – sie erhöhen die privaten Erträge und regen damit gleichzeitig auch den Privatsektor an. Indem man den Bundesstaaten bei der Finanzierung des Bildungswesens unter die Arme griffe, würde man auch schnell Tausende Arbeitsplätze retten. In einem reichen Land, das sich der Bedeutung der Bildung bewusst ist, hat es keinen Sinn, Lehrer auf die Straße zu setzen – vor allem nicht angesichts eines erbitterten globalen Wettbewerbs. Länder mit besser ausgebildeten Arbeitskräften werden wirtschaftlich erfolgreicher sein. Dazu kommt, dass eine solide allgemeine und berufliche Bildung unverzichtbare Voraussetzungen dafür sind, unsere Volkswirtschaft für das 21. Jahrhundert fit zu machen.

Die seit langem viel zu geringen Investitionen in den öffentlichen Sektor haben den Vorteil, dass sich dort zahlreiche Möglichkeiten für sehr ertragreiche Investitionen bieten. Die kurzfristig erhöhte Produktion und das langfristig steigende Wachstum können Steuereinnahmen bringen, die mehr als genügen, um die geringen Zinsen auf die Schulden zu bezahlen. Folglich werden unsere Schulden sinken, unser BIP wird steigen, und die Schuldenquote wird besser werden.

Kein Analyst würde nur die Schulden eines Unternehmens betrachten, sondern sich immer beide Seiten der Bilanz ansehen, die Aktiva ebenso wie die Passiva. Dasselbe sollten wir beim amerikanischen Staatshaushalt tun, um den »Defizit-Fetischismus« zu überwinden.

Wenn uns das nicht gelingt, können wir noch eine weitere Methode zur Schaffung von Arbeitsplätzen heranziehen, die zwar nicht ganz so wirksam ist, aber durchaus zu guten Ergebnissen führt. Die Ökonomen wissen schon lange, dass man das Bruttoinlandsprodukt erhöhen kann, indem man Staatsausgaben und Steuereinnahmen im Gleichschritt erhöht. Der Betrag, um den das BIP pro Dollar an Mehreinnahmen und -ausgaben steigt, wird als »Multiplikatorwirkung eines ausgeglichenen öffentlichen Haushalts« bezeichnet.

Mit entsprechenden Steuererhöhungen – es sollten Amerikaner mit hohem Einkommen oder Konzerne, die nicht in die USA investieren, zur Kasse gebeten werden, und es sollten Steuerschlupflöcher geschlossen werden – und Ausgabenprogrammen, die sich auf Investitionen konzentrieren, kann ein Multiplikator zwischen 2 und 3 erreicht werden.

Das bedeutet, dass das reichste Prozent der Bevölkerung, das mittlerweile rund 25 Prozent des Nationaleinkommens erzielt, aufgefordert werden sollte, ein wenig mehr Steuern – oder zumindest einen fairen Anteil – zu zahlen. Wenn man diese Einnahmen investierte, könnte man Produktion und Beschäftigung sehr positiv beeinflussen. Und da die Wirtschaft künftig stärker wachsen würde, würde auch in diesem Fall die Schuldenquote sinken.

Einige Steuern könnten die wirtschaftliche Effizienz und die Lebensqualität tatsächlich erhöhen und einen noch größeren Effekt auf die nationale Produktion haben, sofern wir diese richtig messen. Ich war Vorsitzender einer Internationalen Kommission zur Messung von Wirtschaftsleistung und sozialem Fortschritt, die erhebliche Mängel an unserem gegenwärtigen Messungssystem feststellte.

In der Wirtschaftswissenschaft gibt es ein grundlegendes Prinzip: Man sollte eher die schlechten, negativ wirkenden Dinge besteuern, nicht die positiven. Wir sollten also Umweltverschmutzung oder destabilisierende Finanztransaktionen besteuern. Es gibt noch weitere Möglichkeiten, um Einnahmen zu erzielen, wie etwa die natürlichen Ressourcen unseres Landes zu den besten Preisen zu verkaufen.

Werden solche Maßnahmen zur Erhöhung der Einnahmen aus irgendeinem Grund abgelehnt – obwohl es unter wirtschaftlichen Gesichtspunkten keinen guten Grund dafür gibt –, so gibt es immer noch Bewegungsspielraum. Die Regierung kann die Gestaltung von Steuern und Ausgabenprogrammen ändern – sogar innerhalb des gegenwärtigen Budgetplans.

Beispielsweise wird der Konsum dadurch ansteigen, dass die Spitzensteuersätze erhöht und die Steuern auf geringe Einkommen verringert werden. Höhere Steuern für nicht in die USA investierende Unternehmen und eine steuerliche Entlastung jener Unternehmen, die das sehr wohl tun, werden zu mehr Investitionen führen. Beispielsweise ist der Multiplikator – der Betrag, um den das Bruttoinlandsprodukt pro ausgegebenem Dollar steigt – bei Ausgaben für Kriege im Ausland sehr viel geringer als bei Ausgaben für Bildung. Das Wirtschaftswachstum kann also angeregt werden, indem man Ausgaben in diesen Bereich verschiebt.

Auch über den Staatshaushalt hinaus könnte einiges getan werden. Der Staat sollte Einfluss auf die Banken nehmen (vor allem hinsichtlich der enormen Summen, die sie der Öffentlichkeit für ihre Rettung schulden). Mit Zuckerbrot und Peitsche kann die Kreditvergabe an kleine und mittlere Unternehmen und die Umschuldung von mehr Hypotheken angeregt werden. Es ist unverzeihlich, dass so wenig für die Eigenheimbesitzer getan wurde, und solange

Häuser zwangsversteigert werden, wird sich der Immobilienmarkt nicht erholen.

Die wettbewerbsschädigenden Kreditkartenpraktiken der Banken belasten im Grunde jede Transaktion mit einer Steuer – nur fließen die Steuereinnahmen dabei in die Kassen der Banken, anstatt einem öffentlichen Zweck wie dem Abbau der Staatsschulden zugutezukommen. Eine strengere Anwendung der Antitrust-Gesetze gegen die Banken wäre ebenfalls segensreich für viele kleine Unternehmen.

Es mangelt uns also nicht an Munition. Unsere Notlage ist keine Frage der Ökonomie. Theorie und Erfahrung zeigen, dass unser Arsenal immer noch gut gefüllt ist. Selbstverständlich schränken das Haushaltsdefizit und die Staatsverschuldung unseren Bewegungsspielraum ein. Aber selbst innerhalb dieser Grenzen können wir Arbeitsplätze schaffen und das Wachstum der Volkswirtschaft ankurbeln – und gleichzeitig die Schuldenquote verringern.

Es hängt von der Politik ab, ob wir die Maßnahmen ergreifen werden, die erforderlich sind, um die Erholung unserer Volkswirtschaft einzuleiten und neuen Wohlstand zu schaffen.

Ungleichheit bremst die Erholung

DIE WIEDERWAHL VON PRÄSIDENT OBAMA war wie ein Rorschachtest – man konnte sie ganz unterschiedlich deuten. Bei dieser Wahl debattierte jede Seite über Fragen, die mich zutiefst beunruhigen: die lange Malaise, in der die Wirtschaft festzustecken schien, und die sich immer weiter öffnende Schere zwischen dem 1 Prozent und dem Rest – nicht nur eine Ungleichheit der Ergebnisse, sondern auch der Chancen. Für mich sind diese Probleme zwei Seiten derselben Medaille: Da die Ungleichheit ihren höchsten Stand seit der Zeit vor der Großen Depression erreicht hat, ist eine robuste Erholung auf kurze Sicht unwahrscheinlich, und der amerikanische Traum – ein gutes Leben als Lohn für harte Arbeit – stirbt langsam.

Politiker reden normalerweise über die wachsende Ungleichheit und die schleppende Erholung so, als wären es zwei getrennte Phänomene, während sie tatsächlich eng miteinander verflochten sind. Die Ungleichheit erstickt, hemmt und bremst unser Wachstum. Wenn sogar das wirtschaftsfreundliche Magazin *The Economist* behauptet – wie es dies in einer Sondernummer im Oktober getan hat –, das Ausmaß und die Art der Ungleichheit innerhalb der USA seien eine ernste Bedrohung für das Land, dann sollten wir wissen, dass etwas fürchterlich falsch gelaufen ist. Und doch haben wir nach vierzig Jahren wachsender Ungleichheit und dem stärksten Wirtschaftsabschwung seit der Großen Depression noch immer nichts dagegen unternommen.

Es gibt vier wesentliche Gründe dafür, dass die Ungleichheit unsere Erholung blockiert. Der unmittelbarste Grund besteht

New York Times, 19. Januar 2013.

darin, dass unsere Mittelschicht zu schwach ist, um die Konsumausgaben aufrechtzuerhalten, die einst unser Wirtschaftswachstum getrieben haben. Während 93 Prozent der Einkommenszuwächse im Jahr 2010 dem obersten 1 Prozent der Einkommensbezieher zuflossen, haben die Mittelschicht-Haushalte – die am ehesten ihr Einkommen nicht sparen, sondern ausgeben, und die, in gewisser Hinsicht, die eigentlichen »Beschäftigungsmotoren« der Wirtschaft sind – heute (inflationsbereinigt) ein niedrigeres Haushaltseinkommen als 1996. Das Wachstum in dem Jahrzehnt vor der Krise war nicht nachhaltig – es basierte darauf, dass die unteren 80 Prozent etwa 110 Prozent ihres Einkommens für Konsumzwecke ausgaben.

Zweitens bedeutet die seit den 1970er-Jahren sich verringernde Mittelschicht – ein Phänomen, das in den 1990er-Jahren nur kurz unterbrochen wurde –, dass ihre Mitglieder nicht in ihre Zukunft investieren können, indem sie sich selbst und ihren Kindern eine gute Ausbildung verschaffen und Firmen gründen oder expandieren.

Drittens dämpft die Schwäche der Mittelschicht die Steuereinnahmen, vor allem weil die Spitzenverdiener so geschickt darin sind, Steuern zu vermeiden und Washington dazu zu bringen, ihnen Steuererleichterungen zu gewähren. Die jüngste bescheidene Vereinbarung, den Einkommensteuergrenzsatz für Privatpersonen, die mehr als 400 000 Dollar verdienen, und Haushalte, die mehr als 450 000 Dollar verdienen, wieder auf das Niveau anzuheben, auf dem er unter Clinton war, ändert nichts daran. Die Erträge, die an der Wall Street mit Finanzspekulationen erwirtschaftet werden, werden weitaus geringer besteuert als andere Einkommensformen. Niedrige Steuereinnahmen bedeuten, dass der Staat nicht die unerlässlichen Investitionen in Infrastruktur, Bildung, Forschung und Gesundheit tätigen kann, die ausschlaggebend für die Wiederherstellung der langfristigen Wirtschaftskraft sind.

Viertens geht Ungleichheit mit häufigeren und stärkeren konjunkturellen Schwankungen einher, die unsere Wirtschaft volatiler und krisenanfälliger machen. Auch wenn die Ungleichheit die Krise nicht direkt verursacht hat, ist es nicht verwunderlich, dass die 1920er-Jahre – das letzte Mal, dass die Einkommens- und Vermögensungleichheit in den Vereinigten Staaten so hoch war – mit dem Großen Crash und der Depression endeten. Der Internationale Währungsfonds hat auf den systematischen Zusammenhang zwischen ökonomischer Instabilität und ökonomischer Ungleichheit hingewiesen, aber die amerikanische Regierung hat nichts daraus gelernt.

Unsere schnell wachsende Ungleichheit – die unserem meritokratischen Ideal von Amerika als einem Land, in dem man es mit harter Arbeit und Talent »schaffen kann«, Hohn spricht – bedeutet, dass jene, die Eltern mit begrenzten finanziellen Mitteln haben, wahrscheinlich ihr Potenzial nicht ausschöpfen werden. Kinder in anderen reichen Ländern wie Kanada, Frankreich, Deutschland und Schweden haben eine größere Chance, dass es ihnen einmal besser gehen wird als ihren Eltern, als amerikanische Kinder. Über ein Fünftel unserer Kinder leben in Armut – die zweithöchste Quote aller Industrieländer, womit wir noch schlechter dastehen als Länder wie Bulgarien, Lettland und Griechenland.

Unsere Gesellschaft verschwendet unser wertvollstes Gut: unsere jungen Menschen. Der Traum von einem besseren Leben, der Einwanderer in unser Land lockte, wird durch ein ständig größer werdendes Einkommens- und Vermögensgefälle zerstört. Tocqueville, der in den 1830er-Jahren den egalitären Impuls als den Kern der amerikanischen Wesensart beschrieb, würde sich im Grab umdrehen.

Selbst wenn wir den ökonomischen Imperativ, eine Lösung für unser Ungleichheitsproblem zu finden, ignorieren könnten, sollte der Schaden, den dieses Problem unserem sozialen Zusammenhalt und unserem politischen Leben zufügt, Grund zur Sorge für uns sein. Ökonomische Ungleichheit führt zu politischer Ungleichheit und einem gestörten politischen Entscheidungsprozess.

Ungeachtet des ausdrücklichen Bekenntnisses von Präsident Obama, allen Amerikanern zu helfen, haben die Rezession und die Nachwirkungen der Art und Weise, wie mit ihr umgegangen wurde, die Situation noch sehr viel schlimmer gemacht. Während die Gelder aus dem Rettungspaket im Jahr 2009 in die Banken gepumpt wurden, schnellte die Arbeitslosigkeit im Oktober desselben Jahres auf 10 Prozent. Die gegenwärtige Quote (7,8 Prozent) erscheint unter anderem deshalb besser, weil sich viele Personen aus dem Erwerbsleben verabschiedeten – also sich nicht mehr aktiv um Arbeit bemühten –, nie in dieses eintraten oder Teilzeitstellen annahmen, weil sie keine Vollzeitstelle fanden.

Hohe Arbeitslosigkeit drückt selbstverständlich die Löhne. Die Reallöhne haben stagniert oder sind sogar gesunken; das Durchschnittseinkommen eines männlichen Arbeiters war im Jahr 2011 niedriger (32 986 Dollar) als im Jahr 1968 (33 880 Dollar). Niedrigere Steuereinnahmen wiederum haben auf staatlicher und kommunaler Ebene Kürzungen der öffentlichen Dienstleistungen erzwungen, die für die unteren und mittleren Einkommensbezieher von zentraler Bedeutung sind.

Der wichtigste Vermögenswert der meisten Amerikaner ist ihr Haus, und da die Immobilienpreise in den Keller gefallen sind, ist auch das Vermögen der Privathaushalte stark geschrumpft – vor allem, weil so viele Eigenheimbesitzer sehr hohe Kredite auf ihre Häuser aufgenommen haben. Sehr viele Amerikaner haben heute ein negatives Nettovermögen, und das mittlere Vermögen der Haushalte fiel um fast 40 Prozent, von 126 400 Dollar im Jahr 2007 auf 77 300 Dollar im Jahr 2010, und es ist seither nur geringfügig angestiegen. Seit der Großen Rezession ist der Zuwachs des Volksvermögens ganz überwiegend den Reichsten zugeflossen.

Während die Einkommen also stagnierten oder gar sanken, sind die Studiengebühren sprunghaft angestiegen. In den Vereinigten Staaten ist heute die Aufnahme eines Darlehens die wichtigste Methode, eine Studium zu finanzieren – das wiederum der einzige sichere Weg zum sozialen Aufstieg ist. Im Jahr 2010 waren die Studiendarlehensschulden, die heute 1 Billion Dollar betragen, erstmals höher als die Kreditkartenschulden.

Die Schulden aus Studiendarlehen werden praktisch nie erlassen, nicht einmal im Fall einer Privatinsolvenz. Und einem Elternteil, das den Darlehensvertrag mit unterzeichnet, werden im Todesfall des Kindes die Schulden ebenfalls nicht unbedingt erlassen. Der Schuldner wird selbst dann nicht von seiner Rückzahlungspflicht entbunden, wenn die Lehrqualität an der gewinnorientierten Privathochschule – im Besitz ausbeuterischer Investoren – ungenügend ist und die Hochschule mit irreführenden Versprechungen Studenten köderte, sodass sie anschließend keine angemessene Stelle finden.

Statt Gelder in die Banken fließen zu lassen, hätten wir versuchen können, die Wirtschaft von Grund auf wiederaufzubauen. Wir hätten überschuldeten Eigenheimbesitzern – deren Hypothekenschulden größer sind als der Marktwert ihres Hauses – einen Neuanfang ermöglichen sollen, indem wir die Darlehenssumme teilweise abschreiben und den Banken dafür einen Anteil an den Gewinnen geben, wenn und soweit sich die Häuserpreise erholen.

Wir hätten erkennen können, dass die Fähigkeiten arbeitsloser junger Menschen verkümmern. Wir hätten dafür sorgen können, dass jeder junge Mensch entweder eine Schule oder ein Ausbildungsprogramm besucht oder aber eine Stelle hat. Stattdessen ließen wir die Jugendarbeitslosigkeit auf das Doppelte des nationalen Durchschnitts ansteigen. Die Kinder der Reichen können das College oder die Universität besuchen, ohne gewaltige Schulden anzuhäufen, und sie können sich auch unbezahlte Praktika leisten, um ihre Lebensläufe aufzuwerten. Nicht so Kinder von Eltern aus mittleren und unteren Einkommensgruppen. Wir bereiten den Boden für eine weiterhin steigende Ungleichheit in den kommenden Jahren.

Die Regierung Obama trägt selbstverständlich nicht die alleinige Schuld. Die drastischen Steuerkürzungen von Präsident George W. Bush in den Jahren 2001 und 2003 und seine mehrere Billionen Dollar teuren Kriege im Irak und in Afghanistan leerten das Sparschwein, während sich die soziale Spaltung weiter verschärfte. Das überraschende Bekenntnis seiner Partei zur Haushaltsdisziplin – auf niedrige Steuern für die Reichen zu bestehen und gleichzeitig Leistungen für die Armen drastisch zu streichen – ist der Gipfel der Heuchelei.

Es gibt alle möglichen fadenscheinigen Rechtfertigungen der Ungleichheit. Einige sagen, wir hätten keinen Einfluss darauf, und sie verweisen auf Marktkräfte wie Globalisierung, Handelsliberalisierung, die technologische Revolution, den »Aufstieg der anderen«. Andere behaupten, wenn wir etwas dagegen unternähmen, würde uns dies alle schlechterstellen, da es unsere ohnehin schon stotternde Wirtschaftslokomotive vollends abwürgen würde. Dies sind nichts als eigennützige, ignorante Unwahrheiten.

Marktkräfte existieren nicht in einem Vakuum – wir gestalten sie. Andere Länder, wie das schnell wachsende Brasilien, haben sie so gestaltet, dass sich die Ungleichheit verringert und gleichzeitig neue Chancen und ein höheres Wachstum ergeben. Viel ärmere Länder als unseres haben beschlossen, dass alle jungen Menschen Zugang zu Lebensmitteln, Bildung und Gesundheitsversorgung haben sollten, damit sie ihre Ambitionen verwirklichen können.

Unser Rechtsrahmen und die Art und Weise, wie wir ihn durchsetzen, haben dem Finanzsektor einen größeren Spielraum für unlauteres Geschäftsgebaren und für die obszöne Vergütung von Topmanagern gegeben, und sie haben die Fähigkeit von Monopolen, ihre Machtkonzentration unfair auszunutzen, erweitert.

Ja, der Markt bewertet gewisse Kompetenzen höher als andere, und wer diese Kompetenzen besitzt, verdient gut. Ja, die Globalisierung und technologische Fortschritte haben dazu geführt, dass ehemals solide Arbeitsplätze in der Industrie verloren gingen – wahrscheinlich für immer. Die globale Beschäftigung im Produktionssektor schrumpft, schlichtweg wegen enormer Produktivitätszuwächse, und von dieser sinkenden Zahl neuer Arbeitsplätze werden die USA einen stetig kleiner werdenden Anteil erhalten. Wenn es uns gelingt, diese Arbeitsplätze zu »erhalten«, dann wohl nur dadurch, dass wir höher bezahlte Stellen in geringer bezahlte Arbeitsplätze umwandeln – wohl kaum eine langfristig tragfähige Strategie.

Die Globalisierung und ihre unausgewogene Gestaltung haben die Verhandlungsmacht der Arbeitnehmer geschwächt: Unternehmen können mit Abwanderung drohen, insbesondere wenn

Steuergesetze derartige Auslandsinvestitionen massiv begünstigen. Dies wiederum hat die Gewerkschaften geschwächt, und auch wenn Gewerkschaften gelegentlich starr an Besitzständen festhalten, haben die Länder, die die Weltfinanzkrise am erfolgreichsten meisterten, etwa Deutschland und Schweden, starke Gewerkschaften und starke soziale Sicherungssysteme.

Zu Beginn der zweiten Amtszeit von Präsident Obama müssen wir alle der Tatsache ins Auge sehen, dass sich unser Land ohne politische Maßnahmen, die der Ungleichheit direkt entgegenwirken, nicht schnell und robust erholen kann. Wir benötigen eine umfassende Reaktion, die zumindest erhebliche Bildungsinvestitionen, ein progressiveres Steuersystem und eine Steuer auf Finanzspekulationsgeschäfte beinhalten sollte.

Zum Glück wurde unser Denken neu ausgerichtet: Früher haben wir gefragt, wie viel Wachstum wir für etwas mehr Gleichheit und Chancengerechtigkeit opfern würden. Heute erkennen wir, dass wir einen hohen Preis für unsere Ungleichheit bezahlen und dass die Verringerung dieser Ungleichverteilung und die Förderung von Wachstum eng verflochtene, einander ergänzende Ziele sind. Es liegt an uns allen – einschließlich unserer Regierung –, den Mut und die Weitsicht aufzubringen, um endlich etwas gegen dieses drängende Übel zu unternehmen.

Das Buch der Jobs

MITTLERWEILE IST ES FAST FÜNF JAHRE HER, dass die Immobilienblase platzte, und auch der Beginn der Rezession liegt schon vier Jahre zurück. In den Vereinigten Staaten gibt es 6,6 Millionen Arbeitsplätze weniger als vor vier Jahren. 23 Millionen Amerikaner wollen einer Vollzeitbeschäftigung nachgehen und finden keinen Arbeitsplatz. Fast die Hälfte der Beschäftigungslosen sind Langzeitarbeitslose. Löhne und Gehälter sinken – das Realeinkommen des typischen amerikanischen Haushalts liegt mittlerweile unter dem Niveau von 1997.

Es war uns schon im Jahr 2008 klar, dass dies eine schwere Krise werden würde. Und wir glaubten zu wissen, wer die Bösen waren: die Großbanken, die durch zynische Kreditvergabe und rücksichtslose Spekulation die Vereinigten Staaten an den Rand des Ruins gebracht hatten. Die Regierungen Bush und Obama rechtfertigten die Bankenrettung damit, dass sich die Wirtschaft nur erholen könne, wenn man die Geldinstitute unbegrenzt – und ohne Bedingungen – mit Kapital versorge. Wir retteten die Banken nicht aus Sympathie, sondern weil die Wirtschaft ohne die von ihnen bereitgestellten Kredite nicht funktionieren konnte – das zumindest sagte man uns. Vor allem im Finanzsektor gab es viele Leute, die behaupteten, eine entschlossene und großzügige Rettungsaktion nicht nur für die Banken, sondern auch für die Bankiers, ihre Aktionäre und ihre Gläubiger werde die Wirtschaft wieder dorthin bringen, wo sie vor der Krise gewesen sei. In der Zwischenzeit werde ein beschränktes, kurzfristiges Konjunkturprogramm genügen, um die

Vanity Fair, Januar 2012.

Wirtschaft so lange über Wasser zu halten, bis sich die Banken erholt hätten.

Die Banken bekamen ihr Rettungspaket. Ein Teil des Geldes floss in Bonuszahlungen für die Manager. Nur sehr wenig floss in Kredite. Und die Wirtschaft hat sich nicht wirklich erholt: Die Produktion ist kaum höher als vor der Krise, und die Lage auf dem Arbeitsmarkt ist trostlos. Die Diagnose der Krankheit und folglich auch die Therapie waren falsch. Erstens hätte man nicht glauben sollen, dass die Banken ihr Verhalten ändern und wieder Kredite vergeben würden, wenn man sie nur nett behandelte. Stattdessen sagten sie uns: »Verlangt nicht von den Banken, die Hypotheken umzuschulden oder sich bei den Zwangsversteigerungen von Eigenheimen anständiger zu verhalten. Zwingt sie nicht, das Geld an die Wirtschaft zu verleihen. Solche Bedingungen würden die empfindlichen Märkte beunruhigen.« Am Ende brachten die Bankmanager ihre Schäflein ins Trockene und machten weiter wie gehabt.

Selbst wenn wir das Bankensystem vollkommen in Ordnung bringen, werden wir weiterhin bis zum Hals in Schwierigkeiten stecken – denn wir waren schon vorher in Schwierigkeiten. In der scheinbar goldenen Ära, die bis 2007 dauerte, war keineswegs alles in bester Ordnung. Es gab durchaus einiges, auf das die Vereinigten Staaten stolz sein konnten. Die Unternehmen der Informationstechnologie führten eine Revolution an. Aber die Einkommen der meisten amerikanischen Arbeitskräfte hatten sich nach der vorhergehenden Rezession immer noch nicht erholt. Der Lebensstandard der Amerikaner konnte nur mit steigenden Schulden finanziert werden – der Schuldenberg war so hoch, dass die Sparquote beinahe auf null gesunken war. Und mit »null« ist nicht die ganze Wahrheit gesagt. Denn die Reichen können immer einen beträchtlichen Anteil ihres Einkommens zurücklegen, weshalb eine durchschnittliche Sparquote von null bedeutet, dass sehr viele Amerikaner auf Pump lebten. (Die Wahrheit ist: Wie mein Kollege Bruce Greenwald von der Columbia University herausgefunden hat, gaben die unteren 80 Prozent der amerikanischen Bevölkerung in den Jahren vor der Rezession etwa 110 Prozent ihres Einkommens aus.) Ermöglicht wurde diese Verschuldung durch die Immobilienpreisblase, die Fed-Chef Alan Greenspan und sein Nachfolger Ben Bernanke mit niedrigen Zinsen und einer nicht vorhandenen Bankenaufsicht ermöglichten – sie benutzten nicht einmal die für sie verfügbaren regulatorischen Werkzeuge. Wie wir heute wissen, stützten sich die Kreditvergabe der Banken und die Kreditaufnahme der privaten Haushalte auf Vermögenswerte, deren Wert teilweise das Produkt eines Massenwahns war.

Tatsache ist, dass die Volkswirtschaft in den Jahren vor der Krise überaus schwach war. Das Wachstum beruhte lediglich auf einer Spekulationsblase und dem von dieser ermöglichten untragbaren Konsum. Ohne diese Blase wäre die Arbeitslosigkeit hoch gewesen. Es war absurd anzunehmen, die Rettung des Bankensystems werde genügen, um die Gesundheit der Volkswirtschaft wiederherzustellen. Indem die Wirtschaft wieder dorthin gebracht wird, »wo sie war«, werden die grundlegenden Probleme nicht gelöst.

Das Trauma, das wir gegenwärtig erleiden, hat Ähnlichkeit mit dem, das wir vor achtzig Jahren in der Weltwirtschaftskrise erlitten, und es wurde von ganz ähnlichen Umständen herbeigeführt. Auch damals brach das Bankensystem zusammen. Und auch damals war dieser Zusammenbruch teilweise die Konsequenz tiefer liegender Probleme. Selbst wenn wir das Trauma – das Versagen des Finanzsektors – richtig behandeln, wird es etwa ein Jahrzehnt dauern, bis sich die Volkswirtschaft vollständig davon erholt. Im besten Fall müssen wir eine lange Rezession überstehen. Wenn wir weiterhin falsch reagieren, wird diese Rezession noch länger dauern, und die Parallelen mit der Weltwirtschaftskrise der 1930er-Jahre werden tragische Ausmaße annehmen.

Bisher war die Große Depression die letzte Zeit in der Geschichte der Vereinigten Staaten, in der die Arbeitslosenrate vier Jahre nach Beginn der Rezession immer noch über 8 Prozent lag. Und in den letzten sechzig Jahren ist es kein einziges Mal vorgekommen, dass die Produktion vier Jahre nach Beginn einer Rezession kaum höher ist als vor der Wirtschaftskrise. Der Prozentsatz der (zivilen) Erwerbstätigen ist doppelt so stark gesunken wie in jeder anderen Abschwungphase nach dem Zweiten Weltkrieg. Es überrascht nicht, dass die Wirtschaftswissenschaftler mittlerweile die Ähnlichkeiten und Unterschiede zwischen der gegenwärtigen langen Rezession und der Weltwirtschaftskrise untersuchen. Es ist nicht leicht, die richtigen Lehren aus diesem Vergleich zu ziehen.

Ein häufig vorgebrachtes Argument lautet, die Große Depression sei vor allem die Folge einer übermäßigen Verknappung der Geldmenge durch die Federal Reserve gewesen. Ben Bernanke, der sich als Forscher mit der Krise der 1930er-Jahre befasst hatte, erklärte öffentlich, diese Lehre aus seinen Studien gezogen zu haben. Um diesen Fehler nicht zu wiederholen, drehte er den Geldhahn weit auf. Im Jahr 2008 verdoppelte sich die Bilanzsumme der Fed, und bald verdreifachte sie sich gegenüber dem Niveau vor Ausbruch der Krise. Heute beläuft sie sich auf 2,8 Billionen Dollar. Aber während es der Fed gelungen sein mag, die Banken zu retten, gelang es ihr nicht, die Wirtschaft zu retten.

Die Realität hat nicht nur die Fed diskreditiert, sondern auch Zweifel an einer der gängigen Interpretationen der Ursachen der Großen Depression geweckt: Es wird behauptet, die Federal Reserve habe jene Krise durch die Verknappung der Geldmenge *verursacht*. Daraus wird gefolgert, dass die Fed die verheerende Wirtschaftskrise der 1930er-Jahre hätte abwenden können, hätte sie damals die Geldmenge erhöht – das heißt, hätte sie damals dasselbe getan wie heute. In der Wirtschaftswissenschaft ist es schwierig, Hypothesen nach Art der exakten Wissenschaften in kontrollierten Experimenten zu überprüfen. Aber angesichts der Tatsache, dass es mit der geldpolitischen Expansion nicht gelungen ist, der gegenwärtigen Rezession Herr zu werden, sollte die Vorstellung, die Geldpolitik sei der Hauptverursacher der Krise in den 1930er-Jahren gewesen, endgültig zu den Akten gelegt werden. Heute wie damals ist das Problem ein anderes: die Realwirtschaft. Das Problem hat damit zu tun, welche Arbeitsplätze wir haben, welche wir brauchen und welche wir verlieren. Und es hat damit zu tun, welche Art von Arbeitskräften wir brauchen und mit welchen Arbeitern wir nichts anzufangen wissen. Die Realwirtschaft macht seit Jahrzehnten einen schmerzhaften Transformationsprozess durch, und die Verletzungen, die sie dabei erlitten hat, sind nie richtig behandelt worden. Hinter der großen Rezession verbirgt sich eine Krise der Realwirtschaft, so wie sich auch hinter der Großen Depression eine Krise der Realwirtschaft verbarg.

Bruce Greenwald und ich arbeiten seit einigen Jahren an einer alternativen Theorie der Wirtschaftskrise der 1930er-Jahre – und an einer alternativen Analyse der Missstände, an denen die Wirtschaft heute leidet. Wir betrachteten die Finanzkrise der 1930er-Jahre weniger als Konsequenz einer finanziellen Implosion, sondern vielmehr als eine Folge der grundlegenden wirtschaftlichen Schwäche. Zum endgültigen Zusammenbruch des Bankensystems kam es erst im Jahr 1933, lange nach Ausbruch der Wirtschaftskrise und nach Beginn der Massenarbeitslosigkeit. Im Jahr 1931 lag die Arbeitslosenrate bereits bei rund 16 Prozent, und im Jahr 1932 stieg sie auf 23 Prozent. Überall schossen Barackenstädte aus dem Boden. Der Grund dafür war ein Strukturwandel in der Realwirtschaft: Ein Phänomen, das normalerweise als vorteilhaft betrachtet wird – ein deutlicher Anstieg der Produktivität –, führte zu einem allgemeinen Verfall der Preise für landwirtschaftliche Erzeugnisse und folglich zu einem Rückgang der Einkommen auf dem Land.

Als die Wirtschaftskrise ausbrach, arbeiteten mehr als ein Fünftel der amerikanischen Erwerbstätigen in der Landwirtschaft. Zwischen 1929 und 1932 sank das Einkommen dieser Arbeitskräfte zwischen einem und zwei Dritteln, womit sich die Probleme weiter verschärften, unter denen die Landwirte seit Jahren litten. Die amerikanische Landwirtschaft fiel ihrem Erfolg zum Opfer. Im Jahr 1900 war noch ein großer Teil der amerikanischen Bevölkerung benötigt worden, um ausreichend Nahrungsmittel für das Land zu produzieren. Dann begannen Umwälzungen in der Landwirtschaft, die sich in den folgenden drei Jahrzehnten immer weiter beschleunigten: besseres Saatgut, bessere Düngemittel, bessere

Anbaumethoden und eine umfassende Mechanisierung. Heute erzeugen 2 Prozent der Amerikaner mehr Nahrung, als das Land konsumieren kann.

Aber dieser Wandel bedeutete auch, dass auf dem Land Arbeitsplätze verloren gingen und die Lebensgrundlage vieler Menschen zerstört wurde. Durch die unablässig steigende Produktivität stieg das Angebot schneller als die Nachfrage. Es kam zu einem dramatischen Preisverfall. Das war der Hauptgrund dafür, dass die Einkommen rasend schnell sanken. Die Landwirte verschuldeten sich (wie die heutigen Arbeitskräfte), um ihren Lebensstandard und die Produktion aufrechterhalten zu können. Da weder die Bauern noch die Banken das Ausmaß des Preisverfalls voraussahen, gerieten die Farmer rasch in eine Kreditklemme und konnten ihre Schulden einfach nicht mehr begleichen. So wurde der Finanzsektor in den Strudel der sinkenden landwirtschaftlichen Einkommen hineingezogen.

Die Städte blieben nicht verschont, ganz im Gegenteil: Da die Einkommen in der Landwirtschaft fielen, konnten sich die Bauern immer weniger Produkte aus den Fabriken leisten. Die Industriebetriebe mussten Arbeiter entlassen, wodurch die Nachfrage nach landwirtschaftlichen Erzeugnissen weiter zurückging, was wiederum zu einem erneuten Preisverfall führte. Es dauerte nicht lange, bis die gesamte Volkswirtschaft in diesen Teufelskreis hineingezogen wurde.

Wenn die Einkommen sinken, sinken oft auch die Vermögenswerte (wie die von Häusern). Die Landwirte wurden zu Gefangenen des Niedergangs ihres Sektors und saßen auf ihren brachliegenden Höfen fest. Die Einkommenseinbußen und der sinkende Wohlstand erschwerten die Abwanderung in die Städte, während die hohe Arbeitslosigkeit in den Städten sie für Zuwanderer immer weniger attraktiv machte. In den 1930er-Jahren kam es trotz der massiven Einkommenseinbußen in der Landwirtschaft kaum zu Landflucht. Die Bauern produzierten weiter und arbeiteten noch härter, um die niedrigeren Preise zu kompensieren. Für den einzelnen Landwirt war diese Reaktion vernünftig, aber für das Kollektiv galt das nicht, da jeder weitere Produktionsanstieg die Preise weiter drückte.

Betrachtet man den überaus starken Rückgang der landwirtschaftlichen Einkommen, verwundert es nicht, dass der New Deal an sich nicht genügte, um die Krise zu überwinden. Die Programme waren zu klein, und viele wurden rasch wieder aufgegeben. Im Jahr 1937 gab Präsident Roosevelt den sogenannten Defizitfalken nach und kürzte die Programme zur Stimulierung der Wirtschaft. Das war ein Fehler, der verheerende Folgen haben sollte. US-Bundesstaaten und Gemeindeverwaltungen, die in einer finanziellen Klemme steckten, mussten Beschäftigte entlassen (so wie heute). Die Bankenkrise verschlimmerte diese Probleme zweifellos. Sie führte zu einer Ausweitung und Vertiefung des Abschwungs. Aber jede Analyse der Finanzkrise muss dort ansetzen, wo die Kettenreaktion ausgelöst wurde.

Das von Roosevelt mit dem Agricultural Adjustment Act eingeleitete Landwirtschaftsprogramm, das durch Produktionskürzungen einen Preisanstieg bewirken sollte, milderte die Krise möglicherweise ein wenig ab. Aber erst als die Staatsausgaben deutlich stiegen, weil sich die Vereinigten Staaten auf den Eintritt in den Weltkrieg vorbereiten mussten, befreite sich das Land langsam aus der Depression. Wir müssen uns diese einfache Tatsache vor Augen halten: Es waren die Staatsausgaben – keine Korrektur der Geldpolitik und keine Erholung des Bankensystems, sondern ein keynesianischer Stimulus –, die die Erholung möglich machten. Selbstverständlich wären die langfristigen wirtschaftlichen Aussichten noch besser gewesen, wenn ein größerer Teil des Geldes in Bildung, Technologie und Infrastruktur investiert worden wäre, anstatt Kriegsmaterial damit zu kaufen. Aber auch so machten die hohen öffentlichen Investitionen die Schwäche des privaten Konsums mehr als wett.

Die öffentlichen Ausgaben lösten unabsichtlich das grundlegende Problem der Wirtschaft: Sie schlossen einen notwendigen Strukturwandel ab, der die insbesondere im Süden der USA vorherrschende landwirtschaftliche Produktion durch die Industrieproduktion ersetzte. Die amerikanische Öffentlichkeit hat eine Abneigung gegen Konzepte wie das der »Industriepolitik«, aber genau das waren die öffentlichen Ausgaben Ende der 1930er-Jahre: Dieser politische Eingriff veränderte die Natur der amerikanischen Wirtschaft auf Dauer. Im urbanen Industriesektor wurden massenhaft Arbeitsplätze geschaffen, und die Arbeitskräfte konnten die Landwirtschaft hinter sich lassen. Das Gleichgewicht zwischen dem Angebot von Nahrungsmitteln und der Nachfrage nach diesen Erzeugnissen wurde wiederhergestellt, und die landwirtschaftlichen Erzeugerpreise begannen zu steigen. Die Zuwanderer gewöhnten sich an das städtische Leben und erwarben die für die Fabrikarbeit erforderlichen Kenntnisse, und nach dem Krieg wurde mit der G. I. Bill dafür gesorgt, dass die heimkehrenden Veteranen mit den notwendigen Fähigkeiten ausgestattet wurden, um sich in der modernen Industriegesellschaft zu behaupten. Das riesige brachliegende Reservoir an Arbeitskräften auf den Farmen hatte sich praktisch aufgelöst. Der Prozess war lang und schmerzhaft gewesen, aber die Ursache der Wirtschaftskrise war endlich beseitigt.

Es gibt einige Parallelen zwischen der Entstehung der Großen Depression und der Genese der gegenwärtigen langen Rezession. Damals verdrängte das verarbeitende Gewerbe die Landwirtschaft. Heute treten die Dienstleistungen an die Stelle des verarbeitenden Gewerbes. In der Industrie sind unglaublich viele Arbeitsplätze verloren gegangen: Vor sechzig Jahren war noch ein Drittel der Beschäftigten im verarbeitenden Gewerbe tätig, mittlerweile ist der Anteil auf weniger als ein Zehntel gesunken. Und im vergangenen Jahrzehnt hat sich dieser Strukturwandel beschleunigt. Es gibt zwei Gründe für den Beschäftigungsrückgang in diesem Sektor: Da sind zum einen die Produktivitätssteigerungen, also dieselbe Dynamik, die vor achtzig Jahren die Landwirtschaft revolutionierte und die Mehrheit der amerikanischen Bauern zwang, sich eine andere Arbeit zu suchen. Der andere Grund ist die Globalisierung, die Millionen von Arbeitsplätzen in Niedriglohnländer oder Länder verlagert hat, die mehr in Infrastruktur oder Technologie investiert haben. (Wie Greenwald gezeigt hat, war der Großteil der Arbeitsplatzverluste in den 1990er-Jahren nicht auf die Globalisierung, sondern auf Produktivitätszuwächse zurückzuführen.) Aber welches auch immer im Einzelnen die Ursache ist, das unvermeidliche Ergebnis ist dasselbe wie vor achtzig Jahren: Einkommenseinbußen und ein Verlust von Arbeitsplätzen. Die Millionen Arbeitslosen, die einst in den Fabriken von Youngstown, Birmingham, Gary oder Detroit beschäftigt waren, sind die zeitgenössischen Gegenstücke der Landwirte, die in den 1930er-Jahren ihre Farmen aufgeben mussten.

Die Auswirkungen auf die Konsumausgaben und auf die Gesundheit der Volkswirtschaft – ganz zu schweigen von den furchtbaren menschlichen Kosten – liegen auf der Hand, obwohl wir sie lange ignorieren konnten. Eine Zeitlang verdeckten die Immobilien- und die Kreditblase das Problem, indem sie künstliche Nachfrage erzeugten, die ihrerseits Arbeitsplätze im Finanzsektor, im Baugewerbe und anderen Bereichen schuf. Die Blase ließ die Arbeitnehmer sogar vergessen, dass ihre Einkommen sanken. Da der Wert ihrer Häuser und ihrer Aktiendepots rasant stieg, schien ein Wohlstand in greifbarer Nähe zu sein, von dem sie nicht zu träumen gewagt hatten. Aber die Arbeitsplätze waren nicht dauerhaft, sondern beruhten nur auf dem heißen Dampf der Spekulation.

Die herkömmliche makroökonomische Doktrin besagt, dass das eigentliche Problem in einem Wirtschaftsabschwung nicht der Lohnrückgang, sondern die Lohnstarrheit ist: Wären die Löhne nur flexibler (also niedriger), so würden sich die Rezessionen von allein korrigieren! Aber das stimmt in der gegenwärtigen Rezession genauso wenig, wie es in der Depression der 1930er-Jahre stimmte. Im Gegenteil: Sinkende Einkommen verringern lediglich die Nachfrage, womit sie die Wirtschaft weiter schwächen.

Von den vier großen Dienstleistungssektoren – Finanzen, Immobilien, Gesundheit und Bildung – waren zwei schon vor Beginn der gegenwärtigen Krise spekulativ aufgeblasen. Die anderen beiden – Gesundheit und Bildung – werden traditionell in hohem Maße von der öffentlichen Hand finanziert. Aber Einsparungen auf allen staatlichen Ebenen – die Ausgabenkürzungen angesichts der Rezession – haben das Bildungswesen schwer getroffen und den öffentlichen Sektor insgesamt schrumpfen lassen. In den vergangenen vier Jahren sind in den einzelstaatlichen und lokalen Verwaltungen fast 700 000 Arbeitsplätze verschwunden – auch hier sind die Parallelen zur Großen Depression unübersehbar. Wie im Jahr 1937 fordern die Defizitfalken auch heute ausgeglichene öffentliche Haushalte und immer neue Kürzungen. Anstatt den unvermeidlichen Strukturwandel voranzutreiben und in die richtigen Arten von Humankapital, Technologie und Infrastruktur zu investieren – die schließlich neues Wirtschaftswachstum ermöglichen werden –, hält sich die öffentliche Hand mit Ausgaben zurück. Die gegenwärtig angewandten Strategien können nur ein Ergebnis haben: Sie werden dafür sorgen, dass die lange Rezession länger und tiefer sein wird, als sie es müsste.

Aus dieser kurzen historischen Analyse können wir zwei Schlüsse ziehen. Erstens wird sich die Wirtschaft nicht von allein erholen, zumindest nicht in einem Zeitrahmen, der für die gewöhnlichen Menschen akzeptabel ist. Natürlich werden all die zwangsversteigerten Häuser schließlich neue Besitzer finden oder abgerissen werden. Die Preise werden sich irgendwann stabilisieren und wieder steigen. Die Amerikaner werden sich auch an einen niedrigeren Lebensstandard anpassen – sie werden nicht nur im Rahmen ihrer Möglichkeiten leben, sondern *unter* ihren Möglichkeiten bleiben, da sie einen Schuldenberg abzutragen haben. Aber die Schäden werden gewaltig sein. Das Selbstverständnis der Vereinigten Staaten als Land der großen Möglichkeiten ist bereits angeschlagen. Die arbeitslosen jungen Menschen sind entfremdet. Es wird immer schwieriger werden, für einen großen Teil von ihnen produktive Beschäftigungen zu finden. Ihre Erfahrungen werden sie für ihr Leben zeichnen. Wer durch die Industriegebiete im Mittleren Westen, durch die Kleinstädte der Great Plains oder die Fabrikzentren im Süden fährt, sieht ein Bild des unumkehrbaren Niedergangs.

Die Geldpolitik wird uns nicht aus dieser Notlage befreien. Ben Bernanke hat das mit einiger Verspätung eingestanden. Die Federal Reserve hat wesentlich dazu beigetragen, die gegenwärtigen Bedingungen zu schaffen, indem sie die Spekulationsblase ermöglichte, die zu einem nicht nachhaltigen Konsum führte. Und jetzt kann sie nur wenig tun, um die Konsequenzen abzufedern. Ich kann verstehen, dass sich die Mitglieder der Fed auch schuldig fühlen. Aber wer glaubt, die Wirtschaft könne mit geldpolitischen Maßnahmen wieder angekurbelt werden, wird eine bittere Enttäuschung erleben. Das ist eine Illusion, und obendrein eine gefährliche.

Tatsächlich brauchen wir ein massives Investitionsprogramm, das unsere Produktivität in den kommenden Jahren und die Beschäftigung in der Gegenwart erhöhen wird – eines wie das, das eher zufällig vor achtzig Jahren begann. Diese öffentlichen Investitionen und der daraus folgende Anstieg des Bruttoinlandsprodukts werden die Erträge privater Investitionen erhöhen. Die öffentlichen Investitionen könnten darauf abzielen, die Lebensqualität und die *reale* Produktivität zu erhöhen – anders als die Investitionen des Privatsektors in Finanzinnovationen, die, wie sich herausstellte, eher finanzielle Massenvernichtungswaffen waren.

Können wir uns dazu durchringen, ohne dass ein Weltkrieg bevorsteht? Vielleicht nicht. Vielversprechend ist jedoch (so könnte man es betrachten), dass die Vereinigten Staaten seit Jahrzehnten zu wenig in Infrastruktur, Technologie und Bildung investieren, weshalb zusätzliche Investitionen in einer Zeit beispiellos geringer Kapitalkosten hohe Erträge abwerfen werden. Wenn wir heute Kredite aufnehmen, um sehr rentable Investitionen zu finanzieren, wird sich unsere Staatsschuldenquote – das gebräuchliche Maß für die Tragfähigkeit der Schulden – deutlich verbessern. Wenn wir gleichzeitig die Steuern beispielsweise für das 1 Prozent der am Einkommen gemessen reichsten Haushalte erhöhen, wird sich die Schuldentragfähigkeit noch weiter verbessern.

Der Privatsektor allein wird und kann den erforderlichen Strukturwandel selbst dann nicht leisten, wenn die Zentralbank den Leitzinssatz auf Jahre bei null belässt. Dieser Strukturwandel ist nur möglich, wenn der Staat Maßnahmen ergreift, die nicht die alten Wirtschaftsstrukturen erhalten, sondern neue schaffen sollen. Wir müssen uns von der Industrie lösen und die Dienstleistungen entwickeln, die die Menschen wollen: produktive Aktivitäten, die nicht die Risiken und die Ungleichverteilung, sondern den Lebensstandard erhöhen. Um das zu erreichen, können wir viele ertragreiche Investitionen vornehmen. Ein wichtiges Ziel dafür ist die Bildung, denn eine gut ausgebildete Bevölkerung ist eine Voraussetzung für Wirtschaftswachstum. Die Grundlagenforschung muss stärker gefördert werden. In früheren Jahrzehnten trugen öffentliche Investitionen – zum Beispiel in die Entwicklung des Internets und der Biotechnologie – zum Wirtschaftswachstum bei. Wie soll der nächste Innovationsschub ohne Investitionen in die Grundlagenforschung vorangetrieben werden? Zwischenzeitlich könnten die Einzelstaaten Finanzzuschüsse des Bundes benötigen, um Haushaltslücken zu überbrücken. Ein langfristiges Wirtschaftswachstum mit unserem gegenwärtigen Ressourcenverbrauch ist unmöglich. Daher kann die öffentliche Hand mit der Finanzierung von Forschung, Ausbildung von Technikern und Initiativen zur Einführung sauberer und effizienter Energien nicht nur dazu beitragen, die Rezession zu überwinden, sondern auch eine über Jahrzehnte robuste Wirtschaft aufbauen. Und die marode amerikanische Infrastruktur – von Straßen und Eisenbahnnetzen über Staudämme bis zu Kraftwerken – ist ein ausgezeichnetes Ziel für rentable Investitionen.

Der zweite Schluss lautet: Wenn wir ein gewisses Maß an »Normalität« aufrechterhalten wollen, müssen wir das Finanzsystem in Ordnung bringen. Wie ich erklärt habe, dürfte die Implosion des Finanzsektors nicht die Ursache der gegenwärtigen Krise gewesen sein – aber sie hat sie verschlimmert und ist ein Hindernis für die langfristige Erholung. Kleine und mittlere Unternehmen, insbesondere Neugründungen, schaffen in jeder Volkswirtschaft eine unverhältnismäßig hohe Zahl von Arbeitsplätzen, aber diese Unternehmen haben besonders unter der Krise gelitten. Wir müssen die Banken dazu bringen, sich aus dem gefährlichen Geschäft der Spekulation zurückzuziehen und sich wieder auf das »langweilige« Geschäft der Kreditvergabe zu besinnen. Aber wir haben das Finanzsystem nicht repariert. Stattdessen haben wir ohne Einschränkungen und Auflagen Geld in die Finanzinstitute gepumpt – und wir haben uns keinerlei Gedanken darüber gemacht, was für ein Bankensystem wir wollen und brauchen. Wir haben den Zweck mit den Mitteln verwechselt. Das Bankensystem soll der Gesellschaft dienen, nicht umgekehrt.

Dass wir diese Verwechslung von Zweck und Mitteln hinnehmen, zeigt deutlich, dass Volkswirtschaft und Gesellschaft einen bedenklichen Weg eingeschlagen haben. Die amerikanische Öffentlichkeit begreift langsam, was geschehen ist. Die in der Bewegung Occupy Wall Street versammelten Demonstranten wissen es bereits.

Knappheit in einer Zeit des Überflusses

RUND UM DEN ERDBALL kommt es zu Protesten gegen steigende Lebensmittel- und Treibstoffpreise. Die Armen und sogar die Mittelschicht leiden unter sinkenden Einkommen, und das Wachstum der Weltwirtschaft verlangsamt sich. Die Politiker wollen auf die berechtigten Forderungen ihrer Wähler reagieren, wissen jedoch nicht, was sie tun sollen.

In den Vereinigten Staaten wählten Hillary Clinton und John McCain den einfachen Weg und sprachen sich beide dafür aus, die Treibstoffsteuer auszusetzen – zumindest über den Sommer. Nur Barack Obama blieb standhaft und lehnte den Vorschlag ab, der lediglich die Nachfrage nach Benzin erhöht und damit die Wirkung der Steuersenkung zunichtegemacht hätte. Aber wenn Clinton und McCain sich irren, was sollte dann getan werden? Man kann die Forderungen all jener, die sich in einer Notlage befinden, nicht einfach ignorieren. In den Vereinigten Staaten liegen die Realeinkommen der Mittelschicht noch immer unter dem Niveau, das sie vor der letzten Rezession im Jahr 1991 erreicht hatten.

George Bush behauptete bei seinem Amtsantritt, Steuersenkungen für die Reichen würden alle Übel der Wirtschaft heilen. Der positive Effekt des durch die Steuersenkungen angeregten Wachstums werde durch die verschiedenen Einkommensschichten nach unten sickern. Dieser Ansatz der Trickle-Down-Theorie ist auch in Europa und anderswo in Mode gekommen, aber er hat nicht funktioniert. Die Steuersenkungen sollten die Bürger zum Sparen anregen, aber die Sparquote der amerikanischen Haushalte ist auf null

Project Syndicate, 6. Juni 2008.

gesunken. Die Steuersenkungen sollten die Beschäftigung anregen, aber die Erwerbsbeteiligung ist heute niedriger als in den 1990er-Jahren. Wo es Wachstum gab, kam es nur den wenigen an der Spitze zugute. Die Produktivität stieg vorübergehend, aber das lag nicht an den Finanzinnovationen der Wall Street. Statt die Risiken leichter kontrollieren zu können, wurden sie durch die dort erfundenen Finanzprodukte erhöht. Diese Produkte waren so undurchschaubar und komplex, dass weder die Wall Street selbst noch die Ratingagenturen sie richtig bewerten konnten. Gleichzeitig gelang es dem Finanzsektor nicht, Produkte zu entwickeln, die den Normalbürgern helfen konnten, ihre Risiken – einschließlich der mit dem Eigenheimbesitz einhergehenden – besser abzusichern. Wahrscheinlich werden Millionen Amerikaner ihre Häuser und damit ihre Lebensersparnisse verlieren.

Der Erfolg der Vereinigten Staaten beruht auf technologischer Innovation, und das Symbol dafür ist das Silicon Valley. Etwas daran ist sonderbar: Die Wissenschaftler, deren Entdeckungen das auf dem technologischen Fortschritt beruhende Wachstum ermöglichen, und die Wagniskapitalfirmen, die dieses Wachstum finanzieren, ernteten auf dem Höhepunkt der Immobilienblase nicht die höchsten Gewinne. Die realen Investitionen werden vom Glücksspiel an den Finanzmärkten überschattet.

Die Welt muss sich erneut mit den Quellen des Wachstums befassen. Wenn nicht die Spekulation mit Immobilien oder Finanzprodukten, sondern die wissenschaftlichen und technologischen Fortschritte die Grundlage des Wirtschaftswachstums sind, dann müssen die Steuersysteme entsprechend angepasst werden. Warum sollten jene, die mit dem Glücksspiel in den Kasinos der Wall Street zu viel Geld kommen, einen niedrigeren Steuersatz haben als alle anderen, die ihr Geld mit wirklicher Arbeit verdienen? Die Kapitalerträge sollten zumindest so hoch besteuert werden wie normale Arbeitseinkommen. (Diese Erträge sind in jedem Fall begünstigt, weil die Steuer erst erhoben wird, wenn der Gewinn erzielt wurde.) Zudem sollten Öl- und Gasunternehmen eine Sondergewinnsteuer zahlen.

Hinsichtlich der gewaltig zunehmenden Ungleichverteilung in den meisten Ländern sind höhere Steuern für die Gewinner angebracht, um all jenen zu helfen, die infolge von Globalisierung und technologischem Wandel Einbußen hinnehmen mussten. Solche Steuern könnten auch die Belastungen aufgrund steigender Lebensmittel- und Energiepreise verringern. Länder wie die Vereinigten Staaten, die Lebensmittelmarken an die Ärmsten verteilen, müssen diese Subventionen erhöhen, um eine ausreichende Ernährung dieser Menschen zu gewährleisten. Länder ohne solche Programme sollten darüber nachdenken, sie einzuführen.

Die gegenwärtige Krise wurde durch zwei Faktoren ausgelöst: Die durch den Irakkrieg erhöhte Instabilität im Nahen Osten, wo Erdöl zu den geringsten Kosten gefördert werden kann, trug zum stark ansteigenden Ölpreis bei, während die zunehmende Nachfrage nach Biokraftstoffen zur Integration von Nahrungs- und Energiemärkten geführt hat. Es ist begrüßenswert, sich erneuerbaren Energien zuzuwenden, aber Eingriffe, die das Nahrungsangebot verknappen, sind es nicht. Die amerikanischen Subventionen für aus Mais gewonnenen Biokraftstoff tragen eher zu den Gewinnen der Ethanolproduzenten als zu sinkenden Treibhausgasemissionen bei.

Die hohen Agrarsubventionen der Vereinigten Staaten und der Europäischen Union haben die Landwirtschaft in den Entwicklungsländern geschwächt, die zu wenig internationale Hilfe dafür erhalten haben, ihre landwirtschaftliche Produktivität zu verbessern. Die Entwicklungshilfe für die Landwirtschaft, die einmal 17 Prozent der Gesamthilfe ausmachte, beträgt mittlerweile nur noch 3 Prozent, und einige internationale Geldgeber fordern, die Subventionen für Düngemittel abzuschaffen. Das würde es den Bauern mit geringen finanziellen Mitteln zusätzlich erschweren, ihre Produkte zu konkurrenzfähigen Preisen anzubieten.

Die reichen Länder müssen die agrar- und energiepolitischen Eingriffe, die den Wettbewerb verzerren, einschränken oder beseitigen und den ärmsten Ländern helfen, ihre Kapazitäten zur Nahrungsmittelproduktion zu erhöhen. Aber das ist nur der Anfang:

Wir haben unsere kostbarsten Ressourcen – sauberes Trinkwasser und saubere Luft – so behandelt, als würden sie nichts kosten. Nur neue Konsum- und Produktionsmuster, das heißt ein neues Wirtschaftsmodell, können unser grundlegendes Ressourcenproblem lösen.

Zum Wachstum links abbiegen

SOWOHL DIE LINKEN ALS AUCH DIE RECHTEN behaupten, den richtigen Weg zu wirtschaftlichem Wachstum zu kennen. Sollten Wähler, die sich zwischen beiden Seiten entscheiden müssen, also so vorgehen, als müssten sie zwischen verschiedenen Managementteams wählen?

Wenn es nur so einfach wäre! Zum Teil hat das Problem mit Glück zu tun. In den 1990er-Jahren profitierte die amerikanische Wirtschaft von niedrigen Energiepreisen, einem hohen Innovationstempo und dem wachsenden Angebot hochwertiger Güter zu sinkenden Preisen aus China. Gemeinsam ermöglichten diese Faktoren rasches Wachstum bei geringer Inflation.

Präsident Clinton und der damalige Fed-Chef Alan Greenspan hatten zu diesem Erfolg kaum beigetragen – obwohl eine schlechte Politik natürlich negative Auswirkungen gehabt hätte. Im Gegensatz dazu wurden die Probleme, mit denen wir heute kämpfen – hohe Energie- und Nahrungsmittelpreise sowie ein vom Zusammenbruch bedrohtes Finanzsystem –, vor allem von schlechten politischen Entscheidungen heraufbeschworen.

Tatsächlich gibt es große Unterschiede zwischen den Wachstums*strategien* von Linken und Rechten, und daher ist sehr wahrscheinlich, dass sie zu verschiedenen Ergebnissen kommen werden. Der erste Unterschied bezieht sich darauf, was überhaupt unter Wachstum zu verstehen ist. Wirtschaftswachstum ist nicht auf den Anstieg des Bruttoinlandsprodukts beschränkt. Es muss nachhaltig sein: Ein auf Umweltzerstörung, einem mit Schulden finanzierten

Project Syndicate, 6. August 2008.

Konsumrausch oder der Ausbeutung knapper natürlicher Ressourcen beruhendes Wachstum, dessen Erträge nicht reinvestiert werden, ist nicht nachhaltig.

Wachstum muss auch integrativ sein: Zumindest die Mehrheit der Bevölkerung muss davon profitieren. Die Trickle-Down-Theorie funktioniert nicht: Ein Anstieg des BIP kann durchaus dazu führen, dass sich die Lage der meisten Bürger verschlechtert. In jüngster Zeit ist das Wachstum der Vereinigten Staaten weder wirtschaftlich nachhaltig noch integrativ gewesen. Den meisten Amerikanern geht es heute wirtschaftlich schlechter als vor sieben Jahren.

Aber es muss zwischen Ungleichverteilung und Wachstum abgewogen werden. Der Staat kann das Wachstum anregen, indem er die Integration aller Gesellschaftsschichten fördert. Die wertvollste Ressource jedes Landes ist seine Bevölkerung. Es muss also dafür gesorgt werden, dass *alle* Menschen ihr Potenzial ausschöpfen können, und das erfordert Bildungschancen für jeden.

Außerdem kann eine moderne Volkswirtschaft nur funktionieren, wenn die Menschen bereit sind, Risiken einzugehen. Sie werden eher dazu bereit sein, wenn es ein gutes soziales Sicherungsnetz gibt. Wenn nicht, verlangen die Bürger möglicherweise Schutz vor ausländischer Konkurrenz. Eine gute soziale Absicherung ist effizienter als Protektionismus.

Gelingt es nicht, für soziale Solidarität zu sorgen, so drohen noch weitere Kosten, darunter soziale und private Ausgaben, um Eigentum zu schützen und Straftäter zu inhaftieren. Schätzungen zufolge werden in wenigen Jahren in den Vereinigten Staaten mehr Menschen im Sicherheitssektor als in der Bildung arbeiten. Ein Jahr im Gefängnis kann sehr viel teurer sein als ein Jahr in Harvard. Die Kosten der Inhaftierung von zwei Millionen Amerikanern – das ist gemessen an der Einwohnerzahl eine der höchsten Raten der Welt – sollten vom BIP abgezogen werden – stattdessen werden sie jedoch dazugerechnet.

Ein weiterer wichtiger Unterschied zwischen Linken und Rechten betrifft die Rolle des Staates im Bemühen, die wirtschaftliche Entwicklung voranzutreiben. Die Linke glaubt, dass der Staat eine unverzichtbare Rolle spielt: Er muss Infrastruktur und Bildung anbieten, neue Technologien entwickeln und sogar als Unternehmer auftreten. Staatliche Einrichtungen schufen die Grundlagen für das Internet und die moderne Biotechnologie. Im 19. Jahrhundert schuf die Forschungsarbeit an den öffentlichen amerikanischen Universitäten die Grundlage für die technologische Revolution in der Landwirtschaft, und der Staat vermittelte diese Fortschritte an Millionen von amerikanischen Landwirten. Staatliche Kredite für kleine Unternehmen haben es nicht nur ermöglicht, neue Unternehmen aufzubauen, sondern auch neue Industriezweige zu unterstützen.

Der letzte Unterschied mag etwas seltsam erscheinen: Die Linke hat mittlerweile die Märkte verstanden und weiß, welche Rolle diese in der Wirtschaft spielen können und sollten. Die Rechte, insbesondere die amerikanische Rechte, versteht die Märkte hingegen nicht. Die neue Rechte, deren typischer Vertreter die Regierung Bush-Cheney ist, steht in Wahrheit für den alten Korporatismus in neuem Gewand.

Diese Leute sind keine Liberalen. Sie glauben an einen starken Staat mit weitreichenden exekutiven Befugnissen, die sie jedoch einsetzen wollen, um etablierte Interessen zu verteidigen, ohne den marktwirtschaftlichen Prinzipien allzu große Aufmerksamkeit zu schenken. Die Liste der Beispiele ist lang: Sie beinhaltet Subvention für große Agrarbetriebe, Zölle zum Schutz der Stahlindustrie und in jüngster Zeit die milliardenschweren Rettungsprogramme für Bear Stearns, Fannie Mae und Freddie Mac. Der Widerspruch zwischen Rhetorik und Realität ist nichts Neues: Unter Präsident Reagan wurde der Protektionismus ausgeweitet – er schloss sogar »freiwillige« Exportbeschränkungen für japanische Autobauer ein.

Hingegen versucht die neue Linke, die Funktionstüchtigkeit der Märkte zu gewährleisten. Die Märkte funktionieren nicht gut, wenn sie sich selbst überlassen werden, wie das Debakel des Finanzsektors deutlich zeigt. Manche Anhänger der freien Marktwirtschaft räumen ein, dass er tatsächlich hin und wieder versagt und sogar katastrophal versagt, aber sie beharren darauf, dass der

Markt seine Fehler selbst korrigiert. In der Depression der 1930er-Jahre wurden ähnliche Argumente vorgebracht: Die Regierung müsse nicht eingreifen, da die Märkte die Vollbeschäftigung *langfristig* wiederherstellen würden. Aber wie John Maynard Keynes so treffend feststellte: Langfristig werden wir alle tot sein.

Die Märkte korrigieren ihre Fehler nicht innerhalb einer Zeitspanne, die für die Menschen relevant ist. Keine Regierung kann tatenlos zusehen, wie ihr Land in die Rezession oder sogar in eine Depression schlittert, selbst wenn diese Krise durch die übermäßige Gier von Bankiers oder durch eine Fehleinschätzung der Risiken durch die Wertpapiermärkte und Ratingagenturen verursacht wurde. Aber wenn der Staat die Krankenhausrechnung der Wirtschaft bezahlen soll, muss er die notwendigen Maßnahmen ergreifen, um künftig eine Einweisung ins Krankenhaus zu vermeiden. Das Mantra der Deregulierung von den Rechten war einfach falsch, und jetzt müssen wir alle den Preis dafür bezahlen. Und der Preis (in Form einer verminderten gesamtwirtschaftlichen Produktion) wird hoch sein: Allein in den Vereinigten Staaten könnte er sich auf 1,5 Billionen Dollar belaufen.

Die Rechte zitiert oft Adam Smith als ihren geistigen Vater, aber Smith sah nicht nur die Macht des Marktes, sondern auch seine Grenzen. Schon zu seiner Zeit wussten die Unternehmen, dass sie ihre Gewinne durch Preisabsprachen mit ihren Konkurrenten leichter erhöhen konnten als dadurch, innovative Produkte effizienter zu erzeugen. Daher bedarf es wirksamer Antitrust-Gesetze.

Es ist leicht, eine Party zu veranstalten. Eine Weile haben alle Spaß. Nachhaltiges Wachstum anzuregen ist sehr viel schwieriger. Heute hat die Linke im Gegensatz zur Rechten einen schlüssigen Plan, der nicht nur ein höheres Wachstum, sondern auch soziale Gerechtigkeit beinhaltet. Daher sollte den Wählern die Entscheidung leicht fallen.

Das Rätsel der Innovation

IN ALLER WELT HERRSCHT GROSSE BEGEISTERUNG über die technologische Innovation, für die das Silicon Valley steht. So betrachtet, ist der Einfallsreichtum der Vereinigten Staaten ihr wirklicher komparativer Vorteil, den andere nachzuahmen versuchen. Aber wir stehen vor einem rätselhaften Phänomen: Es ist schwierig, den Nutzen der Innovationen in den BIP-Statistiken zu finden.

Die gegenwärtigen Geschehnisse entsprechen denen vor einigen Jahrzehnten, zu Beginn des Computerzeitalters. Im Jahr 1987 klagte der Ökonom Robert Solow, der einen Nobelpreis für seine Pionierarbeit auf dem Gebiet der Wachstumstheorie erhielt: »Man kann das Computerzeitalter überall sehen, nur nicht in den Produktivitätsstatistiken.« Dafür gibt es mehrere mögliche Erklärungen.

Vielleicht bildet das Bruttoinlandsprodukt den Anstieg des Lebensstandards nicht richtig ab, den die Innovationen des Computerzeitalters ermöglichen. Vielleicht ist diese Innovation auch weniger bedeutsam, als ihre Anhänger glauben. Wie sich herausstellt, haben beide Deutungen etwas für sich.

Erinnern Sie sich daran, dass sich der Finanzsektor vor wenigen Jahren – kurz vor dem Zusammenbruch von Lehman Brothers – mit seiner Innovationskraft brüstete? Da die Finanzinstitute die fähigsten Köpfe aus aller Welt anlockten, hätte man nichts anderes erwarten dürfen. Aber bei genauerer Betrachtung zeigte sich, dass die meisten dieser Innovationen lediglich bessere Methoden waren, um andere zu betrügen, die Märkte unerkannt (zumindest

Project Syndicate, 9. März 2014.

für lange Zeit unerkannt) zu manipulieren und Marktmacht optimal zu nutzen.

Zu dieser Zeit, als die Ressourcen in diesen »innovativen« Sektor flossen, wuchs das BIP deutlich langsamer als früher. Selbst in den besten Zeiten stieg der Lebensstandard nicht (wenn man einmal von dem der Bankiers absieht), und schließlich kam es zu der Krise, von der wir uns jetzt zu erholen versuchen. Der soziale Nettoertrag all dieser »Innovation« war negativ.

Auch die vorausgegangene Dotcom-Blase bescherte uns zahlreiche Innovationen – das heißt Websites, auf denen man Hundefutter und Erfrischungsgetränke bestellen konnte. Zumindest hinterlässt uns diese Ära effiziente Suchmaschinen und Glasfasernetze. Aber es ist schwer zu beurteilen, wie sich die Zeitersparnis dank des Onlineshoppings oder die Kostenersparnis aufgrund des erhöhten Wettbewerbs (durch erleichterte Preisvergleiche im Internet) auf unseren Lebensstandard auswirkt.

Zwei Dinge sollten klar sein. Erstens ist die Rentabilität einer Innovation möglicherweise kein guter Maßstab für ihren Nettobeitrag zu unserem Lebensstandard. In unserer Volkswirtschaft, in der sich der Sieger alles nimmt, kann jemand riesige Gewinne erzielen, indem er eine bessere Website für Verkauf und Lieferung von Hundefutter entwickelt und alle Kunden rund um den Erdball anlockt, die Derartiges im Internet bestellen. Aber ohne den Lieferservice wäre ein Großteil des Gewinns an andere gegangen. Der Nettobeitrag der Website zum Wirtschaftswachstum ist möglicherweise relativ gering. Wenn eine Innovation wie die des Bankautomaten zu höherer Arbeitslosigkeit führt, wirken sich außerdem die sozialen Kosten – das Leiden derer, die ihren Arbeitsplatz verlieren, und die höheren Ausgaben für die Arbeitslosenunterstützung – nicht auf die Rentabilität des Unternehmens aus. Unsere Messung des BIP berücksichtigt auch nicht die Kosten der erhöhten Unsicherheit, welche die Arbeitskräfte aufgrund des gestiegenen Risikos des Arbeitsplatzverlusts tragen. Ebenso wenig sollte übersehen werden, dass das BIP die Erhöhung des gesellschaftlichen Wohlergehens infolge der Innovation nicht richtig abbildet.

In einer einfacheren Welt, in der Innovation lediglich bedeutete, dass die Produktionskosten eines Guts (zum Beispiel eines Autos) gesenkt wurden, war es leicht, den Wert einer Innovation zu bestimmen. Aber wenn sich die Innovation auf die *Qualität* eines Autos auswirkt, wird die Aufgabe sehr viel schwieriger. Und in anderen Bereichen tritt das noch deutlicher zutage: Wie können wir richtig bewerten, dass Herzoperationen dank medizinischer Fortschritte heute mit größerer Wahrscheinlichkeit erfolgreich verlaufen als in der Vergangenheit, wodurch die Lebenserwartung und die Lebensqualität deutlich erhöht werden?

Trotz allem wird man das unangenehme Gefühl nicht los, dass die jüngsten technologischen Innovationen möglicherweise sehr viel weniger zum langfristigen Anstieg des Lebensstandards beigetragen haben, als die Optimisten glauben. Es wird beträchtliche intellektuelle Mühe darauf verwendet, die Werbungs- und Vermarktungsbudgets besser zu nutzen und Kunden (vor allem wohlhabende Kunden) anzusprechen, die das Produkt sehr wahrscheinlich tatsächlich kaufen werden. Aber der Lebensstandard hätte noch weiter steigen können, wenn all dieser Erfindergeist in die Grundlagenforschung oder auch in die angewandte Forschung geflossen wäre, die zu neuen Produkten geführt hätte.

Es ist durchaus nützlich, durch Facebook und Twitter besser miteinander vernetzt zu sein. Aber wie können wir diese Innovationen mit dem Laser, dem Transistor, der Turingmaschine und der Entschlüsselung des menschlichen Genoms vergleichen, die jeweils unzählige Produkte ermöglichten und so unser Leben veränderten?

Aber natürlich ist ein Seufzer der Erleichterung angebracht. Es mag unklar sein, *inwieweit* die jüngsten technologischen Erfindungen zu unserem Wohlergehen beitragen, aber wenigstens wissen wir, *dass* sie eine positive Wirkung haben, anders als die unzähligen Finanzinnovationen, die den Boden für die globale Wirtschaftskrise bereiteten.

Nachwort

DAS SCHLUSSKAPITEL unterscheidet sich deutlich von den anderen. Es ist ein Interview, das Cullen Murphy mit mir führte, der Redakteur, der bei *Vanity Fair* meine Beiträge betreut. Dort reagiere ich auf eine der von Konservativen vorgebrachten Behauptungen, die Reichen würden unter dem Strich Arbeitsplätze schaffen. Wenn man den Reichen Geld wegnähme – oder sie auch nur dazu zwänge, ihren fairen Anteil an Steuern zu zahlen –, wäre dies nach dieser Sichtweise kontraproduktiv. Die Durchschnittsamerikaner wären die Leidtragenden. Dies ist lediglich der alte Wein der Trickle-Down-Theorie in neuen Schläuchen und der Versuch, gesellschaftliche Ungleichheiten zu rechtfertigen.

Meines Erachtens ist die Trickle-Down-Theorie – die wirtschaftspolitische Anschauung, wonach Einkommenszuwächse der Reichen automatisch zu den Ärmeren durchsickerten – *völlig falsch*. Überall auf der Welt steigen *bei ausreichender Nachfrage* (und wenn einige andere Voraussetzungen erfüllt sind, etwa Zugang zu Kapital und eine bedarfsgerechte Infrastruktur) die Kreativität und die unternehmerischen Initiativen. So gesehen sind die Verbraucher die eigentlichen »Beschäftigungsmotoren«. Dass die amerikanischen und europäischen Volkswirtschaften keine Arbeitsplätze geschaffen haben, liegt dann daran, dass stagnierende Einkommen eine stagnierende Nachfrage bedeuten. Tatsächlich liegen die Löhne gegenwärtig in vielen europäischen Ländern unter ihrem Niveau zu Anfang der Krise. Ich habe immer wieder darauf hingewiesen, dass das Einkommen der amerikanischen Durchschnittsfamilie heute niedriger ist als vor 25 Jahren. Es ist also nicht weiter verwunderlich, dass die Nachfrage stagnierte.

Die Redakteure von *Vanity Fair* stellten mir noch eine weitere Frage, die ich auf meinen Reisen durch die USA häufig gehört habe: Wann hat diese Zunahme der Ungleichheit begonnen? Und worauf ist sie zurückzuführen? Meine Antwort darauf deckt sich mit den Erkenntnissen anderer Wissenschaftler: ungefähr mit dem Beginn der Amtszeit der Regierung Reagan. Auch wenn gewisse Maßnahmen von Präsident Reagan höchstwahrscheinlich zu dieser Zunahme der Ungleichheit beitrugen – etwa steuerrechtliche Änderungen, von denen die Superreichen enorm profitierten –, muss man das Phänomen aus einer umfassenderen Perspektive betrachten. So wie Thomas Piketty in seinem Buch: In vielen Industrieländern begann die Ungleichheit ungefähr zur gleichen Zeit zuzunehmen. Die »Reformen«, die dem Zeitgeist der 1980er-Jahre verpflichtet waren, entfalteten in einem Land nach dem anderen ihre Wirkung. Zu diesen Reformen gehörte nicht nur die Senkung der Spitzensteuersätze, sondern auch die Liberalisierung der Finanzmärkte.

So rekapitulieren wir zum Schluss noch einmal die Kernaussagen vom Anfang des Buches: Unsere Ungleichheit – das extreme Ausmaß, das sie erreicht hat, die Formen, die sie angenommen hat – ist nicht unvermeidlich, und sie ist nicht das Ergebnis unabänderlicher ökonomischer oder physikalischer Gesetze. Wir können sie durch unsere politischen Maßnahmen beeinflussen, die ihrerseits das Ergebnis unserer politischen Prozesse sind. Für diese Ungleichheit haben wir einen hohen Preis gezahlt – einen Preis, den wir im vergangenen Jahrzehnt mit der Entstehung der Krise und ihren Folgen besonders deutlich zu spüren bekamen. Und wenn wir die Politik nicht ändern, die dazu geführt hat, wird der Preis, den wir in Zukunft dafür zahlen, noch viel größer sein.

Fragen und Antworten
*Joseph Stiglitz über die unsinnige Behauptung,
das oberste 1 Prozent treibe die Innovation voran,
und über die Frage, warum die Regierung Reagan
die Wende zur Ungleichheit vollzog*

CULLEN MURPHY In Ihrem neuen Buch *Der Preis der Ungleichheit* holen Sie historisch und geografisch weit aus. Wenn Sie die amerikanische Geschichte betrachten, welche Zeit ähnelt in Ihren Augen am ehesten unserer, was das mangelnde Interesse für die zunehmende Ungleichheit betrifft?
JOSEPH STIGLITZ Da kommen mir zwei Perioden in den Sinn: Das Gilded Age Ende des 19. Jahrhunderts und die Wirtschaftsblüte der 1920er-Jahre. In beiden Perioden herrschte ein hohes Maß an Ungleichheit und Korruption, auch im politischen Prozess (ein Beispiel war der berüchtigte Teapot-Dome-Skandal Anfang der 1920er-Jahre). Tatsächlich erreichte die Ungleichverteilung erst Mitte des vergangenen Jahrzehnts wieder das Niveau der 1920er-Jahre. Natürlich leisteten einige der Personen, die zu diesen Zeiten ihr Vermögen machten, wichtige gesellschaftliche Beiträge: Die Räuberbarone bauten die Eisenbahnen, die das Land verwandelten, und James B. Duke leistete einen wichtigen Beitrag zur Elektrifizierung ganzer Regionen. Aber beide Perioden waren auch durch Spekulation, Instabilität und Exzesse gekennzeichnet.
MURPHY Edward Conard erklärt in seinem Buch *Unintended Consequences*, extreme Ungleichverteilung sei keineswegs ein Hinweis auf gravierende Probleme, sondern sogar begrüßenswert. Er ist nicht der Einzige, der so denkt. Sie halten nicht viel

von diesem Argument. Welches sind seine wichtigsten Schwächen?

STIGLITZ Conard hält größere Ungleichheit für vorteilhaft, weil er glaubt, wenn Reiche mehr Geld anhäuften, investierten sie es und verbesserten die Wirtschaft. Außerdem sei ihr Reichtum der Beweis für ihre Beiträge zur Innovation. Wie Sie erwähnt haben, weist diese Einschätzung so viele Fehler auf, dass es schwierig ist, sie alle aufzuzählen. Ich möchte nur auf drei gravierende Schwächen hinweisen.

Erstens beruht das Argument auf der Trickle-Down-Theorie, die besagt, wenn es den wenigen an der Spitze der Einkommenspyramide gut gehe, werde es auch der übrigen Gesellschaft gut gehen. Aber die Fakten sprechen dagegen: Das (inflationsbereinigte) Realeinkommen der meisten Amerikaner ist heute niedriger als vor fast anderthalb Jahrzehnten, im Jahr 1997.

Zweitens stützt sich das Argument auf den Irrtum, die Ungleichverteilung sei gut für das Wirtschaftswachstum. Auch hier sagen die Zahlen etwas anderes. Es hat sich immer wieder gezeigt, dass Ungleichverteilung das Wirtschaftswachstum verzögert und die Instabilität erhöht. Das geht aus Studien etablierter Organisationen hervor. Sogar der Internationale Währungsfonds, der nicht unbedingt für radikale wirtschaftspolitische Thesen bekannt ist, hat eingesehen, dass sich die Ungleichheit nachteilig auf die Wirtschaftsleistung auswirkt.

Drittens stimmt es nicht, dass die extrem Reichen ihr Geld riskieren, um die Innovationen voranzutreiben. Es hat sich deutlich gezeigt, dass der Reichtum sehr viel häufiger eingesetzt wird, um sich einen Vorteil beim Rent-Seeking zu verschaffen. Wenn kleine Gruppen von Menschen einen unverhältnismäßig hohen Wohlstand genießen, werden sie ihre Macht einsetzen, um sich eine Sonderbehandlung durch den Staat zu sichern. Einige der reichsten Personen haben ihr Geld verdient, indem sie eine Monopolstellung nutzten und andere daran hinderten, sich unter gleichen Bedingungen am Wettbewerb zu beteiligen. (Das war in der Vergangenheit so und ist sogar heute noch so.)

Sie schaffen keinen Wert. Stattdessen nutzen sie ihre privilegierte Stellung auf einem Markt, um sich einen immer größeren Anteil an der Wertschöpfung anzueignen. Sie verzerren den Markt, verringern die Effizienz und bremsen das Wirtschaftswachstum.
Tatsächlich sind es die jungen sowie die kleinen und mittleren Unternehmen vor allem in der Hochtechnologie, die Wachstum und Innovation vorantreiben, und diese Unternehmen stützen sich normalerweise auf von der öffentlichen Hand finanzierte Forschung. Die Vereinigten Staaten haben heute unter anderem deshalb ein Problem, weil zu viele von denen an der Spitze nicht bereit sind, einen angemessenen Beitrag zu diesen »öffentlichen Gütern« zu leisten. Viele von ihnen zahlen Steuern, die nur einen Bruchteil dessen ausmachen, was jene zahlen, die sehr viel weniger haben. Aber es sollte uns nicht überraschen, dass einige der reichsten Amerikaner einer wirtschaftlichen Täuschung Vorschub leisten, nach der ihre weitere Bereicherung gut für alle Amerikaner sei.
Während der »Erholung« in den Jahren 2009 und 2010 entfielen 93 Prozent des Einkommenswachstums auf das reichste Prozent der Amerikaner. Ich glaube nicht, dass Conard fast 23 Millionen Amerikaner, die vergeblich nach einer Vollzeitbeschäftigung suchen, dazu bewegen kann, sich über diese Entwicklung zu freuen.

MURPHY Wenn Sie eine Weggabelung benennen sollten, an der wir den Weg zu wachsender Ungleichheit einschlugen, welcher Punkt würde das sein? Und welche Faktoren lösten diese Entwicklung aus?

STIGLITZ Es ist schwierig, einen entscheidenden Augenblick herauszugreifen, aber der Wahlsieg von Präsident Ronald Reagan stellte sicherlich einen Wendepunkt dar. In den Jahrzehnten nach dem Zweiten Weltkrieg profitierte die Mehrheit der Bevölkerung vom Wirtschaftswachstum, und der Wohlstand der einkommensschwächsten Gruppen stieg relativ mehr als der der Reichen. (Dies war auch die Phase des stärksten Wirtschaftswachstums.) Was auch zu größerer Ungleichheit führte, waren die Deregulierung des Finanzsektors und die Einschränkung der Steuerprogression. Die Deregulierung hatte eine übermäßige Finanzialisierung der Volkswirtschaft zur Folge – das ging so weit, dass vor der Krise 40 Prozent der Unternehmensgewinne dem Finanzsektor zuflossen. Und kennzeichnend für den Finanzsektor sind extreme Einkommen an der Spitze der Unternehmen. Er hat seine Gewinne teilweise damit erzielt, die Unter- und Mittelschicht auszunehmen, zum Beispiel durch ausbeuterische Kreditvergabe und unlautere Kreditkartenpraktiken. Leider setzten Reagans Nachfolger die Deregulierung fort. Sie weiteten auch die Steuersenkungen für die Reichen aus, sodass heute das reichste 1 Prozent der Amerikaner nur etwa 15 Prozent seines Einkommens an Steuern abführt. Das ist sehr viel weniger, als die Amerikaner mit mittleren Einkommen zahlen.

Reagans Sieg in der Auseinandersetzung mit den Fluglotsen wird oft als entscheidender Schritt zur Schwächung der Gewerkschaften betrachtet. Deren Machtverlust hat dazu beigetragen, dass die Arbeitnehmer in den letzten Jahrzehnten so hohe Wohlstandsverluste erlitten. Aber es gibt noch weitere Faktoren. Reagan trieb die Liberalisierung des Handels voran, und die Zunahme der Ungleichheit ist auch auf die Globalisierung und darauf zurückzuführen, dass Jobs von Geringqualifizierten durch neue Technologien und Auslagerung von Arbeit ersetzt wurden. Das gilt für Europa und die Vereinigten Staaten. Aber die Entwicklung in den USA unterscheidet sich von der in Europa durch den bemerkenswerten Anstieg der Spitzeneinkommen, insbesondere der reichsten 0,1 Prozent. In diesem Bereich ist der Anstieg um ein Vielfaches höher als in den meisten europäischen Ländern. Zu erklären ist er auch mit dem Deregulierungseifer Reagans – insbesondere im Finanzsektor –, mit einer unzureichenden Durchsetzung der Wettbewerbsgesetze und teilweise mit der größeren Bereitschaft der amerikanischen Manager, Regelungslücken bei den Rechtsvorschriften zur verantwortungsvollen Unternehmensführung auszunutzen.

Die Vereinigten Staaten haben in ihrer gesamten Geschichte mit der Ungleichheit gerungen. Aber dank der Steuerpolitik und des Regulierungsrahmens in der Nachkriegszeit war das Land auf dem richtigen Weg, um die Ungleichverteilung zurückzudrängen. Die Steuersenkungen und die Deregulierung, die in den Reagan-Jahren begannen, kehrten den Trend um. Die Einkommensungleichheit vor Steuern und Transferleistungen (Unterstützung der Bedürftigen zum Beispiel mit Lebensmittelmarken) ist heute größer, und da der Staat weniger für die Armen tut und die Reichen bevorzugt, ist die Ungleichverteilung des Einkommens nach Steuern und Transferleistungen sogar noch höher.

MURPHY Eine der Aktivitäten, die Sie besonders kritisieren, ist das Rent-Seeking. Sehen Sie einen Zusammenhang zwischen dem Fiasko von J. P. Morgan und dem Streben nach wirtschaftlichen Renten?

STIGLITZ Die gewaltigen Verluste, die J. P. Morgan zuletzt meldete, zeigen, dass wir die Exzesse der Banken nicht eingedämmt haben. Wir haben die Probleme nicht gelöst, die die Krise verursacht haben. Es mangelt immer noch an Transparenz, es gibt weiterhin ausbeuterische Kreditpraktiken und rücksichtsloses Verhalten – und dem Steuerzahler droht nach wie vor Ungemach. Dass es nicht gelungen ist, den Finanzsektor zu reformieren, zeigt deutlich, dass weiterhin Rent-Seeking betrieben wird. Wir halten an einem System fest, in dem die Gewinne privatisiert und die Verluste verstaatlicht werden. In der Praxis haben die Banken gewaltige (und verborgene) Subventionen erhalten.

Die Finanzindustrie hat die Möglichkeit genutzt, rasch zwischen politischen Ämtern und Managementpositionen in der Privatwirtschaft wechseln zu können, um die Vorschriften auszuhöhlen, mit denen man die Banken zügeln wollte. Und selbst nachdem klar geworden war, dass diese Vorschriften unzureichend waren, verhinderte der Finanzsektor geeignete neue Vorschriften. Der Ordnungsrahmen ist aufgrund des Rent-Seeking mangelhaft. Die Banken setzen ihre Macht ein, um sich eine Vorzugsbehandlung einschließlich Rettungspaketen zu sichern. Droht ihnen aufgrund von Verlusten der Bankrott, so wird der Steuerzahler mit günstigen Finanzhilfen einspringen (dazu zählen direkte Kapitalspritzen, Nullzinsen, Stützung des Hypothekenmarkts, Übernahme der Verpflichtungen von AIG und so weiter). So kassieren die Banken wirtschaftliche Renten von der Allgemeinheit, die anschließend als Dividenden an Aktionäre und als »Bonuszahlungen« an das Management ausgeschüttet werden. Viele Amerikaner sind empört darüber, dass jene Leute weiterhin Boni kassieren, die ihre Unternehmen an den Rand des Ruins gebracht haben. Und sogar als die Federal Reserve den Banken praktisch zu Nullzinsen Geld lieh, mit dem die Institute einfach Staatsanleihen kaufen und leicht Gewinne machen konnten, erhielten die Bankmanager weiterhin Boni, so als wären die Gewinne das Ergebnis ihrer harten Arbeit oder ihres Einfallsreichtums gewesen.

MURPHY In Ihrem Buch schlagen Sie eine Reihe politischer Maßnahmen vor, mit denen die Ungleichheit im Lauf der Zeit korrigiert werden könnte. Wenn Sie per Knopfdruck nur eine dieser Maßnahmen umsetzen könnten, welche würde das sein? Und warum? Und welche Maßnahme würden Sie wählen, wenn Sie den Knopf ein zweites Mal drücken könnten?

STIGLITZ Es gibt keine einfache Patentlösung, was auch daran liegt, dass die Ungleichheit in Amerika so viele Facetten hat: die extrem hohen Einkommen und der ungeheure Reichtum an der Spitze, die Aushöhlung der Mitte, die zunehmende Armut ganz unten. Jedes dieser Probleme hat seine eigenen Ursachen und muss mit eigenen Maßnahmen angegangen werden.

Am meisten beunruhigt es mich, dass die Vereinigten Staaten kein Land der Chancen mehr sind. Die Aussichten der untersten Einkommensbezieher, in die Mittelschicht oder sogar in die Oberschicht aufzusteigen, sind sogar deutlich geringer als im alten Europa. Tatsächlich gibt es bei uns weniger Chancengleichheit als in jedem anderen Industrieland, für das Daten vorliegen. Dieser Mangel an Chancengleichheit führt über die Jahre zu wachsender Ungleichverteilung und zur Entstehung einer »Erb-Plutokratie«. Daher halte ich eine hochwertige Bildung für alle für das Wichtigste. Gleichzeitig würde eine bessere Bildung den Amerikanern helfen, sich im erbitterten Wettbewerb auf dem globalen Markt besser zu behaupten.

Die Eingriffe, die ich in *Der Preis der Ungleichheit* vorschlage, ergeben sich direkt aus meiner Diagnose der Ursachen für die Ungleichverteilung. Dies sind an der Spitze: eine exzessive Finanzialisierung, missbräuchliche Ausnutzung von Geschäftsführungsbefugnissen, die es den Spitzenmanagern erlauben, sich einen unverhältnismäßig hohen Anteil an den Unternehmensgewinnen zu sichern, sowie Rent-Seeking. In der Mittelschicht: die Schwächung der Gewerkschaften. Und in der Unterschicht: Diskriminierung und Ausbeutung. Es würde helfen, den Finanzsektor besser zu regulieren, die Corporate Governance zu verbessern und Gesetze gegen Diskriminierung und unlautere Kreditpraktiken einzuführen. Auch könnten die Möglichkeiten zum Rent-Seeking durch strengere Vorschriften für die Wahlkampffinanzierung und andere politische Reformen eingeschränkt werden.

Diese Maßnahmen würden die Ungleichverteilung der Einkommen vor Steuern verringern. Ebenso wichtig ist jedoch eine Verringerung der Einkommensungleichheit nach Steuern. Am einfachsten wäre es, bei den Steuern selbst anzusetzen: Gegenwärtig ist der Steuersatz auf Veräußerungsgewinne, bei denen es sich um Spekulationsgewinne handeln kann, sehr viel geringer als jener auf Löhne und Gehälter. Abgesehen davon, dass es keinen guten Grund dafür gibt, verzerrt ein solches Steuersystem die Wirtschaft und erhöht die Instabilität. Es ist nicht gut, dass die Reichen einen geringeren Teil ihres Einkommens an den Staat abführen müssen als die Mittelschicht. Das verschärft die Ungleichverteilung, verzerrt die politische Ordnung und erschwert die Sanierung des Staatshaushalts. Mit höheren Steuereinnahmen könnten zudem die erforderlichen öffentlichen Investitionen in Infrastruktur, Bildung und Forschung bestritten werden, die unsere Wirtschaft wieder auf den Wachstumspfad führen würden. Ein gut ausgestaltetes Steuersystem würde sowohl der Gleichverteilung als auch der Chancengleichheit dienen.

MURPHY Es muss Vertreter des 1 Prozents geben, die die Ungleichheit genauso einschätzen wie Sie und die der Ansicht sind, die Reichen hätten ein ureigenes Interesse am Wohlstand aller. Wer sind diese Personen?

STIGLITZ Da gibt es einige, zum Beispiel George Soros und Warren Buffett. Hunderte haben eine von einer Gruppe namens Patriotic Millionaires vorgelegte Petition unterzeichnet, in der höhere Steuern für die Reichen gefordert werden. Die Petition kann man sich auf patrioticmillionaires.org ansehen. Diese Personen haben verstanden, dass ein gespaltenes Haus einstürzen wird. Sie haben verstanden, dass ihr eigener langfristiger Wohlstand und das Wohlergehen ihrer Kinder vom Zusammenhalt der amerikanischen Gesellschaft abhängen und davon, dass das Land genug in Bildung, Infrastruktur und Technologie investiert. Viele dieser Personen haben ihr Vermögen nicht geerbt, sondern den amerikanischen Traum gelebt, und sie wollen, dass andere dieselben Möglichkeiten vorfinden wie sie. Vor allem scheinen sie mir an bestimmten Wertvorstellungen festzuhalten, die in Buffetts Lebensstil zum Ausdruck kommen, und sie befürchten, dass diese Werte in einem gespaltenen Land verloren gehen werden. In ihrer Petition, mit der sie Buffetts Steuerplan – die »Buffett Rule« – unterstützen, schreiben die patriotischen Millionäre: »Unser Land ist gut zu uns gewesen. Es bot uns ein Fundament, auf dem wir aufbauen und erfolgreich sein konnten. Jetzt wollen wir unseren Teil dazu beitragen, dieses Fundament zu festigen, damit andere so erfolgreich sein können wie wir.«

Dank

DIES IST KEIN STANDARDLEHRBUCH, sondern eine Sammlung von Artikeln und Aufsätzen, die ich in den letzten Jahren über das Thema Ungleichheit für eine Reihe von Zeitschriften und Zeitungen geschrieben habe – die gewaltige Kluft zwischen Arm und Reich, die sich insbesondere in Amerika, aber, in geringerem Maße, auch in vielen anderen Ländern weltweit aufgetan hat. Die Artikel haben ihren Ursprung allerdings in einer langen Geschichte wissenschaftlicher Forschung, die begann, als ich am MIT sowie Mitte der 1960er-Jahre als Fulbright-Stipendiat an der University of Cambridge in England studierte: Damals – und bis vor kurzem – interessierten sich amerikanische Ökonomen kaum für das Thema. Deshalb bin ich meinen Doktorvätern, zwei der bedeutendsten Wirtschaftswissenschaftler des 20. Jahrhunderts, Robert Solow (der sich in seiner eigenen Dissertation mit diesem Thema befasste) und Paul Samuelson, sehr dankbar dafür, dass sie mich bei meinen Forschungen auf diesem Gebiet unterstützten und mich an ihren bedeutenden Ideen teilhaben ließen.[82]

Mein besonderer Dank gilt meinem ersten Koautor, George Akerlof, der 2001 gemeinsam mit mir den Nobelpreis erhielt. In Cambridge diskutierten wir oft über die bestimmenden Faktoren der Einkommensverteilung, und ich profitierte enorm von Gesprächen mit Frank Hahn, James Meade, Nicholas Kaldor, James Mirrlees, Partha Dasgupta, David Champernowne und Michael Farrell. Dort begann meine Zusammenarbeit mit Anthony Atkinson, dem führenden Experten für soziale Ungleichheit in den letzten fünfzig Jahren. Ravi Kanbur, Arjun Jayadev, Karla Hoff und Rob Johnson sind andere ehemalige Studenten und Kollegen, von denen ich viel über die in diesem Buch diskutierten Themen lernte.

Rob Johnson ist gegenwärtig Leiter des Institute for New Economic Thinking (INET), das nach der Großen Rezession gegründet wurde. Mitten in der schweren Wirtschaftskrise setzte sich zunehmend die Erkenntnis durch, dass die ökonomischen Standardmodelle das Wirtschaftsgeschehen nicht richtig erfassen. Ein neues ökonomisches Denken war nötig – einschließlich einer stärkeren Beachtung der Ungleichheit und der Grenzen von Märkten. Ich möchte dem INET für die Unterstützung bei einer Reihe von Forschungsprojekten danken, die den hier zusammengestellten Aufsätzen zugrunde liegen.[83]

Der Zusammenhang zwischen Ungleichheit und makroökonomischer Leistungsfähigkeit, der mich in meinen theoretischen Forschungsarbeiten und auch bei meinem politischen Engagement schon lange beschäftigt, wird in seiner Tragweite endlich immer deutlicher erkannt (auch vom Internationalen Währungsfonds). Ich möchte hier auch meine dankbare Anerkennung für die Zusammenarbeit mit meinen Columbia-Kollegen Bruce Greenwald und Jose Antonio Ocampo sowie für die Arbeit der vom Präsidenten der UN-Generalversammlung eingesetzten Expertenkommission zur Reform des Internationalen Währungs- und Finanzsystems, in der ich den Vorsitz führte, zum Ausdruck bringen.[84]

Wer heute über soziale Ungleichheit forscht, ist auch Emmanuel Saez und Thomas Piketty zu großem Dank verpflichtet. Sie haben in ihrer sorgfältigen Studie eine Fülle von Daten zusammengetragen, die das Ausmaß der Ungleichheit in den USA und vielen anderen Industriestaaten enthüllen. Andere führende Wissenschaftler, deren Einfluss hier deutlich zu erkennen ist, sind unter anderem François Bourguignon, Branko Milanović, Paul Krugman und James Galbraith.[85]

Als Cullen Murphy, damals Redakteur bei der Zeitschrift *The Atlantic Monthly*, mich dazu überredete, einen Artikel über einige meiner Erfahrungen im Weißen Haus zu schreiben (er trug den Titel »The Roaring Nineties« und bildete die Grundlage für mein zweites populärwissenschaftliches Buch),[86] bot mir dies nicht nur eine Gelegenheit, Ideen auszudrücken, über die ich schon seit einigen Jahren nachdachte, sondern es stellte mich auch vor eine neue Herausforderung: Könnte ich komplizierte Zusammenhänge in einer prägnanten, allgemein verständlichen Weise darstellen? Ich hatte viele meiner wissenschaftlichen Aufsätze mit einem Koautor geschrieben; die enge Beziehung zwischen einem Redakteur beziehungsweise Lektor und einem Schriftsteller ist in mancherlei Hinsicht ähnlich, doch in anderer verschieden. Wir hatten jeweils bestimmte, sich unterscheidende Rollen. Murphy kannte die Leserschaft in einer Weise, die für mich kaum nachvollziehbar war. Ich lernte die Arbeit eines kompetenten Redakteurs schätzen, der einem Artikel den letzten Schliff gibt. Gute Redakteure verschaffen der Stimme des Autors Gehör, indem sie Gedankengänge klarer herausarbeiten – und in manchen Fällen den Beitrag spannender machen.

Nach »The Roaring Nineties« schrieb ich weitere Aufsätze für den *Atlantic Monthly*, und als Cullen Murphy zu *Vanity Fair* wechselte, bat er mich weiterhin um Artikel. Einer davon, »Narren des Kapitalismus« (er ist auch in diesem Band enthalten), den ich im Zuge der Großen Rezession geschrieben habe, wurde mit dem Gerald Loeb Award für herausragende journalistische Arbeiten ausgezeichnet. Unter der Anleitung von Cullen hatte sich mein Schreibstil offensichtlich deutlich verbessert.

Cullen hat bei allen Artikeln, die ich für *Vanity Fair* geschrieben habe und von denen ich vier hier aufgenommen habe, eng mit mir zusammengearbeitet. Auch bei der Abfassung des von ihm angeregten Beitrags »Des 1 Prozents, durch das 1 Prozent und für das 1 Prozent«, aus dem mein Buch *Der Preis der Ungleichheit* und auch dieses Buch hervorging, hat er sorgfältig mit mir am Text gefeilt. Graydon Carter hat den Titel für diesen Artikel vorgeschlagen. »Wir sind die 99 Prozent« wurde zum Slogan der Bewegung Occupy Wall Street und zum Symbol der großen sozialen Kluft in den USA.

Die Absprachen, die ich mit *Project Syndicate*, *Vanity Fair*, *The New York Times* und einer ganzen Reihe weiterer Medien traf und die sich in den hier zusammengetragenen Artikeln widerspiegeln, gaben mir die Gelegenheit, meine Ansichten darüber, was in der Welt geschah, zum Ausdruck zu bringen – und zwar als Experte, der sich vielleicht gründlicher mit Themen auseinandersetzen kann als jemand, der in einer Nachrichtensendung am Sonntagvormittag seine Meinung zu einer breiten Palette unterschiedlichster Themen äußert. Schließlich konnte ich mir meine Themen frei aussuchen und gründlich über die Antworten nachdenken. Alle hier versammelten Aufsätze haben von der Bearbeitung durch die jeweiligen Redakteure enorm profitiert. Ich möchte insbesondere Sewell Chan und Aaran Retica danken, die die Serie *Great Divide* in der *New York Times* betreuten. Schon bevor wir Ende 2012 zusammen eine Strategie entwarfen, um die Probleme im Zusammenhang mit der wachsenden Ungleichheit Amerikas in all ihren Dimensionen und mit all ihren Folgen einer breiteren Leserschaft näherzubringen, hatte Sewell den (gemeinsam mit Mark Zandi verfassten) Aufsatz »Die einzige verbliebene Lösung für die Immobilienkrise: massenhafte Umschuldung von Hypotheken« gründlich redigiert. Aaron und Sewell haben die hier versammelten sechzehn Beiträge aus der *New York Times* hervorragend redaktionell bearbeitet. Ich neige beim Schreiben zu einer gewissen Weitschweifigkeit, und es ist immer traurig, wenn man sieht, dass ein Großteil des Geschriebenen im Papierkorb landet. Aber es ist eine der größten journalistischen Herausforderungen, eine Reihe von Gedanken in 750 oder auch 1500 Wörtern verständlich darzulegen. Aaron und Sewell haben durch Beseitigung weitschweifiger Formulierungen die gedankliche Struktur der Texte prägnant herausgearbeitet.

Zu den vielen anderen, denen ich zu großem Dank verpflichtet bin, gehören Andrzej Rapaczynski, Kevin Murphy und die übrigen Mitarbeiter von *Project Syndicate*, Allison Silver (jetzt bei Thomson Reuters), Michael Hirsh bei *Politico*, Rana Foroohar bei *Time*, Philip Oltermann beim *Guardian*, Christopher Beha bei *Harper's*, Joshua Greenman bei den *New York Daily News*, Glen Nishimura von *USA Today*, Fred Hiatt von der *Washington Post* und Ed Paisley vom *Washington Monthly*. Ich sollte mich auch bedanken für die Ermunterung und Unterstützung durch Aaron Edlin von der *Economists' Voice*, Roman Frydman vom *Project Syndicate* und Felicia Wong, Cathy Harding, Mike Konczal und Nell Abernathy vom Roosevelt Institute, für die ich ein Kurzdossier mit politischen Handlungsempfehlungen schrieb, das teilweise in meinen Aufsatz »Scheinkapitalismus« einging.

Das Roosevelt Institute und die Columbia University haben mir einen beispiellosen institutionellen Rückhalt gewährt. Das Roosevelt Institute, das aus der Roosevelt Presidential Library hervorging, hat sich zu einer der führenden Denkfabriken des Landes entwickelt und die Ideale der sozialen und ökonomischen Gerechtigkeit vorangebracht, für die Roosevelt stand. Die Ford und die MacArthur Foundation sowie Bernard Schwartz haben das Roosevelt/Columbia-Forschungsprogramm über Ungleichheit großzügig unterstützt.

In den letzten fünfzehn Jahren war die Columbia University meine geistige Heimat. Sie hat es mir ermöglicht, meinen Forschungsinteressen nachzugehen, sie beschenkte mich mit blitzgescheiten Studenten, die sich begeistert an intellektuellen Debatten beteiligten, und brillanten Kollegen, von denen ich unglaublich viel gelernt habe. Columbia bot mir ein äußerst anregendes Umfeld, in dem ich genau das tun konnte, was ich so gern tue: forschen, lehren und mich für Ideen und Prinzipien einsetzen, die die Welt hoffentlich zu einem besseren Ort machen werden.

Einmal mehr bin ich Drake McFeely, dem Chef von W. W. Norton, und meiner langjährigen Freundin und Lektorin Brendan Curry zu Dank verpflichtet. Sie haben bei der Bearbeitung dieses Buches hervorragende Arbeit geleistet und ihrerseits von der Hilfe von Sophie Duvernoy profitiert. Wie gewöhnlich danke ich auch Elizabeth Kerr und Rachel Salzman bei Norton – für dieses Buch und ihre langjährige Unterstützung. Auch die sorgfältige Manuskriptbearbeitung durch Stuart Proffitt, meinen Lektor bei Penguin/Allen, hat mir über die Jahre unglaublich geholfen.

Ich hätte dieses Buch nicht ohne ein reibungslos funktionierendes Büro fertigstellen können, das von Hannah Assadi und Julia

Cunico geleitet wird, die dabei von Sarah Thomas und Jiaming Ju unterstützt werden.

Eamon Kircher-Allen hat nicht nur den gesamten Herstellungsprozess des Buches gemanagt, sondern ebenfalls als Lektor fungiert. Ich schulde ihm doppelten Dank: Er hat nämlich auch sämtliche in diesem Buch versammelten Artikel zum Zeitpunkt ihrer erstmaligen Veröffentlichung redigiert.

Wie immer schulde ich meiner Frau Anya den größten Dank. Sie ist fest von der Tragweite der hier diskutierten Themen überzeugt und hält es für dringend geboten, sie einem breiteren Publikum näherzubringen. Sie hat mich während der Arbeit an dem Manuskript ermuntert und mir hilfreiche Tipps gegeben, mit mir immer wieder über die Ideen diskutiert, die allen meinen Büchern zugrunde liegen, und mir geholfen, sie klar auszuformulieren und weiterzuentwickeln.

Quellennachweis

ICH MÖCHTE mich bei der *New York Times* herzlich bedanken für die Erlaubnis, die folgenden Artikel hier abzudrucken: »Ungleichheit ist eine Wahl«, »Wie Dr. King mein wirtschaftswissenschaftliches Werk prägte«, »Chancengleichheit, unser nationaler Mythos«, »Studienschulden und die Zerstörung des amerikanischen Traums«, »Die einzige verbliebene Lösung für die Immobilienkrise: massenhafte Umschuldung von Hypotheken«, »Ein Steuersystem zum Nachteil der 99 Prozent«, »Die falsche Lehre aus dem Bankrott Detroits«, »Niemandem vertrauen wir«, »Warum nicht Larry Summers, sondern Janet Yellen die Fed führen sollte«, »Der Wahnsinn unserer Lebensmittelpolitik«, »Auf der falschen Seite der Globalisierung«, »Wie geistiges Eigentum die Ungleichheit verstärkt«, »Ungleichheit ist nicht unvermeidlich«, »Was wir von Singapur über die Ungleichheit in den USA lernen können«, »Japan ist ein Vorbild, kein abschreckendes Beispiel«, »Ungleichheit bremst die Erholung«.

Beim *Project Syndicate* möchte ich mich für die Erlaubnis bedanken, die folgenden Artikel in dieses Buch aufzunehmen: »Ungleichheit wird zum globalen Thema«, ursprünglich veröffentlicht unter dem Titel »Selbstgefälligkeit in einer führungslosen Welt«, »Demokratie im 21. Jahrhundert«, »Gerechtigkeit für manche Menschen«, »Ungleichheit und das amerikanische Kind«, »Ebola und Ungleichheit«, »Amerikas Sozialismus für die Reichen«, »Die Freihandelsfarce«, »Indiens kluge Patententscheidung«, »Die Krisen nach der Krise«, »Das Wunder von Mauritius«, »Chinas Fahrplan«, »Die Reform des Gleichgewichts zwischen Staat und Markt in China«, »Medellín: Ein Lichtblick unter den Städten«, »Amerikanische Illusionen in Down Under«, »Knappheit in einer Zeit des Überflusses«, »Zum Wachstum links abbiegen«, »Das Rätsel der Innovation«.

Ein herzliches Dankeschön an *Vanity Fair* für die Erlaubnis, die folgenden Artikel in dieses Buch aufzunehmen: »Die wirtschaftlichen Folgen von Mr. Bush«, »Narren des Kapitalismus«, »Des 1 Prozents, durch das 1 Prozent und für das 1 Prozent«, »Das Problem des 1 Prozents«, »Das Buch der Jobs«, »Fragen und Antworten: Joseph Stiglitz über die unsinnige Behauptung, das oberste 1 Prozent treibe die Innovation voran, und über die Frage, warum die Regierung Reagan die Wende zur Ungleichheit vollzog«.

Außerdem danke ich der *Critical Review* für die Erlaubnis, folgende Artikel abzudrucken: »Die Anatomie eines Mordes: Wer hat die amerikanische Wirtschaft auf dem Gewissen?«, dem Magazin *TIME* für »Ein Weg aus der Finanzkrise«, *Washington Monthly* für »Eine Politik gegen Wachstumsschwäche und Ungleichheit«, *Harper's* für »Scheinkapitalismus«, *Politico* für »Der Mythos von Amerikas Goldenem Zeitalter« und »Wie wir den Amerikanern wieder Arbeit geben können«, *The Guardian* für »Bei der Globalisierung geht es nicht nur um Profite, sondern auch um Steuern«, *USA Today* für »Die Denkfehler von Mitt Romney«, der *Washington Post* für »Wie die Politik zur ökonomischen Spaltung beigetragen hat«, *Ethics and International Affairs* für »Die Beseitigung extremer Armut: ein nachhaltiges Entwicklungsziel, 2015–2030«, Tokuma Shoten für »Japan sollte auf der Hut sein«, *The Herald* für »Die Unabhängigkeit Schottlands« und Taurus Books für »Die spanische Depression«.

Anmerkungen

1 Oxfam, »Working for the Few: Political Capture and Inequality«, Briefing Paper 178, 20. Januar 2014.
2 Robert Lucas, »The Industrial Revolution: Past and Present«, 2003 Annual Report Essay, Federal Reserve Bank of Minneapolis, 1. Mai 2014. Weiter sagte er: »Von der gewaltigen Zunahme des Wohlergehens von Hunderten von Millionen Menschen, die seit dem Beginn der industriellen Revolution vor 200 Jahren bis heute stattgefunden hat, kann praktisch nichts auf die direkte Umverteilung von Ressourcen von den Reichen zu den Armen zurückgeführt werden. Das Potenzial für die Verbesserung der Lebensverhältnisse armer Menschen durch verschiedene Wege der Umverteilung laufender Produktion ist *nichts* im Vergleich zu dem scheinbar grenzenlosen Potenzial für die Erhöhung der Produktion.«
3 In einigen wenigen Fällen, in denen diejenigen, die die Schlagzeilen verfassten, unabsichtlich Leads (Vorspanne) auswählten, die zu ähnlich waren, änderte ich den Titel des jeweiligen Artikels. Diese Entscheidung hatte auch zur Folge, dass es zwangsläufig gewisse Überschneidungen bei den in den verschiedenen Aufsätzen behandelten Themen gibt. Einige kleinere redaktionelle Eingriffe wurden vorgenommen, um Doppelungen zu vermeiden.
4 Präsident Bush setzte zwei Steuersenkungen für die Reichen in Kraft – die erste im Jahr 2001, als die Wirtschaft in eine Rezession rutschte. Als dies nicht den gewünschten Erfolg hatte, beschloss er, noch einmal nachzulegen, und bescherte den Reichen im Jahr 2003 weitere Steuersenkungen.
5 In »Global Malaise in 2006«, *Project Syndicate*, 1. Januar 2006.
6 In »America's Day of Reckoning«, *Project Syndicate*, 6. August 2007.
7 Ich habe dieses Thema in »America's Houses of Cards«, *Project Syndicate*, 9. Oktober 2007, ausführlicher behandelt.
8 Der Artikel »The Anatomy of a Murder: Who Killed America's Economy?« wurde erneut abgedruckt in *Best American Political Writing, 2009*, hg. von Royce Flippin, New York 2009.
9 Vgl. Joseph E. Stiglitz und Linda J. Bilmes, *Die wahren Kosten des Krieges: Wirtschaftliche und politische Folgen des Irak-Konflikts*, München 2008. Obwohl unsere Zahlen damals von einigen angezweifelt wurden, waren wir bei unseren Schätzungen bewusst konservativ, und die Geschichte hat uns recht gegeben. Die Zahlen waren sogar noch schlimmer. Tatsächlich wer-

den die Kosten für Invalidenrenten und Gesundheitsversorgung bis zur Mitte des Jahrhunderts inzwischen auf eine Billion Dollar veranschlagt, nicht zuletzt deshalb, weil fast 50 Prozent der aus dem Einsatz zurückkehrenden Soldaten eine Invalidenrente beantragen, oftmals aufgrund mehrfacher Versehrungen. (Vgl. die Website von Costs of War: http://www.costsofwar.org/article/caring-us-veterans.)

10 Diese Sichtweise hatte ich bereits fast dreißig Jahre früher gemeinsam mit meinem Koautor Bruce Greenwald entwickelt, in »Keynesian, New Keynesian and New Classical Economics«, *Oxford Economic Papers* 39, März 1987: S. 119–133.

11 Vgl. zum Beispiel meine Artikel »Why I Didn't Sign Deficit Letter«, *Politico*, 28. März 2011; »The Dangers of Deficit Reduction«, *Project Syndicate*, 5. März 2010, und »Obama Must Resist ›Deficit Fetish‹«, *Politico*, 10. Februar 2010.

12 Diese Versäumnisse, die bereits am Ende seiner ersten Amtszeit deutlich zu erkennen waren, zeigten sich noch deutlicher am Ende seiner zweiten Amtszeit. So wies ich etwa in »Bush's Four Years of Failure«, *Project Syndicate*, 4. Oktober 2004, darauf hin: »Das mittlere Realeinkommen ist um über 1500 Dollar gesunken.« Von dem Wachstum, das anfiel, »profitierten nur jene an der Spitze der Einkommensverteilung, dieselbe Gruppe, die in den vorhergehenden dreißig Jahren so gut weggekommen war und die von der Steuersenkung Bushs am meisten profitierte«.

13 Andrew G. Berg und Jonathan D. Ostry, »Inequality and Unsustainable Growth: Two Sides of the Same Coin?«, IMF Staff Discussion Note 11/08, 8. April 2011.

14 Für eine Diskussion der Rolle der Regierung Clinton und wie die Maßnahmen, die ergriffen wurden, dazu beitrugen, die Probleme zu »säen«, die auftreten sollten, vgl. Joseph E. Stiglitz, *Die Roaring Nineties: Der entzauberte Boom*, Berlin 2003.

15 James Galbraith, *Inequality and Instability: A Study of the World Economy Just before the Great Crisis*, New York 2012.

16 Im März 2007 behauptete Bernanke, »die Auswirkungen der Probleme seitens des Subprime-Marktes auf die Wirtschaft insgesamt und die Finanzmärkte dürften unter Kontrolle sein«. Aussage von Ben S. Bernanke, Chairman, Board of Governors of the Federal Reserve System, vor dem Gemeinsamen Wirtschaftsausschuss des US-Kongresses, Washington D.C., 28. März 2007.

17 Im Jahr 2013 betrug das mittlere Haushaltsvermögen 81 400 Dollar und bewegte sich damit ungefähr auf dem Stand von 1992, als es sich auf 80 800 Dollar belief. Armen Amerikanern – definiert als jene mit einem bereinigten Haushaltseinkommen von weniger als 67 Prozent des Medians – erging es viel schlechter: Ihr mittleres Vermögen sank von 11 400 Dollar im Jahr 1983 auf 9300 Dollar im Jahr 2013. Vgl. »America's Wealth Gap between Middle-Income and Upper-Income Families Is Widest on Record«, Pew Research Center, abrufbar unter http://www.pewresearch.

org/fact-tank/2014/12/17/wealth-gap-upper-middle-income/.
18 Ich habe dies in einem kurzen Artikel näher ausgeführt: »Bail-out Blues«, *Guardian*, 30. September 2008.
19 Kurze Zeit nach meinem *Time*-Artikel erläuterte ich die Notwendigkeit eines umfassenden und vernünftig ausgestalteten Konjunkturprogramms in einem Kommentar in der *New York Times* (»A Trillion Dollar Answer«, 30. November 2008). In einem weiteren Kommentar ging ich auf die Unzulänglichkeit des Konjunkturpakets Obamas ein: »Stimulate or Die«, *Project Syndicate*, 6. August 2009.
20 In meinem Buch *Die Schatten der Globalisierung*, Berlin 2002, beschrieb ich dies im Zusammenhang mit der Asienkrise. Jason Furman (später einer meiner Nachfolger als Vorsitzender des wirtschaftswissenschaftlichen Beirats des US-Präsidenten) und ich zeigten, dass dies ein regelmäßiges Muster war; vgl. unseren Aufsatz »Economic Consequences of Income Inequality«, in *Income Inequality: Issues and Policy Options* (Tagungsband eines Symposiums in Jackson Hole, Wyoming), Kansas City 1998: S. 221–263.
21 Greenspan unterstützte die Steuersenkung von 2001, obwohl er hätte wissen müssen, dass sie zu jenen Defiziten führen würde, die er früher so entschieden verdammt hatte. Sein Argument, die Überschüsse, die sich infolge der besonnenen Haushaltspolitik Clintons anhäuften, entzögen der Wirtschaft alle US-Schatzwechsel, wodurch die Steuerung der Geldpolitik erschwert werden würde, war eines der schwächsten Argumente, das ich je von einem angesehenen hochrangigen Amtsträger gehört habe. Falls die Gefahr, die er sich ausmalte – die Tilgung der Staatsschulden –, tatsächlich drohte, hatte der Kongress die Instrumente und Anreize, um diese Situation in kurzer Zeit zu korrigieren.
22 Alan Greenspan, »The Fed Didn't Cause the Housing Bubble«, *Wall Street Journal*, 11. März 2009.
23 Joseph E. Stiglitz und Linda Bilmes, *Die wahren Kosten des Krieges: Wirtschaftliche und politische Folgen des Irak-Konflikts*, München 2008.
24 Randall S. Kroszner, »The Community Reinvestment Act and the Recent Mortgage Crisis«, Vortrag vor dem Confronting Concentrated Poverty Policy Forum, Board of Governors of Federal Reserve System, Washington D.C., 3. Dezember 2008.
25 Joseph E. Stiglitz. *Die Roaring Nineties*, Berlin 2004.
26 Danielle Allen, *Our Declaration: A Reading of the Declaration of Independence in Defense of Equality*, New York 2014.
27 Dies ist nicht ganz zutreffend. In einigen US-Bundesstaaten verlieren verurteilte Schwerverbrecher ihr Wahlrecht – eine Bestimmung, die in Demokratien ungewöhnlich ist.
28 Vgl. »Income Inequality in the United States, 1913–1998«, mit Thomas Piketty, *Quarterly Journal of Economics* 118, Nr. 1 (2003): S. 1–39. Eine längere, aktualisierte Fassung wurde veröffentlicht in A. B. Atkinson und T. Piketty (Hg.), *Top Incomes over the Twentieth Century*, Oxford 2007. Die

bis 2012 aktualisierten Tabellen und Zahlen sowie damit zusammenhängende Materialien sind im Excel-Format verfügbar unter http://eml.berkeley.edu/~saez/.

29 Ursprünglich veröffentlicht unter dem Titel »Complacency in a Leaderless World«, *Project Syndicate*, 6. Februar 2013.

30 Für eine Diskussion dieser Frage siehe George Soros, *Das Ende der Finanzmärkte – und deren Zukunft. Die heutige Finanzkrise und was sie bedeutet*, München 2008.

31 Vgl. Joan Robinson, *The Economics of Imperfect Competition*, London 1933, und Paul Sweezy, *The Theory of Capitalist Development*, London 1946.

32 Zu meinen eigenen theoretischen Arbeiten auf diesem Gebiet gehören »Approaches to the Economics of Discrimination«, *American Economic Review* 62, Nr. 2 (Mai 1973): S. 287–295, und »Theories of Discrimination and Economic Policy«, in: *Patterns of Racial Discrimination*, hg. von G. von Furstenberg u. a., Lexington 1974: S. 5–26. Eine zusammen mit Andrew Weiss verfasste Arbeit legte die theoretischen Grundlagen für das sogenannte »Redlining«, also die Praxis von Banken, an Bewohner bestimmter Gebiete keine Kredite zu vergeben. Vgl. J. E. Stiglitz und A. Weiss, »Credit Rationing in Markets with Imperfect Information«, *American Economic Review* 71, Nr. 3 (Juni 1981): S. 393–410. Die alternative Sichtweise, wonach Marktkräfte Diskriminierung bekämpfen, vertrat der verstorbene Nobelpreisträger Gary Becker in seinem Buch *The Economics of Discrimination*, 2. Aufl., Chicago 1971. Es ist nicht weiter verwunderlich, dass ihn mein Artikel ärgerte, und er schickte mir eine E-Mail, in der er mich dies wissen ließ.

33 Präsident Kennedy sagte dies tatsächlich bei mehr als einer Gelegenheit – unter anderem auch 1960 anlässlich der Einweihung des Sankt-Lorenz-Seewegs.

34 Einige haben behauptet, es sei kein Zufall, sondern das Ergebnis einer Fortsetzung der Diskriminierungspolitik, unter deren Folgen die USA schon seit langem litten. Vgl. insbesondere Michelle Alexander, *The New Jim Crow: Mass Incarceration in the Age of Colorblindness*, überarbeitete Neuaufl., New York 2012.

35 Vgl. z. B. Joseph E. Stiglitz, *Im freien Fall: Vom Versagen der Märkte zur Neuordnung der Weltwirtschaft*, München 2010.

36 Universität, die ihren Finanzierungsbedarf u. a. mit Erträgen aus der Nutzung von Landbesitz deckt, den ihr der Staat übertragen hat. A. d. Ü.

37 *Home equity*, Marktwert des schuldenfreien eigenen Anteils an einer Immobilie. A. d. Ü.

38 Vgl. Linda J. Bilmes und Joseph E. Stiglitz, *Die wahren Kosten des Krieges: Wirtschaftliche und politische Folgen des Irak-Konflikts*, München 2008; Linda J. Bilmes und Joseph E. Stiglitz, »Estimating the Costs of War: Methodological Issues, with Applications to Iraq and Afghanistan«, in: *Oxford Handbook of the Economics of Peace and Conflict*, hg. v. Michelle R. Garfin-

kel und Stergios Skaperdas, New York 2012: S. 275–317; und Zeugenaussage vor dem Ausschuss für Veteranenangelegenheiten des Repräsentantenhauses, 30. September 2010.

39 Ein weiterer ist »The Changing of the Monetary Guard«, *Project Syndicate*, 5. August 2013.

40 Vgl. für eine umfassendere Diskussion der Kontroverse Nicholas Lemann, »The Hand on the Lever«, *New Yorker*, 21. Juli 2014.

41 Die Frage in dem »Room for Debate«, der am 28. Oktober 2014 erschien und zu dem ich einen Beitrag verfasste, lautete: »Sollte die Zentralbank versuchen, durch ihre Politik die Ungleichverteilung ökonomischer Ergebnisse zu kompensieren? Oder sollte dies ausschließlich dem politischen Prozess vorbehalten bleiben?«

42 Vgl. Joseph E. Stiglitz, *Die Schatten der Globalisierung*, Berlin 2002; Joseph E. Stiglitz, *Die Chancen der Globalisierung*, Berlin 2006; und Andrew Charlton und Joseph E. Stiglitz, *Fair Trade for All*, New York 2005.

43 Vgl. den *Survey of Consumer Finances* der Federal Reserve vom Oktober 2014 für einen Überblick über die Zunahme der Vermögensungleichheit seit der Rezession. Das mittlere Vermögen ist seit dem Beginn der Krise (inflationsbereinigt) um 40 Prozent gesunken, von 135 400 Dollar im Jahr 2007 auf 81 200 Dollar im Jahr 2013.

44 *General Assembly Resolution 55/2*, »United Nations Millennium Declaration«, UN-Dokument A/RES/55/2, 8. September 2000, www.un.org/millennium/declaration/ares552e.pdf.

45 Wie im Anhang zum »Roadmap Report« bekannt gegeben, UN-Dokument A/56/326 vom 6. September 2001. Die UN-Mitgliedstaaten beauftragten den UN-Generalsekretär mit der Erstellung einer »Roadmap«, die »Ergebnisse und Referenzgrößen« ausarbeiten und überwachen soll (»Follow-up to the Outcome of the Millennium Summit«, UN-Dokument A/RES/55/162, 18. Dezember 2000). Für eine Analyse der Entstehung und Bedeutung der MEZ vgl. Michael Doyle, »Dialectics of a Global Constitution: The Struggle over the UN Charter«, *European Journal of International Relations* 18, Nr. 4 (2012): S. 601–624.

46 Der ursprüngliche Indikator (für extreme Armut) war 1 Dollar pro Tag, er wurde später auf 1,25 Dollar angehoben, um der Inflation Rechnung zu tragen.

47 Kofi Annan, mit Nader Mousavizadeh, *Interventions: A Life in War and Peace*, New York 2012: S. 244–250.

48 United Nations, *The Millennium Development Goals Report 2013*: S. 4–5. Für weitergehende Informationen über den Status der Milleniums-Entwicklungsziele vgl. den vollständigen Bericht: www.un.org/millenniumgoals/pdf/report-2013/mdg-report-2013-english.pdf.

49 Die ursprünglichen Ziele enthielten nicht den Zugang zu Reproduktiven Rechten, was 2005 korrigiert wurde. Vgl. *General Assembly Resolution 60/1*, »2005 World Summit Outcome«, UN-Dokument A/RES/60/1, Paragraphen

57(g) und 58(c): mdgs.un.org/unsd/mdg/Resources/Attach/Indicators/ares60_1_2005summit_eng.pdf. Diese Ziele beinhalteten auch nicht die Governance-Ziele, die heute erwogen werden. Vgl. den Bericht des High-Level Panel of Eminent Persons on the Post-2015 Development Agenda, *A New Global Partnership: Eradicate Poverty and Transform Economies through Sustainable Development*, Anhang II, S. 50: www.un.org/sg/management/pdf/HLP_P2015_Report.pdf.

50 Für eine eingehendere Diskussion über die negativen ökonomischen Folgen der Ungleichheit vgl. Joseph Stiglitz, *Der Preis der Ungleichheit*, München 2012: S. 89–125, sowie die dortigen Literaturangaben.

51 Ebd.

52 A. Berg, J. Ostry und J. Zettelmeyer, »What Makes Growth Sustained?«, *Journal of Development Economics* 98, Nr. 2 (2012). Für eine theoretische Erläuterung der Zusammenhänge zwischen Ungleichheit, Instabilität und menschlicher Entwicklung vgl. Joseph Stiglitz, »Macroeconomic Fluctuations, Inequality, and Human Development«, *Journal of Human Development and Capabilities* 13, Nr. 1 (2012): S. 31–58. Erneut abgedruckt in Deepak Nayyar (Hg.), *Macroeconomics and Human Development*, London 2013.

53 William Easterly, »Inequality Does Cause Underdevelopment: Insights from a New Instrument«, *Journal of Development Economics* 84, Nr. 2 (2007). Das Council on Foreign Relations berichtete dieses Jahr, dass es enorme von der sozialen Herkunft abhängende Leistungsunterschiede zwischen amerikanischen Studenten gibt, und es fand heraus, dass die Vermögensverhältnisse der Eltern in den USA einen stärkeren Einfluss auf die Studienleistungen haben als in praktisch jedem anderen Industrieland. Vgl. Council on Foreign Relations, *Remedial Education: Federal Education Policy*, Juni 2013, www.cfr.org/united-states/remedial-education-federal-education-policy/p30141.

54 Easterly, »Inequality Does Cause Underdevelopment«.

55 Larry Bartels, *Unequal Democracy*, Princeton 2008.

56 Wir würden ein Maß der nachsteuerlichen (nach Abzug sämtlicher Einkommen- und sonstigen Steuern) und Nach-Transfer-Einkommen (nach Abzug von Wohngeld, Kindergeld, Sozialhilfe und anderen öffentlichen Transferleistungen) vorziehen, aber ein solches ist bislang noch nicht allgemein verfügbar. Nicht amtliche Palma-Ratios je Land sind auf Anfrage erhältlich. Bitte wenden Sie sich zu diesem Zweck an Alicia Evangelides unter ame2148@columbia.edu.

57 Gudrun Østby, »Inequalities, the Political Environment and Civil Conflict: Evidence from 55 Developing Countries«, in: Frances Stewart (Hg.), *Horizontal Inequalities and Conflict: Understanding Group Violence in Multiethnic Societies*, Basingstoke 2008: S. 136–157, S. 149.

58 Gudrun Østby and Håvard Strand, »Horizontal Inequalities and Internal Conflict: The Impact of Regime Type and Political Leadership Regulation«, in: K. Kalu, U. O. Uzodike, D. Kraybill und J. Moolakkattu (Hg.), *Territo-

riality, Citizenship, and Peacebuilding: Perspectives on Challenges to Peace in Africa, Pietermaritzburg 2013.

59 Lars-Erik Cederman, Nils B. Weidmann und Kristian Skrede Gleditsch, »Horizontal Inequalities and Ethnonationalist Civil War: A Global Comparison«, American Political Science Review 105, Nr. 3 (2011): S. 487–489.

60 Die klassische Studie der Weltbank, Voices of the Poor, zeigte auf, dass die Armen nicht nur an unzureichendem Einkommen, sondern auch an Unsicherheit und fehlenden Mitspracherechten leiden. Dies spiegelte sich später auch in dem alle zehn Jahre von der Weltbank veröffentlichten World Development Report on Poverty (2000) wider. Die Internationale Kommission zur Messung der wirtschaftlichen Leistung und des sozialen Wohlbefindens (2010) betonte, dass die Kennzahlen der wirtschaftlichen Leistungsfähigkeit (einschließlich Output und Ungleichheit) über die herkömmlichen Maße des BIP und/oder Einkommens hinaus erweitert werden sollten. Die OECD hat diese Arbeit in ihrer Better Living Initiative fortgesetzt, zu der auch die Erstellung des Better Life Index gehört. Ein wichtiger Teil der Agenda der Hochrangigen Sachverständigengruppe zur Messung der wirtschaftlichen Leistung und des sozialen Wohlbefindens der OECD ist die Erstellung/Evaluierung alternativer Ungleichheitsmaße.

61 Alan B. Krueger, »Land of Hope and Dreams: Rock and Roll, Economics, and Rebuilding the Middle Class« (Bemerkungen, Rock and Roll Hall of Fame and Museum, Cleveland, 12. Juni 2013), www.whitehouse.gov/blog/2013/06/12/rock-and-roll-economics-and-rebuilding-middle-class#fulltext.

62 Miles Corak, »Income Inequality, Equality of Opportunity, and Intergenerational Mobility«, Journal of Economic Perspectives 27, Nr. 3 (2013): S. 79–102.

63 Alex Cobham und Andy Sumner, »Putting the Gini Back in the Bottle? ›The Palma‹ as a Policy-Relevant Measure of Inequality«, King's College London, 15. März 2013, www.kcl.ac.uk/aboutkings/worldwide/initiatives/global/intdev/people/Sumner/Cobham-Sumner-15March2013.pdf.

64 Dies trifft jedoch nicht auf alle Länder zu. In den Vereinigten Staaten zum Beispiel ist es zu einer Aushöhlung der Mittelschicht gekommen, mit einem rückläufigen Anteil der Bevölkerung zwischen, sagen wir, dem doppelten und dem halben mittleren Einkommen und einem abnehmenden Anteil des Einkommens, der dieser Gruppe zufließt. Man hat lange Zeit geglaubt, dass eine stabile Demokratie von einer florierenden Mittelschicht abhängig ist. Wenn dem so ist, sollte uns das Schrumpfen der Mittelschicht tatsächlich ein Anlass zur Sorge sein. (Für eine umfassendere Diskussion dieser Fragen vgl. Stiglitz, Der Preis der Ungleichheit.) Ein Teil des nationalen Dialogs über Ungleichheit, den wir weiter unten empfehlen, sollte sich auf das Wesen der Ungleichheit konzentrieren, die in verschiedenen Ländern in Erscheinung tritt.

65 José Gabriel Palma, »Homogenous Middles vs. Heterogeneous Tails, and

the End of the ›Inverted-U‹: The Share of the Rich Is What It's All About«, Cambridge Working Papers in Economics (CWPE) 1111, Januar 2011, www.econ.cam.ac.uk/dae/repec/cam/pdf/cwpe1111.pdf.

66 Karl Ove Moene, »Scandinavian Equality: A Prime Example of Protection without Protectionism«, in: Joseph E. Stiglitz und Mary Kaldor (Hg.), *The Quest for Security: Protection without Protectionism and the Challenge of Global Governance*, New York 2013: S. 48–74.

67 Zum Beispiel würde ein solcher Dialog in den Vereinigten Staaten folgende Punkte erörtern: Ungleichheiten beim Zugang zu Bildung und Gesundheitsversorgung; ein Insolvenzgesetz, das Derivate-Gläubigern Vorrang gibt und den Erlass von Studiendarlehensschulden selbst im Insolvenzfall äußerst schwierig macht; ein Steuersystem, das aus Spekulationsgeschäften stammendes Einkommen der Reichen viel niedriger besteuert als Lohneinkommen; ein Mindestlohn, der inflationsbereinigt seit fünfzig Jahren nicht gestiegen ist; und ein soziales Sicherungssystem, das Einkommensungleichheiten viel schlechter »korrigiert« als Systeme in anderen fortgeschrittenen Industrieländern. Der Dialog würde das Ausmaß, in dem Einkommensdisparitäten eine Folge von Produktivitätsunterschieden sind, analysieren – wobei sich Produktivitätsunterschiede ihrerseits teilweise mit dem ungleichen Zugang zu hochwertiger Bildung erklären lassen –, das Ausmaß, in dem Einkommensunterschiede mit Rent-Seeking zusammenhängen, und das Ausmaß, in dem solche Disparitäten durch Erbschaften erklärt werden können.

68 Alex Cobham und Andy Sumner, »Is It All About the Tails? The Palma Measure of Income Inequality«, Center for Global Development, Working Paper 343, September 2013, www.cgdev.org/sites/default/files/it-all-about-tails-palmameasure-income-inequality.pdf.

69 Vgl. den Brief an Dr. Homi Kharas von der Brookings Institution von neunzig Wirtschaftswissenschaftlern, Hochschullehrern und Entwicklungsexperten, die die Verwendung der Palma-Ratio als ein Maß der Ungleichheit befürworten, unter www.post2015hlp.org/wp-content/uploads/2013/03/Dr-Homi-Kharas.pdf.

70 Ebd.

71 Michael Shear und Peter Baker, »Obama Focuses on Economy, Vowing to Help Middle Class«, *New York Times*, 24. Juli 2013, www.nytimes.com/2013/07/25/us/politics/obama-to-restate-economic-vision-at-knox-college.html?_r=0.

72 Papst Franziskus, »WYD 2013: Full text of Pope Francis's address in Rio slum«, *Catholic Herald*, 25. Juli 2013, www.catholicherald.co.uk/news/2013/07/25/wyd-2013-full-text-of-pope-franciss-address-in-rio-slum.

73 Ich hatte Ende der 1980er- und Anfang der 1990er-Jahre für die Weltbank eine umfangreiche Studie über die Gründe für den Erfolg Ostasiens durchgeführt. Diese wurde später veröffentlicht unter dem Titel *The East Asian Miracle: Economic Growth and Public Policy*, Washington 1993, und gekürzt

als Zeitschriftenbeitrag »Some Lessons from the East Asian Miracle«, *World Bank Research Observer* 11, Nr. 2 (August 1996): S. 151–177.

74 Vgl. ebd.; J. E. Stiglitz und M. Uy, »Financial Markets, Public Policy, and the East Asian Miracle«, ebd., S. 249–276; und World Bank, *The East Asian Miracle: Economic Growth and Public Policy*, Washington 1993.

75 Wiederabdruck aus der Einleitung der japanischen Ausgabe von *Der Preis der Ungleichheit*.

76 Ich schrieb auch einen Artikel, »Australia, You Don't Know How Good You've Got It«, für den *Sydney Morning Herald*, der im September 2013 veröffentlicht wurde.

77 Der Bericht der Kommission wurde unter dem Titel *Mismeasuring Our Lives: Why GDP Doesn't Add Up*, mit Jean-Paul Fitoussi und Amartya Sen veröffentlicht, New York 2010.

78 Josep Pijoan-Mas und Virginia Sánchez-Marcos führen dies auf einen sich aufgrund der Hochschulausbildung und sinkender Arbeitslosenraten verringernden Aufschlag zurück. Vgl. »Spain Is Different: Falling Trends of nequality«, in: *Review of Economic Dynamics* 13, Nr. 1 (Januar 2010): S. 154–178.

79 Für eine Beschreibung einiger dieser Eingriffe vgl. *OECD Perspectives: Spain Policies for a Sustainable Recovery*, Oktober 2011, zugänglich unter: http://www.oecd.org/dataoecd/45/46/44686629.pdf, abgerufen am 30. Juli 2012.

80 Ein Standardmaß für die Ungleichverteilung ist der Gini-Koeffizient (vgl. Kapitel 1). Der Wert 0 entspricht vollkommener Gleichheit, der Wert 1 vollkommener Ungleichheit. Länder mit einer angemessenen Verteilung des Wohlstands haben einen Wert von 0,3. Die Vereinigten Staaten, die unter den hoch entwickelten Industrieländern am schlechtesten abschneiden, haben einen Gini-Koeffizienten von 0,47, und Länder mit ausgeprägter Ungleichverteilung kommen auf Werte von mehr als 0,5. Der Gini-Index eines Landes (gemessen auf einer Skala von 0 bis 100) verändert sich normalerweise sehr langsam, aber der Wert Spaniens stieg zwischen 2005 und 2010 von 32,6 auf 34,7. Vgl. IWF, »Income Inequality and Fiscal Policy«, Juni 2012, zugänglich unter: http://www.imf.org/external/pubs/ft/sdn/2012/sdn1208.pdf, abgerufen am 30. Juli 2012.

81 Der Bericht wurde veröffentlicht unter dem Titel Joseph E. Stiglitz, Jean-Paul Fitoussi und Amartya Sen, *Mismeasuring Our Lives: Why GDP Doesn't Add Up*, New York 2010. Für eine kurze Diskussion siehe meine Kolumne »Towards a Better Measure of Well-Being«, *Financial Times*, 13. September 2009.

82 Ich habe gemeinsam mit Solow einen Aufsatz geschrieben, in dem wir einige der makroökonomischen Aspekte der Ungleichheit und der Nachfrage anschneiden. Vgl. R. M. Solow und J. E. Stiglitz, »Output, Employment, and Wages in the Short Run«, *Quarterly Journal of Economics*, 82 (November 1968): S. 537–560.

83 Insbesondere der Aufsatz »The Book of Jobs«, der ursprünglich in *Vanity*

Fair erschien, geht auf von INET geförderte Forschungsarbeiten zurück, die ich gemeinsam mit Bruce Greenwald und anderen Koautoren durchführte. Vgl. u. a. D. Delli Gatti, M. Gallegati, B. C. Greenwald, A. Russo und J. E. Stiglitz, »Sectoral Imbalances and Long Run Crises« in: F. Allen, M. Aoki, J.-P. Fitoussi, N. Kiyotaki, R. Gordon und J. E. Stiglitz (Hg.), *The Global Macro Economy and Finance*, IEA Conference Volume No. 150-III, Houndmills und New York 2012: S. 61–97; und D. Delli Gatti, M. Gallegati, B. C. Greenwald, A. Russo und J. E. Stiglitz, »Mobility Constraints, Productivity Trends, and Extended Crises«, *Journal of Economic Behavior & Organization*, 83 (3): S. 375–393.

84   Der Kommission gehörten unter anderen Jose Antonio Ocampo, Rob Johnson und Jean Paul Fitoussi an. Der Bericht der Kommission wurde unter dem Titel *The Stiglitz Report: Reforming the International Monetary and Financial Systems in the Wake of the Global Crisis*, New York 2010, veröffentlicht. Gemeinsam mit Jean Paul Fitoussi und Amartya Sen leitete ich die International Commission on the Measurement of Economic Performance and Social Progress, die die zahlreichen, mit dem BIP nicht hinlänglich erfassbaren Dimensionen des Wohlergehens betonte. Viele der Vorschläge der Kommission spiegeln sich in den in diesem Buch enthaltenen Aufsätzen wider. Die Arbeit der Kommission wird heute bei der OECD fortgeführt. Der Bericht der Kommission wurde veröffentlicht als J. E. Stiglitz, J. Fitoussi und A. Sen, *Mismeasuring Our Lives: Why GDP Doesn't Add Up*, New York 2010.

85   Eine vollständigere Liste mit Danksagungen ist in der broschierten Ausgabe von *Der Preis der Ungleichheit* enthalten.

86   »The Roaring Nineties«, *Atlantic Monthly*, Oktober 1992, bildete die Grundlage zu meinem Buch *Die Roaring Nineties: Der entzauberte Boom*, Berlin 2003.